세계
불평등
보고서
2018

Rapport sur les inégalités mondiales 2018
by Facundo ALVAREDO, Lucas CHANCEL, Thomas PIKETTY, Emmanuel SAEZ and Gabriel ZUCMAN

ⓒ Editions du Seuil, 2018
Korean translation copyright ⓒ Geulhangari, 2018

Published by arrangement with Editions du Seuil
through Sibylle Books Literary Agency, Seoul

세계
THE WORLD INEQUALITY REPORT
불평등
보고서
___2018

파쿤도 알바레도
뤼카 샹셀
토마 피케티
이매뉴얼 사에즈
게이브리얼 주크먼

장경덕 옮김

글항아리

연구 조정

파쿤도 알바레도 Facundo Alvaredo
뤼카 샹셀 Lucas Chancel
토마 피케티 Thomas Piketty
이매뉴얼 사에즈 Emmanuel Saez
게이브리얼 주크먼 Gabriel Zucman

총괄 조정

뤼카 샹셀

보고서 연구팀

토마 블랑셰 Thomas Blanchet
리처드 클라크 Richard Clarke
리오 차즈카 Leo Czajka
루이스 에스테버스바울루스 Luis Estévez–Bauluz
에이머리 게신 Amory Gethin
우터 렌더스 Wouter Lenders

이 보고서는 다음 저자들의 최근 논문들을 중요하게 반영함

파쿤도 알바레도
리디아 어수어드 Lydia Assouad
앤서니 B. 앳킨슨 Anthony B. Atkinson
카를로테 바르텔스 Charlotte Bartels
토마 블랑셰
뤼카 샹셀
루이스 에스테버스바울루스
쥘리에트 푸르니에 Juliette Fournier
버트런드 가빈티 Bertrand Garbinti
조나탕 구피예르브레 Jonathan Goupille–Lebret
클라라 마르티네스톨레다노 Clara Martinez–Toledano
살바토레 모렐리 Salvatore Morelli
마르크 모르간 Marc Morgan
델핀 누게이레데 Delphine Nougayrède
필리프 노보크메트 Filip Novokmet
토마 피케티
이매뉴얼 사에즈
리 양 Li Yang
게이브리얼 주크먼

WID.월드 연구원들

이 보고서는 기본적으로 WID.월드WID.world의 100명이 넘는 연구원이 수집·생산하고 조화시킨 자료에 바탕한다. 오대륙에 걸쳐 있는 이 연구원들은 세계 자산·소득데이터베이스에 자료를 제공하고 있다(더 자세한 정보는 www.wid.world/team을 보라). 이 보고서의 분석은 편집자들의 견해를 반영한 것이며 WID.월드 연구원들의 견해와 반드시 일치하지는 않는다.

앤서니 앳킨슨(1944~2017)을 기리며

세계최상위소득데이터베이스(2011~2015)와
WID.월드(2015~2017) 집행위원

간추리기

1. 왜 『세계불평등보고서 2018』을 펴내는가?

『세계불평등보고서 2018』은 소득과 부의 불평등을 체계적이고 투명하게 측정하는 가장 앞선 방법론을 바탕으로 한다. 세계불평등연구소World Inequality Lab는 이 보고서를 작성함으로써 사회의 다양한 주체들이 사실에 근거해 불평등에 관한 공개적인 논의에 참여할 수 있도록 돕고 민주적인 토론과정에서 볼 수 있는 정보의 간극을 메우려 한다.

▶ 『세계불평등보고서 2018』의 목적은 세계적으로 경제적 불평등에 관한 민주적인 토론이 이뤄질 때 가장 완전한 최신 자료를 제공함으로써 정확한 정보를 바탕으로 한 논의가 이뤄지도록 돕는 것이다.

▶ 경제적 불평등은 널리 퍼져 있으며 어느 정도 불가피한 면이 있다. 그러나 심화되는 불평등은 적절히 감시하고 대처하지 않으면 온갖 정치·경제·사회적 재앙으로 이어질 수 있다고 우리는 믿는다.

▶ 우리 목표는 불평등 문제에 관해 모두의 동의를 이끌어내는 것이 아니다. 완전한 동의는 결코 이뤄지지 않을 것이다. 한마디로 불평등의 이상적인 수준에 관한 단 하나의 과학적 진실이란 존재하지 않기 때문이다. 이상적인 불평등 수준에 이르기 위한, 사회적으로 가장 바람직한 정책과 제도의 조합에 관해 모두의 동의를 얻을 수 없다는 것은 더 말할 필요도 없다. 결국 그 어려운 결정을 하기 위한 대중의 숙고와 정치 제도, 절차가 중요하다. 그리고 숙고의 절차를 거치려면 소득과 부에 관한 더욱 엄밀하고 투명한 정보가 필요하다.

▶ 우리는 또한 시민이 그러한 정보를 가지고 결정을 내릴 수 있도록—국유화와 민영화 정책, 자본 축적, 공공부채 변화와 같은—거시경제

현상들을 개인의 소득과 정부이전government transfer, 개인자산과 부채에 주목하는 미시경제적인 추세와 결부시켜 불평등을 설명하려 한다.

▸ 많은 나라가 소득과 부의 불평등에 관한 상세하고 일관된 자료를 공개하지 않고 그런 자료를 아예 만들려 하지도 않는다는 점을 고려할 때, 거시경제적인 불평등 자료와 미시경제적인 데이터를 조화시키는 일은 간단한 작업이 아니다. 불평등의 표준적인 측정치는 흔히 가계동향조사household survey에 의존하는데, 이 조사는 보통 최상위 사회 계층에 속한 개인들의 소득과 부를 과소평가한다.

▸ 현재의 제약들을 극복하기 위해 우리는 획기적인 방법론을 활용한다. 이는 (가능하면 역외자산 추정치를 포함한) 국가 전체의 소득과 부에 관한 통계, 가계소득과 자산 조사 자료, 소득세 관련 자료, (자료가 있는 경우) 상속과 자산에 관한 데이터, 그리고 재산 순위 조사 자료를 비롯해 우리가 이용할 수 있는 모든 출처의 데이터를 체계적이고 투명하게 종합하는 방식이다.

▸ 이 보고서에 제시된 데이터 시리즈는 모든 대륙을 아우르며 WID.월드 데이터베이스에 기여하는 100명 이상의 연구자가 집단적으로 노력한 결과다. 모든 데이터는 wir2018.wid.world 사이트에서 볼 수 있고 얼마든지 복제할 수 있어서 누구든 독자적으로 불평등을 분석하고 결론을 내릴 수 있다.

2. 글로벌 소득 불평등에 관해
우리가 새롭게 알아낸 것은 무엇인가?

우리는 최근 몇십 년 동안 세계 거의 모든 지역에서 소득 불평등이 증가했으나, 그 증가 속도는 서로 다르다는 점을 보여준다. 발전 단계가 비슷한 국가들 사이에서도 국가 간 불평등 수준이 그토록 큰 차이를 보인다는 사실은 불평등의 양상을 결정하는 데 국가 정책이 중요한 역할을 한다는 점을 뚜렷이 보여준다.

소득 불평등은 세계 각 지역에서 다양하게 나타난다. 소득 불평등은 유럽에서 가장 낮고 중동에서 가장 높다.

▶ 세계 각 지역에서 불평등 수준은 큰 차이를 보인다. 2016년 국가별 전체 국민소득national income, NI 중 상위 10퍼센트 소득자에게 돌아가는 몫(상위 10퍼센트 계층 소득 비중)을 보면 유럽 국가들은 37퍼센트였고, 중국은 41퍼센트, 러시아는 46퍼센트, 미국과 캐나다는 47퍼센트, 사하라이남 아프리카 국가와 브라질, 인도는 약 55퍼센트였다. 우리 추정에 따르면 세계에서 가장 불평등한 지역인 중동에서는 상위 10퍼센트가 국민소득의 61퍼센트를 차지한다(도표 E1).

최근 몇십 년 동안 소득 불평등은 거의 모든 나라에서 증가했지만 그 증가 속도는 달랐는데, 이는 불평등의 양상을 결정하는 데 있어 제도와 정책이 중요하다는 점을 시사한다.

▶ 1980년 이후 소득 불평등은 북미와 중국, 인도, 러시아에서 급속히 증가했다. 유럽에서는 불평등이 완만하게 증가했다(도표 E2a). 광범위한 역사적 관점에서 보면 이 같은 불평등 증가는 제2차 세계대전 후 이들 지역에서 상이한 형태로 나타난 평등주의 체제egalitarian regime가 끝났음을 보여준다.

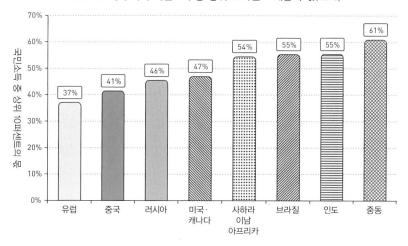

도표 E1 세계 각국 국민소득 중 상위 10퍼센트 계층의 몫(2016)

2016년 유럽에서는 소득 상위 10퍼센트 계층이 국민소득의 37퍼센트를 가져갔지만 중동에서는 61퍼센트를 가져갔다.

출처: WID.월드(2017). 데이터 시리즈와 주석은 wir2018.wid.world를 보라.

도표 E2a 세계 각국 국민소득 중 상위 10퍼센트 계층의 몫(1980~2016): 거의 모든 곳에서 불평등이 증가하지만 그 속도는 다르다

1980년 미국·캐나다에서는 소득 상위 10퍼센트 계층이 국민소득의 34퍼센트를 가져갔지만 2016년 에는 47퍼센트를 가져갔다.

출처: WID.월드(2017). 데이터 시리즈와 주석은 wir2018.wid.world를 보라.

▶ 일반적인 패턴에 대한 예외들도 있다. 중동과 사하라 이남 아프리카, 브라질에서는 소득 불평등이 극히 높은 수준에서 비교적 큰 변동 없이 지속되었다(**도표 E2b**). 전후 평등주의 체제를 경험한 적이 없는 이들 지역은 세계적으로 '불평등의 최전선inequality frontier'을 형성한다.

▶ 1980년 이후 국가별로 불평등 추세가 다양하게 관찰되는데, 이는 소득 불평등의 동태적 변화가 각 국가의 다양한 제도적·정치적 맥락에 따라 형성된다는 점을 보여준다.

▶ 이는 옛 공산권이나 규제가 강한 국가들, 즉 중국, 인도, 러시아 같은 나라들의 서로 다른 경로에서 뚜렷이 나타난다(**도표 E2a와 E2b**). 불평등 증가는 특히 러시아에서 급작스럽고 중국에서는 완만하며 인도에서는 비교적 점진적으로 나타났는데, 이는 지난 몇십 년에 걸쳐 이들 나라에서 서로 다른 형태의 규제 완화와 개방 정책이 추구되었다는 사실을 반영한다.

▶ 불평등 수준의 격차는 특히 서유럽과 미국 사이에서 극단적으로 나타났는데, 1980년에는 두 지역의 불평등 수준이 비슷했지만 오늘날에는 현격한 차이를 보인다. 1980년 두 지역에서 상위 1퍼센트 계층이 차지하는 몫은 전체 소득의 10퍼센트에 가까운 수준이었지만 2016년에는 서유럽에서 그 몫이 12퍼센트로 조금 늘어난 데 비해 미국에서는 20퍼센트로 치솟았다. 한편 미국에서 전체 소득 중 하위 50퍼센트 계층의 몫은 1980년에 20퍼센트를 넘었으나 2016년에는 13퍼센트로 감소했다(**도표 E3**).

▶ 미국에서 나타난 소득 불평등은 주로 1980년대 이후 최상위 계층의 노동소득이 급증하고 2000년대에 그들의 자본소득이 크게 늘었음에도

불구하고, 조세체계의 누진성이 점점 더 약화된 데다 교육 분야에서도 엄청난 불평등이 초래된 데 따른 것이다. 그에 비해 유럽 대륙에서는 조세의 누진성이 덜 약화되었고 저소득 계층과 중간소득 계층에 상대적으로 유리한 교육 정책 및 임금 책정이 이루어지면서 임금 불평등도 감소했다. 두 지역 모두 남성과 여성 간 소득 불평등은 감소했지만, 최상위 계층에서는 유독 심한 불평등이 남아 있다.

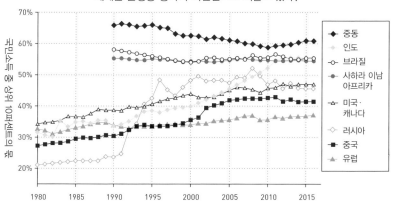

도표 E2b 세계 각국 국민소득 중 상위 10퍼센트 계층의 몫(1980~2016): 세계는 불평등 증가의 최전선으로 치닫고 있나?

1980년 인도에서는 소득 상위 10퍼센트 계층이 국민소득의 31퍼센트를 가져갔지만 2016년에는 55퍼센트를 가져갔다.

출처: WID.월드(2017). 데이터 시리즈와 주석은 wir2018.wid.world를 보라.

도표 E3 미국과 서유럽의 국민소득 중 상위 1퍼센트와 하위 50퍼센트가 차지하는 몫
(1980~2016): 갈수록 확대되는 소득 불평등 추이

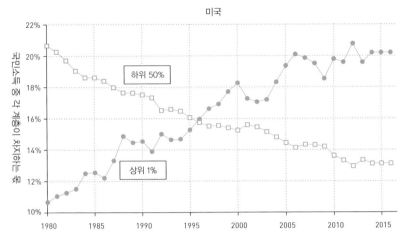

미국

1980년 서유럽에서는 소득 상위 1퍼센트가 국민소득의 10퍼센트를, 미국에서는 11퍼센트를 가져
갔다. 2016년 서유럽에서는 소득 상위 1퍼센트가 국민소득의 12퍼센트를 가져간 데 비해 미국에서
는 20퍼센트를 가져갔다.

출처: WID.월드(2017). 데이터 시리즈와 주석은 wir2018.wid.world를 보라.

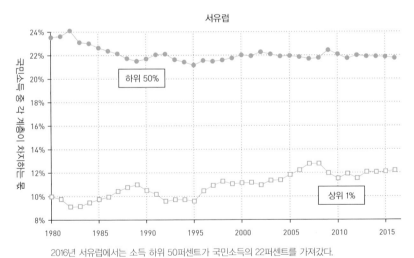

서유럽

2016년 서유럽에서는 소득 하위 50퍼센트가 국민소득의 22퍼센트를 가져갔다.

출처: WID.월드(2017). 데이터 시리즈와 주석은 wir2018.wid.world를 보라.

최근 몇십 년 동안 전 세계 시민 간의 불평등은 어떻게 변화해왔을까? 우리는 1980년 이후 늘어난 글로벌 소득이 전 세계 인구에 어떻게 분배되었는지를 보여주는 추정치를 처음으로 제시한다. 글로벌 소득 증가액 중 상위 1퍼센트 소득자들이 차지한 몫은 하위 50퍼센트 개인들이 가져간 몫의 2배에 달했다. 하지만 하위 50퍼센트도 상당한 소득 증가율을 기록했다. 두 집단 사이에 놓인 (유럽연합EU과 미국의 소득 하위 90퍼센트 집단을 모두 포함하는) 글로벌 중산층은 상대적으로 쪼그라들었다.

중국의 빠른 성장에도 불구하고, 글로벌 차원의 불평등은 1980년 이후 급속히 증가했다.

▶ 글로벌 인구 중 가난한 절반의 소득은 아시아(특히 중국과 인도)의 고성장 덕분에 상당히 늘어났다. 그러나 국가 내 불평등 수준이 높은 데다 계속 증가해 1980년 이후 글로벌 소득 증가액 중 세계 상위 1퍼센트 개인들이 차지하는 몫은 하위 50퍼센트 개인들이 차지하는 몫의 2배에 달했다(도표 E4). 글로벌 소득 하위 50퍼센트와 상위 1퍼센트 사이에 있는 개인들의 소득은 매우 느리게 늘어나거나 아예 늘어나지 않았다. 이 집단에는 북미와 유럽의 저소득층 및 중산층이 모두 포함된다.

▶ 글로벌 불평등이 일정하게 증가한 것은 아니다. 글로벌 소득 상위 1퍼센트의 몫은 1980년 16퍼센트에서 2000년 22퍼센트로 증가했지만 그 후에는 20퍼센트로 조금 낮아졌다. 글로벌 소득 하위 50퍼센트의 몫은 1980년 이후 9퍼센트 근처에서 오르내렸다(도표 E5). 2000년 이후 불평등 심화 추세가 깨진 것은 국가 내 불평등이 계속 증가하는 가운데 국가 간 평균 소득 불평등은 감소했기 때문이다.

도표 E4 글로벌 소득 불평등의 코끼리곡선(1980~2016)

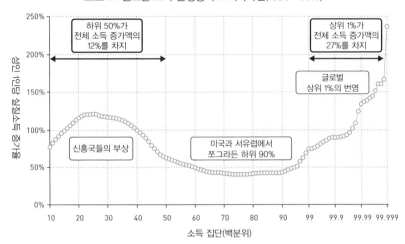

가로축은 전 세계 인구를 같은 크기의 100개 집단으로 나누어 각 집단의 소득 수준에 따라 왼쪽에서 오른쪽으로 오름차순으로 정리한 것이다. 세로축은 1980년부터 2016년까지 각 집단에 속한 평균적인 개인의 총 소득 증가율을 나타낸다. 99~99.1분위 집단(세계에서 가장 부유한 1퍼센트 중 하위 10퍼센트)의 경우 1980년부터 2016년까지 소득 증가율이 74퍼센트였다. 이 기간 중 상위 1퍼센트는 전체 소득 증가분의 27퍼센트를 차지했다. 소득 추정치는 각국 간 물가 차이를 고려한 것이다. 소득액은 인플레이션을 뺀 것이다.

출처: WID.월드(2017). 더 자세한 내용은 wir2018.wid.world를 보라.

도표 E5 글로벌 소득 상위 1퍼센트의 부상과 하위 50퍼센트의 정체(1980~2016)

2016년에는 글로벌 소득 상위 1퍼센트가 전 세계 소득의 20퍼센트를 가져간 반면 하위 50퍼센트는 10퍼센트를 가져갔다. 1980년에는 글로벌 소득 상위 1퍼센트가 전체 소득의 16퍼센트를 가져간 반면 하위 50퍼센트는 8퍼센트를 가져갔다.

출처: WID.월드(2017). 더 자세한 내용은 wir2018.wid.world를 보라.

3. 불평등 문제에서 민간자본과
공공자본 소유 구조의 변화는 왜 중요한가?

경제적 불평등은 대부분 민간부문이나 공공부문이 가질 수 있는 자본의 불평등한 소유에 따른 것이다. 우리는 1980년 이후 선진국과 신흥국을 막론하고 거의 모든 국가에서 공공부문의 부가 민간부문으로 대거 이전되었음을 보여줄 것이다. 선진국에서 국가의 부는 크게 증가했지만 공공부문의 부는 이제 마이너스이거나 0에 가깝다. 이는 불평등 문제에 대응하는 정부의 역량을 제약할 수 있으며, 이 문제는 확실히 개인 간 부의 불평등에 있어 중요한 의미를 지닌다.

지난 몇십 년 동안 국가는 부유해졌지만 정부는 가난해졌다.

▶   국민순소득net national income 대비 민간순자산net private wealth 비율은 한 나라에서 개인들이 운용할 수 있는 자산 총액을 정부가 소유하는 공공부문의 자산과 비교해볼 수 있도록 통찰을 제공한다. 민간부문 자산과 공공부문 자산의 합계는 국가 전체의 자산과 같다. 민간부문과 공공부문 자산의 상대적 크기는 불평등 수준의 핵심적인 결정 요인이다.

▶   최근 몇십 년 동안 민간순자산은 전반적으로 증가했다. 1970년 대부분의 선진국에서 국민소득의 200~350퍼센트였던 민간순자산은 오늘날 400~700퍼센트로 증가했다. 이는 2008년 금융위기나 일본과 스페인 같은 일부 국가에서 나타난 자산 가격 거품에 대체로 영향을 받지 않았다 (도표 E6). 중국과 러시아에서는 민간자산이 이례적으로 크게 증가했는데, 이들 나라의 경제가 공산주의에서 자본주의 체제로 이행함에 따라 각각 3배와 4배로 늘어났다. 이들 나라의 국민소득 대비 민간자산 비율은 프랑스와 영국, 미국의 수준에 가까워지고 있다.

▶   반대로 공공순자산net public wealth(즉, 공공자산에서 공공부채를 뺀

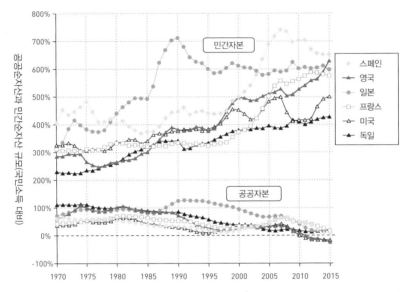

도표 E6 선진국 민간자본의 증가와 공공자본의 감소(1970~2016)

(범례)
스페인
영국
일본
프랑스
미국
독일

민간자본

공공자본

2015년 미국에서 공공순자산(공공자본)은 마이너스(국민순소득의 −17퍼센트)인 데 비해 민간순자산(민간자본) 가액은 국민소득의 500퍼센트였다. 1970년에는 공공순자산이 국민소득의 36퍼센트에 달했으며 민간순자산은 국민소득의 326퍼센트였다. 민간순자산은 민간부문 자산에서 민간부채를 뺀 금액이다. 공공순자산은 공공부문 자산에서 공공부채를 뺀 금액이다.

출처: WID.월드(2017). 데이터 시리즈와 주석은 wir2018.wid.world를 보라.

값)은 1980년대 이후 거의 모든 나라에서 감소했다. 중국과 러시아에서는 공공자산이 국민자산national wealth의 60~70퍼센트에서 20~30퍼센트로 감소했다. 공공부문 순자산은 심지어 최근 미국과 영국에서 마이너스가 되었으며, 일본과 독일, 프랑스에서는 소폭의 플러스에 그쳤다(**도표 E7**). 이는 경제를 규제하고 소득을 재분배하며 불평등 증가를 완화하는 정부의 능력을 제약한다고 할 수 있다. 공공부문 자산이 감소하는 일반적인 추세에서 예외는 노르웨이처럼 대규모 국부펀드sovereign wealth fund를 가진 산유국들뿐이다.

도표 E7 공공자본의 감소(1970~2016)

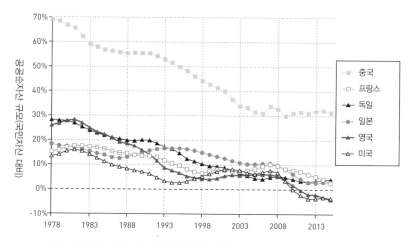

1980년 프랑스에서 전체 국민자산 중 공공자산이 차지하는 비중은 17퍼센트였지만 2015년에는 3퍼센트였다.

출처: WID.월드(2017). 데이터 시리즈와 주석은 wir2018.wid.world를 보라.

4. 글로벌 부의 불평등에 관해 우리가 새롭게 발견한 것은 무엇인가?

대규모 민영화와 소득 불평등 증가가 결합되면서 국가 내에서 개인들 사이의 자산 불평등 증가를 부추겼다. 러시아와 미국에서는 자산 불평등이 극단적으로 증가한 데 비해 유럽에서는 완만한 추세를 보였다. 선진국에서 자산 불평등은 아직 20세기 초의 극심한 수준까지 회귀하지는 않았다.

1980년 이후 개인 간 자산 불평등은 국가별로 다른 속도로 증가했다.

▷ 지난 40년 동안 소득 불평등이 증가하고 부가 공공부문에서 민간부문으로 대거 이전됨에 따라 개인 간의 자산 불평등이 증가했다. 그러나 유럽과 미국에서 자산 불평등은 아직 20세기 초의 수준에는 이르지 않았다.

▷ 반면 미국에서 자산 불평등은 매우 큰 폭으로 증가해 전체 부에서 상위 1퍼센트 계층이 차지하는 부는 1980년 22퍼센트에서 2014년 39퍼센트로 늘었다. 이러한 불평등 증가는 대부분 상위 0.1퍼센트 자산 소유자들의 부상에 따른 것이었다. 프랑스와 영국에서는 지난 40년 동안 최상위 부유층의 몫이 더 완만하게 늘어났는데, 이는 일정 부분 중산층의 주택자산이 늘어나 불평등 완충 효과를 냈고 미국보다 소득 불평등 수준이 낮았기 때문이다(도표 E8).

▷ 중국과 러시아 경제가 공산주의에서 자본주의 체제로 이행함에 따라 이들 국가에서도 최상위 부유층의 몫이 크게 늘어났다. 중국과 러시아에서 1995년부터 2015년 사이 전체 자산 중 상위 1퍼센트 계층의 몫은 각각 15퍼센트에서 30퍼센트로, 그리고 22퍼센트에서 43퍼센트로 늘어났다.

도표 E8 세계 각국 자산 중 상위 1퍼센트가 차지하는 몫(1913~2015): 개인 간 자산 불평등의 변화

러시아에서 상위 1퍼센트가 전체 자산에서 차지하는 몫은 1995년 22퍼센트에서 2015년 43퍼센트로 늘어났다.

출처: WID.월드(2017). 데이터 시리즈와 주석은 wir2018.wid.world를 보라.

5. 미래의 글로벌 불평등은 어떻게 바뀌며 우리는 이에 어떻게 대응해야 하는가?

우리는 각기 다른 시나리오에 따라 2050년까지 소득과 부의 불평등을 전망한다. 앞으로도 '지금 과 같은 추세'가 계속되면 글로벌 불평등은 더 심화될 것이다. 그렇지 않고 모든 나라가 지난 몇십 년간 불평등이 완만하게 증가해온 유럽의 경로를 따른다면, 글로벌 소득 불평등은 감소할 수 있다. 이 경우 글로벌 빈곤을 뿌리 뽑는 데 상당한 진전이 이뤄질 것이다.

'지금과 같은 추세'가 지속되면 글로벌 자산 분포상 중산층의 몫은 쪼그라들 것이다.

▷ 국가 내 자산 불평등이 심화되면서 글로벌 자산 불평등을 부추겼다. 중국과 유럽, 미국의 경험을 합쳐 세계의 추세를 파악할 경우 1980년부터 2016년 사이 전 세계 부에서 가장 부유한 1퍼센트에 속하는 이들의 몫이 28퍼센트에서 33퍼센트로 늘어나는 동안 하위 75퍼센트의 몫은 10퍼센트 안팎에서 오르내린다.

▷ 지금과 같은 자산 불평등 추세가 이어진다면 (중국과 유럽연합, 그리고 미국이 대표하는 세계에서) 글로벌 상위 0.1퍼센트 부자들이 소유하는 부는 2050년까지 글로벌 자산 중산층의 몫을 따라잡을 것이다(도표 E9).

'지금과 같은 추세'에서는 글로벌 소득 불평등 역시 증가할 것이며, 신흥국들의 성장 을 낙관적으로 가정하더라도 그럴 것이다. 그러나 이것이 필연적인 결과는 아니다.

▷ 각국이 1980년 이후 거쳐온 소득 불평등의 경로를 계속 따라간다면 글로벌 소득 불평등 역시 증가할 것이다. 앞으로 30여 년 동안 아프리카 와 남미, 아시아에서 비교적 높은 소득성장이 예상된다 하더라도 그럴 것 이다. 모든 나라가 1980년부터 2016년까지 미국이 걸어온 심한 불평등의

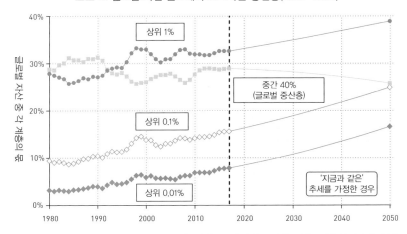

도표 E9 글로벌 자산 분포에서 쪼그라든 중산층(1980~2050)

2016년 중국과 유럽, 그리고 미국이 대표하는 세계에서 글로벌 자산 중 상위 1퍼센트 계층이 차지하는 몫은 33퍼센트였다. '지금과 같은 추세'가 이어질 때 글로벌 자산 중 상위 1퍼센트 집단이 차지하는 몫은 2050년까지 39퍼센트에 이르고 상위 0.1퍼센트 집단이 소유하는 자산(26퍼센트)은 중산층 전체의 몫(27퍼센트)과 맞먹게 될 것이다. 1987년부터 2017년까지 글로벌 자산 분포에서 각 집단의 변화는 중국과 유럽, 그리고 미국의 사례를 나타내는 것이다. 금액은 인플레이션을 뺀 것이다.

출처: WID.월드(2017). 데이터 시리즈와 주석은 wir2018.wid.world를 보라.

도표 E10 미래의 소득 불평등 증가는 필연적인 것이 아니다

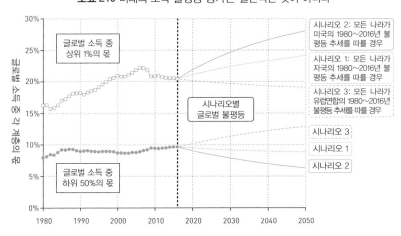

모든 나라가 2017년부터 2050년까지 1980~2016년 미국의 불평등 추세를 따를 경우 2050년까지 글로벌 소득 중 상위 1퍼센트의 몫은 28퍼센트에 이를 것이다. 계층별 소득 비중 추정치는 구매력평가 유로로 계산한 것이다. 구매력평가는 각국 간 물가 차이를 고려한 것이다. 또한 소득 금액은 인플레이션을 고려한다.

출처: WID.월드(2017). 데이터 시리즈와 주석은 wir2018.wid.world를 보라.

경로를 따른다면, 글로벌 불평등은 더 크게 증가할 것이다. 반면 모든 나라가 1980년부터 오늘날까지 유럽연합이 걸어온 경로를 따른다면, 글로벌 불평등은 완만하게 감소할 것이다(도표 E10).

▶ 국가 내 불평등의 동태적 변화는 글로벌 빈곤을 퇴치하는 데 커다란 영향을 미친다. 각국이 어떤 불평등의 경로를 따르느냐에 따라 세계 인구 중 가난한 절반의 소득은 2050년까지 성인 1인당 연간 4500유로에서 9100유로까지 2배의 차이를 보일 수 있다(도표 E11).

도표 E11 불평등은 글로벌 빈곤에 중요한 영향을 미친다

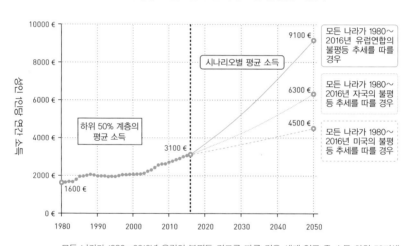

모든 나라가 1980~2016년 유럽의 불평등 경로를 따를 경우 세계 인구 중 소득 하위 50퍼센트의 평균 소득은 2050년까지 9100유로로 늘어날 것이다. 소득 추정치는 구매력평가 유로로 계산한 것이다. 비교하자면 구매력평가 기준 1유로는 1.3달러, 4.4엔과 같다. 구매력평가는 각국 간 물가 차이를 고려한다. 또한 소득 금액은 인플레이션을 고려한 것이다.

출처: WID.월드(2017). 데이터 시리즈와 주석은 wir2018.wid.world를 보라.

글로벌 소득과 자산 불평등에 대응하려면 개별 국가와 글로벌 차원에서 조세 정책을 전환해야 한다. 여러 나라의 교육 정책과 기업지배구조, 임금 책정 관련 정책도 재평가할 필요가 있다. 통계의 투명성도 필수다.

누진적인 조세는 최상위 계층에서의 소득과 자산 불평등에 맞서는 데 유용성이 입증된 수단이다.

▶ 이와 관련된 연구는 누진적인 조세가 불평등과 맞서 싸우는 데 효과적인 수단임을 보여주었다. 누진적인 세율은 세후 불평등을 줄여줄 뿐만 아니라 최상위 소득자들이 공격적으로 급여 인상과 자산 축적을 위한 협상에 나서 성장의 더 많은 몫을 차지하려 하는 유인을 줄임으로써 세전 불평등도 감소시킨다. 조세의 누진성은 1970년대부터 2000년대 중반까지 선진국과 일부 신흥국에서 급속히 약화되었다. 2008년 글로벌 금융위기 이후 누진도의 감소 추세는 멈췄고 어떤 나라에서는 반전되기도 했지만, 미래의 변화는 불확실한 상태로 남아 있으며 민주적인 토의에 따라 상황이 달라질 것이다. 또한 불평등이 심한 신흥국들에서는 상속세가 아예 없거나 거의 0에 가까운 세율이 적용되고 있어, 이들 나라에서 중요한 세제 개혁의 여지가 있다는 점에 유의해야 한다.

금융자산의 소유권을 기록하는 글로벌 금융등록제도는 탈세와 돈세탁을 크게 줄이고, 불평등 증가도 크게 완화해줄 것이다.

▶ 조세체계는 불평등에 대응하는 하나의 결정적인 수단이지만 이는 또한 여러 잠재적인 걸림돌에 부딪히고 있다. 최근 '조세천국 문건Paradise Papers'(세계 주요 인사들이 조세천국을 이용해 세금을 회피했음을 보여주는 문건으로, 2017년 11월 국제탐사보도언론인협회ICIJ가 공개했다 — 옮

간이)의 폭로에서 드러났듯이 탈세는 그중에서도 특히 중요한 걸림돌이다. 여러 조세천국에 머무르고 있는 자산은 1970년대 이후 크게 늘어났으며 현재 글로벌 국내총생산GDP의 10퍼센트에 이른다. 지금과 같은 세계화 시대에 조세천국이 부상하면 부와 자본소득에 대한 적절한 측정과 과세가 어려워진다. 토지와 부동산 등기 제도는 몇 세기 동안 존재해온 제도이지만 오늘날에는 자산이 점점 더 금융증권의 형태를 취함에 따라 가계가 보유한 자산 중 많은 부분을 놓치고 있다. 각국의 과세 당국이 탈세에 효과적으로 맞서기 위해 활용할 수 있는 글로벌 금융등록제도를 만드는 데는 몇 가지 기술적인 대안이 있다.

교육과 보수가 괜찮은 일자리에 대한 더 평등한 기회가 주어져야만 전체 인구 중 가난한 절반의 소득이 정체되거나 증가세가 느려지는 문제를 해결할 수 있다.

▶　최근 연구 결과는 평등한 교육 기회에 대한 공개적인 논의와 교육에 대한 접근성이 불평등한 현실 사이에 엄청난 괴리가 존재할 수 있음을 보여준다. 예컨대 미국에서는 부모가 소득 하위 10퍼센트에 속하는 가정의 자녀 100명 가운데 20~30명만이 대학에 간다. 반면 부모가 소득 상위 10퍼센트에 속한다면 대학 진학자가 90명으로 늘어난다. 긍정적인 연구 결과는 명문 대학들이 가난한 집안의 학생들에게 문호를 넓힌다고 반드시 교육 성과가 떨어지는 건 아니라는 점이다. 선진국과 신흥국 모두 평등한 교육 기회를 주려면 (학자금과 입학 제도를 바꾸는 것과 더불어) 검증 가능하며 투명한 목표를 설정할 필요가 있다.

▶　평등한 교육 기회를 주면 많은 것을 이룰 수 있지만, 분배 구조상 하위 계층에 속하는 사람들이 보수가 괜찮은 일자리에 접근하도록 보장하는 기제가 없으면 교육만으로는 불평등을 해소하는 데 충분치 않을 것이

다. 기업지배구조에서 노동자들의 대표성을 증진시키고 적절한 최저임금을 책정하는 일은 그 목표를 이루는 중요한 수단이다.

정부는 앞으로 현재의 소득과 자산 불평등 문제를 다루고 불평등이 더 심화되는 걸 막는 데 투자할 필요가 있다.

▷   지금의 불평등에 대응하고 불평등이 더 심화되는 걸 막으려면 교육과 보건, 환경보호에 대한 공공 투자가 필요하다. 그러나 이는 선진국들의 정부가 가난해지고 많은 부채를 진 상황에서는 특히 어려운 일이다. 공공부채를 줄이기란 결코 쉽지 않지만 그 목표를 이루기 위한—부에 대한 과세와 부채 경감, 인플레이션을 포함해—몇 가지 선택지가 있으며, 그것은 역사적으로 많은 부채를 진 정부가 젊은 세대의 역량을 강화하기 위해 활용해온 대안들이다.

『세계불평등보고서 2018』을 펴내는 목적은 전 세계적으로 불평등에 관한 민주적 토론에 참여하는 모든 진영에 가장 완전한 최신 자료를 제공함으로써 불평등에 관한 공개적인 토론이 더 많은 정보를 바탕으로 이뤄지도록 하는 데 기여하는 것이다.

경제적 불평등은 광범위하게 확산되어 있으며 어느 정도는 불가피한 현상이다. 그러나 우리는 적절히 대응하지 않는다면 심화되는 불평등이 온갖 정치적·사회적 재앙으로 이어질 거라 믿는다. 그 재앙들을 피하는 일은 불평등을 주의 깊게 감시하는 데서 출발한다.

어떤 사회에서든 인간은 불평등에 깊은 관심을 갖는다. 불평등 수준의 변화는 사람들의 생활 조건에 실제적인 영향을 미치며, 우리의 가장 기본적이고 소중한 정의와 공정의 관념에 대해 문제를 제기한다. 서로 다른 사회 집단에 속한 사람들은 받을 만한 것을 모두 받고 있는가? 경제체제는 국내적으로, 그리고 세계적으로 서로 다른 부류인 노동소득자와 자산소유자들을 균형 잡힌 방식으로 평등하게 대우하고 있는가? 전 세계 사람들은 불평등 중 어떤 것은 받아들일 수 있고 어떤 것은 받아들일 수 없는지에 관해 흔히 상반되는 뚜렷한 견해를 갖고 있다.

그리고 이 또한 어느 정도는 늘 맞는 말일 것이다. 우리 목표는 불평등 문제에 관해 모든 사람의 동의를 이끌어내는 것이 아니다. 그런 일은 결코 일어나지 않을 것이다. 한마디로 이상적인 불평등 수준을 달성하고 유지하기 위한 가장 바람직한 사회 정책과 제도는 말할 것도 없고, 그런 불평등 수준에 관한 단 하나의 과학적 진실이란 존재하지 않기 때문이다. 결국 불평등에 관한 어려운 선택은 공개적인 숙의 및 정치 제도와 절차에 달려 있다.

우리는 이상적인 불평등 수준에 관해 모든 이의 동의를 이끌어내려 하지는 않지만, 그렇더라도 불평등에 관한 얼마간의 사실에 대해서는 사람들이 동의하리라 믿으며 그렇게 되기를 바란다. 이 보고서의 당면한 목표는 세계자산·소득데이터베이스World Wealth and Income Database(WID.월드)의 새로운 데이터 시리즈를 한데 모아 새로 발견한 글로벌 불평등의 여러 추세를 보여주는 것이다.

WID.월드는 2000년대 초에 시작해 성과를 축적해가는 공동 연구 작업으로서 현재 전 대륙에 걸쳐 70개국 이상을 연구 대상으로 삼으며, 100명이 넘는 연구자가 참여하고 있다. WID.월드는 전 세계의 국가 내, 그리고 국가 간 소득과 자산 분배의 역사적 변화에 관한 가장 광범위한 데이터베이스를 누구나 이용할 수 있도록 개방하고 있다.

이 보고서에서 우리는 새롭게 이룬 것을 크게 세 가지로 제시할 수 있다. 첫째, 새롭게 이용 가능한 자료원 덕분에 신흥국들과 세계 전체를 더 광범위하게 연구할 수 있는 자료를 제공한다. 최근까지 불평등에 대한 연구는 주로 더 나은 자료에 접근할 수 있다는 점 때문에 유럽과 북미, 일본과 같은 선진국에 초점을 맞추는 경향이 있었다. 『세계불평등보고서 2018』부터 우리는 중국과 인도, 브라질, 남아프리카공화국, 러시아, 중동을 포함한 신흥국과 개발도상국에서 나타나는 불평등의 동태적 변화에 관해 알아낸 사실을 제시할 수 있다. 우리는 최근 몇십 년 동안 세계 대부분의 지역에서 불평등이 증가했지만 그 속도는 서로 다르다는 점을 보여주며, 이는 정책과 제도의 상이점이 중요한 차이를 만들어낼 수 있음을 시사한다. 이처럼 지리적으로 포괄 범위가 확대됨에 따라 이제 글로벌 소득 집단별로 소득 증가율을 추적할 수 있으며 전체 세계 시민 사이의 불평등을 분석할 수 있다.

둘째, 우리는 소득 분포상 최하위 집단부터 최상위 집단까지 일관된 방식으로 분석한다. 최근까지 불평등에 관해 이용할 수 있는 장기 데이터 시리즈는 대부분 최상위 소득 계층의 몫에 초점을 맞췄다. 이 보고서에서 우리는 전체 인구 중 하위 집단들에 돌아가는 몫이 어떻게 달라졌는지를 분석하여 새롭게 발견한 사실을 제시한다. 우리는 많은 나라에서 하위 소득자들의 몫이 크게 줄었음을 보여줄 것이다. 특히 1980년 이후 미국에서 소득 하위 50퍼센트 계층의 몫은 극적으로 줄어들었지만 다른 선진경제국에서는 그렇지 않았음을 보여주며, 이 과정에서도 정책이 핵심적인 역할을 한다는 점을 시사할 것이다.

셋째, 새로운 데이터 시리즈는 자산 분배와 자산 구조가 어떻게 변화해왔는지를 분석할 수 있게 해준다. 불평등에 관해 이용 가능한 데이터 시리즈는 대부분 자산보다는 소득에 초점을 맞춰왔다. 우리는 『세계불평등보고서 2018』에서 공공부문과 민간부문 간 자산 분배 구조의 변화와 개인자산의 집중화에 관하여 새롭게 알아낸 사실을 보여줄 수 있다. 우리는 많은 선진국에서 공공부문의 부(자산에서 부채를 뺀 값)가 0에 가깝거나 심지어 마이너스라는 사실을 보여줄 텐데, 이는 일부 신흥국(그중에서도 특히 중국)에서의 상황과 대조적이다.

우리는 소득과 자산 불평등이 어떻게 변하고 있는지를 측정하는 능력에 있어서 여전히 많은 제약이 있다는 사실을 잘 알지만, 그럼에도 위에서 이야기한 바는 분석에서 중요한 진전을 이룬 것이다. WID.월드와 세계불평등보고서의 목표는 우리가 완벽한 데이터 시리즈를 확보했다고 주장하려는 게 아니라 우리가 무엇을 알고 무엇을 모르는지를 명백히 하는 것이다. 우리는 이용할 수 있는 서로 다른 출처의 데이터들을 체계적인 방식으로 종합하고 조화시키고자 했다. 그것은 국민계정상의 소득과 자산, 가계동향조사로 파악한 소득과 자산, 소득세와 상속세, (제도가 도입된 경우) 부유세 과세로 얻은 조세 자료, 재산 순위 자료들이다.

그러한 출처의 데이터 중 어떤 것도, 그리고 그 데이터와 관련된 어떤 방법론도 그 자체만으로는 충분하지 않다. 특히 우리는 자산 분포를 측정하는 능력이 제한적이며, 쓸 수 있는 서로 다른 출처의 자료들이 언제나 완전한 일관성을 갖는 것은 아님을 강조한다. 그러나 우리는 이처럼 여러 출처의 자료들을 합리적이고도 명백하게 설명할 수 있는 방식으로 결합함으로써 더 나은 정보를 바탕으로 공개적인 토론이 이뤄지도록 도울 수 있다고 믿는다. 우리 데이터 시리즈에 깔려 있는 방법과 가정은 온라인으로 이용할 수 있는 연구논문에 투명하게 제시되어 있다. 다른 이들이 우리 연구를 복제하고 확장할 수 있도록 모든 원데이터 출처와 컴퓨터 코드는 쉽게 접근 가능하도록 했다.

우리 목표 중 하나는 각국 정부와 국제기구들이 소득과 부에 관해 더 많은 원데이터를 공개하도록 압력을 가하는 것이다. 우리는 소득과 자산의 불평등을 투명하게 드러내는 자료가 부족하기 때문에 오늘날 세계화된 경제에서 이 문제에 대해 평화적이고 민주적인 토론이 이뤄질 가능성이 크게 떨어진다고 본다. 특히 각국 정부가 믿을 만하고 상세한 조세 통계를 일반인들이 이용할 수 있도록 제공하는 것이 결정적으로 중요한데, 따라서 정부는 소득과 상속, 부에 대하여 적절하게 작동하는 보고 체계를 운영해야 한다. 그게 부족하면 불평등의 변화를 두고, 또 그에 대해 무엇을 해야 하는지를 두고 정확한 정보를 바탕으로 한 토론을 하기가 대단히 어렵다.

우리가 자료의 출처와 개념들에 관한 필요한 모든 세부 사항을 제공하는 가장 중요한 이유는 관심 있는 시민이 이처럼 중요하고도 어려운 현안들에 관해 스스로 견해를 갖도록 하려는 것이다. 경제 현안들은 경제학자와 통계학자, 정부 관료, 혹은 기업계 지도자들의 전유물이 아니다. 그것은 모든 사람의 관심사이며, 그와 관련해 다수의 힘을 키우도록 돕는 것이 우리의 주된 목표다.

제1부

WID.월드 프로젝트와
경제적 불평등의 측정

WID.월드 프로젝트와 경제적 불평등의 측정

이 보고서는 국가 내, 그리고 국가 간 소득과 자산 불평등의 역사적 변화에 관한 가장 광범위한 데이터베이스인 WID.월드에서 활용할 수 있는 경제 관련 데이터를 바탕으로 한다.

▶ WID.월드는 2000년대 초에 시작된 연구 협력과 축적의 과정으로서, 현재 모든 대륙에 걸쳐 70개국 이상을 연구 대상으로 삼으며 100명이 넘는 연구자가 참여하고 있다.

▶ 공식적인 불평등 측정치는 대부분 조사 대상자가 스스로 보고하는 서베이 자료에 의존하는데, 이는 흔히 최상위 소득을 과소평가하며 보통 거시경제적 성장 통계와 일치하지 않는다.

▶ 따라서 사람들은 흔히 언론을 통해 듣는 국내총생산 성장률 수치들과 자기 주위에서 보는 개인별 소득 및 자산 추이 사이의 관련성을 이해하는 데 어려움을 겪는다. 이는 경제 통계에 대한 신뢰를 떨어트리고 불평등에 관한 건전한 공론을 방해할 여지가 있다.

▶ WID.월드는 일관되고 체계적인 방식으로 이용할 수 있는 자료원들(국민계정, 조세와 자산 통계, 서베이)을 결합하고 연구 대상 기간을 일부 국가의 경우 길게는 200년까지 확장함으로써 이런 문제를 바로잡으려 한다.

▶ 우리 목표는 사실을 바탕으로 민주적 토론이 이뤄지도록 돕고자 국내총생산과 같은 거시경제 통계와 일치하면서도 일반인들이 쉽게 이해하고 활용할 수 있는 불평등 통계를 제시하는 것이다.

▶ 우리는 이들 데이터를 WID.월드 사이트에서 자유롭게 이용할 수 있도록 현대적인 디지털 도구를 사용한다. 우리의 데이터 시리즈는 완전히 투명하며 복제 가능하다. 관심 있는 이들은 누구나 우리의 컴퓨터 코드와 여러 가정, 상세한 연구 보고서들을 온라인으로 찾아서 활용할 수 있다.

경제적 불평등은 서로 다른 지표와 자료원을 이용해 다양한 방식으로 측정할 수 있는 복잡한 현상이다. 이들 지표의 선택은 중립적이지 않으며, 연구 결과에 상당한 영향을 미칠 수 있다. 적절한 정책을 설계하고 싶어 하는 이라면 누구든 현재와 과거의 불평등에서 나타나는 동태적 변화를 명료하게 이해해야 한다. 그래서 우리는 앞으로 이 보고서를 이해하는 데 꼭 필요한 핵심 개념들을 간략히 소개한다.

경제적 불평등을 추적하기 위해 이용하는 데이터의 출처와 기준이 무엇이든 간에 그 측정은 기본적으로 같은 자료를 입력하는 데서 출발한다. 소득과 자산의 분포가 그것이다. 어떤 소득 집단이나 자산 집단에 대해서든 그 분포는 집단에 속하는 개인의 수와 그 집단의 전체 소득 혹은 자산에서 그들이 차지하는 몫을 보여준다. 따라서 그런 분포는 비교적 복잡한 정보의 집합으로서, 간단히 요약할 수 있는 게 아니다. 불평등지수들은 그처럼 복잡한 데이터 집합들을 종합적으로 기술하려는 것이다.

공식적인 불평등 보고서와 통계들은 흔히 지니지수Gini index와 같은 종합적인 불평등 측정치를 이용한다. 기술적으로 말하자면 지니는 모든 개인과 개인의 소득이나 자산의 평균 격차를 의미한다. 이를 국가 간에, 그리고 시기별로 비교할 수 있도록 적절히 정규화해서 완전한 평등은 0, (한 사람이 모든 것을 갖는) 완전한 불평등은 1이 되도록 한다. 지니지수는 흔히 시간과 공간에 걸쳐 불평등을 비교할 수 있도록 해주는 편리하고 종합적인 수단으로 제시된다.

그러나 이와 같은 지수는 그 계산이 기술적이며, 독자가 그것을 해석하기 위해 수학적 지식을 갖춰야 한다는 점에서도 기술적이다. 예를 들어 세계은행World Bank에 따르면 2014년 베트남에서 소비의 불평등을 보여주는 지니지수는 0.38이었다. 이 숫자는 큰가, 작은가? 지니지수 0.38은 베트남이 완전한 불평등(지수 1)으로부터 0.62만큼 떨어져 있음을 의미한다. 완전한 불평등으로부터 이 정도로 떨어져 있는 것은 받아들일 만한가? 시민과 언론인, 그리고 정책 결정자들이 그러한 기준을 이해하기란 쉽지 않다.

게다가 지니지수의 (한 사회의 모든 개인에 관한 정보를 종합한다는) 강점은 이 지수의 약점이기도 하다. 이 지수는 분배 구조를 하나의 지수로 요약하기 때문에, 주어진 하나의 지니계수Gini coefficient 값이 실제로는 근본적으로 다른 분배 구조를 나타낼 수 있다. 예컨대 어떤 나라는 빈곤이 감소하면서 지니가 낮아지는 동시에 상위 10퍼센트 계층에 돌아가는 몫이 증가하면서 지니가 높아지는 경험을 할 수 있다. 이 두 가지 효과가 상쇄되면 전체적인 지니는 변함없이 유지될 수 있으며, 이는 소득 분배가 변하지 않고 있다는 인상을 주지만 사실은 중산층이 상대적으로 쪼그라들고 있는 것이다.

지니지수는 또한 그 바탕에 깔린 수학적 특성들 때문에 소득과 자산 분포에서 지난 몇십 년 동안 가장 큰 변화가 일어난 바로 그 최상위와 최하위 계층의 변화를 경시하는 경향이 있다. 마지막으로, 지니지수를 산출하는 데 쓰이는 원자료는 흔히 상대적으로 질이 낮으며 특히 분배 구조상 최상위 계층의 자료가 그렇다. 최상위 계층의 소득과 자산 수준은 보통 믿기 어려울 만큼 낮다. 종합적인 지수들을 이용하는 것은 때로 그러한 데이터의 문제를 숨기는 방법이 될 수 있다.

우리는 단일 지수를 쓰는 대신 불평등의 몇 가지 지표를 활용하면서, 전체 인구 중 어느 특정한 집단들이 불평등의 변화를 이끌어가고 있는지를 투명하게 밝히는 방식이 바람직하다고 믿는다. 이는 이 보고서 전반에 걸쳐 우리가 선택하는 방식이다. 분배 구조는 전체 인구 중 일정한 부분을 대표하는 특정 사회 집단별로 나눠볼 수 있다. 예를 들어 전체 인구 중 최하위 10퍼센트, 그다음 10퍼센트, 또 그다음 10퍼센트를 나누는 식으로 최상위 10퍼센트와 1퍼센트까지 올라가는 것이다. 그다음에는 집단별로 평균 소득과 그 집단에 들어가는 데 필요한 최소한의 소득을 측정할 수 있다. 예컨대 2016년 미국에서 어떤 성인이 최상위 10퍼센트 집단에 들어가려면 적어도 한 해 12만4000달러(9만5000유로) 이상을 벌어야 한다. 최상위 10퍼센트 소득자들은 한 해 평균 31만7000달러(24만2000유로)를 번다. 그와는 완전히 대조적으로 하위 50퍼센트 소득자들은 한 해 평균 1만 6000달러(1만3000유로)를 번다. 미국에서는 누구든 이런 수치와 관련지어 자신의 소득을 비교해볼 수 있을 것이다.

불평등을 측정하는 다른 효과적인 방법은 국민소득 중에서 각 집단이 차지하는 몫에 초점을 맞추는 것이다. 예를 들어 2016년 미국에서는 상위 10퍼센트 계층이 국민소득의 47퍼센트를 차지했다. 즉 상위 10퍼센트 계층의 평균 소득은 미국 국민 전체 평균 소득의 4.7배에 이른다. 이 집단은 완벽하게 평등한 사회에서 벌 수 있는 액수의 4.7배를 버는 것이다. 그와 대조적으로 하위 90퍼센트 계층은 국민소득의 53퍼센트를 가져가므로, 이 집단에 속하는 개인들은 평균적으로 미국 성인 1인당 평균 소득의 59퍼센트(0.53을 0.9로 나눈 값)를 번다. 이 사실을 말하는 데 도덕적 판단은 개입되지 않으며 각 집단의 몫은 정당화될 수도 있고 되지 않을 수도 있다. 여기서 중요한 것은 이 지표들이 정확하고 의미 있다는 점이다.

이와 같은 분석은 상위 10퍼센트 계층에 국한되어서는 안 되며, 하위 50퍼센트 또는 하위 50퍼센트와 상위 10퍼센트 사이에서 흔히 '중산층'이라 불리는 계층 등 다른 집단의 소득 수준과 대비한 비중도 설명돼야 한다. 최근 연구에서 상위 10퍼센트 계층 내의 불평등이 심하고, 갈수록 더 심화되는 것으로 나타나면서 연구자는 분배 구조상 상위 계층을 더 정밀하게 분석하려 할 수 있다. 예컨대 최상위 1퍼센트에 초점을 맞추려고 할 수도 있다. 그렇다면 그 최상위 1퍼센트를 10개 집단으로 나누는 것처럼 더 작은 집단으로 세분하는 것도 의미가 있을 것이다. 이런 과정을 계속해서 최상위 0.1퍼센트를 1퍼센트의 10분의 1의 10분의 1로 나눌 수도 있다. 전체적으로 이런 접근 방식을 활용하면 종합적인 지수를 이용할 때보다 불평등의 수준과 변화를 더 상세하면서도 간명하게 기술하는 게 가능하다.

글로벌 불평등 데이터는 어디서 찾아야 하나?

사람들이 이해할 수 있는 불평등지수들은 불평등에 관한 건전한 토론을 하도록 돕는 데 필요하지만 충분하지는 않다. 결국 중요한 것은 확실하고 믿을 수 있는 경제 데이터의 원천이다. 그러나 믿을 만한 불평등 통계를 생산하는 데는 시간이 걸리며, 여러 나라를 대상으로 장기간에 걸쳐 그러한 추정치를 제공하는 일은 많은 연구자의 참여 없이는 불가능하다. 특정 국가에 대한 지식을 가지고 자료원에 접근할 수 있고 각국의 정치·경제·문화적 특수성을 적절히 이해하는 연구자들의 참여가 필요한 것이다. 이런 점을 생각하면 왜 지금까지 불평등 통계의 생산이 흔히 다른 개념과 추정 기법을 활용하는 여러 상이한 연구 집단에 분산되어왔는지 이해할 수 있을 것이다.

오늘날 세계적인 불평등 데이터베이스로는 몇 가지가 있다. 주요 불평등 데이터베이스로는 세계은행의 포브칼넷PovcalNet, 룩셈부르크소득연구소Luxembourg Income Study, LIS, 남미·카리브해국가 사회·경제데이터베이스 Socio-Economic Database for Latin America and the Caribbean, SEDLAC, 경제협력개발기구OECD 소득분배데이터베이스Income Distribution Database, IDD를 들 수 있다. 범위를 확장하기 위해 이들 데이터베이스를 결합하는 다양한 자료원도 있는데, 가장 중요한 것으로 세계패널소득분포World Panel Income Distribution, LM-WPID와 세계표준소득불평등데이터베이스Standardized World Income Inequality Database, SWIID가 있다. 마지막으로, 국제연합UN은 세계소득불평등데이터베이스World Income Inequality Database, WIID를 구축하고 있는데, 이는 사용하는 개념에 관한 상세한 정보와 함께 모든 일차적인 데이터베이스 및 개별적인 연구 계획들을 거의 망라한 통계조사로 이루어진다.

이들 데이터베이스는 연구자와 정책 결정자, 언론인, 그리고 지난 몇십 년 동안 불평등의 변화에 주목해온 일반 대중에게 유용한 것으로 판명되었다. 그러나 이들 자료원은 또한 거의 전적으로 특정 정보원(가계동향조사)에 의존하며, 이는 불평등의 측정 문제에 관한 한 뚜렷한 한계가 있음을 의미한다. 가계동향조사는 대부분 개인과의 면접이나 가상 인터뷰로 이루어지며 그 개인들은 자신의 소득과 부, 다른 사회경제적 삶의 측면들에 관해 질문을 받는다.

이러한 동향조사는 소득이나 자산뿐만 아니라 사회와 인구 측면의 정보를 수집하기 때문에 특히 값지다. 따라서 이런 조사는 소득과 자산 불평등을 결정하는 요인들을 더 잘 이해하도록 해주며, 불평등 문제를 더 넓은 맥락(인종이나 지역, 교육, 혹은 젠더와 관련된 불평등)에서 볼 수 있게 도와준다.

그러나 가계동향조사의 주된 문제는 조사 대상자들이 소득과 부에 관해 스스로 밝히는 정보에 전적으로 의존한다는 점이다. 따라서 이런 조사는 최상위 소득과 자산 수준을 제대로 알려주지 못하며, 전반적인 불평등을 잘못 나타낸다. 이는 또한 (국내총생산 통계에 나타난) 거시경제의 성장과 (동향조사에서 소득 분포상 하위 계층과 중간 계층에 대해 보고된) 가계의 소득 증가 사이의 중대한 불일치를 초래할 수 있으며, 그에 따라 경제 통계에 대한 신뢰를 떨어트릴 수 있다(50쪽의 **상자 1.1**을 보라).

조세 자료는 서베이 자료가 포착할 수 없는 불평등의 동태적 변화를 잡아낸다

서베이의 추정치들은 전체 인구 중 전국에 걸쳐 있는 대표적인 집단들로부터 수집한 것으로, 조사 대상자가 스스로 보고한 정보에 의존한다. 어떤 서베이에서든 가장 먼저 생각할 수 있는 문제는 표본의 제한적인 크기다. 어마어마하게 부유한 개인들은 그 수가 적기 때문에 일반적으로 조사대상에 포함될 가능성이 아주 낮다. 어떤 서베이에서는 부유층에 대한 과대표본추출oversampling—조사 대상에 부유한 개인들을 더 많이 포함시키는 방식—로 이 문제를 해결하려 하지만 이 방식은 일반적으로 부자들에 관한 믿을 만한 정보를 얻는 데 불충분하다. 부자들의 경우 무응답 비율이 높기 때문이다. 더욱이 서베이에서 본인이 밝힌 매우 높은 소득은 때때로 보고 오류에 따른 것이기 때문에 흔히 극단적인 값을 정리하기 위해 톱코딩top coding(상한선을 넘어서는 데이터 포인트에 대한 검열 처리—옮긴이) 방식으로 수정한다. 그러므로 서베이는 일반적으로 분배 구조상 지난 몇십 년 동안 가장 큰 변화가 일어난 바로 그 최상위층의 소득과 자산 수준을 심하게 과소평가한다.

　이러한 제약을 극복하는 최선의 방법은 서로 다른 유형의 자료원을 결합하는 것이며, 특히 서베이 자료와 함께 행정 당국의 과세 자료를 활용하는 방법이 있다. 당초 세금을 걷을 목적으로 수집한 과세 자료는 연구자들에게도 귀하다. 서베이에 비해 과세 자료는 부유층의 소득과 자산 분포에 관해 더 완전하고 신뢰할 만한 실상을 보여준다.

　서베이와 과세 자료의 불평등 추정치에서 발견되는 차이를 뚜렷이 나타내기 위해 다음과 같은 사례를 생각해보자. 공식적인 서베이 자료에 따르면 2015년 중국의 최상위 1퍼센트 소득자들은 국민소득의 6.5퍼센트를 차지했다. 그러나 WID.월드 프로젝트에서 생산된 새로운 추정치는 최근에 공개된 최상위 소득자 과세 자료로 서베이 자료를 바로잡은 것으로서, 최상위 1퍼센트 집단의 몫을 국민소득의 6.5퍼센트에서 11.5퍼센트에 가까운 수준으로 끌어올리는 것이다.[1] 브라질의 경우 서베이 자료에서는 가장 부유한 10퍼센트가 2015년 전체 소득의 40퍼센트 조금 넘는 몫을 받아가는 것으로 나타나지만, 서베이 결과를 과세 자료 및 국민계정 통계와 결합하면 실제로는 국민소득의 55퍼센트 이상을 받아간다는 사실을 발견할 수 있다(도표 1.1을 보라). 이 두 사례에서 볼 수 있듯이 서베이가 최상위 계층의 몫을 과소평가하는 정도는 나라에 따라—그리고 소득 분위에

도표 1.1 브라질 상위 10퍼센트 소득자의 몫(2001~2015):
서베이와 국민계정 등(WID.월드) 자료의 비교

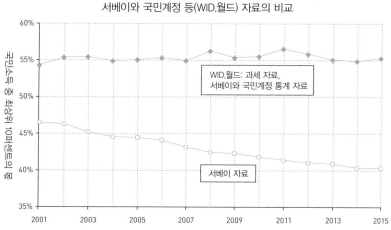

가계동향조사에 따르면 최상위 10퍼센트 계층은 2015년 국민소득의 약 40퍼센트를 가져갔다. 그러나 과세 자료와 서베이, 국민계정 데이터로 조정한 추정치는 그들의 몫이 55퍼센트에 이른다는 걸 보여준다.

출처: 모르간(2017). 데이터 시리즈와 주석은 wir2018.wid.world를 보라.

따라—다양하게 나타날 수 있지만 언제나 상당한 차이가 날 가능성이 크다. 이처럼 과세 자료와 국민계정 데이터로 최상위 계층의 수치를 조정하지 않고 서베이 자료만으로 국가 간 비교를 한다면 신뢰성이 떨어질 가능성이 크다.

가계동향조사에서 부유층에 대한 조사가 불충분한 것은 시기별로 정확한 비교를 하는 데도 방해가 될 수 있다. 예를 들어 서베이 자료에 따르면 브라질의 불평등은 2001년과 2015년 사이에 감소했지만 소득세 자료는 실제로 이 기간에 불평등이 높은 수준에서 확고하게 유지됐음을 보여준다. 비슷한 결과를 중국에서도 찾아볼 수 있는데, 최상위 10퍼센트 소득 계층의 몫은 1978년부터 2015년까지 15퍼센트포인트 증가했지만 공식적인 서베이 추정치에 따르면 그 증가 폭은 단 9퍼센트포인트에 불과했다.

인도에서는 서베이 데이터에 최상위 소득자들에 관한 정보가 없다는 사실로 서베이 데이터에서 볼 수 있는 전반적으로 매우 낮은 소비 증가율과 국민계정 데이터에서 볼 수 있는 훨씬 더 빠른 성장률 사이의 괴리를 최고 30퍼센트까지 설명할 수 있다.[2]

행정 당국의 과세 자료도 최상위 계층에서 나타나는 측정의 문제로부터 자유롭지 못하다. 그 자료 역시 탈세 때문에 최상위 계층의 소득과 자산 수준을 과소평가하는 경향이 있다. 그런 까닭에 우리의 불평등 추정치는 대부분의 경우 가장 낮은 추정치로 봐야 한다. 하지만 이 수치들은 적어도 서베이를 바탕으로 한 측정치보다는 더 그럴듯한 하한선이다. 우리는 잠재적인 탈세가 확산된 나라들을 비롯해 모든 나라에서 과세 자료에 나타난 최상위 계층의 소득 수준이 서베이 자료에서 보고된 수준보다 상당히 높다는 점을 발견한다. 그 이유는 간단하다. 법규를 따르지 않는 납세자가 과세 당국에 자신의 소득을 줄여서 신고할 경우에는 적어도 어떤 잠재적인 제재에 직면하겠지만, 서베이에서는 소득을 줄여서 말한다고 해도 그런 제재가 없기 때문이다. 더욱이 과세 당국은 (고용주나 은행과 같은) 제3자로부터 점점 더 많은 자료를 수집하는데, 이는 납세 순응성tax compliance을 높여준다.

서베이 자료에 비해 과세 자료가 지니는 또 한 가지 이점은 시간상 더 오랜 기간을 아우른다는 점이다. 행정 당국의 과세 자료는 보통 해마다 이용할 수 있다. 소득세는 20세기 초부터 시작되었고 몇몇 나라의 상속세는 도입 시점이 19세기 초까지 거슬러 올라간다. 그와 달리 전국적으로 이뤄지는 서베이는 해마다 실시하는 경우가 드물고, 1970~1980년대 이전에는 전혀 실시된 바가 없다. 그런 자료를 이용해 장기적인 변화를 연구하는 것은 불가능하다. 불평등의 가장 중요한 변화 중 일부는 장기간에 걸쳐 나타난다는 점을 고려할 때 이는 심각한 제약이다. 몇십 년을 살펴볼 수 있는 데이터를 확보하면 일시적인 충격이나 측정의 문제에 따른 단기적인 변동과 구분해 중요한 거시경제적 변화를 반영하는 장기적인 추세를 알아내는 데 도움이 된다.

새롭게 주목하는 소득 불평등과 세계최상위소득데이터베이스

지난 15년 동안 소득 불평등의 장기적인 변화를 이해하는 문제에 대한 새로운 관심이 높아졌다. 많은 연구에서 여러 나라의 최상위 소득 계층의 몫에 관한 시계열을 구축했다.[3] 이들 연구는 불평등의 추세를 둘러싼 공개 토론에 정보를 제공하는 자료의 원천으로서뿐만 아니라 추가적인 분석을 위한 연구 자원으로 활용하고자 많은 양의 데이터를 생산해냈다. 이 보고서는 많은 부분 사이먼 쿠즈네츠의 선구적인 연구를 따랐으며, 소득 분배에 관한 그의 측정치를 더 많은 나라와 더 긴 기간으로 확장했다.[4]

2011년 1월에 이들 데이터 시리즈에 편리하고 자유롭게 접근할 수 있도록 하기 위해 세계최상위소득데이터베이스World Top Income Database, WTID가 만들어졌다. 100명이 넘는 연구자가 기여한 덕분에 WTID는 20세기 대부분과 21세기 초에 걸쳐 30개국 이상의 소득 불평등 시계열 자료를 아우르는 정도로 확장되었다. 이 데이터 시리즈는 최근 몇십 년 동안 나타난 불평등 증가에 관한 토론에 다시 집중하고 새로운 사실을 드러내면서 장기간에 걸쳐 최상위 소득 집단(예컨대 최상위 1퍼센트)의 몫을 비교할 수 있게 해주었기 때문에 세계적으로 불평등에 관한 논의에 커다란 영향을 미쳤다.

WTID에서 이용할 수 있는 최상위 소득자들의 몫에 관한 시계열 자료는 모두 같은 목적을 가지고—소득 집중도의 장기적인 변화를 나타내기 위해 조세 자료를 활용하는—공통된 방법론을 토대로 하고 있지만, 기간별로나 국가별로나 관찰 대상이 되는 단위와 소득의 개념, 그리고 이용한 통계 방법이 완전히 동질적인 것은 결코 아니었다. 더욱이 대부분의 경우 연구자는 전체 분배 구조보다는 최상위 10분위에만 주목했고, 데이터 시리즈는 대개 부가 아닌 소득에 관한 자료였다. 이런 이유로 방법론을 재검토하고 명료하게 할 필요성이 제기되었다.

2015년 12월에 WTID는 세계자산·소득데이터베이스(WID.월드)로 흡수되었다. 이렇게 바꾼 명칭은 이 프로젝트의 확장된 범위와 포부를 반영한다. 새 데이터베이스는 소득뿐만 아니라 자산 불평등도 측정하고, 최상위 계층뿐만 아니라 분배 구조 전반에 걸쳐 소득과 부의 동태적 변화를 포착하는 것을 목표로 한다.

WID.월드의 가장 중요한 혁신: 국민계정의 소득과 부를 일관성 있게 배분하기

WID.월드 프로젝트의 가장 중요한 혁신은 과세 자료와 서베이, 자산과 국민계정 통계를 일관되고 체계적인 방식으로 결합하는 분배국민계정 Distributional National Accounts, DINA을 만드는 것이다.[5] 분배국민계정 산출을 위한 모든 컴퓨터 코드와 상세한 데이터 시리즈, 그리고 연구논문은 물론 완전한 방법론적 지침들(알바레도 외, 2016)도 WID.월드에서 온라인으로 찾아볼 수 있다. 여기서는 방법론에 관해 중요한 몇 가지만 요약해 소개한다.

앞서 설명한 것처럼 소득과 부에 관한 행정 데이터는 흔히 서베이보다 더 믿을 만한 정보의 원천이 된다. 하지만 아쉽게도 그 데이터는 전체 인구 중 일부, 다시 말해 세금 신고를 하는 일부 집단에 관한 정보만을 제공한다. 이 문제는 신흥국에서 특히 중요하다. 예를 들어 인도에서 소득세 납세자는 성인 인구의 6퍼센트를 조금 넘는 사람들을 의미할 뿐이다. 따라서 인도에서 서베이 자료는 소득 분포상 하위 94퍼센트의 불평등을 측정하기 위해 이용할 수 있는 유일한 정보원이다. 우리는 국민소득과 자산의 분포를 추정하기 위해 과세 자료와 자산 통계, 국민계정과 함께 비판적이고 신중한 자세로 서베이 자료에도 의존해야 한다.

과세 자료의 또 한 가지 제약은 기간과 나라에 따라 세제 개념이 달라질 수 있다는 점이다. 일반적으로 과세 자료로부터 분배 통계를 산출할 수 있는데 (노동소득과 배당, 자본소득 같은) 각종 소득이 과세 대상인지 여부에 따라 과세 자료에 나타날 수도 있고 나타나지 않을 수도 있다. 이러한 차이는 국제적인 비교와 역사적인 비교를 어렵게 할 여지가 있다.

이처럼 데이터를 조화시키는 문제는 국민계정─특히 국민소득과 국민자산의 개념─관련 데이터를 기준점으로 활용함으로써 어느 정도 극복할 수 있다. 우리는 불평등을 분석하기 위해 이런 개념들을 선택했지만 그렇다고 그것들이 완벽하게 만족스럽다고 생각하진 않는다. 오히려 국민계정 통계들은 불충분하며 많은 개선이 필요하다고 본다.

그렇더라도 우리가 보기에 국민계정을 개선하는 가장 좋은 방법은 그 것들을 다른 자료원과 대조하고 분위별로 국민소득과 부의 배분을 시도 하는 것이다. 국민계정의 이점 가운데 가장 중요한 것은 그 통계가 각국의 경제활동을 측정하기 위해 국제적으로 표준화된 정의를 따른다는 점이다. 따라서 국민계정 통계는 과세 자료보다 기간별·국가별로 더 일관된 비교 를 할 수 있게 해준다. 국민계정 통계의 정의는 특히 국가별 세법이나 법 체계에 따라 달라지지 않는다.

국민계정에서 가장 널리 이용되는 총합 중 하나는 국내총생산이다. 그 러나 국내총생산 통계는 서로 다른 사회 집단이 경제성장으로부터 얼마나 혜택을 받는지 (혹은 못 받는지) 가늠할 만한 아무런 정보도 제공하지 않 는다.[6] 게다가 국내총생산은 한 나라의 총소득을 가늠하는 데 있어 만족 스러운 측정치가 아니다. 자본 가치가 크게 감소하거나 소득이 해외로 대 거 유출되는 나라에서는 국내총생산 규모가 크더라도 거주자들에게 분배 할 소득은 그보다 훨씬 더 적을 수 있기 때문이다.

국민소득 개념은 각국의 소득을 비교하고 소득의 분배와 성장을 분석 하는 데 더 나은 기준이 되는 지표다. 국민소득은 국내총생산에서 자본의 가치 감소분을 빼고 해외순소득을 더한 값이다.

<hr />

상자 1.1

세계불평등보고서에서 우리는 어떤 유형의 경제적 불평등을 측정하는가?

이 보고서는 소득과 자산 불평등을 가늠하기 위한 통합되고 일관된 접 근 방식을 제시하려 한다. 제목이 가리키듯 이 보고서의 토대가 되는 세 계자산·소득데이터베이스(WID.월드)의 가장 중요한 포부와 혁신은 실제 로 부와 소득을 동일하게 강조하면서 경제적 불평등의 이 두 가지 측면을 가능한 한 밀접하게 관련짓는 것이다.

그렇게 하는 데는 몇 가지 이유가 있다. 첫째, 소득 불평등을 적절하게 분석하려면 총소득을 두 가지 범주의 소득 흐름, 즉 노동으로 얻는 소득과 자본으로 얻는 소득으로 분해하는 게 필수다. 자본소득은 최근 몇십 년 동안 불평등 증가의 중요한 원인이 되었으며, 매우 긴 기간에 걸친 소득 분배의 변화과정에서는 더 큰 역할을 한다.

다음으로, 우리의 가장 중요한 목표 중 하나는—자본 축적과 전체적인 자산 구조, 민영화나 국유화 정책, 공공부채의 변화와 같은—거시경제의 문제들을 미시경제적인 불평등 연구와 관련짓는 것이다. 경제에서 '자본capital'의 측면에 관한 (즉, 자본과 투자, 부채 같은 것에 초점을 맞추는) 연구는 곧잘 (임금, 소득이전, 빈곤, 불평등과 같은 문제를 들여다보는) '가계household'의 측면에 관한 연구와 동떨어져 이뤄진다.

그러나 우리는 아직도 많은 진전이 이뤄져야만 완전히 통합된 접근 방식을 제시할 수 있다는 점을 분명히 해야 한다. 이 보고서는 그런 방향으로 나아가기 위한 한 걸음으로 여겨져야 한다. 예를 들어 보고서의 제3부에서 우리는 여러 나라(특히 미국과 프랑스)에서 소득과 자산 불평등의 종합적인 변화를 완전히 분석할 수 있다. 그렇게 하려면 세전소득과 세후소득의 불평등뿐만 아니라 세전소득 분포상 각 십분위의 저축률 분포도 신중하게 측정해야 한다.

더 많은 데이터를 이용할 수 있게 됨에 따라 이런 유의 분석은 점점 더 많은 나라로 꾸준히 확장될 것이다. 세전소득과 세후소득, 저축률, 그리고 자산 분포에 관한 데이터 시리즈의 조합은 또한 우리가 소득과 부, 소비(즉, 소득에서 저축을 뺀 값)의 불평등을 체계적인 방식으로 관련지을 수 있도록 해준다.

한편 우리가 보기에 불평등과 빈곤에 관한 연구에서 종종 그러하듯이 소비를 중시하는 관점을 지나치게 강조하는 것은 실책이다. 소비는 확실히 부를 나타내는 대단히 중요한 지표이며, 자산 분포상 하위 계층에서 특히 그렇다. 문제는 통상 소비의 불평등을 연구하는 데 이용되는 가계 동향조사는 분배 구조상 최상위 계층의 소비와 소득, 자산 수준을 과소 평가하는 경향이 있다는 점이다. 또한 일반적으로 소득의 매우 많은 부분을 저축하는 상위 소득 집단의 경우 소비 개념이 늘 잘 정의되는 것은 아니다. 그들은 훗날 더 많이 소비하기 위해 그런 선택을 하는 면도 있지만 일반적으로는 부를 소유함으로써 얻는 명망과 안전, 그리고 경제력을 갖기 위해 그런 선택을 한다. 우리 견해로는 경제적 불평등에 관한 일관되고 전체적인 관점—즉, 소비자와 노동자뿐만 아니라 자본의 소유자와 투자자로서의 경제적 주체들을 보는 관점—을 가지려면 소득과 부를 동일하게 강조하는 것이 매우 중요하다.

우리가 쓰는 소득과 부의 다양한 개념—특히 세전 국민소득과 세후 국민소득, 그리고 개인의 자산 개념—은 국민소득과 자산계정에 관한 국제적인 지침들(SNA 2008)을 이용해 정의한다. 정확한 기술적 정의는 분배국민계정 가이드라인에서 온라인으로 찾아볼 수 있다.●

● 다음 논문을 보라. F. Alvaredo, A. B. Atkinson, L. Chancel, T. Piketty, E. Saez, and G. Zucman, "Distributional National Accounts (DINA) Guidelines: Concepts and Methods Used in WID.world," WID.world Working Paper no. 2016/2, December 2016, http://wid.world/document/dinaguidelines-v1/.

국민소득은 한 나라의 소득을 국내총생산보다 더 밀접하게 반영한다. WID.월드 데이터베이스는 약 200개국에 관한 국민소득 데이터 시리즈를 만들기 위해 서로 다른 출처에서 나온 거시경제 데이터를 결합한다. 이 국민소득 추정치는 여러 국제기구의 추정치와 일치하며, 한 가지 중요한 개선을 이뤄냈다. 즉 우리 데이터 시리즈는 공표된 국민계정에서 소득 일부가 빠져 있는 문제를 해결했다. 공식 자료를 보면 글로벌 차원에서 국외

에 지급한 소득이 국외에서 지급받은 소득보다 더 많은데, 이는 조세천국으로 간 일부 소득이 어디에도 기록되지 않기 때문이다. 우리는 주크먼(2013)이 처음으로 개발한 방법을 써서 글로벌 차원에서 사라진 소득을 찾아내 배분한다.[7]

(조세 자료로 측정한) 총 과세소득은 언제나 (국민계정으로 측정한) 국민소득보다 더 적다. 그 차이의 일부는 귀속임대료imputed rent(주택 소유주가 거주하는 집의 임대 가치)와 아직 분배되지 않은 이윤(개인에게 분배되지 않았지만 궁극적으로 기업 소유주들의 혜택으로 돌아가는 기업 이윤)처럼 세금을 내지 않는 소득의 흐름에 기인한다. 관련 데이터를 이용할 수 있고 그 데이터가 충분히 정확하다면 우리는 국민소득 중 과세 자료에서 빠져 있는 부분을 이러한 소득원으로부터 이득을 얻는 소득 집단에 귀속시킨다. 이 작업은 소득 분배 구조에 관해 상당한 시사점을 줄 수 있다. 예를 들어 2015년 중국에서 분배되지 않은 이윤을 과세소득에 더하고 나면 최상위 1퍼센트가 벌어들인 소득은 전체의 11.5퍼센트에서 14퍼센트로 늘어난다. 최근 미국과 중국, 프랑스, 브라질, 러시아를 포함해 선진국과 신흥국에서 발표된 다수의 연구논문은 과세되지 않는 소득을 고려한 불평등 통계를 산출하려고 시도해왔다.

그러나 현재 여러 나라에서 데이터의 제약 때문에 그러한 조정은 불가능하며, 이는 이들 나라의 불평등 추정치가 더 낮아지는 쪽으로 편향되어 있음을 의미한다. 이런 경우에 우리는 단순히 국민소득 통계를 이용해 과세소득을 비례적으로 늘려 총계가 국민소득과 같아지도록 한다.[8] 이러한 변형은 소득 분포에 영향을 미치진 않지만 우리가 기간별·국가별로 더 의미 있게 소득 수준의 변화를 비교하도록 해준다. 예를 들어 2013년 각국의 소득 상위 1퍼센트 집단에 드는 성인 1인당 평균 세전 국민소득에 있어 인도와 중국은 (각각 13만1000유로와 15만7000유로로) 비슷하지만 브라질(43만6000유로)과 미국(99만 유로)에서는 그보다 훨씬 더 높다는 사실을 우리 데이터는 보여준다.

자산 불평등 고려하기

최근 (임금 및 노동소득 변화와 더불어) 자본소득이 늘어난 결과로 소득 불평등이 심화됐다는 인식이 퍼지면서 자산 불평등에 대한 관심이 높아지고 있다. 자본소득에는 이자와 배당, 기업의 유보된 이익, 그리고 임대료가 포함된다. 대부분의 사람은 자본소득을 거의 얻지 못하는 반면 소득 분포상 최상위 계층에서는 이런 형태의 소득이 전체 소득 가운데 상당히 큰 부분을 차지한다.

자산에 대해 새롭게 관심을 갖는 또 다른 이유는 자산 총액이 소득보다 빨리 늘어나고 있으며, 이에 따라 (피케티와 주크먼이 2014년에 처음으로 보여주었듯이) 많은 나라에서 국민소득 대비 국민자산의 비율이 빠르게 높아지는 데서 찾을 수 있다. 자산이 소득보다 빠르게 늘어남에 따라 여러 나라에서—20세기 대부분의 기간에 줄어들었던—상속재산의 중요성이 다시 커지고 있다. 또한 글로벌 최상위 자산 소유자들이 보통 사람들보다 훨씬 더 빠른 속도로 부를 축적해왔으며, 이에 따라 글로벌 자산에서 그들이 차지하는 몫이 크게 증가했다는 (예를 들어 억만장자 순위와 같은) 광범위한 증거가 있다.

대부분의 나라가 부에 직접적으로 세금을 매기지 않기 때문에 자산 불평등에 관한 믿을 만한 추정치를 산출하려면 앤서니 앳킨슨과 앨런 해리슨(1978)의 선구적인 작업에서처럼 억만장자 순위와 소득세, 상속세 자료 같은 서로 다른 출처의 자료를 종합할 필요가 있다.[9] 세계적으로 역외 금융

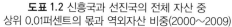

도표 1.2 신흥국과 선진국의 전체 자산 중
상위 0.01퍼센트의 몫과 역외자산 비중(2000~2009)

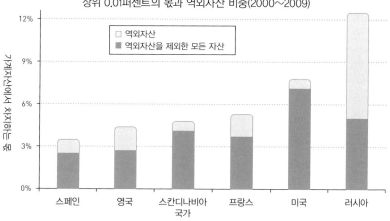

2000년부터 2009년까지 스칸디나비아 국가에서 상위 0.01퍼센트 집단이 전체 자산에서 차지하는 몫은 평균 4.8퍼센트였다. 그중 0.7퍼센트포인트가 역외 보유자산이었다.
출처: 알스타드세테르, 요하네센, 주크먼(2017). 데이터 시리즈와 주석은 wir2018.wid.world를 보라.

센터가 보유하는 자산이 갈수록 늘어나는 가운데 1980년대 이후 자산 관리가 세계화되면서 추가로 새로운 문제가 제기되었다. 게이브리얼 주크먼이 이끈 연구를 보면 이들 역외자산을 고려하는 것은 분배 구조의 맨 위에 있는 계층의 자산을 측정함에 있어 중요한 의미를 지닌다는 사실을 알수 있다(**도표 1.2**를 보라).[10] 더 일반적으로 말하면 다음에 논의하듯이 단순히 개별 국가 차원이 아니라 글로벌 관점에서 소득과 자산 불평등을 측정하는 것이 갈수록 더 중요해진다.

소득과 자산 분포: 국가 차원에서 지역·글로벌 차원으로

WID.월드 프로젝트의 한 가지 핵심 목표는 글로벌 소득과 자산 분포 통계를 작성하는 것이다. 이는 국경과 무관하게 글로벌 차원에서 가장 가난한 사람부터 가장 부유한 사람까지 개인의 소득과 자산 순위를 정하는 것이다. 우리는 또한 유럽과 중동처럼 개별 국가보다 더 넓은 지역에 대한 소득과 자산 불평등 추정치를 제공한다.

(불평등에 대응하는 정책을 포함해) 대부분의 정책은 국가 차원에서 결정되고 실행되므로 어떤 이는 글로벌 불평등 추정치를 산출하는 것이 무슨 의미가 있는지 의문을 품을 수 있다. 우리가 보기에 불평등의 동태적 변화에 대한 국가와 지역, 그리고 글로벌 차원의 연구는 상호 보완적이다. 그 이유는 다음과 같다. 첫째, 비록 세계정부는 존재하지 않지만 조세천국과 환경 측면의 불평등 같은 문제에 대응하는 글로벌 협력을 촉진하려는 시도들은 있다. 둘째, 각국 간 경제적 상호 의존성이 점점 더 커진다는 사실은 국가 내의 불평등을 초래하는 근본적인 경제 요인들을 완전히 이해하려면 글로벌 불평등의 동태적 변화를 살펴봐야 한다는 점을 시사한다. 마지막으로, 불평등에 관한 정치적 견해는 어떤 사람이 국가 내에서 차지하는 위치뿐만 아니라 더 넓은 지역 및 글로벌 차원에서 다른 이들과 비교되는 상대적인 위치에도 영향을 받을 것이다.

1980년대 이후 세계는 경제와 금융, 문화 면에서 더욱 통합되는 쪽으로 발전해왔다. 비록 세계화가—영국과 미국의 최근 선거에서 드러난 것처럼—회의를 불러일으키기는 하지만 오늘날 세계는 자본과 상품, 서비스, 그리고 아이디어가 높은 이동성을 가지며 그것들의 순환이 정보기술 혁신으로 더 원활해지는 상호 연결된 환경을 유지하고 있다. 일정 범위 내에서는 이미 글로벌 공동체가 존재하며, 이러한 글로벌 환경에서 시민이 스스로를 다른 시민과 상호 비교하는 것은 당연하다.

한 국가의 개인들은 글로벌 분배 구조의 하위 계층에 있는 사람들의 처지에 대해 윤리적인 관점에서 깊이 우려할 수 있다.[11] 또한 소득과 자산의 글로벌 분포나 지역적 분포에서 자신이 서 있는 위치에 관해서도 우려할수 있다. 신흥국의 고성장, 그리고 글로벌 소득 피라미드의 맨 꼭대기를차지하는 계층의 빠른 성장과 비교할 때 중하위 소득 집단의 성장은 정체되거나 느린 속도로 이뤄졌으며, 이는 최근 몇 년 동안 기득권층에 반대하는 투표로 이어졌을 수 있다. 국가 내의 시민은 이미 국경을 뛰어넘는 사고를 하고 있는 것으로 보인다.

글로벌 불평등 데이터는 또한 세계화가 분배에 미치는 영향을 분석하는 데 필요하다. 글로벌 최상위 계층의 성장은 불균형적으로 높은가? 아니면 전체 성장에서 글로벌 최상위 1퍼센트 집단이 차지하는 몫은 하위 50퍼센트 집단에서 나타난 성장과 비교할 때 적은 것인가? 이러한 근본적인 질문들에 답하기 위한 첫걸음은 전체 인구 중 최하위 계층부터 최상위 계층에 이르기까지 모든 집단을 포괄하는 글로벌 불평등 통계를 수집·생산하는 것이다.

제2부 제1장에서 설명하겠지만 우리는 이 목표를 향해 일관된 데이터 시리즈를 갖고 있는 지역과 국가들만 합산하며 신중하게 나아간다. 우리는 글로벌 소득 분포의 결과를 제시하지만 데이터의 제약 때문에 아직 글로벌 자산 분포를 분석하지는 못한다. (우리가 추정하는 '글로벌' 자산 분포는 미국과 유럽, 중국만 고려한 것이다.) 진정한 글로벌 자산 분포 시리즈 작성은 앞으로 세계불평등보고서 개정판의 중요한 목표가 될 것이다.

우리는 또한 궁극적으로 경제적인 차원의 글로벌 불평등과 환경 측면의 부정의를 비롯한 다른 형태의 글로벌 불평등 간의 상호작용을 더 깊이 이해하려고 한다.[12] 그러한 불평등 지표들은 예를 들어 기후변화에 대응하는 책임을 개인과 국가, 그리고 지역별로 할당할 때처럼 환경과 경제를 아우르는 정책을 결정하는 데 도움을 줄 수 있다.

2017년 1월 우리는 연구자들과 일반 대중이 이용자 친화적인 인터페이스를 통해 더 널리 볼 수 있도록 한다는 목표를 가지고 WID.월드 웹사이트의 첫 번째 판을 공개했다. 오대륙에 있는 100명이 넘는 연구자의 작업 덕분에 WID.월드 웹사이트는 이제 70개국 이상의 소득 불평등 자료, 30개국 이상의 공공부문과 민간부문 자산 자료, 180개국 이상의 국민소득과 국내총생산 자료를 모은다. WID.월드는 국가 간, 그리고 국가 내 소득과 자산 불평등의 역사적인 변화에 관해 이용 가능한 가장 광범위한 데이터베이스에 접근하도록 해준다. 불평등 데이터를 누구나 이용할 수 있도록 대중화하기 위한 시도의 일환으로 우리는 또한 WID.월드를―(표준) 중국어, 영어, 프랑스어, 스페인어―4개 언어로 만들어 30억 명이 자국 언어로 볼 수 있게 했다(도표 1.3을 보라).

개방적인 접근성과 투명성, 그리고 복제 가능성은 WID.월드 프로젝트

도표 1.3 2018년 WID.월드 프로젝트

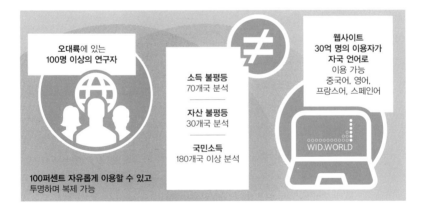

의 핵심 가치다. 이 웹사이트는 전문가나 비전문가 누구든 접근 가능하며 역사적인 글로벌 불평등 데이터를 이해할 수 있도록 설계되었다. 나아가 WID.월드의 모든 데이터 시리즈에는 작성 방법과 개념을 상세히 설명해주는 방법론 논문이 첨부되어 있다.

불평등 추정치를 산출하는 데 사용된 원데이터와 컴퓨터 코드도 웹사이트에 최신 자료로 올려둔다. 이런 수준의 투명성은 경제 데이터 제공 분야에서 이뤄진 또 하나의 핵심적인 혁신이다. 이는 관심 있는 연구자는 누구라도 우리 추정치를 더 정밀하게 가공하고, 원한다면 다른 가정들을 적용하며, 불평등을 더 잘 측정하고 이 데이터를 사회에 도움이 되는 방식으로 활용할 새로운 아이디어를 개발하도록 도울 수 있게 해준다. 우리 웹사이트는 경제적 불평등을 분석하는 일련의 도구와 더불어 나아간다.

『세계불평등보고서 2018』은 불평등 통계를 누구나 접근할 수 있도록 대중화하는 이러한 계획의 한 부분이다. 이 보고서에서 논의되고 제시되는 모든 데이터 시리즈는 온라인으로도 이용할 수 있으며 전적으로 복제 가능하다. 그러나 우리는 세계불평등보고서가 보고서 작성을 위해 특별히 수행된 분석을 담고 있으며, 따라서 이 보고서가 반드시 모든 WID.월드 연구원의 견해를 대변하는 것은 아니라는 점을 밝혀두고자 한다. 세계불평등보고서는 세계불평등연구소의 생산물이며, WID.월드 프로젝트의 일환으로 이루어진 연구와 글로벌 불평등의 동학에 관한 새로운 연구를 바탕으로 한다.

제1장 글로벌 소득 불평등의 동태적 변화

이 장의 정보는 파쿤도 알바레도와 뤼카 샹셀, 토마 피케티, 이매뉴얼 사에즈, 게이브리얼 주크먼이 2017년에 펴낸 논문 「글로벌 불평등과 성장의 코끼리곡선The Elephant Curve of Global Inequality and Growth」(WID.월드 워킹 페이퍼 시리즈 2017/20호, 「아메리칸 이코노믹 리뷰」에 수록 예정)을 바탕으로 한다.

▶ 글로벌 불평등에 관한 데이터 시리즈는 드물며 해석에 신중을 기할 필요가 있다. 그러나 우리는 세계불평등보고서에서 시도한 것처럼 일관되고 비교 가능한 데이터를 결합함으로써 놀라운 통찰을 줄 수 있다.

▶ 1980년 이후 소득 불평등은 북미와 아시아에서 급속히 증가했고, 유럽에서는 완만하게 증가했으며, 중동과 사하라 이남 아프리카, 브라질에서는 극히 높은 수준을 유지했다.

▶ 전 세계 인구 중 가난한 절반의 소득은 아시아의 고성장 덕분에 크게 늘어났다. 하지만 1980년 이후 성인 인구 중 소득 상위 0.1퍼센트 집단이 차지한 소득 증가액은 하위 절반의 소득 증가액과 맞먹었다.

▶ 글로벌 소득 하위 50퍼센트와 상위 1퍼센트 사이에 있는 개인들의 소득 증가는 느린 속도로 이뤄졌거나 심지어 전무했다. 북미와 유럽의 중하위 소득 집단이 여기에 포함된다.

▶ 글로벌 소득 불평등 증가는 꾸준히 이어지지 않았다. 글로벌 상위 1퍼센트 소득 계층의 몫은 1980년 16퍼센트에서 2000년 22퍼센트로 늘어났지만 그 후 20퍼센트로 조금 줄어들었다. 그 추세는 국가 내 불평등이 계속 증가하는 가운데 국가 간 평균 소득 불평등이 감소함에 따라 2000년 이후 깨졌다.

▶ 시장환율MER을 적용해 측정할 때 오늘날 소득 상위 10퍼센트의 몫은 60퍼센트에 이르지만 구매력평가PPP 환율을 적용할 때는 53퍼센트다.

▶ 글로벌 소득 증가의 동태적 변화는 국가 간 소득 격차가 작아지고 국가 내 소득 격차는 커지는 강력한 힘에 따라 달라진다. 표준 경제교역모형economic trade model은 이러한 동태적 변화—특히 최상위 계층의 불평등과 신흥국 내 불평등의 증가—를 적절히 설명하지 못한다. 글로벌 소득 불평등의 동학은 각국의 다양한 제도적·정치적 맥락에 따라 형성되며, 다음 몇 장은 그에 관해 설명하고 논의한다.

최근 몇 년 동안 글로벌 불평등의 동태적 변화는 점점 더 많은 관심을 끌었다.[1] 그렇지만 우리는 여전히 글로벌 소득과 자산의 분배 구조가 어떻게 변화하는지에 관해 아는 바가 거의 없는 형편이다. 우리가 이용할 수 있는 연구는 대체로 가계동향조사에 의존해왔는데, 이는 유용한 정보원이긴 하나 분배 구조상 최상위층의 불평등 변화를 정확하게 추적하지 못한다. 그에 비해 WID.월드와 관련해 수행된 새로운 방법론 연구와 실증 연구는 글로벌 소득의 동태적 변화를 더 잘 이해하도록 해주었다.

우리는 처음부터 글로벌 불평등의 동학을 밝히는 연구가 여전히 초기 단계에 있으며 아직 훨씬 더 많은 작업을 필요로 한다고 강조했다. 현재 데이터를 이용할 수 없는 여러 나라—특히 개발도상국과 신흥국—에서 국가 통계기관과 과세기관들이 소득과 자산 불평등에 관한 데이터를 공개하는 것은 매우 중요하다. 연구자들은 또한 일관성 있고 비교 가능한 추정치를 산출하기 위해 이들 데이터를 완전히 조화시키고 분석해야 한다. 세계불평등연구소와 WID.월드 연구 컨소시엄은 앞으로 이 작업에 계속 기여하고자 한다.

이 작업에 관한 여러 불확실성이 있다 하더라도 의미 있는 글로벌 소득 불평등 추정치를 산출하는 일은 이미 가능하다. WID.월드 데이터베이스는 국제적으로 비교할 수 있는 소득 불평등 추정치를 담고 있다. 이 추정치는 미국과 중국, 인도, 러시아, 브라질, 중동, 그리고 (프랑스와 독일, 영국 같은) 유럽 주요 국가의 소득 최하위 계층부터 최상위 계층까지 전 인구를 포괄한다. 이미 이들 지역의 불평등 추이를 비교해 대단히 많은 것을 추론할 수 있다. 우리는 단순한 가정들을 이용해 1980년 이후 매년 글로벌 소득을 100퍼센트 배분함으로써 나머지 나라들의 소득 변화를 추정해왔다(상자 2.1.1). 이 작업은 완전한 일관성을 갖춘 글로벌 소득 분포 작성을 향한 첫걸음으로 봐야 한다. 우리는 특히 아프리카와 남미, 아시아의 더 많은 자료원에 점진적으로 접근해가면서 앞으로 나올 세계불평등보고서와 WID.월드에서 이러한 추정치들을 경신하고 확장해 제시할 계획이다.

여기에 제시된 글로벌 불평등의 동학에 대한 탐색은 두 가지 중요한 이유로 1980년에서 출발한다. 첫째, 1980년은 여러 나라에서 불평등과 재분배 정책의 전환점이었다. 1980년대 초는 (특히 로널드 레이건과 마거릿 대처의 선출로) 서방 국가에서, 그리고 (중국과 인도의 규제 완화 정책으로) 신흥 경제국에서 불평등의 증가 추세와 주요 정책 변화가 시작된 시기다. 둘째, 1980년은 글로벌 동학에 대한 탄탄한 분석이 가능할 만큼 충분히 많은 나라에서 데이터를 활용할 수 있게 된 시점이다.

우리는 먼저 세계 주요 지역 내의 소득 불평등 변화에 관해 알아낸 기본적인 사실을 밝히면서 시작하려 한다. 중요한 발견은 세 가지다.

첫째, 세계 대부분의 지역에서 불평등이 증가하지만, 그 정도는 지역별로 매우 다르다는 점을 볼 수 있다. 우리는 도표 2.1.1a에서 구체적으로 (우크라이나, 벨라루스, 러시아를 제외하고 서유럽과 동유럽을 포괄하는) 유럽, (미국과 캐나다를 가리키는) 북미, 그리고 중국, 인도, 러시아의 상위 10퍼센트 소득 계층의 몫이 어떻게 변화했는지를 보여준다. 1980년 이후 이들 5개 지역에서 모두 상위 10퍼센트의 몫이 증가했다. 1980년 유럽과 북미, 중국, 인도에서 상위 10퍼센트의 몫은 약 30~35퍼센트였고, 러시아에서는 약 20~25퍼센트에 그쳤다. 1980년의 불평등 수준을 더 광범위하고 장기적인 관점에서 보면 대략 제2차 세계대전 이후에 나타난 이 같은 불평등 수준은 역사적인 기준에 따르면 비교적 낮은 편임을 알 수 있다(피케티, 2014). 사실 많은 차이점이 있기는 하나 이들 지역 모두 1950년에서 1980년 사이

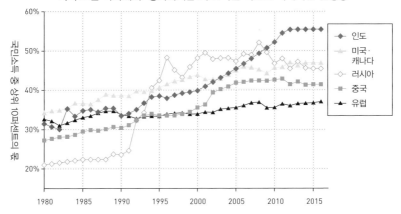

도표 2.1.1a 세계 각국 상위 10퍼센트 소득자의 몫(1980~2016):
거의 모든 나라에서 증가하지만 서로 다른 속도로 나타나는 불평등

1980년에 미국과 캐나다에서 상위 10퍼센트 소득자들은 국민소득의 34퍼센트를 가져갔지만
2016년에는 47퍼센트를 가져갔다.

출처: WID.월드(2017). 데이터 시리즈와 주석은 wir2018.wid.world를 보라.

에 상대적으로 평등한 국면을 거쳤다. 우선 단순화해서 말하자면 이 상대적으로 낮은 불평등 체제는 '전후 평등주의 체제post-war egalitarian regime' 라고 할 수 있다. 사회민주주의, 뉴딜, 사회주의, 공산주의 체제의 여러 변형 사이에는 분명히 중요한 차이들이 있지만 이 부분은 나중에 다시 논의할 것이다.

그 후 모든 지역에서 1980년부터 2016년 사이 상위 10퍼센트 소득 계층의 몫이 증가했지만, 그 정도에는 큰 차이가 있었다. 유럽에서는 그 증가세가 완만해 상위 10퍼센트의 몫은 2016년까지 약 35~40퍼센트로 증가했다. 반면 북미와 중국, 인도에서는 불평등 증가가 훨씬 더 두드러졌고, (정책의 기본 틀이 특히 극적으로 바뀐) 러시아에서는 그보다 더 심했다. 이 지역에서는 2016년 전체 소득에서 상위 10퍼센트 계층이 차지하는 몫이 약 45~50퍼센트로 늘어났다. 지역별로 불평등 증가 폭이 다르다는 사실은 정책과 제도가 중요하다는 점을 시사한다. 그러므로 세계화에 따라 자동적으로, 그리고 필연적으로 불평등이 증가한다고 볼 수는 없다.

둘째, 이 일반적인 패턴에는 예외가 있다. 다시 말해 지난 몇십 년 동안—특히 중동과 브라질(그리고 어떤 면에서는 남미 지역 전체), 남아프리카공화국(그리고 어떤 면에서는 사하라 이남 아프리카 전체)과 같이—소득 불평등이 극단적으로 심각한 수준에서 비교적 일정하게 유지된 지역들이 있다. 아쉽게도 이들 세 지역에서는 데이터의 이용 가능성이 더욱 제한적이다. 이들 지역의 데이터 시리즈가 1990년부터 시작되고, 우리가 이 지역의 모든 나라를 제대로 분석할 수 없는 것은 그 때문이다(도표 2.1.1b를 보라).

여러 차이점에도 불구하고 이들 세 지역의 놀라운 공통점은 불평등 수준이 극단적이고 지속적이라는 점이다. 브라질과 사하라 이남 아프리카의 전체 소득에서 상위 10퍼센트가 차지하는 몫은 55퍼센트에 이르고, 중동에서는 상위 10퍼센트의 몫이 보통 60퍼센트를 넘는다(도표 2.1.1c를 보라). 다양한 역사적인 이유로 이들 세 지역은 사실상 전후 평등주의 체제를 거친 적이 없었고, 언제나 세계에서 불평등이 가장 심각한 최전선에 있었다.

세 번째 놀라운 발견은 최상위 소득자의 몫이 시기와 국가별로 매우 큰 차이를 보이며, 이는 하위 50퍼센트 인구의 소득 수준과 그들의 몫에 중요한 영향을 미친다는 점이다. 다음과 같은 차이를 기억할 필요가 있다. 상위 10퍼센트 소득자의 몫은 국가와 시기에 따라 전체 소득의 20~25퍼센트에서 60~65퍼센트까지 다양하게 나타난다(도표 2.1.1a와 도표 2.1.1b를 보라). 최상위 소득 계층에 초점을 맞춰보면 상위 1퍼센트 소득자의 몫이 5퍼센트에서 30퍼센트까지 다양하며(도표 2.1.1d를 보라), 그들의 몫은 소득 하위 50퍼센트 인구의 몫과 똑같다는 사실을 알 수 있다(도표 2.1.1e를 보라).

달리 말해 소득 총계는 같은 수준이더라도 분석 대상 국가와 기간의 소

도표 2.1.1b 세계 각국 상위 10퍼센트 소득자들의 몫(1980~2016):
세계는 불평등 증가의 최전선으로 치닫고 있나?

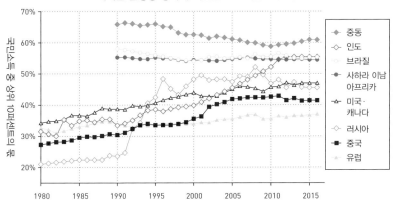

인도의 국민소득에서 상위 10퍼센트 소득자들이 차지하는 몫은 1980년 31퍼센트에서 2016년 55퍼센트로 늘어났다.

출처: WID.월드(2017). 데이터 시리즈와 주석은 wir2018.wid.world를 보라.

도표 2.1.1c 세계 각국 상위 10퍼센트 소득자들의 몫(2016)

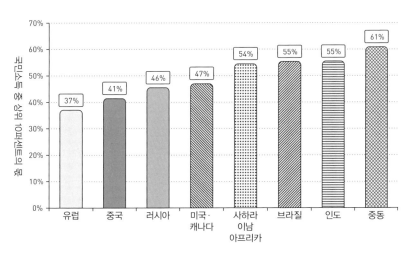

2016년 국민소득 중 상위 10퍼센트 계층이 차지하는 몫은 유럽에서는 37퍼센트인 데 비해 중동에서는 61퍼센트였다.

출처: WID.월드(2017). 데이터 시리즈와 주석은 wir2018.wid.world를 보라.

도표 2.1.1d 세계 각국 상위 1퍼센트 소득자들의 몫(1980~2016)

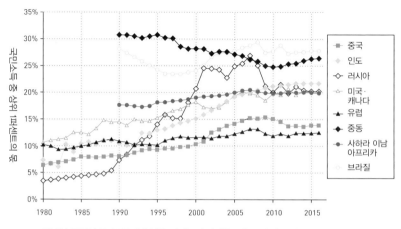

2016년 중국의 국민소득에서 상위 1퍼센트가 차지한 몫은 14퍼센트였다.

출처: WID.월드(2017). 데이터 시리즈와 주석은 wir2018.wid.world를 보라.

도표 2.1.1e 세계 각국 소득 하위 50퍼센트의 몫(1980~2016)

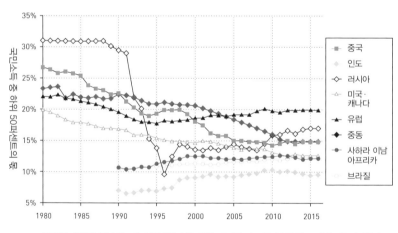

2016년 사하라 이남 아프리카 국가의 소득 하위 50퍼센트는 국민소득 중 12퍼센트를 차지했다.

출처: WID.월드(2017). 데이터 시리즈와 주석은 wir2018.wid.world를 보라.

득 분배 구조에 따라 하위 집단과 최상위 집단의 소득 수준은 크게 달라질 수 있다. 한마디로 분배 구조는 매우 중요하다.

1980년 이후 이들 지역에서 각 소득 집단은 어떤 경로로 성장했는가? 표 2.1.1은 중국과 유럽, 인도, 러시아, 북미 지역의 소득 분포상 주요 집단별로 소득 증가율을 보여준다. 각 지역의 전체 인구를 기준으로 하면 5개 지역은 전혀 다른 속도로 성장했다. 성인 1인당 실질 국민소득 증가율은 중국에서 831퍼센트, 인도에서 223퍼센트로 매우 높은 수준이었다. 유럽과 러시아, 북미 지역 소득 증가율(각각 40퍼센트, 34퍼센트, 74퍼센트)은 100퍼센트를 밑돌았다. 이처럼 각 지역이 거쳐온 성장 경로는 이질적이지만 모든 지역은 한 가지 놀라운 특성을 공유한다.

이들 나라 모두 상위 집단의 소득 증가율이 체계적으로 더 높았다. 중국에서는 하위 50퍼센트 계층이 420퍼센트에 못 미치는 소득 증가율을 나타냈지만 상위 0.001퍼센트는 3750퍼센트가 넘는 소득 증가율을 기록했다. 인도에서는 하위 50퍼센트와 상위 0.001퍼센트 집단 사이의 소득 증가율(각각 110퍼센트 미만, 3000퍼센트 이상) 격차가 훨씬 더 크다. 러시아에서는 소득 분포상 최상위 계층이 극단적으로 높은 성장률을 기록했는데, 이는 최상위 소득이 제약을 받는 공산주의 체제에서 소득을 제약하는 규제가 별로 없는 시장경제 체제로 이행한 것을 반영한다. 세계적으로 이러한 구도가 나타나는 가운데 유럽은 표 2.1.1에서 보듯이 소득 하위 50퍼센트와 전체 인구 사이, 그리고 하위 50퍼센트와 최상위 0.001퍼센트 사이의 성장률 격차가 가장 낮은 지역이다.

표 2.1.1의 오른쪽 열은 전 세계의 집단별 소득 증가율을 보여준다. 이 증가율은 일단 서로 다른 지역의 모든 개인을 한데 모아 글로벌 소득 집단으로 재구성해서 산출한 것이다. 국가 간 소득을 비교할 때는 일정한 소득이 원칙적으로 모든 나라에서 같은 상품과 서비스 꾸러미를 살 수 있

표 2.1.1 글로벌 소득 증가율과 불평등(1980~2016)

소득 집단	성인 1인당 실질소득의 전체 기간 누적 증가율					
	중국	유럽	인도	러시아	미국·캐나다	세계
전체 인구	831%	40%	223%	34%	63%	60%
하위 50%	417%	26%	107%	−26%	5%	94%
중간 40%	785%	34%	112%	5%	44%	43%
상위 10%	1,316%	58%	469%	190%	123%	70%
상위 1%	1,920%	72%	857%	686%	206%	101%
상위 0.1%	2,421%	76%	1,295%	2,562%	320%	133%
상위 0.01%	3,112%	87%	2,078%	8,239%	452%	185%
상위 0.001%	3,752%	120%	3,083%	25,269%	629%	235%

1980년부터 2016년까지 중국의 소득 하위 50퍼센트의 평균 소득은 417퍼센트 증가했다. 소득 추정치는 2016년 구매력평가 유로로 산출했다. 구매력평가는 국가 간 생활물가 차이를 고려한다. 금액은 인플레이션을 뺀 것이다.

출처: WID.월드(2017). 데이터 시리즈와 주석은 wir2018.wid.world를 보라.

도록 구매력평가PPP 환율을 적용한다. 신흥국들의 소득 증가율에 비하면 글로벌 평균 소득 증가율은 비교적 낮은 수준(60퍼센트)이다. 흥미롭게도 전 세계적으로 소득 집단별 소득은 일률적으로 증가하지 않는다. 우리는 소득 증가율이 하위 50퍼센트 계층에서는 높고(94퍼센트), 중간 40퍼센트 계층에서는 낮으며(43퍼센트), 상위 1퍼센트에서는 높다(100퍼센트 이상)—0.001퍼센트에서는 특히 높다(235퍼센트에 육박)—는 점을 확인할 수 있다.

이처럼 들쭉날쭉한 소득 증가율의 의미를 더 잘 이해하려면 전 기간에 걸쳐 늘어난 전체 소득 증가액 중 각 집단이 차지한 몫에 초점을 맞추는 게 유용하다. 표 2.1.2는 전체 소득 증가액 중 각 집단이 차지한 몫을 보여준다. 이때 두 가지 기준에 다 주목하는 것이 중요하다. 글로벌 상위 1퍼센

표 2.1.2 각 소득 집단이 글로벌 소등 증가액에서 차지하는 몫(1980~2016)

소득 집단	중국	유럽	인도	러시아	미국·캐나다	세계
전체 인구	100%	100%	100%	100%	100%	100%
하위 50%	13%	14%	11%	−24%	2%	12%
중간 40%	43%	38%	23%	7%	32%	31%
상위 10%	43%	48%	66%	117%	67%	57%
상위 1%	15%	18%	28%	69%	35%	27%
상위 0.1%	7%	7%	12%	41%	18%	13%
상위 0.01%	4%	3%	5%	20%	9%	7%
상위 0.001%	2%	1%	3%	10%	4%	4%

1980년부터 2016년까지 유럽의 중간 40퍼센트 소득 집단은 유럽 내 소득 증가액의 38퍼센트를 차지했다. 소득 추정치는 구매력평가 유로로 산출했다. 구매력평가는 국가 간 생활물가 차이를 고려한다. 금액은 인플레이션을 뺀 것이다.

출처: WID.월드(2017). 데이터 시리즈와 주석은 wir2018.wid.world를 보라.

트 소득 집단은 지난 40년 동안 100퍼센트 넘는 높은 소득 증가율을 기록했지만(개인 차원에서는 중요한 의미가 있다), 그래도 전체 소득 증가액에서는 일부분만을 차지한다. 상위 1퍼센트는 미국·캐나다에서는 전체 소득 증가액의 35퍼센트를 차지했으며, 러시아에서는 놀랍게도 69퍼센트를 차지했다.

글로벌 차원에서 상위 1퍼센트는 전체 소득 증가액의 27퍼센트를 차지했다. 다시 말해 소득 증가액에서 하위 50퍼센트가 가져간 몫의 2배를 차지한 것이다. 상위 0.1퍼센트는 세계 인구의 하위 절반과 같은 몫을 차지했다. 그러므로 글로벌 최상위 소득자들은 비록 인구 면에서는 매우 작은 집단이지만 그들이 차지한 소득 증가액은 대단히 컸다.

글로벌 소득 불평등의 동학이 어떻게 변화해왔는지를 보여주는 효과적인 방법은 소득 집단별로 전체 기간 소득 증가율을 그래프로 그리는 것이다 (**상자 2.1.2**를 보라). 이는 **표 2.1.1**보다 소득 증가율의 동태적 변화를 더 정확하게 표현하는 방법이 된다. 글로벌 불평등의 동태적 변화에서 각 지역의 영향을 적절히 이해하기 위해 우리는 단계적 접근 방식을 따른다. 지역을 하나씩 더해가면서 단계별로 논의를 이어가는 방식으로 글로벌 소득 증가율 곡선을 그리는 것이다.

글로벌 소득 불평등을 어떻게 산출했나?

세계불평등보고서의 글로벌 추정치들은 (제1부에서 논의했듯이 과세 자료와 가계동향조사, 국민계정을 포함한) 개별 국가 차원의 자료를 결합한 데이터를 바탕으로 한다. 국민소득의 불평등에 관한 일관된 추정치들은 이제 미국과 서유럽(특히 프랑스, 독일, 영국)뿐만 아니라 중국과 인도, 브라질, 러시아, 중동 국가에 대해서도 이용할 수 있다. 이들 지역은 전 세계 성인 인구의 약 3분의 2와 글로벌 소득의 4분의 3을 차지한다.

　글로벌 소득 불평등에 관한 이 장에서 우리는 궁극적으로 글로벌 소득 전체를 세계 인구 전체에 배분했다. 그렇게 하기 위해 우리는 글로벌 소득의 나머지 4분의 1을 글로벌 인구 중 현재 일관성 있는 소득 불평등 데이터를 이용할 수 없는 나머지 3분의 1에 배분해야 했다. 그러나 우리가 가지고 있는 한 가지 결정적인 정보는 각국의 전체 국민소득이다. 국민소득은 개인 간 글로벌 소득 불평등의 많은 부분을 미리 결정하기 때문에 이는 필수 정보다.

　그렇다면 어떻게 국민소득을 불평등 데이터가 없는 나라의 개인들에게 배분하는가? 우리는 서로 다른 가정에 따른 배분 방식들을 시험해보고, 배분해야 할 소득과 인구 비중이 제한적이기 때문에 배분 방식의 차이가 글로벌 소득 분포에 그리 큰 영향을 미치지 않는다는 사실을 알아냈다. 결국 우리는 불평등 정보가 없는 나라들은 그들이 속한 지역의 다른 나라들과 비슷한 불평등 수준을 나타낸다고 가정했다. 예를 하나 들자면 우리는 말레이시아의 평균 소득 수준을 알지만 (아직은) 국민소득이 이 나라의 모든 개인에게 어떻게 분배되는지는 알지 못한다. 그래서 우리는 말레이시아의 소득 분포가 중국과 인도가 속한 이 지역의 소득 분포와 같으며, 같은 추세를 따른다고 가정했다. 이는 실제로 문제를 지나치게 단순화한 것이지만, 다른 가정을 하더라도 우리의 일반적인 결론에 미치는 영향은 제한적이므로 어느 정도 받아들일 수 있는 방법이다.

　사하라 이남 아프리카는 특별한 경우다. 이 지역에는 지난 몇십 년에 걸친 일관성 있는 소득 불평등 데이터를 갖춘 나라가 하나도 없다. (그와 달리 아시아에서는 중국과 인도에, 남미에서는 브라질 등에 일관성 있는 추정치들이 있다.) 우리는 그래서 사하라 이남 아프리카에 대해 세계은행에서 구할 수 있는 가계동향조사에 의존했다. (이 조사의 대상은 사하라 이남 아프리카 인구의 70퍼센트를 포괄하며, 이들의 소득이 이 지역의 전체 소득에서 차지하는 비중은 그보다 높다.) 우리는 이 자료를 WID.월드에서 이용할 수 있는 과세 자료와 결합해 사회적 피라미드의 맨 꼭대기에 있는 계층 내의 불평등을 더 잘 나타내도록 했다(제1부를 보라).

　이런 방식으로 우리는 글로벌 소득 분포를 작성할 수 있다. 우리는 누구든 다른 가정을 하거나 이 작업을 확장하는 데 기여하도록 우리가 사용한 모든 컴퓨터 코드뿐만 아니라 우리가 따른 방법론•을 wir2018. wid.world에서 알아볼 수 있도록 했다. 앞으로 나올 세계불평등보고서에서 우리는 점진적으로 소득 분포 데이터의 지리적 범위를 확장해갈 것이다.

● L. Chancel and A. Gethin, "Building a global income distribution brick by brick", WID.world Technical Note, 2017/5. 이와 더불어 L. Chancel and L. Czajka, "Estimating the regional distribution of income in Sub-Saharan Africa", WID. world Technical Note, 2017/6 참조.

우리는 먼저 유럽과 북미를 하나로 재분류한 지역에서 소득 증가액의 분포를 알아본다(**도표 2.1.2**). 이 두 지역에는 2016년 총 8억8000만 명(유럽에 5억2000만 명, 북미에 3억6000만 명)의 개인이 있고, 이는 고소득 국가들의 인구 대부분을 차지한다. 유럽·북미 지역에서 1980~2016년에 성인 1인당 소득 증가율은 28퍼센트 남짓이었는데, 이는 (66퍼센트 남짓인) 세계 평균에 비해 상대적으로 낮은 증가율이다. 하위 10퍼센트 소득 집단은 이 기간에 소득이 감소했지만 20분위부터 80분위 사이의 모든 개인은 평균 증가율에 가까운 소득 증가율을 보였다. 최상위 집단에서는 소득이 매우 빠르게 늘어났다. 상위 1퍼센트 집단의 소득은 이 기간에 100퍼센트 넘게 증가했고 상위 0.01퍼센트와 그 이상 집단의 소득은 200퍼센트 넘게 늘어났다.

그렇다면 전체 소득 증가액 중 각 집단이 차지하는 몫은 얼마나 되는가? 상위 1퍼센트 소득자들은 전체 증가액의 28퍼센트를 차지했다. 다시 말해 전체 인구 중 소득 하위 81퍼센트의 몫과 같은 금액의 소득 증가를 기록한 것이다. 하위 50퍼센트 소득자들은 증가액의 9퍼센트를 차지했으며 이는 1980~2016년에 전체 소득 증가액의 14퍼센트를 차지한 상위 0.1퍼센트의 몫보다 더 적은 것이다. 하지만 이런 수치는 유럽과 북미가 불평등에 있

도표 2.1.2 미국·캐나다와 서유럽의 분위별 소득 증가율(1980~2016)

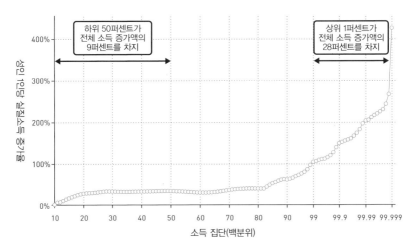

가로축은 세계 인구를 같은 크기의 100개 집단으로 나누어 각 집단의 소득 수준에 따라 왼쪽에서 오른쪽으로 오름차순으로 분류한 것이다. 상위 1퍼센트 집단은 10개 집단으로 나누고, 이들 집단 중 가장 부유한 집단은 또 10개 집단으로 나누며, 바로 그 최상위 집단은 다시 같은 크기의 10개 집단으로 나눈다. 세로축은 1980년부터 2016년까지 각 집단에 속한 평균적인 개인의 전 기간 소득 증가율을 보여준다. 99~99.1분위(세계에서 가장 부유한 1퍼센트 가운데 하위 10퍼센트)의 1980년부터 2016년까지 소득 증가율은 104퍼센트였다. 최상위 1퍼센트는 이 기간 중 전체 소득 증가액의 28퍼센트를 차지했다. 소득 추정치들은 각국 간 생활물가 차이를 고려한 것이다. 금액은 인플레이션을 뺀 것이다.

출처: WID.월드(2017). 데이터 시리즈와 주석은 wir2018.wid.world를 보라.

어 매우 다른 경로를 거쳐온 사실을 감추고 있다. 유럽에서는 전체 소득 증가액 중 소득 상위 1퍼센트가 차지하는 몫이 하위 51퍼센트의 몫과 같았지만, 미국에서는 상위 1퍼센트의 몫이 하위 88퍼센트의 몫과 맞먹었다(더 상세한 내용은 제2부 제3장을 보라).

다음 단계는 인도와 중국의 인구를 유럽·북미 지역의 소득 분포에 추가하는 것이다. 글로벌 지역은 이제 (중국의 14억 명과 인도의 13억 명을 포함해) 총 35억 명의 개인을 포괄한다. 인도와 중국을 더하면 글로벌 소득 증가곡선의 모양은 크게 바뀐다(**도표 2.1.3**).

이 보고서에 나오는 불평등 그래프 해석하기

총성장곡선total growth curve(혹은 '분위별성장곡선growth incidence curve')
은 특정 국가 또는 전 세계의 집단별 소득 증가율을 나타낸다. 이런 그래
프는 대부분 크리스토프 라크너와 브랑코 밀라노비치가 사용하면서 널
리 알려졌다. 우리는 (제1부에서 자세히 설명한) WID.월드에서 작성한 새
로운 불평등 데이터 시리즈 덕분에 이 보고서에서 새로운 통찰을 줄 수
있다. 특히 글로벌 소득 분포상 상위 1퍼센트 집단을 더 작은 집단으로
분해해 전체 소득 증가액 중 각 집단이 차지하는 상대적인 비중을 알아
볼 수 있다. 우리의 일반적인 결론은 당초 라크너와 밀라노비치가 제시한
것보다 '코끼리곡선'이 훨씬 더 뚜렷하게 나타난다는 것이다.

그렇다면 이 그래프를 어떻게 해석할 것인가? 가로축은 글로벌 소득
집단을 가장 가난한 집단(왼쪽)부터 가장 부유한 집단(오른쪽)까지 오름
차순으로 분류한다. 앞의 99개 구간은 각각 글로벌 인구의 하위 99개 분
위에 해당된다. 각 구간은 글로벌 인구의 1퍼센트를 나타내며 그래프에
서 같은 길이를 차지한다. 글로벌 소득 상위 1퍼센트 집단은 하위 99퍼센
트와 같은 눈금으로 표시되지 않는다. 우리는 그것을 다음과 같은 방식
으로 28개의 더 작은 집단으로 쪼갠다. 그 집단을 일단 같은 크기의 (각
각 인구의 0.1퍼센트를 나타내는) 10개 집단으로 쪼갠다. 그런 다음 그중
가장 부유한 집단을 다시 같은 크기의 (각각 글로벌 인구의 0.01퍼센트를
나타내는) 10개 집단으로 나눈다. 이들 집단 중 가장 부유한 집단은 또다
시 같은 크기의 10개 집단으로 구분한다. 따라서 가로축에서 가장 부유
한 집단(99.999분위)은 세계 최상위 0.001퍼센트의 개인들을 나타낸다.
2016년에 이 집단에 속하는 개인은 4만9000명이다.

상위 1퍼센트 소득 집단을 구성하는 이 28개 집단은 하위 99퍼센트에
속하는 각 분위와 같은 크기의 공간을 차지한다. 이는 전체 소득 증가에

서 이들 집단의 비중을 명백히 나타내는 간단한 방법이다. 글로벌 상위 1퍼센트 집단은 1980년부터 2016년까지 전체 소득 증가액의 27퍼센트를 차지했다. 다시 말해 늘어난 소득의 약 4분의 1을 가져간 것이다. 가로축 에서 이 집단은 전체 눈금의 약 4분의 1을 차지한다.

가로축에 백분위 눈금을 표시하는 다른 방법들도 있다. 부록의 **도표 A1**과 **도표 A2**는 두 가지 변형을 보여준다. 첫 번째 변형에서는 각 집단이 그 인구 크기에 비례하는 공간을 차지하는데, 상위 1퍼센트를 분해한 28 개 집단은 사실상 함께 압축된다. 다른 변형에서는 전체 소득 증가액에 서 차지하는 몫에 비례하는 구간이 각 집단에 주어진다. 이 경우 압축되 는 부분은 글로벌 분포의 하위 집단에 해당되는 구간이다. 우리가 기준 으로 삼는 표현 방법은 이 두 변형을 결합한 것이다.

우리 그래프에서 세로축은 위에서 정의한 127개 집단 각각의 총 실질 세전소득 증가율을 표시한다. 실질소득은 인플레이션을 고려해 조정된 소득을 뜻한다. '세전'은 납세와 이전transfer 전 (그러나 연금체계가 작동 한 다음) 단계의 소득을 일컫는다. 이 그래프의 소득 증가율은 경제 문 제를 논의할 때 좀더 일반적으로 사용되는 듯한 연간 증가율이 아닌 분 석 대상 기간 전체에 걸친 증가율을 나타낸다는 점에 유의해야 한다. 이 보고서에서처럼 1980년부터 2016년까지 장기간에 걸친 소득 증가를 분 석할 때는 일반적으로 연평균 증가율보다 총 증가율을 논의하는 것이 더 의미 있다. 증가율에 작용하는 승수의 힘 때문에 연간 증가율에서 나타 나는 작은 차이도 장기간에 걸쳐 계속되면 총 증가율에서 큰 차이를 만 들어낸다. 한 예로 소득이 각각 4퍼센트, 5퍼센트씩 35년 동안 증가하는 두 집단을 생각해보자. 첫 번째 집단이 두 번째 집단만큼 빠르게 성장하 지는 못하더라도 그 차이는 제한적인 것으로 보일지 모른다. 하지만 실제 로 35년 전 기간의 총소득 증가율은 첫 번째 집단이 295퍼센트, 두 번째 집단이 452퍼센트이며, 이는 구매력과 생활수준 면에서 참으로 커다란 차이를 나타낸다.

도표 2.1.3 중국, 인도, 미국·캐나다와 서유럽의 분위별 소득 증가율(1980∼2016)

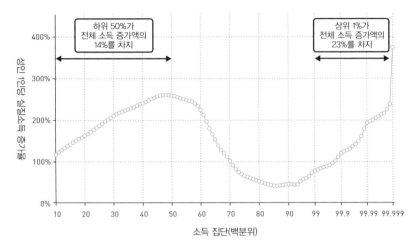

가로축은 세계 인구를 같은 크기의 100개 집단으로 나누어 각 집단의 소득 수준에 따라 왼쪽에서 오른쪽으로 오름차순으로 분류한 것이다. 상위 1퍼센트 집단을 10개 집단으로 나누고, 이들 집단 중 가장 부유한 집단을 또 10개 집단으로 나누며, 바로 그 최상위 집단을 다시 같은 크기의 10개 집단으로 나눈다. 세로축은 1980년부터 2016년까지 각 집단에 속한 평균적인 개인의 전 기간 소득 증가율을 보여준다. 99∼99.1분위(세계에서 가장 부유한 1퍼센트 가운데 하위 10퍼센트)의 1980년부터 2016년까지 소득 증기율은 77퍼센트였다. 최상위 1퍼센트는 이 기간 중 전체 소득 증가액의 23퍼센트를 차지했다. 소득 추정치들은 각국 간 생활물가 차이를 고려한 것이다. 금액은 인플레이션을 뺀 것이다.

출처: WID.월드(2017). 데이터 시리즈와 주석은 wir2018.wid.world를 보라.

이제 소득 분포의 처음 절반을 보면, 맨 아래에서 중간 계층으로 갈수록 총소득 증가율이 크게 높아지는 '상승세'가 나타난다. 전체 인구 중 하위 절반의 소득 증가율은 글로벌 평균 소득 증가율 146퍼센트를 크게 웃도는 260퍼센트까지 높아진다. 이는 글로벌 소득 분포상 하위 절반에서 큰 비중을 차지하는 중국과 인도 사람들이 유럽과 북미 사람들보다 훨씬 더 높은 소득 증가율을 기록했기 때문이다. 더욱이 **표 2.1.1**에서 드러나듯이 중국과 인도에서 소득성장의 과실은 매우 불평등하게 분배되었다.

70분위와 99분위 사이(전체 인구 중 가난한 70퍼센트보다는 위쪽에 있

제2부 글로벌 소득 불평등의 추이

고 가장 부유한 1퍼센트보다는 아래쪽에 있는 개인들)의 소득 증가율은 40~50퍼센트에 그쳐 글로벌 평균보다 상당히 낮았다. 이 구간은 매우 낮은 소득 증가율을 보인 선진국의 중하위 소득 집단을 포함한다. 이 집단 중 극단적인 경우는 미국의 소득 하위 절반에 해당되는 사람들인데, 이들의 소득은 분석 대상 기간에 고작 3퍼센트 증가했다(제2부 제4장을 보라).

이 그래프의 이전 형태는 '코끼리곡선'으로 불렸는데 곡선의 모양이 코끼리의 윤곽을 닮았기 때문이다. 이 그래프에서 볼 수 있는 새로운 발견들은 당초 연구 결과를 확인하고 확장하는 것이다.[2] 이 그래프는 특히 글로벌 소득 분포상 최상위 집단이 전체 소득 증가액에서 차지하는 몫을 확인해주었는데 이는 그 전에는 적절히 측정되지 못했던 것이다.

글로벌 소득 분포상 최상위 집단의 소득은 극히 빠르게 증가했다. 상위 0.01퍼센트 집단의 소득은 약 200퍼센트 늘어났고 상위 0.001퍼센트 집단의 소득은 360퍼센트 이상 증가했다. 이는 개인들의 관점에서뿐만 아니라 글로벌 성장이라는 면에서도 대단히 중요한 문제다.

상위 1퍼센트 집단은 이 기간에 전체 소득 증가액의 23퍼센트를 차지했다. 다시 말해 이들은 소득 하위 61퍼센트 인구의 소득 증가액과 같은 금액을 차지한 것이다. 이런 수치를 보면 소득 분포상 아래쪽에 위치한 인도와 중국 사람들이 기록한 매우 높은 소득 증가율의 의미를 이해할 수 있다. 글로벌 하위 50퍼센트의 소득 증가율은 상당히 높았지만 이 집단은 전체 소득 증가액의 14퍼센트를 차지하는 데 그쳤다. 이는 전체 소득 증가액의 12퍼센트를 차지한 글로벌 상위 0.1퍼센트에 비해 그리 많지 않은 수준이다. 전체 소득 증가액 중 소득 하위 절반의 인구가 차지한 몫이 이처럼 적은 것은 몹시 가난한 개인들의 소득은 2~3배로 늘어나더라도 여전히 낮은 수준이어서 그들의 소득 증가액이 글로벌 차원에서는 상대적으로 적기 때문이다. 그러나 그들의 몫이 적은 까닭은 이것뿐만이 아니다. 최상위 집단의 소득은 틀림없이 하위 절반이 가져간 소득 증가액을 압도할 만큼 높은 수준일 것이다.

다음 단계의 작업은 이 분석에 러시아(1억4000만 명)와 브라질(2억1000만 명), 그리고 중동(4억1000만 명)의 인구와 소득을 추가하는 것이다. 이 집단들을 추가함에 따라 분석 대상 인구가 모두 43억 명 이상으로 늘어난다. 이는 세계 인구의 거의 60퍼센트이며 세계 성인 인구의 3분의 2에 이른다. 부록의 **도표 A3**에 제시한 글로벌 성장곡선은 이제 '코끼리의 몸통'이 더 짧아진 것만 빼고는 이전의 곡선과 비슷하다. 이는 러시아와 중동, 브라질 세 지역이 분석 기간에 낮은 성장률을 기록했다는 사실로 설명할 수 있다. 이 세 지역의 인구를 추가하면 또한 '코끼리의 몸통'이 왼쪽으로 조금 옮겨가는데, 이는 분석에 추가로 넣은 나라들의 인구 중 대다수가 글로벌 관점에서 보면 아주 가난하지도, 아주 부유하지도 않아서 소득 분포상 중간에 위치하기 때문이다. 이 통합된 글로벌 지역에서 상위 1퍼센트 소득자들은 1980~2016년 기간에 전체 소득 증가액의 26퍼센트를 차지했다. 다시 말해 전체 인구 중 소득 하위 65퍼센트와 같은 몫을 가져간 것이다.

하위 50퍼센트는 전체 소득 증가의 15퍼센트를 차지했는데, 이는 소득 증가의 12퍼센트를 차지한 상위 0.1퍼센트의 몫보다 더 많은 것이다.

마지막 단계는 세계의 나머지 모든 지역, 즉 아프리카(10억 명에 가까운 개인)와 아시아의 나머지 지역(또 다른 10억 명의 개인), 그리고 남미의 나머지 지역(5억 명에 가까운 개인)을 포함하는 것이다. 이들 지역의 소득 불평등의 동태적 변화를 재구성하기 위해 우리는 국가 간 불평등에 대해서는 이용할 수 있는 정보가 있어 이를 고려하고, 국가 내 불평등에 대해서는 새로 추가하는 국가의 성장이 구체적인 정보를 확보한 이웃 국가들과 같은 방식으로 분배된다고 가정했다(**상자 2.1.1**을 보라). 이는 우리가 분석 대상 기간에 늘어난 글로벌 소득 총액을 글로벌 인구 전체에 배분할 수 있도록 해준다.

모든 나라를 고려할 때 성장곡선의 모양은 다시 바뀐다(도표 2.1.4). 아프리카와 남미는 분석 대상 기간에 상대적으로 낮은 성장률을 기록했기 때문에 글로벌 평균 소득 증가율은 더 낮아진다. 이는 앞서 제시한 두 경우에 비해 글로벌 불평등 수준을 높이는 요인이다. 이런 발견은 표 2.1.2의 오른쪽 열에 제시된 것과 같다. 상위 1퍼센트 소득자들은 1980~2016년 전체 소득 증가액의 27퍼센트를 차지해 전체 인구의 하위 70퍼센트와 같은 몫을 가져갔다. 상위 0.1퍼센트는 전체 소득 증가액의 13퍼센트를 차지해

도표 2.1.4 세계 모든 지역의 분위별 소득 증가율(1980~2016)

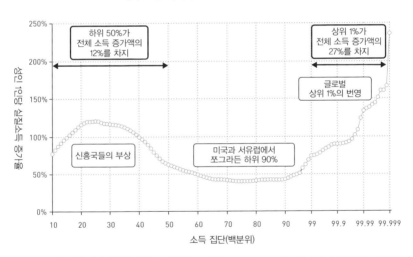

가로축은 세계 인구를 같은 크기의 100개 집단으로 나누어 각 집단의 소득 수준에 따라 왼쪽에서 오른쪽으로 오름차순으로 분류한 것이다. 상위 1퍼센트 집단을 10개 집단으로 나누고, 이들 집단 중 가장 부유한 집단을 또 10개 집단으로 나누며, 바로 그 최상위 집단을 다시 같은 크기의 10개 집단으로 나눈다. 세로축은 1980년부터 2016년까지 각 집단에 속한 평균적인 개인의 전 기간 소득 증가율을 보여준다. 99~99.1분위(세계에서 가장 부유한 1퍼센트 가운데 하위 10퍼센트)의 1980년부터 2016년까지 소득 증가율은 74퍼센트였다. 최상위 1퍼센트는 이 기간 중 전체 소득 증가액의 27퍼센트를 차지했다. 소득 추정치들은 각국 간 생활물가 차이를 고려한 것이다. 금액은 인플레이션을 뺀 것이다.

출처: WID.월드(2017). 데이터 시리즈와 주석은 wir2018.wid.world를 보라.

하위 50퍼센트와 거의 같은 몫을 가져갔다.

글로벌 소득 불평등의 지형은 지난 몇십 년 동안 변화했다

각 글로벌 소득 집단에서 아프리카와 아시아, 아메리카, 그리고 유럽 사람들의 비중은 얼마나 되며 그것은 시간이 흐르면서 어떻게 바뀌었나? **도표 2.1.5**와 **도표 2.1.6**은 1990년부터 2016년까지 각 소득 집단의 지리적 구성을 보여줌으로써 이러한 물음에 답한다.

　1980년과 1990년 사이에 글로벌 소득의 지리적 분포는 조금밖에 달라지지 않았고, 우리 데이터가 1990년에 더 정확한 지리적 분포를 알아볼 수 있게 해주었으므로 그해에 초점을 맞추는 것이 더 바람직하다. **도표 2.1.2**부터 **도표 2.1.4**까지 데이터를 분해한 것과 비슷한 방식으로 **도표 2.1.5**와 **도표 2.1.6**은 상위 1퍼센트를 28개 집단으로 분해한다(**상자 2.1.1**을 보라). 다시 한번 상기하자면 99분위 이상의 모든 집단은 글로벌 인구 중 가장 부유한 1퍼센트를 분해한 것이다.

　1990년에 아시아 사람들은 글로벌 최상위 소득 집단 안에 거의 나타나지 않았다. 실제로 인도와 중국 인구의 대다수는 소득 분포상 하위 절반에 포함된다. 글로벌 소득 사다리의 다른 한쪽 끝을 보면 미국·캐나다는 글로벌 최상위 소득 집단에서 가장 많은 비중을 차지한다. 유럽은 대부분 글로벌 소득 분포의 위쪽 절반에 포함되지만 최상위 집단에서는 그리 많지 않다. 중동과 남미의 엘리트들은 인구 비례에 맞지 않게 글로벌 최상위 소득 집단에 많이 포함되는데, 글로벌 상위 0.001퍼센트 소득 집단 중 이 두 지역의 비중은 각각 약 20퍼센트에 이른다. 이러한 불균형은 글로벌 상위 1퍼센트 소득자에게만 해당된다는 점에 유의해야 한다. 그다음으

도표 2.1.5 1990년 글로벌 소득 집단의 지리적 분해

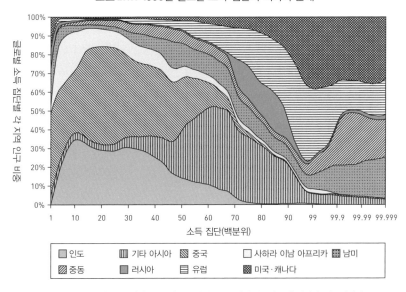

1990년 전 세계 소득 상위 0.001퍼센트 집단 중 33퍼센트는 미국과 캐나다 거주자였다.

출처: WID.월드(2017). 데이터 시리즈와 주석은 wir2018.wid.world를 보라.

도표 2.1.6 2016년 글로벌 소득 집단의 지리적 분해

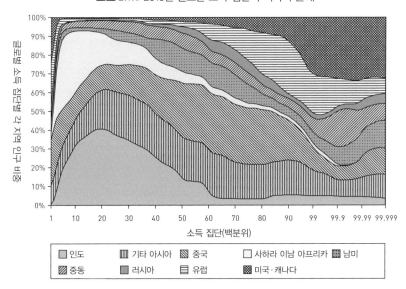

2016년 전 세계 소득 상위 0.001퍼센트 집단 중 5퍼센트는 러시아 거주자였다.

출처: WID.월드(2017). 데이터 시리즈와 주석은 wir2018.wid.world를 보라.

로 부유한 1퍼센트 집단(98분위에서 99분위 집단)에서는 이들의 비중이 각각 9퍼센트와 4퍼센트로 떨어진다. 이는 실제로 제2부 제10장과 제11장에서 논의하듯이 이들 지역의 극단적인 불평등을 반영한다. 흥미롭게도 러시아 사람들은 70분위에서 90분위 사이에 집중되어 있으며 최상위 집단에는 들어가지 않는다. 1990년 러시아에서는 소비에트 체제가 소득 분배 구조를 압축적인 형태로 만들었다.

2016년의 상황은 확연히 다르다. 가장 놀라운 변화는 글로벌 소득 분포에서 중국인들이 광범위하게 퍼져 있다는 점이다. 그들은 이제 글로벌 소득 분포의 전 구간에 퍼져 있다. 인도는 대체로 하위 집단에 포함되며 극소수만 글로벌 상위 소득자에 포함된다.

러시아 소득자들 또한 가장 가난한 집단부터 가장 부유한 집단에 이르기까지 널리 퍼져 있다. 이는 공산주의의 종식이 러시아 사람들의 소득 분포 확산에 영향을 미쳤음을 뚜렷이 보여준다. 소득 분포상 하위 절반의 전 구간에 퍼져 있었던 아프리카 사람들은 이제 아시아 국가들에 비해 상대적으로 낮은 성장률 때문에 하위 4분의 1 구간에 훨씬 더 많이 집중되어 있다. 소득 분포상 상위 집단에서는 북미와 유럽 모두 (아시아 사람들에게 자리를 내주며) 비중이 줄었지만 훨씬 더 많이 감소한 쪽은 유럽 사람들이다. 이는 제2부 제3장에서 논의하듯이 지난 몇십 년 동안 유럽 주요 국가 대부분이 미국을 비롯한 다른 나라들보다 더 평등한 성장 경로를 따랐기 때문이다.

2000년 이후 상황은 더 미묘해지고 있지만 국가 내 불평등은 증가하고 있다

1980년부터 2016년까지 글로벌 불평등은 어떻게 변화했는가? **도표 2.1.7**은 구매력평가 환율로 측정해 글로벌 소득 상위 1퍼센트와 하위 50퍼센트가 전 세계 소득에서 차지하는 몫을 나타냄으로써 그 물음에 답한다. 글로벌 소득 상위 1퍼센트의 몫은 1980년 전체 소득의 약 16퍼센트에서 글로벌 금융위기 직전인 2007년 22퍼센트 이상으로 늘어났다. 이들의 몫은 2016년 20.4퍼센트로 조금 줄었지만 이처럼 소폭 감소한 것으로는 글로벌 불평등이 1980년 수준으로 돌아갈 수 없었다. 세계 인구 중 소득 하위 절반의 몫은 9퍼센트 근처에서 오르내렸으며 1985년부터 2016년 사이에 아주 조금 증가했다.

이 그래프에서 얻을 수 있는 첫 번째 통찰은 상위 1퍼센트 소득 집단이 전체 소득 중 하위 50퍼센트 인구가 가져간 몫의 2배—성인 1인당 평균 소득의 100배—를 차지하면서 극단적인 수준의 글로벌 불평등이 이 기간 내내 유지되었다는 점이다. 둘째, 2000년 이후 신흥국들, 특히 중국의 고성장이나 2008년 글로벌 금융위기가 글로벌 소득 불평등 증가세를 멈출 만큼은 아니었다는 점이 명백하다.

글로벌 불평등을 국가 간, 그리고 국가 내 불평등으로 분해하면 2000년 이후 국가 내 불평등이 계속 증가하는 동안 국가 간 불평등은 2000년까지 증가했다가 이후 감소했다는 것이 분명히 드러난다. **도표 2.1.8**은 글로벌 소득 상위 10퍼센트 집단의 몫이 어떻게 변화했는지를 보여준다. 이들의 몫은 1980년에는 글로벌 소득의 50퍼센트에 가까웠지만 2000~2007년에는 55퍼센트로 늘어났고 2016년에는 52퍼센트를 조금 웃도는 수준으로 감소했다. 글로벌 상위 10퍼센트가 차지하는 몫의 변화에 대해서는 두 가지 대안적인 시나리오가 제시된다. 첫 번째 시나리오는 모든 나라가 정확히 같은 평균 소득을 얻고 있지만 (다시 말해 국가 간에는 불평등이 없지만) 이들 나라 안에서는 실제로 볼 수 있는 것처럼 소득 분배가 불평등하다고 가정하는 것이다. 이 경우 상위 10퍼센트의 몫은 1980년 35퍼센트에

2016년에는 글로벌 소득 상위 1퍼센트 집단이 전체 소득 중 20퍼센트를 가져간 데 비해 소득 하위 50퍼센트는 10퍼센트를 가져갔다. 1980년에는 글로벌 소득 상위 1퍼센트 집단이 전체 소득의 16퍼센트를 가져간 데 비해 소득 하위 50퍼센트는 8퍼센트를 가져갔다.

출처: WID.월드(2017). 데이터 시리즈와 주석은 wir2018.wid.world를 보라.

서 오늘날 거의 50퍼센트로 증가한다. 두 번째 시나리오에서는 국가 간 불평등은 실제 관측한 것처럼 변화하지만 국가 내에서는 모두 정확히 같은 소득을 얻는다고 (국가 내 불평등은 없다고) 가정한다. 이 경우 글로벌 상위 10퍼센트가 전체 소득에서 차지하는 몫은 1980년 약 30퍼센트 수준에서 2000년 35퍼센트 이상 수준으로 늘어났다가 이후 30퍼센트로 다시 줄어든다.

시장환율로 측정한 글로벌 불평등은 훨씬 더 심하다

하나의 통화로 표시한 가격은 시장환율이나 (우리가 위에서 표시한 것처럼) 구매력평가를 이용해 다른 통화로 바꿔서 표시할 수 있다. 시장환율

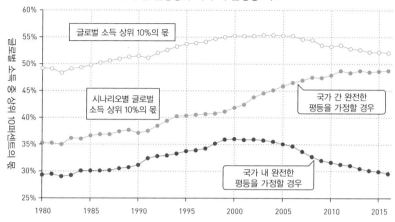

도표 2.1.8 글로벌 소득 상위 10퍼센트의 몫(1980~2016):
국가 간 불평등과 국가 내 불평등 비교

2010년에는 글로벌 소득 상위 10퍼센트 집단이 전체 소득 중 53퍼센트를 가져갔다. 국가 간 평균 소득이 완벽하게 평등하다고 가정할 때 소득 상위 10퍼센트 집단은 글로벌 소득의 48퍼센트를 가져갔을 것이다.

출처: WID.월드(2017). 데이터 시리즈와 주석은 wir2018.wid.world를 보라.

은 사람들이 기꺼이 사고팔려 하는 통화의 가격이므로 첫눈에 보면 사람들의 상대적인 구매력을 반영하는 것이다.

　이는 통화 간의 자연스러운 교환 비율이 된다. 문제는 시장환율이 교역재tradable goods 부문에서만 통화의 상대적인 구매력을 반영한다는 점이다. 그러나 실제로 신흥국에서 (이른바 발라사-새뮤얼슨 효과Balassa-Samuelson effect를 고려할 때) 비교역재non-tradable goods는 교역재에 비해 상대적으로 싸다. 따라서 시장환율은 가난한 나라들의 생활수준을 과소평가할 것이다. 더욱이 시장환율은 다른 온갖 이유로—때로는 순전히 금융시장 요인으로, 그리고/혹은 정치적인 요인으로—상당히 혼란스럽게 변동할 수 있다. 구매력평가 환율은 (각국의 관측된 물가에 바탕을 두고) 이런 문제를 해결할 수 있는 대안적인 교환 비율이다. 글로벌 소득 불평등의 수준은 따라서 구매력평가로 측정할 때보다 시장환율로 측정할 때 상당히 더 높게 나타난다. 시장환율로 측정하면 2016년 글로벌 소득 상위 1퍼센트의 몫은 20퍼센트에서 24퍼센트로 올라가고 소득 하위 50퍼센트의 몫은 10퍼센트 근처에서 6퍼센트로 떨어진다(도표 2.1.9).

구매력평가는 세계 여러 나라를 여행하지 않고 번 돈을 주로 자국에서 쓰는 개인들의 관점에서 볼 때 글로벌 불평등의 실태를 분명 더 정확하게 보여준다. 하지만 개인들이 자신의 소득을 어디서든 원하는 데서 자유롭게 쓸 수 있는 세계라면 아마 시장환율을 적용하는 편이 불평등에 관한 더 나은 정보를 제공할 것이다. 글로벌 상위 소득자들이나 관광객은 원하는 곳 어디서든 돈을 쓸 수 있으며, 인터넷으로 연결된 이들은 누구든 점

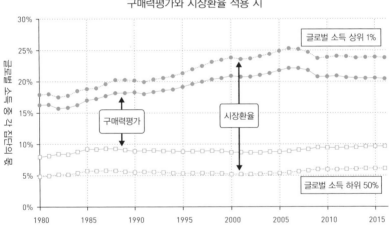

도표 2.1.9 글로벌 소득 하위 50퍼센트와 상위 1퍼센트의 몫(1980~2016): 구매력평가와 시장환율 적용 시

2010년에는 시장환율로 측정할 때 글로벌 소득 상위 1퍼센트 집단이 전체 소득 중 24퍼센트를 가져갔다. 구매력평가로 측정할 때 그들의 몫은 21퍼센트였다. 실선은 구매력평가 환율로, 점선은 시장환율로 측정한 것이다. 소득 추정치들은 생활물가의 차이를 고려한 것이다. 금액은 인플레이션 효과를 뺀 것이다.

출처: WID.월드(2017). 데이터 시리즈와 주석은 wir2018.wid.world를 보라.

제2부 글로벌 소득 불평등의 추이

점 더 자유롭게 돈을 쓸 수 있게 된다. 고국에 송금을 하고 싶어하는 이주 노동자들에게도 시장환율이 더 중요하다. 구매력평가와 시장환율은 둘 다 연구 목적이나 비교 대상 국가에 따라 글로벌 소득 불평등을 추적하는 데 적용할 수 있는 타당한 척도다.

이 보고서에서 우리는 국제 비교를 위해 일반적으로 구매력평가를 쓰지만 때로는 국제적인 불평등의 다른 의미 있는 측면을 보여주기 위해 시장환율도 사용한다.

한 나라의 불평등과 글로벌 불평등의 요인들을 이해하려면 각국의 다양한 성장 경로와 정책 변화를 신중하게 살펴봐야 한다

지난 40년 동안 글로벌 불평등이 급격히 증가했으며 신흥국들의 성장은 불평등 증가를 상쇄할 만큼 충분히 높지 않았다. 앞으로 신흥국들의 성장이 이 추세를 뒤집을 수 있을 것인지는 핵심적인 문제다. 이 문제는 보고서 제5부에서 다룰 것이다. 그 질문으로 넘어가기 전에 우리는 1980년 이후에 나타난 추세를 이끈 동인들을 더 잘 이해해야 한다.

이 기간은 국가 간 교역이 갈수록 더 긴밀히 통합되는 시기였다는 점을 고려할 때 경제교역모형으로 이 문제를 설명하려는 시도가 합리적으로 보일지도 모른다. 그러나 국제 교역에 관한 표준적인 경제모형들은 지난 40년에 걸쳐 실제로 관측된 불평등의 동태적 변화를 설명하지 못했다. 두 숙련 집단을 다루는 경제교역모형들 중 가장 잘 알려진 헤크셰르-올린Heckscher-Ohlin 모형을 생각해보자. 이 모형에 따르면 무역자유화는 부유한 나라들의 불평등을 증가시키는 반면 저소득 국가들에서는 불평등을 감소시켜야 한다.

어떻게 이런 결론에 이르렀을까? 이 모형의 바탕에 있는 기제는 상당히 단순하다. 그것은 중국보다 미국에 더 많은 (항공 엔지니어들과 같은) 고숙련 노동자가 있다는 사실을 바탕으로 한다. 이 두 나라 사이에 무역 자유화가 시작되기 전에 중국에서는 항공 엔지니어들이 상대적으로 드물었고, 따라서 이들은 섬유산업의 풍부한 노동자에 비해 상대적으로 높은 임금을 즐겼다. 반대로 그때 미국에서는 저숙련 소득자들이 상대적으로 드물었고 엔지니어와 섬유산업 노동자 사이의 소득 격차는 제한적이었다.

미국과 중국이 교역을 시작했을 때 각국은 상대적으로 더 많은 노동자를 보유한 영역을 특화했다. 중국은 섬유산업을 특화했고, 따라서 섬유산업 노동자에 대한 수요가 많았으며 그들의 임금이 높아진 반면 항공 엔지니어에 대한 수요는 줄어들고 이들의 임금은 낮아졌다. 반대로 미국은 항공기 제조를 특화했고, 그래서 항공 엔지니어들은 임금이 오른 반면 섬유산업 노동자들의 임금은 낮아졌다. 요소가격균등화정리factor price equalization theorem에 의해 중국과 미국에서 저숙련 노동자들의 임금은 수렴하기 시작했으며, 고숙련 노동자들도 마찬가지였다.

미국에서는 이 모형이 예측하는 것처럼 불평등이 실제로 증가했는데, **도표 2.1.1a**에서 보았듯이—인도와 러시아뿐만 아니라 중국에서도 모형의 예측과 반대로—불평등의 증가세는 급격했다. 헤크셰르-올린 모형이 다른 면에서 타당한지 여부와 상관없이 이 모형은 글로벌 불평등의 변화를 설명할 수 없다. 우리는 어떻게 이런 실증적인 발견을 설명할 수 있는가? **표 2.1.1**에서 보여주듯 각국은 지난 몇십 년 동안 매우 다른 성장과 불평등 경로를 따랐다. 지난 40년에 걸쳐 세계 각 지역에서 있었을 제도와 정책 변화뿐만 아니라 이러한 경로들도 주의 깊게 봐야 한다.

글로벌 소득 불평등의 동인들을 이해하려면 국가 내 국민소득의 분배를 철저히 분석할 필요가 있다. 이러한 동태적 변화는 다음 장들에서 탐색한다.

제2장 국가 간 소득 불평등의 추이

이 장의 정보는 토마 블랑셰와 뤼카 샹셀이 2016년에 발표한 「국민계정 분석 방법론National Accounts Series Methodology」(WID.월드 워킹 페이퍼 시리즈 2016/1호)과 이후에 나온 WID.월드 최신 자료에 바탕을 두고 있다.

▶ 국가 간 소득 불평등에 초점을 맞출 때는 국내총생산보다 국민소득을 비교하는 것이 더 의미 있다. 국민소득은 국외 소득의 흐름뿐만 아니라 노후화된 기계와 다른 자본자산capital asset의 가치 감소도 고려한다.

▶ 글로벌 차원에서 성인 1인당 평균 국민소득은 월 1340유로다. 북미 사람들은 그보다 3배나 높은 소득을 얻는 데 비해 유럽 사람들은 2배 높은 소득을 얻는다. 중국의 성인 1인당 평균 소득은 글로벌 평균보다 조금 더 낮다. 그러나 하나의 국가로서 중국이 전체 글로벌 소득에서 차지하는 비중(19퍼센트)은 북미(17퍼센트)나 유럽(17퍼센트)보다 더 높다.

▶ 이런 상황은 1980년과 뚜렷한 대조를 이루는데, 당시 전체 글로벌 소득 중 중국의 비중은 3퍼센트에 불과했다. 이 기간에 국가 간 글로벌 소득 불평등을 줄이는 강력한 수렴 요인들이 작동했다. 서유럽에서 성장이 둔화되는 동안 특히 중국을 비롯한 아시아 국가들이 경제를 현대화하고 글로벌 시장에 개방함에 따라 이 지역의 성장률은 치솟았다.

▶ 그러나 세계의 다른 지역에서는 격차를 벌리는 요인들도 작동했다. 1980년부터 지금까지 사하라 이남 아프리카와 남미의 평균 소득은 세계 평균 밑으로 떨어졌다.

각국의 경제적 성과를 비교하기 위한 공개적인 논의는 일반적으로 국내총생산의 성장에 초점을 맞춘다. 그러나 이는 국민의 복리를 측정하는 데 제한적으로만 쓰인다. 국내총생산은 한 경제 안에서 팔린 모든 상품과 서비스의 가치를 생산과정에서 발생한 원자재와 서비스 비용을 빼고 측정한다. 따라서 이는 자본의 가치 감소를 제대로 고려하지 않으며, 환경의 악화, 범죄나 질병의 증가와 같은 공익에 '해로운' 것들을 적절히 고려하지 않는다(이런 것은 국내총생산에 기여하는 지출로 이어지기 때문이다). 이런 제약 때문에 많은 통계기관, 그리고 점점 더 많은 정부가 경제적 성과와 복지를 측정하는 보완적인 지표들을 개발하고 활용한다.[3]

국내총생산이 국가 내의 불평등을 분석하기 위한 기본 틀이 아니라는 사실은 제쳐두고 국가 간 소득 불평등에 초점을 맞추더라도 국내총생산에는 다른 두 가지 중요한 제약이 있다. 첫째, 국내총생산은 그 이름이 가리키듯이 하나의 총계로서, 한 나라 경제에서 상품과 서비스를 생산하는 과정에 있어 가치가 감소하거나 노후화된 자본을 교체하는 데 필요한 비용을 고려하지 않는다. 기계와 컴퓨터, 도로, 전력체계는 해마다 수리하거나 교체해야 한다. 이를 자본의 감가capital depreciation 혹은 고정자본소모consumption of fixed capital, CFC라고 부른다. 국내총생산에서 그것을 빼면 국내순생산net domestic product이 도출되는데, 이는 진정한 경제적 산출을 국내총생산보다 더 정확하게 측정한다. 고정자본소모는 실제로 시기와 국가에 따라 차이를 보인다(표 2.2.1). 전체 자본스톡stock of capital 중 기계류의 스톡이 중요한 비중을 차지하는 나라에서는 전체 자본의 많은 부분을 교체하는 경향이 있다. 일반적으로 선진화되고 자동화된 경제에서 그러한데, 특히 일본에서는 고정자본소모가 국내총생산의 21퍼센트에 이른다(이는 연간 1인당 국내총생산을 8000유로로 가까이 감소시킨다). 고정자본소모는 유럽연합과 미국에서도 높은 수준(16~17퍼센트)이다. 반면 상대적으로 기계류를 적게 보유하고 자본스톡 가운데 농경지 비중이 높은 나라는 고정자본소모가 더 적은 경향이 있다. 인도에서는 고정자본소모가 국내총생산의 11퍼센트이고 남미에서는 12퍼센트다. 따라서 고정자본소모의 차이에 따라 국가 간 글로벌 불평등 수준도 달라진다. 저소득 국가보다 부유한 국가에서 노후화된 기계를 교체하는 데 더 많은 소득이 투입되는 경향이 있기 때문에 이러한 차이는 글로벌 불평등을 줄이곤 한다. 우리는 앞으로 글로벌 불평등을 추정할 때 자연자본 가치의 감소 효과에 대해서도 더 적절한 설명을 내놓을 것이다.

국내총생산 통계에는 국가별, 시기별로 불평등을 비교함에 있어 또 다른 중요한 제약이 있다. 글로벌 차원에서는 국내순생산이 국내순소득과 같다. 정의에 따라 글로벌 생산의 시장 가치는 글로벌 소득과 같다. 그러나 개별 국가 차원에서는 특정 국가 내에서 상품과 서비스 판매로부터 나오는 소득이 반드시 그 나라에 머무르는 것은 아니다. 예컨대 외국인이 공장을 소유할 때 그렇다. 국외 소득을 고려하면 글로벌 불평등은 감소하기보다는 증가하는 경향이 있다. 부유한 나라들은 일반적으로 가난한 나라들보다 더 많은 국외 자산을 소유한다. 표 2.2.1은 북미의 해외순소득이 국내총생산의 0.9퍼센트에 이른다는 사실을 보여준다(이는 북미 지역의 성인이 해외에서 추가로 평균 610유로[670달러]를 받는 것과 같다).[4] 그러나 일본의 해외순소득은 국내총생산의 3.5퍼센트(성인 1인당 연간 1460유로에 해당되는 금액)에 이른다. 유럽연합 국가들의 해외순소득은 구매력평가로 측정할 때는 소폭의 마이너스이며(표 2.2.1) 시장환율로 측정할 때는 미미한 플러스다(표 2.2.2). 이 수치는 사실 유럽연합 내의 커다란 불균형을 감추고 있다. 프랑스와 독일은 큰 폭의 플러스 해외순소득(국내총생산의 2~3퍼센트)을

표 2.2.1 세계 국민소득과 국내총생산의 분포(2016): 구매력평가 환율 적용

	인구(100만 명)				국내총생산 (조 유로, 2016년 구매력평가)	고정자본소모 (국내총생산 대비)	해외순소득 (국내총생산 대비)	국민소득 (조 유로, 2016년 구매력평가)		성인 1인당 국민소득 (유로, 2016년 구매력평가)	성인 1인당 월 소득 상위액 (유로, 2016년 구매력평가)
	전체		성인								
세계	7,372	100%	4,867	100%	92	14%	-0.5%	78	100%	16,100	1,340
유럽	747	10%	593	12%	19	15%	-0.6%	16	20%	27,100	2,260
유럽연합	523	7%	417	9%	16	17%	-0.2%	13	17%	31,400	2 620
러시아·우크라이나	223	3%	176	4%	3	9%	-2.5%	3	4%	16,800	1,400
아메리카	962	13%	661	14%	23	15%	-0.2%	19	25%	29,500	2,460
미국·캐나다	360	5%	263	5%	16	16%	0.9%	13	17%	50,700	4,230
남미	602	8%	398	8%	7	12%	-2.5%	6	8%	15,400	1,280
아프리카	1,214	16%	592	12%	4	10%	-2.1%	4	5%	6,600	550
북아프리카	240	3%	140	3%	2	9%	-1.7%	2	2%	11,400	950
사하라 이남 아프리카	974	13%	452	9%	3	11%	-2.3%	2	3%	5,100	430
아시아	4,410	60%	2,994	62%	44	14%	-0.4%	38	49%	12,700	1,060
중국	1,382	19%	1,067	22%	18	14%	-0.7%	15	19%	14,000	1,170
인도	1,327	18%	826	17%	7	11%	-1.2%	6	7%	7,000	580
일본	126	2%	105	2%	4	21%	3.5%	3	4%	31,000	2,580
기타 국가	1,575	21%	995	20%	16	13%	-0.7%	14	18%	14,200	1,180
오세아니아	39	1%	27	1%	1	16%	-1.5%	1	1%	31,700	2,640
호주·뉴질랜드	29	0.4%	21	0.4%	1	16%	-1.5%	1	1%	38,200	3,180
기타 국가	10	0.1%	5	0.1%	0.03	7%	-2.4%	0.03	0%	5,600	470

2016년 유럽은 구매력평가로 측정한 세계 소득의 약 20퍼센트를 차지했다. 또한 전 세계 인구의 10퍼센트, 전 세계 성인 인구의 12퍼센트를 차지했다. 모든 값은 2016년 구매력평가 유로로 환산한 값으로 1유로는 1.3달러, 4.4엔과 같다. 구매력평가는 각국 간 생활물가 차이를 고려한 것이다. 금액은 인플레이션을 뺀 것이다. 수치는 반올림 때문에 단순히 더할 수 없다.

출처: WID.월드(2017). 데이터 시리즈와 주석은 wir2018.wid.world를 보라.

얻지만 아일랜드와 영국은 마이너스 해외순소득을 기록한다(이는 대체로 이들 나라의 금융서비스 산업과 그곳에 설립된 외국 기업들 때문이다).

한편 남미는 해마다 국내총생산의 2.4퍼센트를 세계의 다른 지역에 지급한다. 흥미롭게도 중국은 해외순소득이 마이너스다. 중국은 국내총생산의 0.7퍼센트 가까이를 외국에 지급하는데, 이는 외국인이 중국 투자에서 얻는 수익률보다 중국인이 해외 포트폴리오에서 얻는 수익률이 더 낮다는 사실을 반영한다.

정의에 따르면 글로벌 차원에서 해외순소득은 0이 되어야 한다. 어떤 나라들이 지급하는 금액을 다른 나라들이 받아야 한다. 그러나 지금까지 국제 통계기관들은 해외순소득의 흐름을 일관성 있게 보고하지 못했다. 그동안 글로벌 차원에서 보고된 해외순소득의 합은 0이 되지 않았다. 이는 '누락된 소득missing income'의 문제로 불렸는데, 글로벌 경제 통계에서 총소득의 일부가 사라져 글로벌 차원에서 해외순소득이 0이 되지 않는 문제를 가리킨다.

『세계불평등보고서 2018』에서는 여러 조세천국에서 나오는 소득 흐름을 고려하는 새로운 방법론을 활용한다. 우리 방법론은 게이브리얼 주크먼이 산출한 역외자산 추정치에 기반한다.[5] 시장환율로 측정할 때는 해외순소득 흐름을 합치면 0이 되어야 하지만(표 2.2.2) 소득을 구매력평가 환율로 측정할 때는 그렇게 되어야 할 까닭이 없다(표 2.2.1)는 점에 유의해야 한다. 누락된 해외순소득을 고려한다 해도 글로벌 불평등 수치가 급격하게 바뀌지는 않지만 어떤 나라들에서는 큰 차이를 보일 수 있다. 해외순소득을 고려한 수치는 일반적으로 논의되는 수치들보다 국가 간 소득 불평등을 더 현실적으로 나타낸다.

표 2.2.2 세계 국민소득과 국내총생산의 분포(2016): 시장환율 적용

| | 인구(100만 명) | | | | 국내총생산 (조 유로, 2016년 시장환율) | 고정자본소모 (국내총생산 대비) | 해외순소득 (국내총생산 대비) | 국민소득 (조 유로, 2016년 시장환율) | | 성인 1인당 월 국민소득 (유로, 2016년 시장환율) | 성인 1인당 월 소득 상위액 (유로, 2016년 시장환율) |
	전체		성인								
세계	7,372	100%	4,867	100%	68	15%	0%	58	100%	11,800	980
유럽	747	10%	593	12%	17	16%	−0.2%	14	24%	23,800	1,980
유럽연합	523	7%	417	9%	16	17%	0.04%	13	23%	31,100	2,590
러시아·우크라이나	223	3%	176	4%	1	9%	−2.5%	1	2%	6,500	540
아메리카	962	13%	661	14%	23	15%	0.2%	19	34%	29,400	2,450
미국·캐나다	360	5%	263	5%	18	16%	0.9%	16	27%	59,500	4,960
남미	602	8%	398	8%	4	12%	−2.4%	4	7%	9,600	800
아프리카	1,214	16%	592	12%	2	10%	−2.0%	2	3%	2,900	240
북아프리카	240	3%	140	3%	1	9%	−1.5%	1	1%	4,300	360
사하라 이남 아프리카	974	13%	452	9%	1	11%	−2.2%	1	2%	2,500	210
아시아	4,410	60%	2,994	62%	25	15%	0.1%	21	37%	7,100	590
중국	1,382	19%	1,067	22%	10	14%	−0.7%	9	15%	8,300	690
인도	1,327	18%	826	17%	2	11%	−1.2%	2	3%	2,200	180
일본	126	2%	105	2%	4	23%	3.5%	4	6%	34,400	2,870
기타 국가	1,575	21%	995	20%	8	14%	−0.5%	7	12%	7,000	580
오세아니아	39	1%	27	1%	1	18%	−1.9%	1	2%	38,800	3,230
호주·뉴질랜드	29	0.4%	21	0.4%	1	18%	−1.9%	1	2%	47,500	3,960
기타 국가	10	0.1%	5	0.1%	0.03	7%	−2.4%	0.02	0%	4,300	360

2016년 유럽은 시장환율로 측정한 세계 소득의 24퍼센트를 차지했다. 또한 전 세계 인구의 10퍼센트, 전 세계 성인 인구의 12퍼센트를 차지했다. 모든 값은 2016년 시장환율 유로로 환산한 값으로 1유로는 1.1달러, 7.3엔과 같다. 금액은 인플레이션을 뺀 것이다. 수치는 반올림 때문에 단순히 더할 수 없다.

출처: WID.월드(2017). 데이터 시리즈와 주석은 wir2018.wid.world를 보라.

글로벌 차원에서 2016년 성인 1인당 월평균 소득은 구매력평가로는 1340유로(1740달러)이고 시장환율로는 990유로(1090달러)다. 앞서 논의했듯이 구매력평가와 시장환율은 여러 국가의 소득 및 불평등을 측정하는 다른 방법이다. 시장환율이 시장의 가격을 반영하는 데 비해 구매력평가는 국가 간 가격 차이를 고려하는 게 목표다.

구매력평가로 측정한 북미 지역의 국민소득(성인 1인당 월평균 4230유로 또는 5490달러)은 글로벌 평균의 약 3배에 이르고, 유럽연합의 국민소득(성인 1인당 월 2620유로 또는 3420달러)은 글로벌 평균의 2배다. 시장환율을 쓰면 부유한 나라들과 글로벌 평균 사이의 격차는 더 커진다. 미국과 캐나다의 국민소득은 세계 평균의 5배에 이르며 유럽연합은 세계 평균보다 약 3배 부유하다.[6] 중국의 성인 1인당 소득은 구매력평가로 1170유로 또는 1520달러인데 이는 세계 평균(1340유로 또는 1740달러)보다 조금 낮은 수준이다. 중국 전체로는 오늘날 글로벌 소득의 19퍼센트를 차지한다. 이 숫자는 북미(17퍼센트)와 유럽연합(17퍼센트)보다 더 높은 것이다. 그러나 시장환율로 측정하면 중국의 평균 소득은 700유로 또는 770달러로, 세계 평균(990유로 또는 1090달러)보다 훨씬 더 낮다. 글로벌 소득 중 중국의 비중은 15퍼센트로 줄어 미국·캐나다의 27퍼센트와 유럽연합의 23퍼센트보다 낮다.

이는 1980년 상황과 뚜렷한 대조를 이룬다. 38년 전 중국은 글로벌 소득 중 고작 3퍼센트를 차지해 미국·캐나다의 20퍼센트와 유럽연합의 28퍼센트에 크게 못 미쳤다(구매력평가 추정치는 **표 2.2.3**을 보라). 그러나 이후 중국의 성인 1인당 실질 국민소득은 놀라운 성장률을 기록했으며(**표 2.2.4**에서 보듯 성인 1인당 소득 증가율은 1950년부터 1980년까지 114퍼센트

표 2.2.3 세계 국민소득과 국내총생산의 분포(1980): 구매력평가 환율 적용

	인구(100만 명)				국내총생산 (조 유로, 2016년 구매력평가)	고정자본소모 (국내총생산 대비)	해외순소득 (국내총생산 대비)	국민소득 (조 유로, 2016년 구매력평가)		성인 1인당 국민소득 (유로, 2016년 구매력평가)	성인 1인당 월 소득 산별액 (유로, 2016년 구매력평가)
	전체		**성인**								
세계	4,389	100%	2,400	100%	28	13%	−0.2%	25	100%	10,500	880
유럽	673	15%	470	20%	11	14%	−0.1%	9	37%	20,000	1,670
유럽연합	469	11%	328	14%	8	14%	−0.2%	7	28%	21,600	1,800
러시아·우크라이나	204	5%	142	6%	3	17%	0.0%	2	9%	16,200	1,350
아메리카	598	14%	343	14%	9	14%	−0.4%	7	30%	21,700	1,810
미국·캐나다	252	6%	172	7%	6	15%	0.9%	5	20%	29,600	2,470
남미	346	8%	172	7%	3	11%	−3.0%	2	9%	13,800	1,150
아프리카	477	11%	215	9%	1.3	10%	−1.9%	1	5%	5,500	460
북아프리카	111	3%	51	2%	0.5	10%	−2.1%	0.5	2%	9,200	770
사하라 이남 아프리카	365	8%	163	7%	0.8	10%	−1.8%	1	3%	4,332	360
아시아	2,619	60%	1,359	57%	7.1	12%	0.2%	7	27%	5,000	420
중국	987	22%	532	22%	0.9	11%	0.0%	1	3%	1,500	130
인도	697	16%	351	15%	0.8	7%	0.6%	1	3%	2,200	180
일본	117	3%	81	3%	1.9	17%	0.0%	2	6%	19,900	1,660
기타 국가	817	19%	394	16%	3.4	10%	0.4%	4	15%	9,300	780
오세아니아	22	1%	14	1%	0.4	15%	−1.6%	0.3	1%	21,300	1,780
호주·뉴질랜드	18	0.4%	12	0.5%	0.3	16%	−1.5%	0.3	1%	24,200	2,020
기타 국가	5	0.1%	2	0.1%	0.0	7%	−4.2%	0.0	0%	4,400	370

1980년 유럽은 구매력평가로 측정한 세계 소득의 37퍼센트를 차지했다. 또한 전 세계 인구의 15퍼센트, 전 세계 성인 인구의 20퍼센트를 차지했다. 모든 값은 2016년 구매력평가 유로로 환산한 값으로 1유로는 1.3달러, 4.4엔과 같다. 구매력평가는 각국 간 생활물가 차이를 고려한 것이다. 금액은 인플레이션을 뺀 것이다. 수치는 반올림 때문에 단순히 더할 수 없다.

출처: WID.월드(2017). 데이터 시리즈와 주석은 wir2018.wid.world를 보라.

표 2.2.4 세계 지역별 국민소득 증가율(1950~2016)

	국민소득		1인당 국민소득		성인 1인당 국민소득	
	1950~ 1980년	1980~ 2016년	1950~ 1980년	1980~ 2016년	1950~ 1980년	1980~ 2016년
세계	282%	226%	116%	85%	122%	54%
유럽	256%	79%	181%	54%	165%	36%
유럽연합	259%	94%	192%	66%	180%	45%
러시아·우크라이나	249%	31%	156%	18%	129%	4%
아메리카	227%	163%	78%	62%	80%	36%
미국·캐나다	187%	164%	89%	84%	82%	71%
남미	365%	161%	116%	49%	117%	12%
아프리카	258%	233%	72%	30%	85%	20%
북아프리카	394%	235%	130%	58%	148%	24%
사하라 이남 아프리카	203%	232%	46%	22%	58%	18%
아시아	446%	527%	188%	230%	198%	152%
중국	273%	1864%	106%	1237%	114%	831%
인도	199%	711%	61%	299%	67%	223%
일본	740%	103%	504%	86%	372%	56%
기타 국가	518%	376%	187%	99%	203%	52%
오세아니아	208%	194%	38%	69%	50%	49%
호주·뉴질랜드	199%	193%	69%	81%	71%	58%

1950년부터 1980년까지 아프리카의 국민소득은 258퍼센트 증가했지만 같은 기간 성인 1인당 소득은 85퍼센트 증가하는 데 그쳤다. 소득 추정치는 각국 간 생활물가 차이를 고려한다. 금액은 인플레이션을 뺀 것이다.

출처: WID.월드(2017). 데이터 시리즈와 주석은 wir2018.wid.world를 보라.

였던 것이 1980년부터 2016년까지 831퍼센트에 달했다), 이는 전 세계 국가 간 불평등을 줄이는 데 크게 기여했다. 또 다른 소득 수렴 요인은 서유럽의 성장률이 지난 몇십 년에 비해 낮아진 것이다(서유럽의 성인 1인당 소득은 1950년부터 1980년까지 180퍼센트 증가했지만, 그 후에는 45

퍼센트 늘어나는 데 그쳤다). 이처럼 성장 속도가 떨어진 것은 기본적으로 서유럽 성장의 '황금시대'가 끝났기 때문이지만 유럽 성장의 잃어버린 10년으로 이어진 대침체Great Recession에도 원인이 있다. 실제로 2016년 서유럽의 성인 1인당 소득은 금융위기가 시작되기 전인 10년 전과 같은 수준에 머물렀다.

국가 간 불평등이 줄어들기는 했지만 각국 평균 국민소득의 불평등은 여전히 높은 수준이다. 개발도상국과 신흥국이 모두 중국과 같은 속도로 성장하지는 않았다. 오늘날 구매력평가로 측정한 인도의 성인 1인당 월평균 소득(580유로 또는 750달러)은 여전히 세계 평균의 0.4배에 그치며, 사하라 이남 아프리카의 소득(430유로 또는 560달러)은 세계 평균의 0.3배에 불과하다. 북미 지역 사람들은 평균적으로 사하라 이남 아프리카 사람들보다 10배 가까이 더 많이 번다.

사하라 이남 아프리카와 남미처럼 세계의 어떤 지역에서는 소득 격차를 벌리는 요인들 또한 작용한다

국가 간에 엄청난 불평등이 유지되는 가운데 어떤 경우에는 불평등이 실제로 악화되고 있다. 오늘날 일부 중하위 소득 지역은 40년 전에 비해 상대적으로 더 가난하다. 1980년부터 2016년까지 사하라 이남 아프리카의 성인 1인당 소득 증가율은 세계의 성인 1인당 평균 소득 증가율(54퍼센트)에 비해 더 낮은 수준(18퍼센트)을 기록했다. 정치·경제적 위기와 전쟁으로 느린 성장세를 보이는 것은 세계에서 가장 가난한 지역에 국한된 현상이 아니다. 남미에서도 1980년 이후 소득이 고작 12퍼센트 증가하는 데 그쳤다. 그 결과 이들 지역의 평균 소득은 세계 평균에 비해 상대적으로 떨

도표 2.2.1 글로벌 평균 대비 아프리카와 아시아 지역의 평균 소득(1950~2016)

1950년에 아프리카 지역의 성인 1인당 평균 실질소득은 전 세계 평균 소득의 63퍼센트였다. 이 수치는 2016년 41퍼센트로 떨어졌다. 소득 추정치는 각국 간 생활물가 차이를 고려한다. 금액은 인플레이션을 뺀 것이다.

출처: WID.월드(2017). 데이터 시리즈와 주석은 wir2018.wid.world를 보라.

도표 2.2.2 글로벌 평균 대비 중국과 남미 지역의 평균 소득(1950~2016)

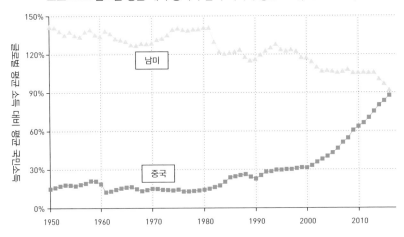

1950년에 남미 지역 성인 1인당 평균 실질소득은 전 세계 평균 소득의 141퍼센트였다. 이 수치는 2016년 92퍼센트로 떨어졌다. 소득 추정치는 각국 간 생활물가 차이를 고려한다. 금액은 인플레이션을 뺀 것이다.

출처: WID.월드(2017). 데이터 시리즈와 주석은 wir2018.wid.world를 보라.

어졌다. 아프리카 지역의 평균 소득은 1950년 이후 세계 평균 소득의 65퍼센트에서 약 40퍼센트로, 남미 지역의 평균 소득은 약 140퍼센트에서 100퍼센트 미만으로 떨어졌다(**도표 2.2.1과 도표 2.2.2**).

제3장 국가 내 소득 불평등의 추이

▶ 소득 불평등 수준은 1920년대부터 1970년대까지 세계 대부분 지역에서 역사적인 하락을 기록한 뒤 거의 모든 나라에서 다시 상승하고 있다. 그러나 지난 40년 동안 각국은 소득 불평등에 있어 다양한 경로를 거쳐왔으며, 이는 소득의 동태적 변화에서 정치적·제도적 요인들이 중요하다는 점을 보여준다.

▶ 선진국 중에서 영미권 국가들은 1980년대 이후 급격한 불평등 증가를 경험했다. 미국에서는 소득 하위 50퍼센트 계층의 몫이 급격히 줄어든 반면 최상위 계층의 몫은 크게 늘었다. 유럽 대륙 국가들은 중하위 소득 집단에 더 유리한 정책과 제도적 환경 덕분에 불평등 증가를 제한하는 데 더 성공적이었다.

▶ 과거 공산주의 국가였거나 경제 규제가 심했던 중국과 인도, 러시아 세 나라는 개방과 자유화 정책을 취하면서 불평등도 급속히 증가했다. 특히 시장경제로 급작스럽게 전환한 러시아에서 불평등이 가장 급격하게 증가했다.

▶ 세계에서 가장 불평등한 지역인 브라질과 중동, 남아프리카공화국에서 불평등 수준은 극단적으로 높다. 이 세 곳의 대규모 신흥 시장에서는 불평등이 극단적인 수준에 이르러 현재 상위 10퍼센트 소득자들이 국민소득의 55~65퍼센트를 차지한다.

▶ 여러 저소득 국가에서는 소득 불평등의 장기적인 동학에 관해 알려진 바가 거의 없다. 이들 나라에서 평화적이고 민주적인 논의를 하려면 더 많은 정보가 반드시 필요한데, 특히 공식 추정치들이 실제 불평등 수준을 과소평가할 가능성이 매우 높기 때문에 더욱 그러하다.

소득 불평등은 20세기 첫 반세기 동안—더 정확히는 1920년대부터 1970년대까지—대부분의 국가에서 급속히 감소했지만 1970년대 말 이후에는 거의 모든 나라에서 증가하고 있다. 유럽과 북미에서 소득 불평등이 장기적으로 감소한 것은 앞서 논의한 정치적, 사회적, 경제적 충격 때문이었다. 여기에는 두 차례 세계대전에 따른 인적·물적 자본의 파괴와 대공황, 국유화 정책, 경제에 대한 정부의 통제도 포함된다. 제2차 세계대전 후 발전된 사회보장 시스템과 공교육, 사회·노동 정책, 그리고 누진적인 세제를 포함한 새로운 체제의 정책이 도입되었다. 이러한 요인들이 어우러져 최상위 계층에 커다란 영향을 미쳤으며, 유럽에서—그리고 정도는 덜하지만 북미 지역에서—유산有産중산층patrimonial middle class이 부상하고 불평등은 전반적으로 감소했다.[7]

신흥 경제에서는 정치·사회적 충격 때문에 소득 불평등이 훨씬 더 빨리 줄었다. 러시아에서는 사유재산 폐지와 토지 재분배, 공교육에 대한 대규모 투자, 5개년 계획을 통한 엄격한 경제 통제가 1920년대 초부터 1970년대까지 경제성장의 혜택을 효과적으로 확산시켰다. 공산주의 혁명을 거치지는 않았지만 독립 이후 사회주의 정책을 실행한 인도에서도 이 기간에 소득 불평등이 크게 감소했다. 글로벌 인구 대부분에게 20세기의 4분의 3은 소득 격차가 크게 줄어드는 시기였다. 경제적 엘리트 계층이 경제성장의 과실에서 차지하는 몫은 20세기가 시작될 때보다 1970년대 후반에 훨씬 더 적었다.

그런 뒤에는 비록 뚜렷한 예외가 있긴 하지만 대부분의 나라에서 이런 추세가 반전되었다. 모든 나라가 같은 경로를 따른 것은 아니다. 규모가 큰 신흥국들은 심층적인 규제 완화를 추진하면서 경제를 개방하고 자유화했지만 상이한 이행 전략을 따르는 가운데 불평등이 급속히 증가했다. 부자 나라들의 경우 제도적·정책적 환경이 변화하면서 불평등 수준 또한 달라져서 영미권 국가에서는 소득 불평등이 급속히 증가했던 반면 유럽 대륙과 일본에서는 더 완만하게 증가했다. 일부 서유럽과 북유럽 국가들은 소득 불평등의 심화를 거의 저지할 수 있었다.

이 장에 제시된 서로 다른 추세들을 보더라도, 세계 각국의 불평등 심화에서 단 하나의 배경만 찾는다면 경솔한 일이 될 것이다. 우리가 발견한 것들은 국가의 문화적·정치적·정책적 환경이 소득 불평등의 동태적 변화를 이해하는 열쇠임을 보여준다. 이제 아주 많은 나라에서 최상위 소득자의 몫에 관한 자료를 이용할 수 있으며, 이 장에서 우리는 주로 그들의 몫이 어떻게 달라졌는지를 알아본다. 우리는 개별 국가 하나하나를 다루는 다음 장부터 더 세밀한 부분에 초점을 맞추며, 소득 하위 집단으로 관심을 옮겨갈 것이다.

영미권 국가에서 상위 집단의 소득이 급속히 증가하는 사이 미국의 소득 하위 집단은 경제성장에서 소외되었다

영미권 국가에서 상위 1퍼센트 소득자의 몫은 20세기 초중반 내내 역사적인 감소를 기록한 뒤 1980년대 초부터 꾸준히 늘어났다(**도표 2.3.1**을 보라). 불평등은 미국에서 폭발적으로 증가했다. 최상위 백분위 소득자들의 몫은 1980년 11퍼센트에 못 미쳤지만, 2014년에는 20퍼센트를 조금 웃돌았다. 영국의 최상위 백분위의 몫은 1970년대 후반 6퍼센트 미만에서 2010년대 중반 거의 14퍼센트로 높아졌다. 영국은 최상위 1퍼센트 소득자들의 몫이

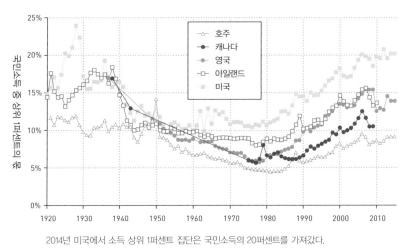

도표 2.3.1 영어권 국가 국민소득 중 상위 1퍼센트 집단의 몫(1920~2015)

2014년 미국에서 소득 상위 1퍼센트 집단은 국민소득의 20퍼센트를 가져갔다.

출처: 노보크메트, 피케티, 주크먼(2017). 데이터 시리즈와 주석은 wir2018.wid.world를 보라.

1970년대 후반 아일랜드와 같은 수준이었지만 지금은 캐나다와 거의 같은 수준이다. 캐나다에서는 상위 1퍼센트 소득자의 몫이 1980년대 9퍼센트 미만에서 거의 14퍼센트로 증가했다. 불평등 수준이 이 기간 내내 훨씬 더 낮았던(상위 1퍼센트의 몫이 1980년대 초 약 5퍼센트에서 약 10퍼센트 수준으로 오른) 호주와 뉴질랜드도 크게 보면 비슷한 패턴을 보인다.[8] 2007년 이후 상위 소득자의 몫이 두드러지게 줄어든 점을 보면 금융위기의 영향을 알 수 있다. 새로운 데이터는 상위 소득자들이 예전 몫을 회복했거나 점차 회복해가고 있음을 시사한다.

　노동소득의 불평등한 증가는 영미권 국가에서 불평등 수준이 높아지는 데 중요한 원인이 되었으며, 특히 제2부 제4장에서 논의하겠지만 21세기에 접어들기 전 미국에서 그러했다. 이 현상은 '슈퍼경영자super manager들의 부상', 다시 말해 대형 금융회사와 비금융기업의 최고경영자들이 받는

초고액의 임금이 상승한 데 따른 것이다. 이런 변화는 저임금 기업과 고임금 기업 간에 소득 양극화가 심화되는 현상과 함께 나타났다. 이는 소득 분포상 상위 계층의 변화가 더 완만했던 유럽 국가들의 상황과 대조적이다. 새 추정치들은 최상위 소득의 급증이 대부분 2000년 이후 미국에서 자본소득이 늘어난 데 따른 현상임을 보여주기도 하며, 이는 불평등이 발생하는 성장과정을 새롭게 조명하는 것이다.

새로운 추정치들은 또한 적어도 일부 국가에 대해 소득 분포상 하위 계층의 동태적 변화를 더 잘 이해할 수 있도록 해준다. 미국에서는 소득 하위 90퍼센트 인구가 제2차 세계대전 후 30년간 성장의 과실 가운데 큰 몫을 차지했다. 소득 하위 50퍼센트와 중간 40퍼센트 집단의 성인 1인당 세전소득의 전체 기간 증가율은 100퍼센트를 웃돌았지만 상위 10퍼센트 소득자들의 증가율은 80퍼센트를 밑돌았다. 그러나 1980년대 이후 소득 하위 50퍼센트는 국민소득 성장의 과실을 얻지 못했다. 성인 1인당 평균 세전소득이 60퍼센트 늘어나는 동안 소득 하위 50퍼센트 인구의 소득 증가율은 0에 가까웠다. 소득 하위 50퍼센트는 재분배 덕분에 아주 미미한 세후소득 증가를 기록했지만 이 증가분은 의료 지출 증가로 상쇄되었다. 정부는 저소득층이 그런 상황에 대처하는 데 거의 도움을 주지 않았다.

미국과 서유럽의 불평등 경로를 비교해보면 매우 놀랍다. 이 두 지역은 1980년에는 불평등 수준이 (소득 상위 1퍼센트의 몫은 10~11퍼센트, 소득 하위 50퍼센트의 몫은 21~23퍼센트로) 비슷했다. 하지만 오늘날의 상황은 근본적으로 달라져서 미국에서는 소득 하위 50퍼센트와 상위 1퍼센트 집단의 상대적인 위치가 뒤바뀌었다(**도표 2.3.2a**를 보라).

도표 2.3.2a 미국과 서유럽의 국민소득 중
상위 1퍼센트와 하위 50퍼센트 집단의 몫(1980~2016)

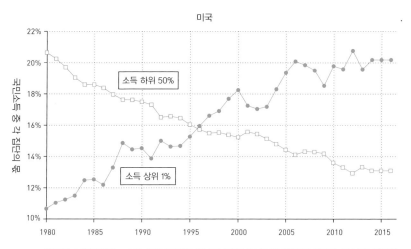

2016년 서유럽에서는 소득 상위 1퍼센트 집단이 국민소득 중 12퍼센트를 가져간 데 비해 미국에서는 20퍼센트를 가져갔다. 1980년에는 서유럽에서 소득 상위 1퍼센트 집단이 국민소득 중 10퍼센트를, 미국에서는 11퍼센트를 가져갔다.

출처: WID.월드(2017). 데이터 시리즈와 주석은 wir2018.wid.world를 보라.

2016년 서유럽에서는 소득 하위 50퍼센트 집단이 국민소득의 22퍼센트를 가져갔다.

출처: WID.월드(2017). 데이터 시리즈와 주석은 wir2018.wid.world를 보라.

확장된 유럽(인구 5억2000만 명)의 불평등은 이제 미국(3억2000만 명)에 비해 상당히 낮은 수준이다

우리는 또한 **도표 2.3.2b**부터 **도표 2.3.2c**까지 미국, 서유럽, 그리고 (동유럽을 포함한) 확장된 유럽의 소득 불평등이 어떻게 변화했는지를 비교한다. 확장된 유럽은 서유럽보다 평균 소득이 낮은 동유럽의 옛 공산권 국가들을 포함하며, 그에 따라 불평등 수준도 높아진다. 그럼에도 확장된 유럽의 불평등 수준이 미국보다 훨씬 더 낮은 수준에 머무르는 것을 보면 놀랍다. 특히 유럽은 미국보다 인구가 더 많고(확장된 유럽은 5억2000만 명, 미국은 3억2000만 명) 잠재해 있는 이질성이 큰데도 소득 하위 50퍼센트의 몫은 미국에 비해 상당히 많다. 유럽에서는 그 몫이 이 기간의 끝 무렵에 전체 소득의 20~22퍼센트였지만 미국에서는 12퍼센트에 불과했다.

 확장된 유럽을 (캐나다뿐만 아니라 멕시코도 포함한) 광의의 북미 지역과 비교하면 이런 차이는 더 확대될 가능성이 크다. 우리는 멕시코에 대한 새 데이터를 이용할 수 있게 되는 가까운 장래에 그 비교를 해보려 한다. 앞으로 연구해볼 만한 또 한 가지 중요한 문제는 유럽의 불평등 수준이 더 낮은 까닭을 설명할 때 어떤 부분을 (동유럽 국가의 비교적 평등주의적인 유산, 러시아처럼 갑작스럽지 않고 완만하게 진행된 공산주의 체제 전환 같은) 개별 국가 요인 때문이 아닌 (유럽연합의 지역발전기금 지원 같은) 유럽 차원의 재분배 정책에 따른 것으로 돌릴 수 있느냐 하는 것이다.

도표 2.3.2b 유럽과 미국의 국민소득 중 상위 10퍼센트의 몫(1980~2016)

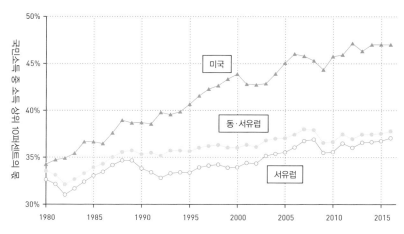

2016년 동·서유럽의 소득 상위 10퍼센트 집단은 국민소득 중 38퍼센트를 가져갔다.

출처: WID.월드(2017). 데이터 시리즈와 주석은 wir2018.wid.world를 보라.

도표 2.3.2c 유럽과 미국의 국민소득 중 하위 50퍼센트의 몫(1980~2016)

2016년 미국의 소득 하위 50퍼센트 집단은 국민소득 중 13퍼센트를 가져갔다.

출처: WID.월드(2017). 데이터 시리즈와 주석은 wir2018.wid.world를 보라.

유럽 대륙 국가들은 최상위 계층 소득이 급증하는 가운데 하위 계층 소득이 정체되는 상황을 막는 데 더 성공적이었다

미국보다는 불평등 수준이 낮고 증가 폭이 작았지만 서유럽 국가에서도 1970년대 후반부터 불평등이 증가하기 시작했다. 독일 상위 1퍼센트 소득자의 몫은 1980년대 초 11퍼센트에 약간 못 미쳤지만 오늘날에는 제2부 제6장에서 설명하듯이 13퍼센트로 늘어났다. 프랑스에서 전체 세전소득 중 상위 1퍼센트의 몫은 제2부 제5장에서 더 상세하게 논의하는 것처럼 1983년 약 7퍼센트에서 2014년 거의 11퍼센트로 늘었다. 스페인은 상황이 다르다. 2007~2008년 금융위기, 그리고 국민소득에서 큰 비중을 차지하는 부동산 부문 거품 붕괴의 영향으로 소득 분포상 하위 계층뿐만 아니라 상위 계층도 심각한 타격을 입었다. 소득 상위 1퍼센트 계층의 몫은 2006년 13퍼센트에 가까운 수준에서 2012년 9퍼센트 아래로 떨어졌으며 여전히 회복될 기미를 보이지 않는다(도표 2.3.3).

프랑스에서도 새로운 추정치 덕분에 소득 분포상 하위 계층에서 나타나는 성장의 동태적 변화를 추적할 수 있다. 전후 기간과 1980년대 초까지는 하위 50퍼센트와 중간 40퍼센트 계층의 소득 증가율이 평균보다 더 높았지만 그 후에는 상황이 반전되었다. 1980년 이후에도 '영광의 30년les trente glorieuses'—프랑스에서는 보통 1950~1980년의 고성장기를 이렇게 부른다—이 계속된 것은 최상위 소득자들뿐이다. 이때 노동소득의 불평등과 자본소득의 불평등이 모두 심화된 게 특징적이다. 그러나 1980년대 이후 성장에서 소득 하위 절반 인구가 배제되지는 않았다. 이 집단은 평균소득 증가율에 가까운 성장을 기록했는데, 이는 미국과 비교하면 놀라울 만큼 다른 상황이다.

북유럽 국가들은 1980년대 초 세계에서 불평등 수준이 가장 낮은 축에

도표 2.3.3 유럽 국가들의 국민소득 중 상위 1퍼센트의 몫(1890~2014)

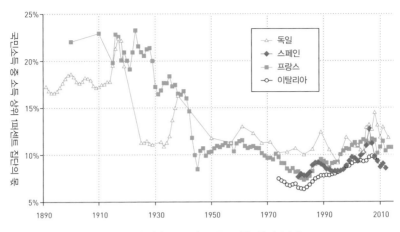

2014년 프랑스의 소득 상위 1퍼센트는 국민소득 중 11퍼센트를 가져갔다.

출처: WID.월드(2017). 데이터 시리즈와 주석은 wir2018.wid.world를 보라.

속했다. 1980년 이후에는 그 전보다 더 불평등한 성장을 했지만 상위 집단에 소득이 집중되는 현상은 여전히 제한적이었다. 상위 1퍼센트 소득자들은 덴마크와 핀란드, 노르웨이, 스웨덴의 전체 소득 중 10퍼센트 미만을 차지한다.

덴마크와 네덜란드에서 최고 백분위의 몫은 1980년대 이후 약 5퍼센트에서 6퍼센트로 소폭 증가했다. 앞으로 보겠지만 많은 유럽 국가는 비교적 높은 평균 소득 증가율을 기록하면서도 소득 불평등 증가를 제한적인 수준으로 유지할 수 있었다(도표 2.3.4).

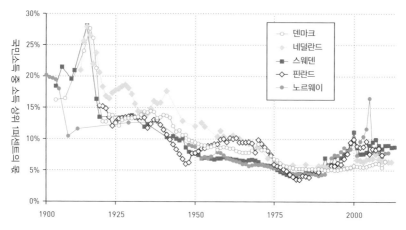

2013년 스웨덴의 소득 상위 1퍼센트 집단은 국민소득 중 9퍼센트를 가져갔다.

출처: WID.월드(2017). 데이터 시리즈와 주석은 wir2018.wid.world를 보라.

러시아와 중국, 인도에서 불평등은 1980년대 이후 급속히 심화됐다

소득과 부의 집중은 특히 1917년 소비에트 혁명 전 차르 시대 러시아(제2부 제8장을 보라)와 식민지 시대 인도(제2부 제9장을 보라)에서 심했다. 러시아에서는 공산주의 혁명으로 각종 화폐소득의 격차가 극단적으로 줄었다. 공산주의 시대 전 기간에 소득 상위 1퍼센트 집단의 몫은 국민소득의 약 5퍼센트에 그쳤고, 1970년대에는 4퍼센트 아래로 떨어졌다(도표 2.3.5를 보라). 그러나 이처럼 극단적으로 낮은 수준의 화폐소득 불평등은 일정 부분 꾸며진 것임을 강조할 필요가 있다. 소비에트식 불평등은 정치적 엘리트 계층이 특정 상점과 휴양 시설을 이용하는 특권을 누리는 데 반해 다른 수많은 사람은 모진 정치적 억압을 받는 것과 같이 비화폐적인 형태를 취한다.

　인도에서는 최고 백분위 소득자의 몫이 식민지 시대 말기 약 20퍼센트
에서 1980년대 초 6퍼센트로 감소했다. 40년 동안 엘리트 계층의 경제적
영향력을 줄이기 위해 국유화와 정부의 가격통제, 최상위 소득자에 대한
극단적으로 높은 소득세율을 포함한 사회주의에 영감을 받은 정책을 시
행한 후였다. 소비에트 블록의 내부적인 파열과 러시아의 '충격 요법shock
policy'들, 그리고 1980년대부터 실시된 인도의 규제 완화와 개방 정책들
이 최상위 백분위 소득자의 몫이 급속히 늘어나는 데 한몫했다. 러시아
에서 소득 상위 1퍼센트 집단의 몫은 1996년 26퍼센트로 늘어났고 현재
는 20퍼센트 수준이다. 인도에서는 최상위 1퍼센트의 몫이 약 22퍼센트
로 증가했다.

　1978년부터 확립된 중국의 개방 정책(제2부 제7장에서 중국에 관해 논

도표 2.3.5 신흥국의 국민소득 중 상위 1퍼센트 집단의 몫(1900~2015)

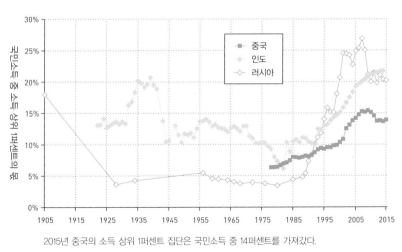

2015년 중국의 소득 상위 1퍼센트 집단은 국민소득 중 14퍼센트를 가져갔다.

출처: WID.월드(2017). 데이터 시리즈와 주석은 wir2018.wid.world를 보라.

의한다)은 중요한 민영화 계획들을 포함한 것으로, 러시아나 인도의 개혁에 비해 불평등에 미친 영향이 더 적었다. 중국은 상당히 큰 폭의 불평등 증가를 보였다(최상위 계층의 몫은 20년 새 6.5퍼센트에서 14퍼센트로 늘어났다). 그러나 러시아에 비해 중국의 경제 자유화와 개방은 그리 갑작스럽지 않았으며, 더 점진적인 이행을 거쳤다. 2006년 이후 최상위 계층의 불평등은 정체되었다. 중국에서는 전체적으로 평균 소득 증가율이 높은 상황에서 불평등이 증가하면서 소득 분포상 하위 집단도 의미 있는 성장을 할 수 있었고, 그보다는 덜하지만 인도도 비슷한 상황이었다.

브라질과 남아프리카공화국, 중동은 '극단적 불평등' 체제라 할 수 있으며 이 나라들은 분석 대상 국가 중 가장 높은 수준의 불평등을 보인다

브라질과 남아프리카공화국, 중동에서는 역사적으로 소득이 고도로 집중되었다(**도표 2.3.6**을 보라). 브라질에서는 지난 20년 동안 (특히 최저임금 상승 때문에) 임금 불평등이 감소했으며, 이 나라에는 중요한 제도로 좋은 평가를 받는 빈곤층 대상 현금이전 시스템이 있었다. 그러나 기업의 이윤과 자본소득이 상위 계층에 고도로 집중되면서 오늘날 브라질 국민소득 중 상위 10퍼센트 계층의 몫은 55퍼센트에 이르며, 제2부 제11장에서 보듯이 이 수치는 지난 20년 동안 크게 달라지지 않았다. 이 나라에는 엄청난 지역 간 불평등과 함께 인종 간 불평등의 잔재가 여전히 중요하게 작용한다. 브라질은 주요 국가 중 마지막으로 노예제를 폐지한 곳이다. 1887년에는 노예가 전체 인구에서 커다란 비중을 차지했는데, 어떤 지역에서는 전체 인구의 30퍼센트에 이르기도 했다.

남아프리카공화국에서 나타난 극단적인 불평등은 확실히 (1994년에 와 서야 완전히 폐지된) 인종분리 정책의 역사적인 유산과 관련지을 수 있으며, 그 잔재는 오늘날 이 나라 경제와 사회의 이중 구조에서 볼 수 있다. 제2부 제12장에서 논의하는 것처럼 소득 상위 10퍼센트 계층은 대부분 백인이다. 이 집단은 국민소득 중 60퍼센트 이상을 벌어들이며 유럽 사람들과 비슷한 소득 수준을 누리고 있다. 반면 소득 하위 90퍼센트는 아프리카의 저소득 국가 사람들과 비슷한 소득으로 살아간다.

그러나 브라질, 중동과 대조적으로 남아공에서는 지난 몇십 년 동안 불평등이 크게 증가했다. 남아공이 토지를 평등하게 재분배하는 데 실패했다는 사실과 함께 인종분리 정책이 끝난 후에 이루어진 무역과 금융의 자유화로 이러한 동태적 변화를 설명할 수 있다. 그럴더라도 최근 남아공 소득 불평등의 동태적 변화를 더 잘 추적하고 이해하려면 더 많은 연구가

도표 2.3.6 브라질, 중동, 남아공과 다른 나라들의 국민소득 중 상위 10퍼센트 집단의 몫(2012~2016)

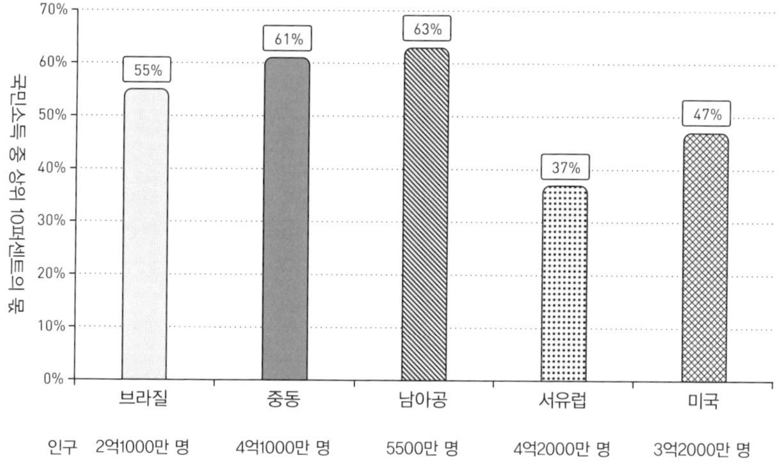

2016년 중동에서는 소득 상위 10퍼센트 집단이 국민소득의 61퍼센트를 가져갔다.

출처: WID.월드(2017). 데이터 시리즈와 주석은 wir2018.wid.world를 보라.

필요하다.

중동은 인종과 문화 면에서 동질성이 훨씬 더 높은데도 이 지역의 불평등은 브라질, 남아공과 비슷한 (혹은 그보다 높을 수도 있는) 수준을 보인다. 이 지역에서 소득 상위 10퍼센트 집단의 몫은 60퍼센트를 웃돈다. 제2부 제10장에서 논의하듯이 이 지역의 소득과 부는 대부분 걸프 지역 국가와 사우디아라비아에 거주하는 소수의 손에 집중되어 있다. 석유자산의 지리적 분포와 국경체제는 불평등을 창출하는 또 다른 기제로 극단적인 불평등을 초래했다.

저소득 국가에서 불평등은 이전에 생각했던 수준보다 더 높을 가능성이 크지만 데이터는 드물다

우리는 여전히 나머지 개발도상국과 신흥국의 소득 불평등 변화에 대해 아는 바가 별로 없다. 이는 무엇보다 제대로 된 소득세 관련 자료가 없기 때문이다. 정부가 데이터를 공유하지 않았거나, 혹은 데이터가 더 이상 존재하지 않거나, 아니면 그 데이터가 여전히 분산되어 있으며 디지털화되지 않은 탓이다.

행정 데이터가 없는 상황에서 우리가 알고 있는 것은 대부분 서베이 추정치에 바탕을 둔다. 제1부에서 설명했듯이 서베이에 기초한 불평등 추정치에는 여러 제약이 있다. 서베이 자료는 흔히 시기적으로 더 흩어져 있고 국민계정 통계와 일관성을 갖지 못하며 최상위 계층 소득이 누락되는 문제가 있다. 이 보고서에서 보여준 것처럼 이러한 제약 때문에 여러 신흥국에서 불평등 수준이 실제보다 상당히 낮게 나타날 수 있다(제2부 제7장과 제12장을 보라). 새로운 추정치에 따르면 코트디부아르는 전체 소득 중 상위 1퍼센트 집단의 몫이 약 17퍼센트로, 그 전에 서베이로 추정했던 12퍼센트와 큰 차이를 보인다.

WID.월드의 연구는 또한 중국에서 전체 소득 중 소득 상위 1퍼센트 집단이 가져가는 몫이 앞서 공식적인 추정치로 제시되었던 몫의 적어도 2배에 이른다는 사실을 보여준다. 우리는 현재 코트디부아르의 선례를 따라 다른 아프리카 국가들의 소득세 자료를 평가하는 데 많은 노력을 기울이고 있으며 가까운 장래에 더 많은 결과를 보여줄 수 있기를 바란다. 하지만 지금으로서는 제한적인 수준에서만 적절한 데이터에 접근할 수 있다.

전체적으로 이러한 요인 때문에 1980년 이전 기간은 몇몇 개발도상국에 대해서만, 그리고 짧은 기간 혹은 단속적인 기간에 대해서만 소득 불평등의 변화를 평가할 수 있다. 대부분의 개인이 소득세 과세 기준에 못 미치는 소득을 올린다는 점을 고려할 때 우리의 분석 대상은 또한 전체 인구의 아주 작은 부분에 한정된다. 사하라 이남 아프리카 국가들 중 역사상 소득세 자료가 있는 9개국에서 전체 소득 중 소득 상위 1퍼센트가 버는 몫을 적절히 계산하는 일은 작은 두 나라—모리셔스와 세이셸—만 가능하며, 잠비아와 짐바브웨의 경우 단 몇 년간에 대해서만 그 몫을 계산할 수 있다. 나머지 국가들(가나, 케냐, 탄자니아, 나이지리아, 우간다)은 소득세 자료에 포함되는 집단이 성인 인구 추정치의 1퍼센트에도 못 미친다. 이런 사실에 놀라워할 수도 있겠지만, 미국에서도 개인소득세가 도입된 초기(1913~1915)에는 납세자 비율이 0.9퍼센트에 불과했다.

그럼에도 불구하고 이 데이터로부터 몇 가지 교훈을 얻을 수 있다. 1940년대 중반부터 1980년대 초까지 아프리카 각국의 전체 소득에서 상위 0.1퍼센트 집단이 차지하는 몫은 짐바브웨와 잠비아, 말라위, 케냐, 탄자니아, 그리고 남아공에서 대부분의 선진국과 비슷한 추세를 나타내며 줄어들었다. 그러나 같은 기간 유럽과 비교할 때 이들 아프리카 국가의 불평등 수준은 훨씬 더 높았을 뿐 아니라 심지어 가장 극단적인 수준까지 치솟았다.

1950년에 잠비아의 가장 부유한 0.1퍼센트는 전체 국민소득의 10퍼센트를 조금 넘는 몫을 차지했다. 그러나 나이지리아와 가나 등 서아프리카 국가에서는 소득 불평등 수준이 그보다 더 낮은 것으로 보였다. 1940~1960년 이들 나라의 전체 소득 중 상위 0.1퍼센트의 몫은 평균 2.5퍼센트였다. 흥미롭게도 이처럼 불평등 수준에 있어 지리적 차이를 보이는 패턴은 최근 몇십 년 동안 수집된 서베이 자료에서도 뚜렷이 나타난다.

아프리카 국가 중 과세 자료를 인종이나 국적별로 나눠볼 수 있는 곳에서는 납세자 대부분이 비아프리카인이었다. 역사적인 자료는 이들 나라의 납세자가 주로 유럽인이며 그 뒤를 아랍인, 아시아인이 잇는다는 사실을 보여준다. 비아프리카인의 이 같은 우세는 최근 몇십 년 동안 누그러졌을 가능성이 크지만 남아공처럼 옛 정착 식민지 국가에서는 여전히 중요하다. 1985~2014년 코트디부아르에 관한 최근 연구는 앞서 이야기한 서베이와 행정 데이터 간의 괴리가 일정 부분 비아프리카계 개인들이 표본에 너무 적게 포함되었기 때문임을 더 분명하게 보여준다.[9]

남미 국가들에 대해 이용 가능한 데이터는 이 지역에서 소득 불평등 수준이 유럽과 아시아 국가에서 일반적으로 관측되는 수준보다 높다는 사실을 보여준다. 예를 들어 최근 남미에서 수집한 데이터는 아르헨티나와 콜롬비아, 브라질에서 전체 소득 중 상위 1퍼센트의 몫이 16퍼센트를 넘는다는 점을 보여준다. 흥미롭게도 이 지역에서 서베이 데이터만 이용해 불평등을 추정할 때는 소득 불평등이 크게 완화됐다는 결과가 나오지만 브라질과 콜롬비아에 대한 WID.월드 추정치는 실제로 불평등이 높은 수준을 변함없이 유지해왔음을 보여준다.

결론적으로 말하자면, 이용 가능한 데이터가 희소한 탓에 저소득 국가의 불평등 실태를 분명히 드러내기는 어렵다. 그러나 이용할 수 있는 데이터를 가지고 불평등을 추정해보면 저소득 국가의 소득 분포는 대부분 이전에 생각했던 것보다 더 집중되어 있다는 시사점을 얻게 된다. 지난 몇 년간 신흥국들의 일관된 불평등 통계를 생산·분석하기 위한 중요한 연구가 계속되어왔다. (그 결과는 이 보고서에 처음으로 함께 제시되었다.) 하지만 저소득 국가에 대한 치밀하고 일관된 자료에 바탕을 둔 소득 불평등 분석과 연구는 여전히 초기 단계에 있다.

제4장 미국의 소득 불평등

이 장의 정보는 토마 피케티와 이매뉴얼 사에즈, 게이브리얼 주크먼이 쓴 논문 「분배국민계정: 방법론과 미국의 추정치Distributional National Accounts: Methods and Estimates for the United States」(『쿼털리 저널 오브 이코노믹스Quarterly Jorunal of Economics』 2018년 게재 예정)에 바탕을 둔 것이다.

▸ 미국의 소득 불평등은 선진국 중 가장 높은 수준이다. 2014년 미국 성인 인구 중 소득 상위 1퍼센트가 국민소득에서 차지하는 몫(20.2퍼센트)은 소득 하위 50퍼센트의 몫(12.5퍼센트)보다 훨씬 더 많았다.

▸ 미국의 성인 1인당 평균 세전 실질 국민소득은 1980년 이후 60퍼센트 증가했지만 하위 50퍼센트의 소득은 약 1만6500달러에서 정체되었다. 하위 50퍼센트의 세후 현금소득 또한 정체되었는데, 이 집단의 그리 많지 않은 세후소득 증가액의 대부분은 의료 지출이 늘어나면서 소진되었다.

▸ 미국의 상위 계층 소득은 크게 늘었다. 1980년대와 1990년대에 상위 계층 소득이 급속히 증가한 것은 처음에는 노동소득이 늘어난 데 따른 것이지만, 2000년 이후에는 자본소득이 증가한 결과였다.

▸ 갈수록 누진성이 떨어지는 조세체계와 중산층에 유리한 소득이전 제도가 어우러지면서 1980년 이후 하위 50퍼센트의 소득 증가는 세금과 모든 이전소득을 고려한 후에도 평균 소득 증가에 못 미쳤다.

▸ 여성의 노동시장 참여가 늘어난 것은 불평등 증가를 완화하는 요인이었지만 유리천장은 여전히 견고하다. 노동소득 분포상 상위 1퍼센트 집단에서 남성은 85퍼센트를 차지한다.

2014년 미국의 국민소득 분포는 극단적으로 높은 수준의 불평등을 보여준다. 미국에서 세금과 이전소득을 고려하기 전 성인 1인당 평균 소득은 6만 6100달러였는데, 이 수치는 소득 분포상의 엄청난 격차를 감추고 있다. 미국 성인 중에서 소득 하위 50퍼센트에 들어가는 약 1억1700만 명은 미국 평균 소득의 4분의 1에 해당되는 한 해 평균 1만6600달러를 벌었다. 표 2.4.1이 보여주듯이 그들은 세전 국민소득 중 총 13퍼센트를 차지했다. 중간 40퍼센트 계층—소득 수준이 중위소득보다는 높고 가장 부유한 10퍼센트보다는 낮은, 대체로 '중산층'으로 표현할 수 있는 성인 집단—의 평균 세전소득은 전체 평균과 얼추 같은 6만6900달러여서 전체 소득 중 그들의 몫(40퍼센트)은 인구 비중과 비슷했다. 따라서 소득 상위 10퍼센트의 몫은 47퍼센트이며 이들의 평균 세전소득은 31만1000달러에 이른다. 이와 같은 상위 10퍼센트의 연간 평균 소득은 전체 평균의 거의 5배에 이르며, 소득 하위 50퍼센트 평균 소득의 19배에 달한다. 더욱이 하위 50퍼센트와 상위 10퍼센트 간 소득 격차가 19배에 이른다는 사실은 '하류층'과 '상류층' 간 세전소득 불평등이 중국과 미국 간 평균 국민소득 격차(시장환율로 측정할 때 8배)의 2배가 넘는다는 것을 의미한다.

소득은 심지어 상위 10퍼센트 집단 내에서도 집중도가 매우 높다. 예를 들어 소득 상위 1퍼센트는 평균적으로 한 해 130만 달러를 버는 약 230만 명의 성인인데 국민소득 중 이들에게 돌아가는 몫은 20퍼센트가 넘는다. 다시 말해 이들의 몫은 인구가 50배나 많은 소득 하위 50퍼센트 집단 전체의 몫의 1.6배나 되는 것이다. 상위 0.1퍼센트와 0.01퍼센트, 그리고 0.001퍼센트에 속하는 사람들의 연간 소득은 개인소득세와 이전소득을 고려하기 전 평균 600만 달러와 2900만 달러, 그리고 1억2500만 달러다.

표 2.4.1 미국의 국민소득 분포(2014)

소득 집단	성인 인구수	세전				세후		
		국민소득	평균 소득 (달러)	소득 비중		국민소득	평균 소득 (달러)	소득 비중
전체 인구	234,400,000	–	66,100	100%		–	66,100	100%
소득 하위 50%	117,200,000	–	16,600	12.5%		–	25,500	19.3%
하위 20%	46,880,000	–	5,500	1.7%		–	13,400	4.1%
그다음 30%	70,320,000	13,100	24,000	10.9%		23,200	33,600	15.2%
소득 중간 40%	93,760,000	36,900	66,900	40.4%		45,000	68,800	41.6%
소득 상위 10%	23,440,000	122,000	311,000	47.0%		113,000	259,000	39.1%
상위 1%	2,344,000	469,000	1,341,000	20.2%		392,000	1,034,000	15.7%
상위 0.1%	234,400	2,007,000	6,144,000	9.3%		1,556,000	4,505,000	6.8%
상위 0.01%	23,440	9,789,000	28,773,000	4.4%		7,035,000	20,786,000	3.1%
상위 0.001%	2,344	48,331,000	124,821,000	1.9%		35,122,000	90,826,000	1.4%

2014년 소득 상위 10퍼센트의 평균 세전소득은 31만1000달러였다. 세전 국민소득은 (현금이전의 대부분을 차지하는) 연금과 실업보험을 고려하되 직접적인 소득세와 자산세는 빼기 전에 측정한 것이다. 세후 국민소득은 모든 세금과 이전소득, 정부지출을 고려한 다음에 측정한 것이다. 모든 금액은 2010년 (인플레이션을 고려한) 불변 미국 달러로 환산했다. 비교하자면 1달러는 시장환율로 0.8유로, 3.3엔이며, 구매력평가로는 0.9유로, 6.6엔이다. 반올림 때문에 숫자를 단순히 더할 수는 없다.

출처: 피케티, 사에즈, 주크먼(2018). 데이터 시리즈와 주석은 wir2018.wid.world를 보라.

표 2.4.1이 보여주듯이 2014년 미국의 국민소득 분포는 전반적으로 조세와 이전소득 체계로 인해 조금 평등해진다. 각종 세금과 이전소득을 고려하면 국민소득 중 상위 10퍼센트의 몫은 47퍼센트에서 39퍼센트로 줄어든다. 그에 따른 효과는 둘로 나뉘는데, 전체 세후소득에서 중간 40퍼센트 계층의 몫은 (40.5퍼센트에서 41.6퍼센트로) 1퍼센트포인트 증가하고 하위 50퍼센트 계층의 몫은 (12.5퍼센트에서 19.4퍼센트로) 7퍼센트포인트 늘어난다. 또 상위 계층으로 갈수록 전체 소득에서 차지하는 몫이 상대적

으로 더 크게 줄어드는 경향이 있는데, 이는 미국에서 가장 부유한 계층에 대한 과세가 조금 누진적임을 의미한다.

1980년부터 2014년까지 국민소득은 61퍼센트 늘었지만, 소득 하위 50퍼센트 계층은 그 혜택에서 소외되었다

2014년 미국의 소득 불평등은 제2차 세계대전이 끝났을 때 경험한 상황과 크게 달랐다. 실제로 종전 이후 불평등의 변화는 **표 2.4.2**에서 보듯이 두 기간으로 나눌 수 있다. 1946년부터 1980년까지 성인 1인당 실질 국민소득은—평균 소득이 거의 2배가 될 만큼—강력한 성장세를 보였다. 더욱이 상위 10퍼센트의 소득 증가 속도(79퍼센트)보다 하위 90퍼센트의 소득 증가 속도(102퍼센트)가 더 빨라서 대단히 평등한 분배가 이루어졌다.[10] 반면 그 후 1980년부터 2014년까지 34년간은 전체 기간 소득 증가율이 95퍼센트에서 61퍼센트로 낮아졌고 훨씬 더 불균형적인 성장을 이뤘다.

소득 하위 50퍼센트의 세전소득은 정체되었다. 이 계층의 소득은 1980년 1만6400달러에서 2014년 1만6600달러로 고작 200달러 늘어나는 데 그쳤다. 34년에 걸쳐 단 1퍼센트의 보잘것없는 증가를 기록한 것이다. 1980~2014년 전 기간 하위 50퍼센트의 세후소득 증가율은 총 21퍼센트(연평균 0.6퍼센트)로 세전소득 증가율보다 상당히 높았지만 그래도 여전히 전체 평균 소득 증가율의 3분의 1에 불과했다. 중간층 40퍼센트의 성장세는 평균에 못 미쳐서 1980년 이후 세전소득은 42퍼센트, 세후소득은 49퍼센트(연평균 1.4퍼센트) 증가했다.

이와 대조적으로 상위 10퍼센트의 평균 소득은 이 기간에 세후 기준으

표 2.4.2 제2차 세계대전 후 미국의 국민소득 증가율(1946~2014)

소득 집단	세전소득 증가율		세후소득 증가율	
	1946~1980년	1980~2014년	1946~1980년	1980~2014년
전체 인구	95%	61%	95%	61%
소득 하위 50%	102%	1%	129%	21%
하위 20%	109%	−25%	179%	4%
그다음 30%	101%	7%	117%	26%
소득 중간 40%	105%	42%	98%	49%
소득 상위 10%	79%	121%	69%	113%
상위 1%	47%	204%	58%	194%
상위 0.1%	54%	320%	104%	298%
상위 0.01%	76%	453%	201%	423%
상위 0.001%	57%	636%	163%	616%

1980년부터 2014년까지 소득 상위 10퍼센트의 평균 세후소득은 113퍼센트 증가했다. 세전 국민소득은 (현금 이전의 대부분을 차지하는) 연금과 실업보험을 고려하되 직접적인 소득세와 자산세는 빼기 전에 측정한 것이다. 세후 국민소득은 모든 세금과 이전소득, 정부지출을 고려하여 측정한 것이다.

출처: 피케티, 사에즈, 주크먼(2018). 데이터 시리즈와 주석은 wir2018.wid.world를 보라.

로도 2배가 되었고, 상위 1퍼센트의 평균 소득은 3배가 되었다. 소득 계층 사다리를 올라갈수록 소득 증가율은 더 높아지며, 1980년부터 2014년까지 상위 0.001퍼센트의 소득 증가율은 636퍼센트로 정점에 달해 전체 소득 증가율의 10배에 이르렀다.

상위 1퍼센트가 부상할수록 하위 50퍼센트는 정체되었다

지난 40년 동안 상위 1퍼센트의 소득은 급증한 반면 하위 50퍼센트의 소

득이 정체된 것은 미국 경제에서 가장 놀라운 변화일 것이다. 도표 2.4.1a에
서 보여주듯이 1980년에서 2014년 사이 미국의 전체 소득 중 각 집단이 차
지하는 몫은 역전되었다. 상위 1퍼센트 집단은 1980년 국민소득의 11퍼센
트를 차지했지만 지금은 20퍼센트 이상을 차지한다. 반면 하위 50퍼센트
집단은 1980년 국민소득의 20퍼센트를 가져갔지만 오늘날에는 12.5퍼센트
를 가져간다. 사실상 전체 소득 중 8퍼센트포인트가 하위 50퍼센트 계층에
서 상위 1퍼센트 계층으로 이전된 것이다. 따라서 상위 1퍼센트가 국민소
득에서 차지하는 몫은 인구가 50배나 많은 하위 50퍼센트가 차지하는 몫
의 감소분보다 더 큰 폭으로 늘어났다. 도표 2.4.1b는 소득 하위 50퍼센트의
세전소득이 1980년 이후 1만6500달러 근처에서 정체되는 동안 상위 1퍼
센트의 세전소득은 300퍼센트나 늘어 2014년 거의 134만 달러에 이르렀

도표 2.4.1a 미국의 세전소득 중
상위 1퍼센트와 하위 50퍼센트 집단의 몫(1962~2014)

2014년 미국에서 소득 하위 50퍼센트는 국민소득의 약 13퍼센트를 받아갔다. 세전 국민소득은
(현금이전의 대부분을 차지하는) 연금과 실업보험을 고려하되 직접적인 소득세와 자산세는 고려
하기 전에 측정한 것이다.

출처: 피케티, 사에즈, 주크먼(2018). 데이터 시리즈와 주석은 wir2018.wid.world를 보라.

도표 2.4.1b 미국 소득 상위 1퍼센트 및 하위 50퍼센트 집단의 세전소득(1962~2014)

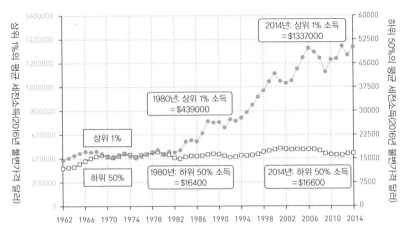

2014년 소득 상위 1퍼센트의 평균 세전소득은 133만7000달러였다. 세전소득은 (현금이전의 대부분을 차지하는) 연금과 실업보험을 고려하되, 직접적인 소득세와 자산세는 고려하기 전에 측정한 것이다.

출처: 피케티, 사에즈, 주크먼(2018). 데이터 시리즈와 주석은 wir2018.wid.world를 보라.

음을 보여준다. 이에 따라 소득 상위 1퍼센트와 하위 50퍼센트 계층의 평균 소득 격차는 1980년 27배에서 오늘날 81배로 벌어졌다.

의료비 이전을 제외하면 하위 50퍼센트 계층의 평균 세후소득은 2만500달러에서 정체되었다

그러나 하위 50퍼센트 계층의 소득이 전후 기간 내내 정체된 것은 아니다. 1960년대에 임금 분포가 더 평등해지면서 전체 세전소득 중 이 계층의 인구가 가져가는 몫은 늘어났다. 이는 일정 부분 1960년대에 미국 전역에서 실질 최저임금이 상당 폭 올라 1969년에 사상 최고에 이르렀기 때문이다.

이처럼 분배가 개선된 것은 린든 존슨 대통령의 '빈곤과의 전쟁'에 힘입었다. 그의 사회 정책에 따라 1964년 식품권법Food Stamp Act과 1965년 메디케이드Medicaid 의료보장 프로그램이 시행되었다.

그러나 미국의 소득 하위 50퍼센트 계층이 얻는 세전소득과 세후소득은 모두 1980년대 초부터 뚜렷이 감소하기 시작했으며, 그때부터 세전소득과 세후소득 사이의 격차도 크게 벌어졌다. 실제로 데이터를 보면 1970년대 이후 소득 하위 50퍼센트의 실질 세후소득이 조금 늘어났는데, 이는 거의 전액 메디케어Medicare와 메디케이드를 통한 소득이전에 따른 것임을 알 수 있다. 이 두 가지 의료비 이전을 제외하면 하위 50퍼센트 계층의 평균 세후소득은 1970년대 말 이후의 2만500달러에 약간 못 미치는 수준에서 정체되었을 것이다(도표 2.4.2를 보라). 그러므로 세전소득을 기준으로

도표 2.4.2 미국 소득 하위 50퍼센트의 세전소득과 세후소득(1962~2014)

2014년 소득 하위 50퍼센트의 평균 세후처분가능소득은 1만7400달러였다. 세전 국민소득은 (현금이전의 대부분을 차지하는) 연금과 실업보험을 고려하되, 직접적인 소득세와 자산세는 고려하기 전에 측정한 것이다. 모든 금액은 2016년 (인플레이션을 고려한) 불변 미국 달러로 환산했다. 비교하자면 1달러는 시장환율로는 0.8유로, 3.3엔이며, 구매력평가로는 0.9유로, 6.6엔이다.

출처: 피케티, 사에즈, 주크먼(2018). 데이터 시리즈와 주석은 wir2018.wid.world를 보라.

보면 미국 성인 중 소득 하위 절반은 사실상 40년 이상 경제성장에서 배제되었다. 이들의 세후소득은 약 5000달러 늘어났지만 이는 의료 서비스 공급 원가 상승에 따라 의료비 지출이 늘어나면서 거의 다 소진되었다.[11] 더욱이 하위 절반 계층의 세후소득이 세전소득 이상으로 늘어나 이들이 소득 재분배의 수혜자가 된 것은 오로지 의료 서비스의 현물이전과 집단적인 지출을 통해서만 가능했다. 이는 2008년 대침체 기간에 정부가 대규모 적자를 내면서, 하위 50퍼센트 계층이 개별적인 현금이전으로 받는 액수보다 더 많은 세금을 내게 되기 전까지 그랬다.

소득 하위 50퍼센트 중에서 일하는 연령대의 세전소득은 줄어들고 있다

하위 50퍼센트 계층의 소득이 정체된 것은 기본적으로 평생소득의 분배에서 나타난 더 심층적인 변화보다는 인구 측면의 변화를 반영하는 것일 수도 있다. 사람들의 소득은 먼저―노동자들이 인적자본을 쌓고 경험을 얻으면서―나이를 먹어감에 따라 늘어난 다음 은퇴 후에 줄어드는 경향이 있다.

따라서 인구 고령화 때문에 전체 소득 중 하위 50퍼센트의 몫이 줄었을 수도 있다. 하지만 미국은 그렇지 않다. 이는 **도표 2.4.3**에서와 같이 하위 50퍼센트 소득자 가운데 20~45세, 45~65세, 65세 이상과 같은 특정 연령대의 소득을 검토함으로써 확인할 수 있다.

도표 2.4.3a는 소득 하위 50퍼센트에 속하는 성인 중 일하는 연령대 사람들의 평균 세전소득이 1980년대 이후 급감했다는 사실을 보여준다. 20~45세 집단에서는 20퍼센트, 45~65세 집단에서는 8퍼센트가 줄어들었다. 노인층(65세 이상)에서만 사회보장 혜택과 사적연금 지급이 늘면서

도표 2.4.3a 미국 소득 하위 50퍼센트 집단의 연령대별 세전소득(1979~2014)

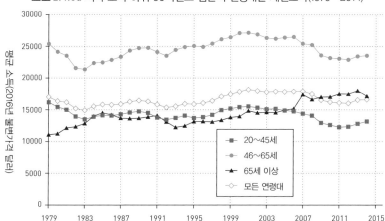

2014년 소득 하위 50퍼센트에 속하는 20~45세 연령대의 평균 세전소득은 1만3200달러였다. 세전 국민소득은 (현금이전의 대부분을 차지하는) 연금과 실업보험을 고려하되, 직접적인 소득세와 자산세는 고려하기 전에 측정한 것이다. 모든 금액은 2016년 (인플레이션을 고려한) 불변 미국 달러로 환산했다. 비교하자면 1달러는 시장환율로는 0.8유로, 3.3엔이며, 구매력평가로는 0.9유로, 6.6엔이다. 반올림 때문에 숫자를 단순히 더할 수는 없다.

출처: 피케티, 사에즈, 주크먼(2018). 데이터 시리즈와 주석은 wir2018.wid.world를 보라.

도표 2.4.3b 미국 소득 하위 50퍼센트 집단의 연령대별 세후소득(1979~2014)

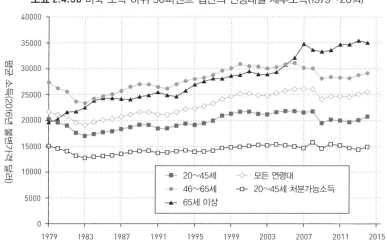

2014년 20~45세 연령대 소득 하위 50퍼센트의 평균 처분가능소득은 1만4900달러였다. 세후 국민소득은 모든 세금과 이전소득 및 정부지출을 고려한 소득이다. 모든 금액은 2016년 (인플레이션을 고려한) 불변 미국 달러로 환산했다. 비교하자면 1달러는 시장환율로 0.8유로, 3.3엔이며, 구매력평가로는 0.9유로, 6.6엔이다.

출처: 피케티, 사에즈, 주크먼(2018). 데이터 시리즈와 주석은 wir2018.wid.world를 보라.

세전소득이 계속해서 늘어났다. **도표 2.4.3b**는 세후소득을 기준으로 하면 이런 추세가 훨씬 더 뚜렷하다는 점을 보여준다. 하위 50퍼센트 집단 중 65세 이상 연령대의 평균 소득은 1980년대 이후 70퍼센트 늘어났으며, 이제 하위 50퍼센트 집단 중 모든 연령대의 평균 소득을 초과한다. 실제로 하위 50퍼센트 계층의 세후소득 증가는 모두 노인층의 소득 증가에 따른 것이다.[12] 소득 하위 50퍼센트 계층 가운데 일하는 연령대의 세후소득은 1980년 이후 사실상 전혀 늘어나지 않았다.

　미국 내 하위 50퍼센트의 소득 변화로부터 세 가지 핵심적인 통찰을 얻을 수 있다. 첫째, 하위 50퍼센트 소득 집단 중—경험이 많은 45세 이상 노동자를 포함해—일하는 연령대의 모든 집단에서 소득이 급감했으므로, 하위 50퍼센트에 속하는 누군가가 일생 동안 번 누적소득이 1980년대 이후 크게 증가했을 가능성은 낮다. 둘째, 하위 50퍼센트 집단의 소득이 정체된 것은 인구 고령화 때문이 아니다. 오히려 소득 하위 50퍼센트 집단에서 유독 노인층의 소득만 증가하고 있다. 셋째, 수급 조건을 따지는 급여를 늘렸음에도 불구하고 미국 정부의 재분배 정책은 지난 30년 동안 중하위 계층에 속하는 일하는 연령대 미국인들의 소득 수준을 향상시키지 못했다.

　실제 세전소득 불평등 수준과 함께 이런 사실을 생각해보면 1980년 이후 미국에서처럼 세전소득 분배에 엄청난 변화가 일어날 때는 세금과 소득이전으로 거둘 수 있는 정책 효과에 분명한 한계가 있음을 알 수 있다. 이 모든 것은 우리가 평등화 정책을 논의할 때 단순히 사후적인 재분배에만 초점을 맞추기보다는 인적자본과 금융자본, 그리고 협상력을 포함한 본원적인 자산primary asset의 분배를 고르게 하는 데 집중해야 한다는 견해를 뒷받침한다.

세전소득 불평등은 1980년대 이후 뚜렷이 증가했으며, 세후소득 불평등보다 조금 더 높아졌다

위에서 설명한 추세는 더 장기적인 역사적 맥락에 비춰봐야 한다. 1917년까지 거슬러 올라가는 데이터를 분석하면 지난 한 세기 동안 미국의 소득 불평등에 상당한 변화가 있었음을 알 수 있다. 도표 2.4.4가 보여주듯이 국민소득 중 상위 10퍼센트 계층에 돌아가는 몫은 지난 세기 동안 U자 곡선을 따랐다. 오늘날 세전 기준으로 상위 10퍼센트의 몫은 거의 1920년대에 이르렀던 정점만큼 높아졌다.

세금과 소득이전을 고려한 뒤 최상위 소득자들에게 돌아가는 몫도 장기적으로 U자형의 변화를 거쳐왔지만, 최근 몇십 년 동안 세전소득의 변화만큼 상승세가 뚜렷하지는 않았다. 이런 차이는 주로 한 세기 전에는 정부의 규모가 작았고 오늘날에 비해 세율이 낮았다는 점에 기인한다. 이는 1900년대 초에는 세전소득과 세후소득 간 차이가 오늘날처럼 두드러지지 않았음을 의미한다. 상위 소득자들이 세전소득에서 차지하는 몫과 세후소득에서 차지하는 몫 사이에 나타나는 차이는 1933년 프랭클린 루스벨트 대통령의 뉴딜정책이 상위 1퍼센트 계층에 충격을 주고 제2차 세계대전 관련 지출을 위한 재원을 조달하려는 정책들로 상위 10퍼센트 계층의 연방소득세가 크게 오른 후에 벌어지기 시작했다.

1980년 이후 세후소득 불평등은 크게 증가했지만 세전소득 불평등보다는 느린 속도로 진행됐다. 도표 2.4.4에서 볼 수 있듯이 1980년부터 2014년까지 전체 소득 중 상위 10퍼센트에 돌아가는 몫은 세후 기준으로 30퍼센트에서 40퍼센트로, 세전 기준으로는 35퍼센트에서 47퍼센트로 늘어났다. 2013년에 가장 많은 소득을 올린 계층을 대상으로 단행한 상당한 규모의 증세가 지난 몇 년 동안 소득 상위 계층에 있어 세전소득

도표 2.4.4 미국 국민소득 중 상위 10퍼센트가 차지하는 몫의 'U자형 변화'(1917~2014)

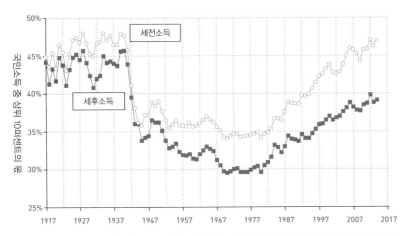

2014년 세후 국민소득 중 39퍼센트를 소득 상위 10퍼센트가 가져갔다. 세전 국민소득은 (현금이전의 대부분을 차지하는) 연금과 실업보험을 고려하되, 직접적인 소득세와 자산세는 고려하기 전에 측정한 것이다.

출처: 피케티, 사에즈, 주크먼(2018). 데이터 시리즈와 주석은 wir2018.wid.world를 보라.

에서 차지하는 몫보다 세후소득에서 차지하는 비중이 더 느리게 증가하는 데 주효했을 것이다. 전체적으로 보면 재분배 정책은 세후소득 불평등이 (다음에 더 자세히 논의하게 되듯이) 뉴딜 이전 수준까지 회귀하는 것을 막았다. 현 행정부와 의회가 계획하는 것처럼 최고 소득자들에 대한 세금을 더 줄이는 정책은 앞으로 세후소득 불평등을 급속히 증가시킬 수 있다(상자 2.4.1).

전체 세전소득 중 자본소득의 비중은 어느 정도 변동이 있긴 했지만 지난 한 세기 동안 비교적 안정적으로 유지되었다. 소득 분포상 위쪽으로 갈수록 전체 소득 중 훨씬 더 많은 부분이 노동보다는 자본에서 창출된다. 절대다수의 미국인이 지난 한 세기 동안 자본소득을 거의 얻지 못했는데, 소득 하위 90퍼센트—중산층과 저소득층을 모두 포함한—계층에서는 1970년대 이전에 자본소득을 전체 소득 중 10퍼센트 넘게 얻는 경우가 드

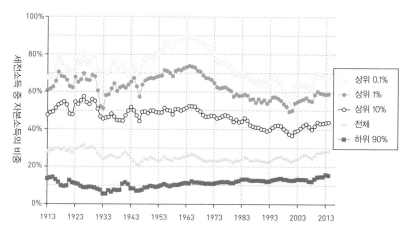

도표 2.4.5 미국 세전소득 중 자본소득의 비중(1913~2014)

2014년 소득 상위 10퍼센트 집단의 세전소득 중 자본소득의 비중은 44퍼센트였다. 총 세전소득은 자본소득과 노동소득을 합친 것이다. 세전 국민소득은 (현금이전의 대부분을 차지하는) 연금과 실업보험을 고려하되, 직접적인 소득세와 자산세는 고려하기 전에 측정한 것이다.

출처: 피케티, 사에즈, 주크먼(2018). 데이터 시리즈와 주석은 wir2018.wid.world를 보라.

물었다(도표 2.4.5를 보라). (이제 가계의 전체 자산 중 36퍼센트를 차지하는) 연금펀드의 부상에 힘입어 2014년 소득 하위 90퍼센트 계층의 총소득 중 자본소득의 비중은 16퍼센트로 높아졌다. 상위 10퍼센트 소득자들의 총소득 중 자본소득 비중은 1960년대 중반에 50퍼센트를 넘어 고점을 기록했다. 2014년 상위 10퍼센트 계층은 그 고점에는 미치지 못하지만 여전히 총소득의 40퍼센트 이상을 자본에서 벌어들이고 있다. 2014년 자본소득 비중은 상위 1퍼센트 계층에서는 거의 60퍼센트, 상위 0.1퍼센트 계층에서는 70퍼센트에 이른다.

총소득 중 자본에서 나오는 소득의 비중은 최상위 소득 계층에서 특히 변동이 심했다. 20세기 초에 상위 0.1퍼센트 계층은 총소득의 70~80퍼센트를 자본에서 얻었지만, 이 비중은 기업이익이 크게 줄어든 대공황 기간에 50퍼센트를 조금 넘는 수준으로 급락했다가 1950~1960년대에 약 90퍼센트로 반등했다. 피케티가 『21세기 자본』에서 설명했듯이, 최고경영자들이 얻는 보상과 노동소득은 전후 몇십 년 동안 사상 최저를 기록했다.[13] 그러나 이들의 노동소득은 1970년부터 1990년대 말까지 매우 빠르게 늘어나 2000년에는 소득 상위 0.1퍼센트 계층의 총소득 중 자본소득 비중이 49퍼센트로 최저점에 이르렀다. 그러다가 21세기에 접어들면서 기업 주식에서 나오는 이익이 급증해 자본소득 비중은 다시 높아졌다. 전체 국민소득 중 자본소득 비중은 2000년부터 2014년까지 22퍼센트에서 29퍼센트로 높아졌으며, 이 기간에 미국에서 성인 1인당 연평균 소득 증가율 0.6퍼센트 중 거의 전부가 자본소득 증가에 따른 것이었다. 성인 1인당 노동소득이 연 0.1퍼센트씩 증가하는 동안 자본소득은 연 2.2퍼센트씩 증가했다. 자산 불평등이 심화됨에 따라 자본소득 집중도는 더 높아졌고, 상위 계층의 자본소득 중 대부분이 저축되면서 이는 다시 자산 불평등 자체를 더욱 심화시켰다. 그에 따라 20세기 말에 일을 해서 부자가 된 이들은 21세기 들어 갈수록 늘어나는 자본소득으로 살아갈 것이며, 세대가 바뀌어 그들의 자녀는 축적된 자산을 상속받아 그 자본소득으로 살아갈 수도 있다.

세금은 지난 몇십 년 동안 누진성이 약화되었다

미국 조세체계의 누진성은 **도표 2.4.6**에서 보여주듯이 지난 몇십 년 동안 크게 약화되었다. 거시경제 차원에서 본 미국의 세율(즉, 연방과 주, 지방정부가 부과하는 모든 세금이 국민소득에서 차지하는 비중)은 1913년 8퍼센트에서 1960년대 후반 30퍼센트로 높아졌으며 이제껏 그 수준을 유지했다.

도표 2.4.6 미국의 세전소득 집단별 평균 세율(1913~2014)

2014년 소득 상위 1퍼센트 집단의 평균 세율은 36퍼센트였다. 세전 국민소득은 (현금이전의 대부분을 차지하는) 연금과 실업보험을 고려하되, 직접적인 소득세와 자산세는 고려하기 전에 측정한 것이다. 세금은 연방정부와 주정부, 지방정부에서 거둬들이는 모든 형태를 포함한다. 세율은 세전소득 대비 세금의 비율을 나타낸다.

출처: 피케티, 사에즈, 주크먼(2018). 데이터 시리즈와 주석은 wir2018.wid.world를 보라.

그러나 소득 집단별 실효세율의 차이는 줄어들었다. 1950년대에 상위 1퍼센트 소득자들이 세전소득의 40~45퍼센트를 세금으로 내는 동안, 하위 50퍼센트 소득자들은 15~20퍼센트를 냈다. 2014년에는 세율 차이가 훨씬 더 줄었다. 2014년에 최고 소득자들이 자신의 소득 중 약 30~35퍼센트를 세금으로 내는 동안, 하위 50퍼센트 소득자들은 대략 25퍼센트를 냈다. 이 기간에 상위 1퍼센트의 실효세율이 하락한 까닭은 주로 법인세와 상속세 세율 인하에서 찾을 수 있다. 1960년대에 상위 1퍼센트는 세전소득의 20퍼센트 가까이를 법인세와 상속세로 냈지만 2014년까지 그 부담은 약 10퍼센트로 줄었다.

2013년 세제 개혁은 오랫동안 계속된 최고세율 하락세를 어느 정도 돌려놓았다. 건강보험개혁법Affordable Care Act으로 도입된 부가세와 더불어

2001년 부시 행정부의 최고 소득자들에 대한 감세 종료로 가장 부유한 이들의 자본소득(세율 9.5퍼센트포인트 상승)과 노동소득(6.5퍼센트포인트 상승)에 대한 한계세율이 높아졌다.[14] 이는 1950년대 이후 가장 큰 폭으로 최고세율이 오른 것으로, 1993년 클린턴 행정부가 시행한 증세를 넘어섰다. 상위 1퍼센트 소득자에 적용되는 실효세율은 2011년(32퍼센트)부터 2013년(36퍼센트)까지 약 4퍼센트포인트 올랐으며, 현재 1980년대 초 수준으로 돌아갔다.[15] 그래도 불평등은 1980년대에 훨씬 덜했고, 장기적으로 법인세와 상속세 세수가 줄어들면서 최상위 계층에 대한 실효세율을 계속 억누르고 있다는 점에 유의해야 한다.

세전소득과 세후소득 불평등 측정하기

이 장에서 우리는 미국의 세전소득과 세후소득 불평등 추정치를 제시한다. 이 둘은 불평등을 분석하는 보완적인 개념이다. 세전소득과 세후소득 불평등을 비교하면 개인에 대한 세금과 현물이전이 소득 불평등의 동태적 변화에 미치는 영향을 더 잘 평가할 수 있다.

WID.월드 데이터베이스에서 세전소득은 개인소득세와 자산세, 현물이전(전형적으로 의료급여)을 고려하기 전에, 그러나 연금과 실업보험(그리고 미국의 경우에는 사회보장과 장애인 급여) 체계가 작동한 후에 측정한 소득을 말한다.

그에 비해 세후소득은 (특히 직접적인 개인소득세와 자산세를 포함한) 모든 세금, 그리고 (현금과 현물 형태의) 모든 정부이전을 고려하여 측정한 소득을 말한다.

미국에서, 더 일반적으로 선진국에서 연금과 실업보험은 현금이전의 절대적인 비중을 차지한다는 점에 유의해야 한다. 따라서 세전소득 불평등에 대한 (우리가 앞선 장들에서 국제 비교를 위해 사용한) 개념은 이미 대부분의 현금 재분배를 포함한다.

실제로 다른 현금이전은 보통 상대적으로 규모가 작다. 예컨대 2014년 미국의 소득 하위 50퍼센트 계층의 세전소득은 약 1만6500달러로 세후 현금소득과 거의 같다. 이 수치는 1980년 이후 대체로 같은 수준을 유지했다. 이는 가난한 사람들이 (연금과 실업보험이 아닌) 현금이전으로 혜택을 받는 만큼 세금으로 기여한다는 걸 뜻하며 이런 상황은 40년 동안 바뀌지 않았다.

그렇더라도 세전소득 불평등뿐만 아니라 세후소득 불평등에 대한 연구는 필수적인데, 무엇보다 현물이전(특히 무상교육과 의료 서비스에 대한 접근)이 소득 하위 집단에 매우 중요한 도움을 주기 때문이며, 또한 소득 상위 계층에서는 (적어도 대단히 누진적인 조세체계를 가진 나라들에서는) 세후소득이 세전소득에 비해 상당히 적을 수 있기 때문이다.

아쉽게도 미국은 이 보고서에서 세전소득과 세후소득 불평등의 완전한 추정치를 이용할 수 있는 유일한 나라다. 다른 나라들에 대해서도 세후소득 불평등에 초점을 맞추면 이 보고서의 일반적인 결론이 달라질까?

이 장에서 제시한 분석 결과와 다른 나라들에 대한 잠정적인 연구 결과를 기초로 보면 세후소득에 초점을 맞추더라도 그 결론은 우리의 주요 결론과 대체로 일치할 가능성이 커 보인다. 예를 들어 교육과 의료 형태의 현물이전은 일반적으로 미국보다 유럽에서 더 많이 이뤄지며, 특히 소득 하위 50퍼센트 계층에서 그렇다. 따라서 우리가 세전소득 불평등이 아닌 세후소득 불평등에 초점을 맞추면 미국의 불평등이 더 심하다는 우리 결론은 더 뚜렷해질 가능성이 크다.

다음으로, 우리는 1980년대 이후 대부분의 나라에서 세금의 누진성이 강화되기보다는 약화되었다는 사실을 안다(제5부 제2장을 보라). 그러므로 세후소득 추정치들을 보면 세전소득 시계열에서 볼 수 있는 불평등 증가 추세가 더 뚜렷해지는 경향이 있다. 예를 들어 프랑스에서는 중산층보다 매우 부유한 계층에 대한 실효세율이 더 낮고, 새로운 세제로 가장 부유한 계층에 대한 세율이 더 낮아질 것이다(제2부 제5장을 보라).

신흥국에서는 일반적으로 미국이나 유럽만큼 조세와 소득이전 체계가 발전되지 않았고, 세제의 누진성도 약하다(제5부 제2장에서 논의하는 것처럼 여러 신흥국은 상속세를 도입하지 않고 에너지를 비롯한 일부 기초적인 소비재들에 대해 빈곤층에 높은 세금을 물린다). 그래서 제2부 제1장에서 논의한 것처럼 극단적으로 불평등한 국가와 다른 나라 사이의 격차는 실제로 세후소득 추정치를 가늠할 때 더 뚜렷해질 수 있다.

그 격차가 얼마나 되는지는 여전히 정확히 알 수 없다. WID.월드 컨소시엄은 현재 세계 여러 지역(특히 유럽과 남미)에 대해 새로운 세후소득 불평등 추정치를 생산하고 있다. 하지만 특정 국가 내의 모든 개인에 대해 오랜 기간에 걸쳐 모든 형태의 소득과 세금, 이전소득을 일관성 있게 고려하려면 엄청난 노력을 기울여야 한다. 이는 경제 문제 연구에서 매우 흥미로운 주제이며, 앞으로 나올 보고서는 이러한 길로 나아가는 새로운 연구 결과와 진전 상황을 보여줄 것이다.

1940~1960년 상위 1퍼센트 계층에 대한 세율은 줄곧 40퍼센트를 웃돌았으며, 그때와 비교하면 2014년 세전소득에 대한 평균 세율은 5퍼센트포인트 이상 낮고 금융위기 전과 비교하면 10퍼센트포인트 낮다.

1940년대 이후 최고 소득자들에 대한 세율이 전반적으로 하락한 것과 대조적으로 하위 50퍼센트 계층에 대한 세율은 1940년부터 2014년까지 15퍼센트에서 25퍼센트로 높아졌다. 이는 주로 하위 50퍼센트가 납부하는 급여세payroll tax가 올랐기 때문인데, 급여세 세율은 1960년대 5퍼센트 미만이었던 것이 2014년에 10퍼센트 이상으로 올랐다. 실제로 급여세는 현재 하위 50퍼센트 계층이 부담하는 다른 어떤—연방이나 주 정부의—세금보다 훨씬 더 중요하다. 2014년 급여세는 세전소득의 11퍼센트에 달해 그다음으로 중요한 세금들, 즉 세전소득의 7퍼센트를 차지하는 연방과 주 소득세, 5퍼센트를 차지하는 소비세의 비중을 크게 웃돌았다.[16] 급여세가 사회보장 급여와 메디케어를 포함한 이전소득의 재원이 되고 이것이 부분 적으로 소득 하위 50퍼센트 계층에 돌아가기는 하지만, 급여세 인상은 또 한 소득 하위 50퍼센트 계층에서 상당한 비중을 차지하는 일하는 연령대 미국인들의 세후소득을 정체시키는 요인이 되기도 한다.

이전소득은 기본적으로 중산층을 목표로 하며, 소득 하위 50퍼센트 계층이 세전소득 의 급격한 감소에 대응하는 데는 그다지 도움이 되지 않는다

1960년대 이후 세제의 누진성이 줄곧 약화되는 가운데 미국 경제에서 지 난 50년간 나타난 중요한 변화는 개인에 대한 현금과 현물 형태의 이전소 득이 모두 늘어났다는 점이다. 공공재에 대한 재정지출은 국민소득의 약 18퍼센트로 일정 수준을 유지했지만—세전소득 계산에 이미 포함된 사회 보장 급여, 장애인 지원, 실업보험을 제외한—이전소득은 1960년 국민소 득의 약 2퍼센트에서 2014년 11퍼센트로 증가했다. 가장 큰 이전소득은 메디케이드와 메디케어인데 각각 2014년 국민소득의 4퍼센트와 3퍼센트에 이른다. 다른 중요한 이전소득으로는 환급받을 수 있는 세액공제refundable tax credit(국민소득의 0.8퍼센트), 재향군인이 받는 혜택(0.6퍼센트), 식품구 입권(0.5퍼센트)이 있다.

   놀라운 일일 수도 있지만, 개별적인 소득이전은 보통 중산층을 대상으 로 한다. 전적으로 소득 하위 50퍼센트 계층만 지원하는 메디케이드와 수 급 자격을 따지는 다른 저소득층 지원 프로그램들이 있는데도 2014년 전

도표 2.4.7 미국의 중간 40퍼센트 소득 집단의 세후소득(1962~2014):
이전소득의 중요성

2014년 중간 40퍼센트 소득 집단의 평균 세후소득은 6만8800달러였다. 세후 국민소득은 모든 세금과 이전소득, 정부지출을 고려한 뒤의 소득이다. 모든 금액은 2016년 (인플레이션을 고려한) 불변 미국 달러로 환산했다. 1달러는 시장환율로 0.8유로, 3.3엔이며, 구매력평가로는 0.9유로, 6.6엔이다.

출처: 피케티, 사에즈, 주크먼(2018). 데이터 시리즈와 주석은 wir2018.wid.world를 보라.

체 이전소득 중 (성인 1인당 국민소득의 16퍼센트를 받은) 중간 40퍼센트 계층이 (성인 1인당 국민소득의 10퍼센트를 받은) 하위 50퍼센트 계층보다 더 많은 이전소득을 받아갔다. 상위 10퍼센트 소득자들이 이전소득으로 성인 1인당 국민소득의 약 8퍼센트를 받아가면서 (사회보장 급여를 이전소득에 포함할 때) 세후소득과 지원받은 이전소득 사이에 뒤집힌 U자형 관계가 나타난다. 이러한 이전소득은 중산층 소득 증가의 핵심 요인이었다. 이전소득이 없었다면 중간 40퍼센트 계층의 평균 소득은 1999년부터 2014년까지 전혀 늘어나지 않았을 것이다(**도표 2.4.7**을 보라). 그러나 하위 50퍼센트 계층의 이전소득은 급격한 세전소득 감소를 상쇄하고 세후소득을 상당 폭 늘려줄 만큼 충분하지 않았다.

성별 임금 격차 축소는 미국의 불평등 증가에 있어 중요한 억제 요인이었다

미국에서 성별 임금 격차가 줄어든 것은 주로 1980년 이후에 나타난 불평등 증가세를 누그러뜨리는 요인이었다. 이 과정을 검토하려면 (부부나 가족 같은) 과세 단위보다는 개인별 자료를 분석해야 한다. 지난 반세기 동안 전반적인 성별 격차는 거의 반으로 줄었지만 결코 사라지지는 않았다. 성별 격차를 측정하는 더 포괄적인 방법은 실제로 일을 하는지, 한다면 얼마나 하는지를 따지지 않고 20~65세 연령대 남성과 여성의 평균 노동소득 비율을 계산하는 것이다. 도표 2.4.8에서 보여주듯이 이러한 남녀 간 평균 소득 비율은 1960년대에 3.7대 1로 고점을 기록한 후 2014년에 약 1.75대 1로 낮아졌다.

도표 2.4.8 미국의 일하는 연령대 남성과 여성 사이의
세전 노동소득 격차(1962~2014)

2014년 20~64세 남성의 평균 세전 노동소득은 같은 연령대 여성의 1.76배였다(76퍼센트 많았다). 세전 노동소득은 임금과 연금, 사회보장 급여, 실업보험 급여를 합친 금액에서 그에 상응하는 기여금을 뺀 것이다.

출처: 피케티, 사에즈, 주크먼(2018). 데이터 시리즈와 주석은 wir2018.wid.world를 보라.

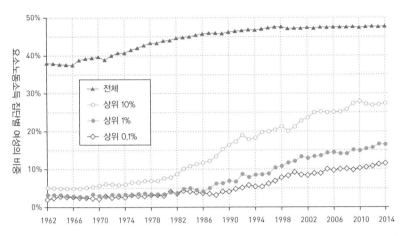

도표 2.4.9 미국 고용인구 중 노동소득 집단별 여성의 비중(1962~2014)

2014년 고용인구 중 여성의 비중은 48퍼센트였다. 요소노동소득은 연금과 사회보장, 그리고 실업 보험 급여와 그에 상응하는 기여금을 제외한 것이다.

출처: 피케티, 사에즈, 주크먼(2018). 데이터 시리즈와 주석은 wir2018.wid.world를 보라.

그러나 **도표 2.4.9**에서 보여주듯이 성별 불평등은 계속되고 있으며, 특히 노동소득 상위 집단에서 그렇다. 2014년에 소득 상위 10퍼센트에 속하는 개인 중 여성은 27퍼센트에 가까웠는데, 이는 1960년 이후 22퍼센트포인트 늘어난 것이다. 그렇지만 여성 비중은 소득 분포의 위쪽으로 올라갈수록 점점 더 줄어든다. 노동소득 상위 1퍼센트 집단에서 여성은 16퍼센트를 차지하는 데 그치며(1960년대 이후 13퍼센트포인트 늘어났다), 상위 0.1퍼센트 집단에서 여성 비중은 11퍼센트에 불과하다(9퍼센트포인트 늘었다). 1999년 이후 노동소득 상위 집단에서 여성이 차지하는 비중은 조금밖에 늘어나지 않았다. 유리천장은 여전히 깨지지 않고 있다.

제5장 프랑스의 소득 불평등

이 장의 정보는 2017년에 버트런드 가빈티와 조나탕 구피예르브레, 토마 피케티가 쓴 논문 「프랑스의 소득 불평등, 1900~2014년: 분배국민계정상의 증거Income Inequality in France, 1900-2014: Evidence from Distributional National Accounts(DINA)」(WID.월드 워킹 페이퍼 2017/4호)에 바탕을 둔 것이다.

▶ 2014년 프랑스 전체 세전소득 중 하위 50퍼센트 소득자들이 받아간 몫은 23퍼센트였지만 상위 10퍼센트의 몫은 33퍼센트였다. 2014년 프랑스의 소득 불평등이 대수롭지 않은 것은 결코 아니지만 한 세기 전의 상황과는 뚜렷한 대조를 이룬다. 1900년에 소득 상위 10퍼센트 계층은 프랑스의 전체 국민소득 중 절반을 받아갔다.

▶ 제1차 세계대전이 시작될 때부터 제2차 세계대전이 끝날 때까지 물리적 자본이 파괴되고 인플레이션이 악영향을 미친 데다 국유화와 임대료 통제 정책이 효과를 내면서 최상위 계층의 자본소득은 줄었고, 이로 인해 소득 불평등은 크게 감소했다.

▶ 1945년부터 1983년까지 성장의 과실을 나누는 문제를 둘러싸고 노동과 자본 사이에 벌어진 투쟁은 소득 불평등으로 혼란스러웠던 이 시기의 특징을 이루었으며, 소득 불평등은 사회 불안이 정부로 하여금 임금 격차를 줄이도록 압력을 가한 1968년까지 증가했다.

▶ 임금을 인플레이션에 연동시키는 제도의 폐지를 포함해 1983년에 도입된 긴축 정책들로 불평등 증가 추세는 시작되었다. 그때부터 임금 격차가 커지고 자본의 수익률은 높아졌다.

▶ 1970년대 이래로 성별 임금 격차는 일관되게 줄었지만 2012년 프랑스의 상위 10퍼센트 소득자 중 여성은 30퍼센트를 차지하는 데 그쳤으며, 지금의 추세가 이어진다면 2102년까지는 여성들이 상위 10퍼센트 소득 집단에서 남성과 같은 비중을 차지하리라는 기대를 할 수 없다.

2014년 프랑스의 성인 1인당 평균 국민소득은 3만3400유로였다. 이 평균은 그러나 소득 분포상 각 집단 간의 커다란 격차를 감추고 있다. 하위 50퍼센트 계층은 2014년 평균적으로 전체 평균의 절반에도 크게 못 미치는 약 1만5000유로를 벌었으며, 이에 따라 프랑스 전체 소득 중 이들의 몫(22.5퍼센트)은 4분의 1에 못 미쳤다. 중간 40퍼센트 계층은 평균적으로 한 해 3만7500유로에 가까운 소득을 올려서 전체 국민소득 중 45퍼센트를 차지했고, 상위 10퍼센트 계층은 평균적으로 전체 평균의 3배가 넘는 약 10만9000유로를 벌었다. 이 상대적인 소득 격차는 가장 부유한 집단에서 가장 컸는데, 상위 1퍼센트 집단은 국민소득 중 11퍼센트를 차지했고 표 2.5.1에서 보여주듯이 상위 0.1퍼센트와 0.01퍼센트 집단은 각각 전체 평균의 37배와 129배

표 2.5.1 프랑스의 국민소득 분포(2014)

소득 집단	성인 인구수	소득 문턱값(유로)	평균 소득(유로)	국민소득 중 각 집단의 몫
전체 인구	51,722,000	–	33,400	100%
하위 50%	25,861,000	–	15,000	22.5%
중간 40%	20,689,000	26,600	37,500	44.9%
상위 10%	5,172,000	56,100	109,000	32.6%
상위 1%	517,000	161,400	360,600	10.8%
상위 0.1%	51,700	544,600	1,234,400	3.7%
상위 0.01%	5,200	2,002,000	4,318,600	1.3%
상위 0.001%	500	6,976,500	13,175,100	0.4%

2014년 프랑스의 소득 상위 10퍼센트 집단은 국민소득의 33퍼센트를 벌었다. 모든 금액은 2016년 구매력평가 유로로 환산한 것이며 1유로는 1.3달러, 4.4엔이다. 구매력평가는 국가 간 생활물가 차이를 고려한다. 금액은 인플레이션을 뺀 것이다. 숫자들은 반올림 때문에 단순히 더할 수 없다.

출처: 가빈티, 구피예르브레, 피케티(2017). 데이터 시리즈와 주석은 wir2018.wid.world를 보라.

의 소득을 올렸다.

프랑스의 소득 불평등은 20세기에 들어선 이후 큰 변동성을 보였다

오늘날 프랑스의 소득 불평등은 결코 대수롭지 않다고 할 수 없지만 1900년 이후 뚜렷이 감소했다. 20세기가 시작될 무렵 ('상류층'으로 생각할 수 있는) 소득 상위 10퍼센트 계층은 전체 국민소득의 50퍼센트를 가져갔지만 (이른바 '중산층'인) 중간 40퍼센트 계층은 약 35퍼센트를 가졌다. 한편 ('하류층'인) 하위 50퍼센트 계층은 국민소득의 15퍼센트가 채 안 되는 몫을 가져갔다. 1900년부터 2014년까지 중간 계층의 몫(10퍼센트포인트 증가)과 하위 계층의 몫(8퍼센트포인트 증가)이 늘어난 것은 가장 부유한 계층의 몫이 거의 그만큼 줄었기 때문이다. 그러나 이 같은 불평등 감소는 우발적이고 혼란스럽게 진행되었다. 이는 지난 한 세기 동안 역사적 사건과 정치적 결정들이 복잡하게 뒤섞여 나타난 수많은 변화를 거쳐 이루어진 것이다.

최근 프랑스의 소득 불평등 변화를 더 잘 이해하려면 무엇보다 1900년부터 2014년까지 평균 소득이 어떻게 변해왔는지를 분석하는 것이 중요하다. 프랑스의 1인당 국민소득은 1900년 약 5500유로에서 지난 한 세기에 걸쳐 거의 7배로 늘었다. 그러나 성인 1인당 국민소득이 꾸준히 성장한 것은 결코 아니었다. 1900년부터 1945년까지 성인 1인당 국민소득은 한 해 평균 0.1퍼센트씩 줄어들었지만, 그 후 1980년까지 '영광의 30년'으로 불리는 전후 기간에는 연평균 3.7퍼센트씩 증가했다.

'영광의 30년'이 지난 다음에는 1980년부터 2014년까지 성인 1인당 국민소득 증가율이 이전 증가율의 4분의 1인 한 해 평균 0.9퍼센트에 그쳤다. 그러나 이 패턴은 프랑스에서만 독특하게 나타난 것이 아니었다. 대부분의 유럽 국가와 일본도 비슷한 추세를 경험했으며, 두 차례의 세계대전에 따른 충격이 유럽 대륙보다 덜했던 미국과 영국에서는 그 추세가 더 완만하게 나타났다.

지난 세기 프랑스의 소득 불평등 변화는 크게 세 기간으로 나눌 수 있다. 그중 첫 번째 기간은 제1차 세계대전이 시작될 무렵부터 제2차 세계대전이 끝날 무렵까지다. 도표 2.5.1에서 볼 수 있듯이 전체 소득 중 상위 10퍼센트 소득자들의 몫은 1914~1945년 갑작스레 줄어, 제1차 세계대전 직전 전체 소득의 50퍼센트 이상에서 1945년 전체 소득의 30퍼센트를 조금 넘는 수준이 되었다. 이는 주로 자본소득이 몇 가지 부정적인 충격을 받아 급격히 줄어든 데 따른 것이다. 일반적으로 전체 인구 중 가장 부유한 10퍼센트, 특히 상위 1퍼센트의 총소득 중 자본소득 비중은 다른 소득 집단에 비해 상당히 높다. 두 차례의 전쟁은 모두 자본스톡의 파괴를 야기했으며, 당시 파산은 드문 일이 아니었다. 이는 급격한 국내총생산 감소로 이어져 1929년부터 1945년까지 국내총생산은 50퍼센트 감소했다. 인플레이션은 기록적인 수준에 이르러(물가지수는 1914년부터 1950년까지 100배 넘게 올랐다), 채권을 보유한 개인들, 더 광범위하게는 정액소득fixed income이 생기는 자산을 가진 개인들에게 심각한 손실을 입혔다. 인플레이션 정책이 시행되는 시기의 임대료 통제로 수입의 실질 가치는 10분의 1로 줄어들었으며, 더욱이 국유화 정책과 1945년 특정 자산에 대한 고율 과세로 자본소득은 급격하게 줄어들었다. 그 결과 소득 상위 1퍼센트 계층—즉, 대부분의 소득을 자본에서 얻는 이들—이 전체 국민소득에서 차지하는 몫은 약 30년 만에 반 토막이 났다.

1945년부터 1983년까지 이어진 두 번째 기간의 특징은 (연평균 3.3퍼센트 이상의) 매우 높은 수준에 이르렀던 성장의 과실을 나누는 문제를 둘러

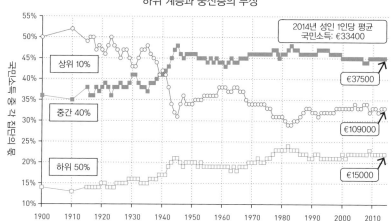

도표 2.5.1 프랑스의 각 소득 집단이 차지하는 몫(1900~2013):
하위 계층과 중산층의 부상

2014년 성인 1인당 평균
국민소득: €33400

상위 10%

중간 40%

하위 50%

€37500

€109000

€15000

2014년 프랑스의 소득 상위 10퍼센트 집단은 국민소득의 33퍼센트를 벌었다. 그해 상위 10퍼센트 계층의
평균 소득은 10만 9000유로로, 성인 1인당 전체 평균의 3배를 웃돌았다. 모든 금액은 2016년 구매력평가 유
로로 환산한 것이며 1유로는 1.3달러, 4.4엔이다. 구매력평가는 국가 간 생활물가 차이를 고려한다. 금액은
인플레이션을 뺀 것이다.

출처: 가빈티, 구피예르브레, 피케티(2017). 데이터 시리즈와 주석은 wir2018.wid.world를 보라.

싼 노동과 자본 간의 싸움이었다. 1945년부터 1968년까지는 두 차례의 세
계대전 이전에 나타났던 임금 불평등이 다시 나타났고, 프랑스 경제에서
자본이 차지하는 몫 또한 증가하면서 소득 불평등이 심화됐다. **도표 2.5.1**에
서 보여주듯이 상위 10퍼센트의 몫은 이 23년 동안 약 30퍼센트에서 38퍼
센트로 증가했지만 하위 50퍼센트의 몫은 약 23퍼센트에서 17퍼센트로 줄
었다. 그러나 1968년 5월의 사건 이후 이러한 불평등 증가 추세는 갑자기
멈췄다.

1968년 5월은 프랑스에서 전국적으로 시위와 총파업이 벌어지고 시위대
가 대학과 공장을 점거하면서 사회 불안이 나타난 격동의 시기였다. 샤를
드골 대통령이 이끄는 프랑스 정부는 그다음 달에 사회 불안을 진정시키
고자 실질 최저임금을 약 20퍼센트 인상한 조치를 비롯해 몇 가지 유화적

인 정책을 도입했다. 이로써 1968년부터 1983년까지 최저임금과 빈곤층의 구매력은 꾸준히 상승했다. 이 기간에 프랑스의 국내총생산은 30퍼센트에 이르는 높은 성장세를 보였는데, 저임금 노동자들의 구매력은 그보다 상당히 더 큰 폭으로 높아졌다. 이러한 요인들로 인해 임금 분포의 격차는 줄어들고 더 일반적으로 소득 불평등도 감소했다. 1980년대 초 전체 소득 중 상위 10퍼센트 계층의 몫은 30퍼센트로 세전 국민소득 통계가 시작된 이래 가장 낮았다. 이에 비해 중간 40퍼센트 계층의 몫은 사상 최고인 약 48퍼센트에 달했고 하위 50퍼센트 계층은 전체 소득의 23퍼센트를 가져갔다. 그러나 1970년대 중반에 나타난 실업 증가가 새로운 시기의 시작을 알렸다.

세 번째 기간은 소득 증가율이 (연평균 1퍼센트로) 크게 감소한 시기로 1982~1983년에 시작되었다. 이때는 일련의 정부가 임금을 물가에 연동시키는 정책을 끝내기로 함에 따라 저임금 계층의 임금 상승률이 떨어졌다.[17] 이는 당초 긴축 전환tournant de la rigueur으로 알려진 프로그램의 일환으로, 당시 새로 선출된 좌파 정부의 프랑수아 미테랑 대통령이 도입한 정책이었다. 이 프로그램은 높은 인플레이션에 대응하기 위한 것이었으며, 또한 1981~1983년 재정적자와 무역적자가 급속히 커지면서 프랑스가 유럽통화체계European Monetary System에서 밀려날지도 모르는 상황 악화에 대응하려는 것이었다. 이와 더불어 각종 세금은 높아지고 국유기업에 대한 보조금은 줄었으며, 사회보장과 실업보험 급여는 억제되었다.[18] 이러한 정책 선택의 전반적인 효과는 가장 낮은 임금을 받는 계층과 다른 계층 사이의 임금 격차가 벌어진 것으로 나타났다. 이 기간에 소득 상위 계층을 제외하면 불평등은 비교적 일정한 수준을 유지했다. 또한 최상위 계층의 소득은 크게 늘어났다.

소득 하위 95퍼센트 계층에게는 '영광의 30년'이 끝났지만 최상위 계층에게는 끝나지 않았다

1980년대에 일어난 전환점의 중요성을 더 잘 이해하려면 소득 집단별로 전체 기간의 소득 증가율을 살펴보는 것이 좋다. 다시 말해 우리는 이런 질문을 던질 수 있다. 각 소득 집단의 평균 소득은 시기에 따라 어떻게 달라졌는가? 1983년부터 2014년까지 프랑스에서 성인 1인당 평균 실질 국민소득은 35퍼센트(연 1퍼센트) 증가했다. 그러나 **도표 2.5.2**에서 1983~2014년 성장곡선의 오른쪽 끝부분이 가파르게 올라간 것을 보면 알 수 있듯이, 실제로 이 기간에 총소득 증가율은 모든 소득 집단에서 다르게 나타났다. 1983년부터 2014년까지 소득 하위 50퍼센트 계층의 총 소득 증가율은 평

도표 2.5.2 프랑스의 소득 집단별 연평균 실질소득 증가율(1950~2014)

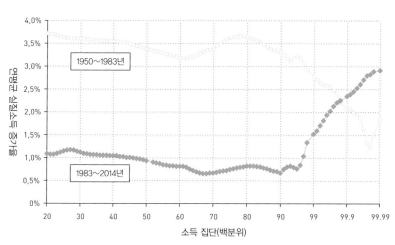

1950년부터 1983년까지 전체 인구 중 소득 50분위는 연평균 실질소득 증가율이 3.4퍼센트에 이르렀지만, 1983년부터 2014년까지 실질소득 증가율은 연평균 0.9퍼센트에 그쳤다.

출처: 가빈티, 구피예르브레, 피케티(2017). 데이터 시리즈와 주석은 wir2018.wid.world를 보라.

균 31퍼센트(연 0.9퍼센트)였고, 그다음 40퍼센트와 상위 10퍼센트 계층의 총 소득 증가율은 각각 27퍼센트(연 0.8퍼센트)와 49퍼센트(연 1.3퍼센트)였다. 더욱이 99분위까지는 이 기간 전체의 총 소득 증가율이 경제 전체의 평균 성장률보다 더 낮았지만 그다음부터는 소득 증가율이 가파르게 치솟는다. 소득 상위 0.1퍼센트 집단은 지난 31년간 총 98퍼센트(연 2.2퍼센트), 상위 0.001퍼센트 집단은 총 144퍼센트(연 2.9퍼센트)의 소득 증가율을 기록했다.

1950~1983년과 1983~2014년을 소득 집단별 총 소득 증가율 면에서 비교하면 특히 뚜렷한 대조를 보인다. 표 2.5.2와 도표 2.5.2가 나타내듯이 1950년부터 1983년까지 '영광의 30년' 동안 전체 인구 중 소득 하위 99퍼센트의 소득 증가율은 약 200퍼센트로 매우 높았지만, 상위 0.1퍼센트의 소득 증가율은 109퍼센트(연 2.3퍼센트)로 그보다 훨씬 더 낮았다. 최상위 집단에서는 소득 증가율이 더 낮아서 상위 0.01퍼센트와 0.001퍼센트의 증가율은 약 80퍼센트(연 1.8퍼센트)에 그쳤다.

소득 집단 간 격차가 어떻게 벌어지는지를 측정하는 또 다른 방법은 전체 소득 증가액 중 각 소득 집단에 돌아가는 몫을 비교하는 것이다. 1950년부터 1983년까지 전체 소득 증가액의 25퍼센트가 총인구 중 소득 하위 50퍼센트에 돌아간 데 비해 상위 0.1퍼센트에는 6퍼센트만 돌아갔다. 1983년부터 2014년까지는 전체 소득 증가액의 21퍼센트가 하위 50퍼센트에 돌아가 상위 1퍼센트에 주어지는 몫과 같았다.

요컨대, 프랑스에서는 (그리고 대체로 유럽에서는) 불평등 심화가 미국보다 덜 도드라졌지만, 소득 하위 집단이 상위 집단보다 더 높은 소득 증가를 기록한 1950~1983년과 그 정반대의 패턴이 지배적이었던 1983~2014년 사이의 변화는 매우 뚜렷했다.

표 2.5.2 프랑스의 소득 증가율과 불평등(1900~2014)

소득 집단	1900~1950년			1950~1983년			1983~2014년		
	연평균 소득 증가율	전 기간 누적 소득 증가율	누적소득 증가분 중 각 집단의 몫	연평균 소득 증가율	전 기간 누적 소득 증가율	누적소득 증가분 중 각 집단의 몫	연평균 소득 증가율	전 기간 누적 소득 증가율	누적소득 증가분 중 각 집단의 몫
전체 인구	1.0%	64%	100%	3.3%	194%	100%	1.0%	35%	100%
하위 50%	1.8%	144%	30%	3.7%	236%	25%	0.9%	31%	21%
중간 40%	1.5%	108%	61%	3.4%	204%	48%	0.8%	27%	37%
상위 10%	0.2%	11%	8%	2.9%	157%	27%	1.3%	49%	42%
상위 1%	0.6%	37%	16%	3.1%	178%	21%	0.9%	33%	21%
상위 0.1%	−0.5%	−23%	−8%	2.3%	109%	6%	2.2%	98%	21%
상위 0.01%	−1.1%	−44%	−7%	1.7%	75%	1%	2.8%	133%	8%
상위 0.001%	−2.0%	−63%	−5%	1.8%	83%	0%	2.9%	144%	3%

1900년부터 1950년까지 국민소득 증가분 중 상위 10퍼센트 집단이 차지한 몫은 8퍼센트였다.

출처: 가빈티, 구피예르브레, 피케티(2017). 데이터 시리즈와 주석은 wir2018.wid.world를 보라.

최근 상위 집단의 소득 증가는 높은 급여와 자본자산의 수익에 따른 것이다

경제성장의 과실이 불평등하게 분배됨에 따라 전체 소득 중 상위 1퍼센트에 돌아가는 몫은 1983년부터 2007년까지 눈에 띄게 늘어나, 전체 소득의 8퍼센트 미만에서 12퍼센트 이상으로 50퍼센트 넘게 증가했다. 2008년부터 2013년까지 전체 소득 중 상위 1퍼센트의 몫은 10퍼센트와 12퍼센트 사이에서 오르내려 1980년대 초 불평등이 최저 수준을 기록했을 때에 비해 상당히 높은 수준을 유지했다. 앞서 이야기한 것처럼 최상위 소득자들 사이에 불평등이 증가하는 추세는 상위 0.1퍼센트와 0.01퍼센트 집단에서 훨씬 더 두드러진다(**도표 2.5.3**을 보라). 세금 납부 전 평균 국민소득과 상위 소득자들의 평균 소득 간 차이는 지난 30년 동안 거의 2배가 되었다. 상위 0.1퍼센트의 평균 소득은 1983년 전체 평균 소득의 21배에서 2014년 37배로 증가했으며, 같은 기간 상위 0.01퍼센트의 평균 소득은 전체 평균의 71배에서 129배로 증가했다.

최근 상위 계층 소득이 늘어난 까닭은 무엇인가? 프랑스의 경우 상위 소득자들의 노동소득과 자본소득이 모두 증가했다. 1983년부터 2013년까지 상위 0.01퍼센트의 노동소득이 53퍼센트 증가하는 동안 이들의 자본소득은 48퍼센트 늘어났다. 전 세계적으로든, 프랑스 한 나라에서든 기술변화와 숙련 노동에 대한 수요 공급 변화에 주목하는 표준적인 이론들로 최상위 계층의 소득 집중도가 높아지는 현상을 설명하기는 어렵다.[19] 상위 계층의 노동소득 증가는 기업지배구조의 변화, 노동조합과 단체협상 절차

도표 2.5.3 프랑스 소득 상위 집단의 불평등 증가(1983~2013)

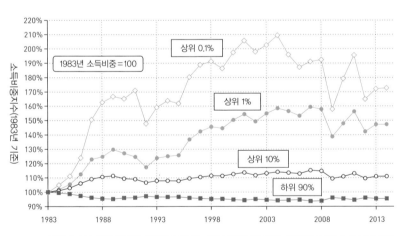

2013년 소득 상위 1퍼센트 집단에 돌아가는 몫은 1983년에 비해 47퍼센트 늘어난 데 비해 같은 기간 상위 0.1퍼센트 집단의 몫은 73퍼센트 늘어났다.

출처: 가빈티, 구피예르브레, 피케티(2017). 데이터 시리즈와 주석은 wir2018.wid.world를 보라.

의 퇴조를 비롯해 최고경영진의 보상 수준 결정과정을 규율하는 제도적 요인들이 달라진 결과일 가능성이 더 높다. 최고한계세율의 변화 역시 노동소득 불평등에 영향을 주었을 가능성이 높다. 최고 소득세율 인하는 상위 계층의 임금 결정에 영향을 줄 수 있다. 세금이 줄어들 것으로 예상하면 상위 소득자는 임금 인상을 더 적극적으로 요구하려 할 것이기 때문이다.[20] 소득세 최고세율은 '영광의 30년' 시절에 60퍼센트를 웃돌았고 1980년대 초에는 70퍼센트로 인상되었다. 또 2000년대 후반에는 약 50퍼센트로 떨어졌다. 실효세율(소득 총액 대비 납부한 세금 총액)은 실제로 중산층보다 최상위 소득 집단에 적용되는 세율이 더 낮았다.[21] 현 정부가 지지하는 최근의 세법 개정안은 특히 자본에 대한 세율 인하로 상위 계층의 실효세율을 더 낮추고자 한다.

상위 계층의 노동소득 불평등이 증가하면서 자본소득 불평등이 함께 증가하는 경우도 많았다. 예를 들어 최고경영자들은 먼저 거액의 보너스와 스톡옵션(그중 일부는 언론에 큰 반향을 불러일으켰다)을 통해 매우 높은 노동소득을 얻었고, 다음에는 그 주식 값이 오르면서 매우 높은 자본소득을 얻었다. 또한 노동자들의 협상력이 약화되고 민영화 정책이 확산되는 가운데 경제 전반적으로 자본의 몫이 늘어나면서 상위 계층의 자본소득은 증가했다.

성별 소득 격차는 줄어들었는지 몰라도 남성은 여전히 여성보다 약 50퍼센트를 더 받는다

소득 불평등은 1980년대 이래 증가해왔지만 성별 소득 격차는 1970년대 이후 줄어들었다. 오늘날 프랑스에서 성별 격차는 여전히 매우 높은 수준을 유지하고 있다. 1970년대('가부장제의 시대age of patriarchy')에 남성은

도표 2.5.4a 프랑스의 연령별 남녀 임금 격차(1970〜2012)

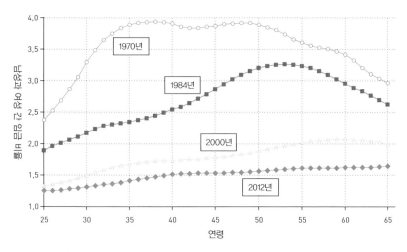

2012년 40세 남성의 평균 노동소득은 40세 여성의 1.5배에 달했다.

출처: 가빈티, 구피예르브레, 피케티(2017). 데이터 시리즈와 주석은 wir2018.wid.world를 보라.

도표 2.5.4b 프랑스의 노동소득 상위 집단 중 여성의 비중(1970〜2012)

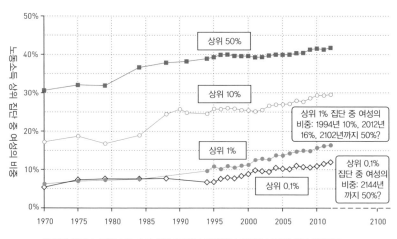

2012년 전체 노동인구 중 소득 상위 1퍼센트 집단에서 여성의 비중은 16퍼센트였다.

출처: 가빈티, 구피예르브레, 피케티(2017). 데이터 시리즈와 주석은 wir2018.wid.world를 보라.

제2부 글로벌 소득 불평등의 추이

여성에 비해 3.5~5배의 노동소득을 얻었고, 여성의 노동시장 참여율은 약 45퍼센트였다. 일하는 여성의 비율은 2012년 80퍼센트로 극적으로 높아졌고, 급여 수준에서 여성 대 남성의 비율은 평균 1대 1.5로 그 격차가 좁아졌다. 그러나 연령 집단에 따라 성별 소득 격차는 크게 달라진다. **도표 2.5.4a**에서 보듯 2012년에 25세 남성은 평균적으로 여성의 1.25배를 벌었고 65세 남성은 여성의 1.64배를 벌었다.

성별 불평등은 고소득 직업에서 특히 높다. 1994년 이후 어느 정도 개선됐지만 여성은 여전히 고소득 직업에 평등하게 접근하지 못한다. 2012년 상위 50퍼센트 소득자 가운데 여성의 비중은 42퍼센트였지만, 상위 10퍼센트와 상위 0.1퍼센트 소득자에서는 각각 30퍼센트와 12퍼센트를 차지하는 데 그쳤다. 지금의 추세가 이어진다면 여성은 상위 10퍼센트와 상위 0.1퍼센트 집단에서 각각 2102년과 2144년에 가서야 남성과 같은 비중을 차지할 것으로 기대된다(**도표 2.5.4b**를 보라).

제6장 독일의 소득 불평등

이 장의 정보는 2017년 카를로테 바르텔스가 쓴 논문 「독일의 소득 상위 계층, 1871~2013년Top incomes in Germany, 1871~2013」(WID.월드 워킹 페이퍼 시리즈 2017/18호)에 바탕을 둔 것이다.

▶ 2013년 독일의 전체 인구 중 소득 하위 절반이 받아가는 몫은 전체 소득의 17퍼센트였지만 소득 상위 10분위의 몫은 40퍼센트였다. 1913년에도 소득 상위 10퍼센트 계층의 몫은 40퍼센트에 달했다. 그러나 오늘날 소득 상위 1퍼센트의 몫은 13퍼센트로 1913년의 18퍼센트보다 적다.

▶ 상위 1퍼센트의 몫은 1871년 독일제국이 들어선 후 1918년 바이마르공화국이 세워질 때까지 급속히 늘어났다. 그 후 바이마르공화국의 사회 정책들이 시행되면서 그들의 몫은 극적으로 줄었다. 전쟁 전 나치스 집권 기간에는 경제가 회복되고 대기업에 우호적인 정책들이 시행되면서 상위 계층의 소득이 일시적으로 크게 늘었다. 상위 1퍼센트의 몫은 그 후 1950~1990년 10~12퍼센트로 감소했다가 통일 이후 계속 늘어났다.

▶ 독일의 상위 소득자들은 20세기 내내, 그리고 지금까지도 주로 기업주들이었다. 독일 기업들은 대부분 가족 소유이고 어떤 가족 구성원들은 다른 이들보다 경영에 더 많이 참여하기 때문에 상위 소득 중 노동소득이 얼마나 되는지, 어느 부분이 (노동 투입이 제한적인) '순수한' 자본소득인지 판단하기 어렵다. 그러나 1980년대부터 매우 높은 자질을 갖춘 고용인들이 상위 소득 집단에 점점 더 많이 진입했다.

▶ 독일에서 산업화 시대의 높은 소득 집중도는 이미 1920년대부터 떨어졌고 전후 기간 내내 비슷한 수준에서 오르내렸다. 이는 제2차 세계대전으로 소득 상위 계층의 몫이 크게 줄어드는 추세가 지속된 미국과 영국, 프랑스 등 다른 부유한 나라들의 상황과 대조적이다.

독일에서 소득세 자료를 이용해 불평등 변화를 조사하는 것은 오랜 전통이다. 특히 프로이센과 작센의 조세 자료는 국제적으로 그 정확성을 인정받고 있다. 사이먼 쿠즈네츠는 일정 부분 프로이센 소득세 자료에서 산업화 초기 단계의 불평등 증가에 관한 유명한 가설을 이끌어냈다. 일찍이 19세기 말 독일제국의 각국에서 현대적인 소득세 제도가 도입되었기에 산업화 시대부터 오늘날까지 불평등의 시계열을 계산할 수 있는 특별한 기회가 주어진다.

이 장에 제시된 시계열은 카를로테 바르텔스가 수집한 역사적인 독일 소득세 통계의 세전소득 자료에 바탕을 둔 것이다. 분석 기간이 매우 길다는 점은 인상적이지만, 그 시계열에는 독일 영토가 여러 번 바뀌었다는 사실이 가려져 있다는 점에도 유의해야 한다. 독일에서는 20세기의 두 차례 세계대전과 제2차 세계대전 후의 분단, 그리고 1990년의 재통일로 영토와 인구가 시대에 따라 크게 달라졌기 때문에 연구자들은 그런 상황을 고려하면서 소득세 자료를 분석해야 한다.

독일 소득 불평등의 장기적인 변화는 다섯 기간으로 나누어 볼 수 있다

1871년부터 2013년까지 소득 불평등의 변화는 다섯 기간으로 나눌 수 있다. 도표 2.6.1은 1871년부터 2013년까지 상위 1퍼센트 소득자들의 몫이 어떻게 달라졌는지를 보여준다. 첫 번째 기간은 통일된 독일제국이 창건된 1871년에 시작되며 제1차 세계대전과 함께 끝난다. 소득 분포상 최고 백분위는 이 산업화 시대의 가장 큰 수혜자들이었다. 전체 소득 중 이들이 차지하는 몫은 1871년 16퍼센트에서 1913년 18퍼센트로 완만하게 증가하다가 제1차 세계대전 때 23퍼센트로 급증했다. 전쟁 기간에 이들의 몫이 급격히 증가한 것은 군비 지출에서 특별히 높은 이윤을 얻었기 때문일 수 있다. 1918년까지 독일 정부는 이러한 이윤을 제한할 수 있었는데 이는 상위 1퍼센트의 몫을 전체 국민소득의 20퍼센트로 낮추는 데 도움이 되었다.

두 번째 기간은 바이마르공화국(1918~1933) 시대를 포함하며, 이때 프로이센에서 최상위 소득자들에 대한 한계세율이 5퍼센트에서 60퍼센트로 인상되었고, 실업보험이 도입되었으며, 고용 보호를 규정하는 법이 제정된 것을 비롯해 불평등을 줄이는 다양한 정책이 시행되었다. 강력한 노동조합과 단체협상 덕분에 임금이 오르면서 저소득 계층의 불평등은 감소했다. 이 기간에 초超인플레이션 때문에 금융자산의 가치가 잠식되고 자본소득은 크게 감소했다. 게다가 산업체들은 1920년대 내내 극히 낮은 이윤밖에 내지 못했고, 대부분 배당을 지급하지 않았다. 그 결과 전체 소득 중 최상위 백분위의 몫은 1918년 20퍼센트에서 1925년 11퍼센트로 크게 줄었고, 1933년까지 그 수준에 머물렀다.

세 번째 기간은 1933년 나치스가 통제권을 장악했을 때부터 1938년 제2차 세계대전 직전까지 이어진다. 1938년 이후 독일 통계국이 소득세 통계 발간을 중단했으므로 제2차 세계대전 기간에 소득 분포가 어떻게 달라졌는지는 알 수 없다. 전쟁 전 나치스 집권기에는 최상위 백분위 소득자들의 몫이 특히 급증했다. 상위 1퍼센트의 몫은 당초 나치스의 반反대기업 수사修辭가 무색하게 1934년 11퍼센트에서 1938년 17퍼센트로 늘어났다. 최상위 백분위와는 대조적으로 95~99분위 집단(가장 부유한 5퍼센트에서 최상위 1퍼센트를 뺀 집단)의 몫은 이 기간에 완만하게 늘어났다. 대부분의 선진국에서처럼 독일에서도 1932년부터 대공황 후의 경제 회복이 시작되었다. 기업 이윤은 1933년부터 1939년까지 급증했다. T. 퍼거슨과 H. J. 포트는 나치스와 밀착한 기업들이 이 회복기에 특혜를 받았다는 증거를 발견했으며, 이는 소득을 상위 집단으로 더욱 집중시키는 요인이 되었을

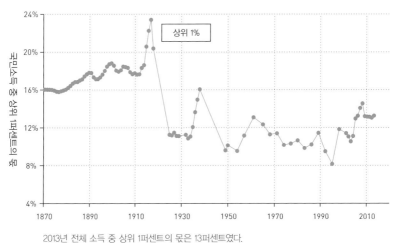

도표 2.6.1 독일 상위 1퍼센트 소득자의 몫(1871~2013)

상위 1%

2013년 전체 소득 중 상위 1퍼센트의 몫은 13퍼센트였다.

출처: 바르텔스(2017). 데이터 시리즈와 주석은 wir2018.wid.world를 보라.

것이다.[22] 어느 산업에서나 규모가 더 큰 기업들이 나치스 정권과 관계를 맺을 가능성이 높았지만, 특히 재무장再武裝과 관련된 산업에서 그랬다.

전후 기간에 최상위 1퍼센트 소득자들의 몫은 비교적 안정적이면서도 높은 수준이었다

독일의 전후 기간에는 임금 격차가 상당히 줄어든 가운데 상위 집단의 소득 집중도는 비교적 높았다. 1950년대 중반부터 1980년대까지 최상위 1퍼센트 소득자들의 몫은 전체 소득의 11퍼센트와 13퍼센트 사이에서 오르내렸다. 이 수치는 같은 기간 미국과 영국, 혹은 프랑스의 최상위 1퍼센트에 돌아간 몫보다 더 많은 것이다. 이는 독일과 여러 참전국에서 제2차 세계대전 후에 펼친 정책(특히 국유화와 임대료 통제), 그리고 전쟁 기간의 파괴가 일반적으로 지속성이 큰 평등화 요인으로 작용한다는 점을 고려할 때 특히 놀랍다. 1948년 화폐개혁은 금융자산에서 나오는 자본소득을 20세기 들어 두 번째로 쓸어가버렸지만 사업자산과 부동산은 건드리지 않았다. 저축계좌들의 가치는 종전의 약 10분의 1로 감소했다. 정부가 임대료를 강력히 규제함에 따라 최상위 소득은 주로 기업 이윤에서 나왔다. 다른 한편에서는 노동에 대한 수요가 왕성하게 일어났고 '경제 기적 Wirtschaftswunder'에 따라 국민소득이 급증하는 가운데 강력한 노동조합이 등장했으며, 실업률이 낮아지고, 임금 격차가 상당히 줄어들었다. **도표 2.6.2**가 보여주듯이 소득 하위 50퍼센트는 전체 소득의 3분의 1을 가져갔다. 1980년대에 와서야 높은 임금을 받는 이들이 점점 더 많이 상위 소득 집단에 진입했고, 임금 수준은 점점 더 불평등해졌다. 몇 차례의 석유위기가 닥치고 대규모 실업이 발생하면서 하위 50퍼센트의 몫은 국민소득의 5분의 1 이하로 줄어들었다. 하위 절반 계층의 추락은 중간 40퍼센트 계층의 부상과 대비되는데, 이들은 1970년대 초부터 국민소득의 40퍼센트를 조금 넘게 받아갔다.

독일 통일 후 상위 계층의 소득 불평등은 증가하고 있다

마지막으로 다섯 번째 기간은 독일이 재통일된 이후의 시기다. 1990년 10월 3일의 정치적 통합으로 동베를린과 브란덴부르크, 메클렌부르크포어포메른, 작센, 작센안할트, 튀링겐주가 독일연방공화국에 합쳐졌다. 재통일 후 첫 몇 년 동안 독일 경제는 예외적으로 높은 국민소득 성장률을 기록했다. 동독 지역에서는 산업 생산이 급격히 감소했고, 그에 따라 실업이 급증했다. 일자리를 지킨 사람들은 동독 노동조합들이 1994년 서독과 같은 임금

도표 2.6.2 독일의 전체 소득 중 각 집단의 몫(1961~2013)

2013년에 전체 소득 중 상위 10퍼센트의 몫은 40퍼센트였다.

출처: 바르텔스(2017). 데이터 시리즈와 주석은 wir2018.wid.world를 보라.

수준에 이르기 위해 협상한 덕분에 실질임금이 전에 없이 큰 폭으로 뛰면서 혜택을 보았다. 이러한 효과가 어우러져 최상위 백분위 소득자들의 몫은 급속히 감소한 데 비해 하위 50퍼센트의 몫은 재통일 후 초기 몇 년 동안 늘어났다. 새천년의 시작은 또 하나의 전환점이었다. 소득 하위 절반의 몫은 2001년 22퍼센트에서 2013년 17퍼센트로 크게 줄었는데, 이 추세는 임금 수준이 낮은 부문이 늘어난 것과 동시에 나타났다.

상위 10퍼센트 소득 집단이 전체 소득에서 차지하는 몫은 전후 전 기간에 걸쳐 매우 꾸준하게 늘어났다. 엔지니어와 변호사, 의사처럼 전문성이 높은 직업인들은 급속한 임금 상승의 수혜자였으며, 상위 소득 집단에 점점 더 많이 진입했다. 그러나 최상위 소득은 여전히 사업체를 가진 사람들만이 배타적으로 누리고 있으며, 기업의 이윤은 경기 사이클과 함께 변동한다. **도표 2.6.3**에서 보듯이 최상위 백분위의 몫은 변동성이 크다. 그들은

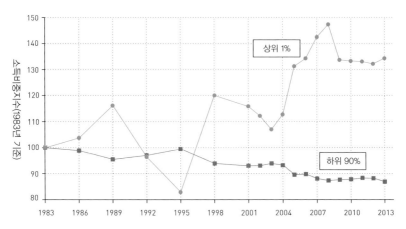

2013년 전체 소득 중 상위 1퍼센트에 돌아간 몫은 1983년에 비해 35퍼센트 증가한 반면 2013년 하위 90퍼센트에 돌아간 몫은 13퍼센트 줄었다.

출처: 바르텔스(2017). 데이터 시리즈와 주석은 wir2018.wid.world를 보라.

1990년대 중반 독일 재통일 후 위기를 겪을 때, 2000년대 초 신경제new economy 거품이 터졌을 때, 그리고 2009년 대침체가 닥쳤을 때 큰 충격을 받았다. 그러나 최상위 백분위 소득자들의 몫은 대침체 후 큰 폭으로 줄어들었음에도 불구하고 1983년부터 2013년까지를 놓고 보면 거의 40퍼센트나 증가해 하위 90퍼센트의 몫이 10퍼센트 넘게 줄어든 것과 대비된다. 2013년 독일의 평균 소득은 3만6200유로인 데 비해, 상위 10퍼센트의 평균 소득은 14만6000유로, 중간 40퍼센트는 3만9000유로, 하위 50퍼센트는 1만2000유로였다.

제7장 중국의 소득 불평등

이 장의 정보는 토마 피케티와 리 양, 게이브리얼 주크먼이 2017년에 쓴 논문 「중국의 자본 축적, 사유재산과 불평등 심화, 1978~2015년Capital Accumulation, Private Property and Rising Inequality in China, 1978–2015」(WID.월드 워킹 페이퍼 시리즈 2017/6호)에 바탕을 둔 것이다.

▶ 1970년대 말부터 확립된 중국의 개방 정책들은 유례없는 국민소득성장으로 이어졌지만, 이 나라의 소득 분배에도 커다란 변화를 불러왔다.

▶ 1978년에는 상위 10퍼센트와 하위 50퍼센트 계층이 똑같이 국민소득의 27퍼센트씩을 차지했지만 그 후 두 집단의 격차는 극적으로 벌어져 2015년까지 상위 10퍼센트 계층의 몫은 42퍼센트로 크게 높아졌고 하위 50퍼센트 계층의 몫은 15퍼센트로 크게 떨어졌다.

▶ 1980년부터 2015년까지 소득 상위 10퍼센트는 전체 평균 800퍼센트보다 더 높은 약 1200퍼센트의 소득 증가율을 기록한 반면 하위 50퍼센트와 중간 40퍼센트는 각각 400퍼센트와 700퍼센트로 소득 증가율이 더 낮았다.

▶ 1978년과 2015년 사이에 도시의 소득과 인구가 늘어나면서 국민소득 중 도시와 시골 지역의 격차는 상당히 커졌다. 하지만 전국적인 불평등 증가는 주로 지역 내 불평등으로 인해 촉진된 것이었다.

중화인민공화국에서 덩샤오핑이 이끌던 중국 공산당은 '중국 특색을 지닌 사회주의' 원칙에 바탕을 둔 새로운 경제발전 모델을 추구하면서 1978년 12월부터 중국 경제를 개혁하고 개방하기 위한 일련의 정책을 시행했다. 지난 몇십 년 동안의 공산주의 모델에서 벗어난 이 전환은 점진적이면서도 광범위한 영향을 미치는 개혁들로 이어졌다. 이는 해안 도시들의 경제특구에서 내륙 지방으로 지리적인 확장을 거듭하면서 여러 산업부문에 물결처럼 퍼져나갔다. 개혁의 첫 번째 단계에서 농업부문에 생산의 탈집단화를 통한 시장 원리가 도입되었다. 국가의 지도 아래 외국인 투자와 기업가 정신이 허용되었지만, 대다수 산업은 1980년대 중반까지 국가 소유로 남아 있었다. 다음 몇십 년 동안의 두 번째 단계에서는 더 심층적인 개혁들이 실행되었다. 소비에트식의 중앙계획은 민영화와 국유기업 외부 계약을 통해 점차 폐지되었지만 은행과 석유를 포함한 몇몇 산업부문에서 독과점에 대한 국가 통제가 유지되었다. 더욱이 이 기간에 시장 자유화로 가격통제들이 해제되고 보호주의 정책과 규제가 줄어 민간부문의 극적인 성장에 도움을 주었다. 이러한 변화는 특히 중국의 주택시장에서 뚜렷했다. 민간주택 비중은 1978년 약 50퍼센트에서 2015년 95퍼센트 이상으로 높아졌다. 다른 형태의 국내자본에서도 공공부문의 비중은 감소했으나, 여전히 약 50퍼센트에 이른다.

이러한 민영화와 시장 개방을 위한 개혁들의 영향은 전 세계적으로 커다란 관심을 모았다. 특히 중국은 지난 40년에 걸쳐 높은 성장률을 기록하면서 빈곤율이 하락했기 때문에 관심이 더 높았다. 실제로 1978년부터 2015년까지 중국은 빈곤국에서 저소득 국가로, 다시 세계의 선도적인 신흥 경제국으로 이행했다. 세계 인구 중 중국인의 비중은 줄었지만 전 세계 국민소득 가운데 중국의 비중은 1978년 3퍼센트 미만에서 2015년 19퍼센트로 높아졌고, 성인 1인당 실질 국민소득은 9배 이상으로 늘었다. 실제로 성인 1인당 평균 국민소득은 1978년 (글로벌 평균의 15퍼센트에 못 미치는) 연간 약 1400유로였지만 2015년에는 (글로벌 평균의 90퍼센트에 가까운) 1만3100유로를 웃돌았다.

최근 논문에서 토마 피케티와 리 양, 게이브리얼 주크먼은 이 예외적인 성장이 어떻게 중국 전체 인구에 분배되었는지(뒤에서 설명한다), 그리고 민영화 정책이 이 나라의 자본-소득 비율에 어떤 영향을 미쳤는지(이 보고서 제3부 제3장을 보라)를 분석한다.[23] 분배국민계정을 만들기 위해 저자들은 서베이 자료와 국민계정, 그리고 최근에 공개된 고소득 납세자들의 소득세 자료를 결합했다. 이들은 1978년부터 2015년까지 중국에서 성인 1인당 세전소득 불평등이 크게 늘어났음을 발견했다.[24] 이러한 결과는 여전히 불완전하긴 하나 대체로 기존의 공식적인 불평등 통계치를 상향 조정하는 것이며, 불평등 통계의 하한선을 나타내는 것으로 보인다.

상위 10퍼센트와 하위 50퍼센트의 몫은 경제개방을 위한 개혁 이후 그 격차가 벌어졌다

중국이 (제3부 제4장에서 중국의 공공부문과 민간부문 부의 동태적 변화를 설명할 때도 논의하겠지만) 민영화 절차를 시작할 때 국민소득 중 상위 10퍼센트 인구에 돌아가는 몫은 하위 50퍼센트에 가는 몫과 동일한 27퍼센트였다. 달리 말하면 이들 집단은 전체 소득에서 같은 몫을 차지했지만 전자의 인구는 후자의 5분의 1에 불과했다. 따라서 하위 50퍼센트 계층의 평균 소득은 상위 10퍼센트 계층의 5분의 1이었다. 1978년 중간 40퍼센트 소득 계층의 몫은 국민소득의 46퍼센트를 조금 넘는 수준이었다. 그들의 평균 소득은 전체 평균보다 조금 높은 수준에 그쳤다. 지난 40년 동안 하위 50퍼센트와 상위 10퍼센트 소득자들의 몫은 격차가 크게 벌어졌음을 알 수 있다(도표 2.7.1을 보라).

소득 하위 50퍼센트 계층의 몫은 1978년 이후 12퍼센트포인트 줄어 2015년에는 15퍼센트에 조금 못 미쳤다. 상위 10퍼센트 계층의 몫은 41퍼센트로 늘었다. 2015년에 하위 50퍼센트 계층의 평균 소득(3900유로 또는 1만7000엔)은 가장 부유한 10퍼센트의 평균 소득(5만4500유로 또는 23만8000엔)에 비해 약 13.5분의 1에 불과했다. 따라서 하위 50퍼센트 계층은 2015년 중국의 성인 1인당 평균 국민소득 1만3100유로 또는 5만7000엔에 비해 약 3.4분의 1을 버는 데 그쳤지만, 상위 10퍼센트 계층은 평균 소득의 약 4배가 넘는 금액을 벌었다. 국민소득에서 중간 40퍼센트 계층에 돌아가는 몫은 약 44퍼센트로 1978년 당시에 비해 미미하게 달라졌을 뿐이다. 이 중산층의 평균 소득(1만4400유로 또는 6만3000엔)은 2015년 평균적인 중국 성인의 소득에 비해 약간 높은 수준에 그쳤다(표 2.7.1을 보라).

소득 불평등은 2006년 이후 안정화되었다

상위 10퍼센트와 하위 50퍼센트 계층의 소득 격차는 1978년부터 벌어지기 시작했지만 가장 큰 폭으로 확대된 기간은 1998년부터 2006년까지였다. 이 8년은 중국 정부가 주로 3차산업 부문에서 국유기업 민영화를 위한 일련의 새로운 정책들을 도입한 시기와 일치한다. 그런 정책에 따른 효과 중 하나는 국민소득에서 하위 50퍼센트 계층의 몫이 20퍼센트에서 15퍼센트로 줄고 상위 10퍼센트 계층의 몫이 34퍼센트에서 43퍼센트

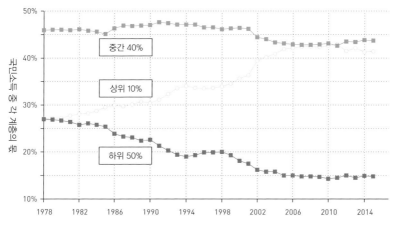

도표 2.7.1 중국의 국민소득 중 각 계층의 몫(1978~2015)

2015년 국민소득 중 상위 10퍼센트 계층의 몫은 41퍼센트였다.

출처: 피케티, 양, 주크먼(2017). 데이터 시리즈와 주석은 wir2018.wid.world를 보라.

로 늘어난 것이었다. 그 후에는 소득 불평등이 확실히 안정되어서 3대 소득 집단의 몫이 모두 2006년과 비슷한 수준을 유지했다. 2006년 이후 불평등 안정화는 일정 부분 데이터의 제약을 반영하는 것일 수도 있기에 신중하게 생각해야 한다. 특히 2011년 이후 고소득 납세자에 대한 전국적인 데이터를 이용할 수 없게 되었기에 더욱 그렇다.[25] 그렇긴 하나 여러 연구자는 2006년쯤 두 가지 요인에 따라 흐름이 바뀐 것으로 추측하며, 이 추세가 현실을 제대로 보여준다고 여긴다. 그 두 가지 요인은 더 평등한 성장을 위해 우선순위가 달라진 새로운 정책들을 도입한 것, 그리고 노동력의 도시 이동과 같은 구조적 변화의 속도가 느려져서 생산이 늘어나는 것보다 임금이 더 빨리 상승하게 된 것이다.[26]

피케티와 양, 주크먼의 불평등 데이터 시리즈를 중국 정부가 이용하는 서베이를 바탕으로 한 추정치와 비교하면 두 가지를 이야기할 수 있다. 첫째, 공식적인 서베이 자료 역시 1978년부터 2015년까지 국민소득 중 상위 10퍼센트 계층의 몫이 크게 늘어나고 하위 50퍼센트 계층의 몫이 크게 줄어드는 추세를 보여준다. 둘째, 불평등의 수준과 증가 폭 모두 공식적인 데이터 시리즈보다 앞서 말한 수정된 데이터에서 더 크게 나타난다. 상위 10퍼센트 소득 계층의 몫은 분석 기간에 (국민소득의 27퍼센트에서 41퍼센트로) 14퍼센트포인트 늘어났으며—이는 공식 통계보다 6퍼센트포인트 더 큰 폭이다—2015년 전체 소득 중 상위 1퍼센트의 몫은 원래 서베이 자료에서는 6.5퍼센트였지만 수정치는 14퍼센트로 높아졌다. 이 추정치와 서베이의 원데이터 사이에 차이가 나타난 것은 대부분 소득세 자료를 통해 최상위 소득자들에 관한 더 정확한 데이터를 얻을 수 있게 되었기 때문이다. 예를 들어 2015년에 서베이 원데이터를 보면 상위 1퍼센트 소득 집단의 몫이 6.5퍼센트이지만 이 수치는 소득세 납세자의 데이터를 반영하면 11.5퍼센트로 올라가며, 분배되지 않은 기업이익과 다른 면세소득을 포함하면 14퍼센트에 이른다.

1980년 이후 중국의 상위 소득 집단은 네 자릿수 성장의 혜택을 누렸다

중국의 국민소득 분배에 관해 피케티와 양, 주크먼이 구축한 새로운 데이터 시리즈는 또한 국민소득 성장을 소득 집단별로 분해할 수 있도록 해준다. 이는 다시 전체 인구 중 각기 다른 집단이 1980년 이후 중국이 경험한 엄청난 성장으로부터 얼마나 혜택을 입었는지 계량적인 평가를 할 수 있게 해준다(표 2.7.2와 도표 2.7.2를 보라).

성인 1인당 평균 국민소득은 1980년부터 2015년까지 8배 가까이 증가했는데, 이는 한 해 평균 6.4퍼센트, 전체 기간으로는 총 780퍼센트에 이

표 2.7.1 중국의 국민소득 분포(2015)

인구집단	성인 인구수	소득 문턱값(유로)	평균 소득(유로)	국민소득 중 각 집단의 몫
전체 인구	1,063,543,000	–	13,100	100%
하위 50% 계층	531,771,000	–	3,900	14.8%
중간 40% 계층	425,417,000	7,800	14,400	43.7%
상위 10% 계층	106,354,000	27,000	54,500	41.4%
상위 1%	10,635,000	79,000	183,000	13.9%
상위 0.1%	1,064,000	244,000	828,000	6.3%
상위 0.01%	106,000	1,411,000	4,207,000	3.2%
상위 0.001%	11,000	6,868,000	17,925,000	1.4%

2015년 상위 1퍼센트 집단의 평균 소득은 18만3000유로(80만 엔)였다. 모든 금액은 2016년 구매력평가 유로로 환산한 것이며 1유로는 1.3달러, 4.4엔이다. 구매력평가는 국가별로 생활물가 차이를 고려한 것이다. 금액은 인플레이션 효과를 뺀 것이다. 수치는 반올림 때문에 단순히 더할 수 없다.

출처: 피케티, 양, 주크먼(2017). 데이터 시리즈와 주석은 wir2018.wid.world를 보라.

표 2.7.2 각 국의 소득 증가율과 불평등(1980~2015)

인구집단	중국		미국		프랑스	
	연평균 증가율	전 기간 누적 증가율	연평균 증가율	전 기간 누적 증가율	연평균 증가율	전 기간 누적 증가율
전체 인구	6.4%	776%	1.4%	63%	0.9%	38%
하위 50% 계층	4.6%	386%	0.1%	3%	0.8%	33%
중간 40% 계층	6.2%	733%	1.0%	44%	0.9%	35%
상위 10% 계층	7.7%	1232%	2.3%	124%	1.1%	46%
상위 1%	8.8%	1800%	3.3%	208%	1.6%	77%
상위 0.1%	9.5%	2271%	4.2%	325%	1.7%	81%
상위 0.01%	10.2%	2921%	5.0%	460%	1.9%	91%
상위 0.001%	10.8%	3524%	5.9%	646%	2.2%	110%

1980년부터 2015년까지 중국 소득 상위 10퍼센트 계층의 평균 세전소득은 1232퍼센트 증가했다. 증가율은 인플레이션을 뺀 것이다.

출처: 피케티, 양, 주크먼(2017). 데이터 시리즈와 주석은 wir2018.wid.world를 보라.

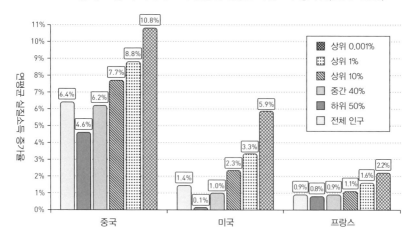

도표 2.7.2 중국, 프랑스, 미국의 소득 집단별 연평균 국민소득 증가율(1980~2015)

1980년부터 2015년까지 중국에서 소득 하위 50퍼센트 계층의 평균 세전소득은 연평균 4.6퍼센트 증가한 데 비해 미국은 0.1퍼센트 증가했다. 증가율은 인플레이션을 뺀 것이다.

출처: 피케티, 양, 주크먼(2017). 데이터 시리즈와 주석은 wir2018.wid.world를 보라.

른다. 이러한 성장은 평등하게 분배되지 않았다. 분석 기간에 소득 수준이 높을수록 소득 증가율도 높았다. 이 기간에 하위 50퍼센트 계층의 소득 증가율은 390퍼센트인 데 비해 중간 40퍼센트 계층은 730퍼센트, 그리고 상위 10퍼센트 계층은 1230퍼센트의 소득 증가율을 기록했다. 상위 10퍼센트 내에서도 성장은 불평등하게 분배되었다. 상위 1퍼센트 집단은 총 1800퍼센트의 소득 증가를 기록했다. 이는 엄청난 증가율이지만 상위 0.1퍼센트와 0.01퍼센트, 0.001퍼센트 집단의 소득 증가율 2270퍼센트, 2920퍼센트, 3520퍼센트에는 크게 못 미치는 수준이었다.

그와 대조적으로 같은 기간 미국과 프랑스에서는 성인 1인당 평균 국민소득이 각각 63퍼센트와 38퍼센트 늘어나는 데 그쳐, 중국에 비해 증가율이 각각 약 14분의 1, 21분의 1에 불과했다. 각국 간 소득 증가율의 차

제2부 글로벌 소득 불평등의 추이

이는 소득 분포상 하위 집단에서 특히 뚜렷이 나타난다. 미국의 경우 하위 50퍼센트 계층의 누적소득 증가율은 3퍼센트에 그쳤다. 그에 비해 프랑스에서는 같은 기간 이 계층의 소득이 전체 평균에 조금 못 미치는 33퍼센트의 증가율을 기록했다. 그러나 모든 나라에서 소득 분포상 상위 구간으로 갈수록 소득이 더 빠르게 증가하는 공통된 패턴이 뚜렷이 나타났다.

도시와 시골 간 격차는 계속 커지지만 전반적인 불평등을 촉진하는 것은 지역 내 불평등이다

중국의 불평등 구조가 변화하는 데 도시와 시골 간 격차는 어떻게 작용했을까? 불평등은 주로 같은 지역 내의 개인들 간 불평등이 아닌 도시와 시골 간 격차가 확대되면서 심화될 수 있기 때문에 이 질문은 중요하다. 실제로 한데 섞여 있는 이런 요인들 중 어느 것이 지배적인가에 따라 정책적 함의가 달라진다. 이 질문에 답하려면 무엇보다 1978년 이후 도시와 시골의 인구가 어떻게 달라졌는지를 밝히는 것이 중요한데, 이는 부분적으로 국민소득 중 도시와 시골이 차지하는 몫을 결정하기 때문이다. 중국의 도시 지역에서 성인 인구는 1978년 1억 명에서 2015년 거의 6억 명으로 늘어났다. 같은 기간에 시골의 성인 인구는 대체로 안정된 상태로 남아 있었는데, 1978년 4억 명에서 1990년대 중반까지 거의 6억 명으로 늘어났다가 2015년 다시 5억 명 미만으로 줄었다. 그다음으로, 중국의 도시와 시골 간 소득 격차는 언제나 컸고, 시간이 지나면서 확대되었다는 점을 알아야 한다. 1978년 도시의 가계는 시골의 가계에 비해 평균 2배의 소득을 올렸지만 2015년에는 시골 가계의 3.5배를 벌었다. 그래서 전체 성인 인구 중 도시 인구의 비중이 1978년 20퍼센트에서 2015년 55퍼센트로 증가하는 동

도표 2.7.3a 중국의 시골과 도시 지역 소득 상위 10퍼센트 계층의 몫(1978~2015)

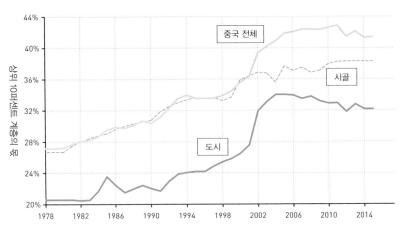

2015년 중국 시골에서 소득 상위 10퍼센트 계층의 몫은 38퍼센트였다.

출처: 피케티, 양, 주크먼(2017). 데이터 시리즈와 주석은 wir2018.wid.world를 보라.

도표 2.7.3b 중국의 시골과 도시 지역 소득 하위 50퍼센트 계층의 몫(1978~2015)

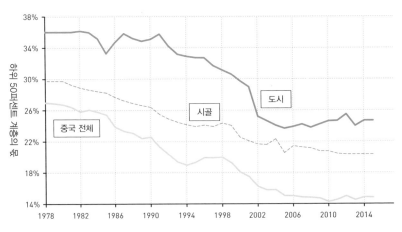

2015년 중국 시골에서 소득 하위 50퍼센트 계층의 몫은 20퍼센트였다.

출처: 피케티, 양, 주크먼(2017). 데이터 시리즈와 주석은 wir2018.wid.world를 보라.

안 국민소득에서 도시가 차지하는 비중은 30퍼센트에서 80퍼센트로 높아졌다.

도시와 시골 간 격차가 커졌음에도 불구하고 소득 하위 50퍼센트 계층의 몫은 중국 시골(20퍼센트)이나 도시 지역(25퍼센트)만 고려할 때보다 중국 전역(15퍼센트)을 볼 때 훨씬 더 낮았다.[27] 앞쪽에서도 분명히 보여주었듯이 상위 10퍼센트 계층의 소득 변화 추이는 대체로 하위 50퍼센트의 추이를 거울처럼 비추는데, 상위 10퍼센트의 몫이 증가하는 가운데 하위 50퍼센트는 상반된 방향으로 움직였다. 이 데이터를 종합해보면 언제나 도시 지역 내에서보다는 시골 내에서 불평등이 더 컸으며, 지금의 추세가 이어진다면 앞으로도 계속 그럴 것이다(**도표 2.7.3**).

제8장 러시아의 소득 불평등

이 장의 내용은 필리프 노보크메트와 토마 피케티, 게이브리얼 주크먼이 2017년에 발표한 논문 「소비에트에서 올리가르히까지: 1905~2016년 러시아의 불평등과 자산From Soviets to Oligarchs: Inequality and Property in Russia 1905–2016」(WID.월드 워킹 페이퍼 시리즈 2017/9호)에 바탕을 둔 것이다.

▶ 러시아는 1989년 이후 공산주의에서 자본주의 경제체제로 전환함에 따라 전체 소득에서 각 소득 집단이 차지하는 몫과 그들의 소득 증가율에 큰 격차가 나타났다.

▶ 국민소득 중 하위 50퍼센트 계층에 돌아가는 몫은 1989년 30퍼센트에서 오늘날 20퍼센트 미만으로 줄었지만 상위 1퍼센트 계층의 몫은 국민소득의 약 25퍼센트에서 45퍼센트 이상으로 치솟았다.

▶ 1989년 이후 러시아의 민영화라는 급속하고 혼란스러운 '충격 요법'과 자본도피, 역외자산 증가는 높은 인플레이션, 새로운 시장 환경과 더불어 상위 계층의 소득 증가에 기여했다.

▶ 오늘날 러시아의 불평등 수준은 차르 시대의 불평등에 빗댈 수 있거나 얼마간 더 높은 수준이다. 러시아 혁명은 상당한 규모의 소득 재분배로 이어져 상위 1퍼센트 집단의 몫은 1905년 국민소득의 18퍼센트에서 1928년 4퍼센트 미만으로 줄어들었다.

▶ 러시아의 최근 역사에서 가장 평등한 소득 분배는 1958년 이후 비교적 자유주의적인 탈脫스탈린 정책이 도입되고, 교육과 기반시설에 대한 대규모 투자가 이뤄진 데 따른 것이다.

1990년대 이후 러시아 국내총생산이 서유럽 수준으로 수렴하는 과정은 결코 순탄하지 않았다

1990~1991년 소련이 무너진 이후 러시아는 경제적·정치적으로 극적인 변화를 겪었다. 1992년부터 1995년까지 국민소득과 국내총생산은 갑자기 추락하고 인플레이션은 치솟았지만 1998년과 1999년에는 경제가 회복되기 시작해 이후 10년간의 강한 성장세로 이어졌다. 그러던 중 2008~2009년 글로벌 금융위기가 터지고 석유 가격이 하락하면서 성장은 둔화되었다. 그러나 오늘날 러시아의 평균 소득이 1989~1990년에 비해 상당히 높다는 점에는 의심의 여지가 거의 없다. 실제로 러시아의 성인 1인당 국민소득은 1989~1990년 서유럽 평균의 약 60~65퍼센트에서 2010년대 중반 약 70~75퍼센트로 격차를 좁혔다.[28] 이는 **도표 2.8.1**에서 볼 수 있다.

2016년 러시아의 성인 1인당 국민소득은 거의 2만3200유로에 이르렀지만, 이 수치는 소득 분포의 상당한 격차를 숨기고 있다. 1억1500만 명 가까운 성인 인구 중 가장 적게 버는 50퍼센트는 2016년에 평균 7800유로 남짓한 소득을 올려 전체 평균과의 격차가 거의 3배에 달했다. 중간 40퍼센트 계층도 약 2만1700유로를 벌어 전체 평균보다 더 적은 소득을 올렸다. 그러나 가장 부유한 10퍼센트의 인구는 훨씬 더 많이 벌어서 2016년에 평균 10만5500유로를 가져갔다. 이러한 소득 격차로 러시아는 가장 부유한 개인들의 몫이 늘어나 대단히 높은 소득 집중화 현상을 나타냈다. 2016년 러시아 국민소득 중 상위 10퍼센트 계층에 돌아가는 몫은 45.5퍼센트로 하위 50퍼센트 계층(17퍼센트)이나 중간 40퍼센트 계층(37.5퍼센트)보다 상당히 더 많았다. 상위 1퍼센트 소득자들은 국민소득의 20퍼센트를 넘게 차지한다. 소득 상위 1퍼센트에 드는 성인 115만 명의 평균 소득은 2016년에 약 47만 유로였으며, 상위 0.01퍼센트와 0.001퍼센트는 각

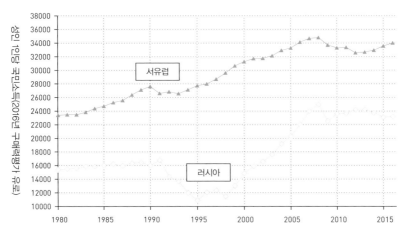

도표 2.8.1 러시아와 서유럽의 성인 1인당 평균 국민소득(1980~2016)

2016년 러시아의 성인 1인당 평균 국민소득은 2만3200유로였다. 모든 금액은 2016년 구매력 평가 유로로 환산한 것이며 1유로는 1.3달러, 28.3루블이다. 구매력평가는 각국 간 생활물가 차이를 고려한다. 금액은 인플레이션을 뺀 것이다.

출처: 노보크메트, 피케티, 주크먼(2017). 데이터 시리즈와 주석은 wir2018.wid.world를 보라.

각 평균 1210만 유로와 5860만 유로의 소득을 올려 러시아 전체 평균보다 523배와 2527배 이상 많았다(표 2.8.1을 보라).

우리가 이용할 수 있는 최선의 추정치는 러시아의 성인 1인당 국민소득이 1870년부터 제1차 세계대전까지 서유럽의 약 35~40퍼센트에서 정체되었음을 보여준다. 하지만 이 비율은 제2차 세계대전 이후 소비에트 국가가 급속한 산업화와 기초교육에 대한 대규모 투자를 포함한 현대화 전략을 실행하면서 65퍼센트까지 눈부신 상승을 기록했다. 도표 2.8.2에서 보여주듯이 러시아의 상대적인 소득 수준은 1950년부터 1990년 사이 서유럽의 약 55~65퍼센트에서 정점에 이르렀다. 그리고 1950년대부터 1980년대까지 러시아의 생활수준이 정체되는 동안 서유럽과 미국의 생활수준은 크게 개선되었다. 러시아에서는 물자 부족이 심해지고 교육 수준이 비교

표 2.8.1 러시아의 국민소득 분포(2016)

소득 집단	성인 인구수	소득 문턱값 (유로)	평균 소득 (유로)	국민소득 중 각 집단의 몫
전체 인구	114,930,000	–	23,180	100%
하위 50% 계층	57,465,000	–	7,880	17.0%
중간 40% 계층	45,972,000	14,000	21,700	37.5%
상위 10% 계층	11,493,000	36,300	105,500	45.5%
상위 1%	1,149,300	133,000	469,000	20.2%
상위 0.1%	114,930	638,000	2,494,000	10.8%
상위 0.01%	11,493	3,716,000	12,132,000	5.2%
상위 0.001%	1,149	18,770,000	58,576,000	2.5%

2016년 소득 상위 10퍼센트 계층의 평균 세전소득은 10만5500유로였다. 모든 금액은 2016년 구매력평가 유로로 환산한 것이며 1유로는 1.3달러, 28.3루블이다. 구매력평가는 각국 간 생활물가 차이를 고려한다. 금액은 인플레이션을 뺀 것이다. 수치는 반올림 때문에 단순히 더할 수 없다.

출처: 노보크메트, 피케티, 주크먼(2017). 데이터 시리즈와 주석은 wir2018.wid.world를 보라.

도표 2.8.2 러시아와 서유럽 성인 1인당 국민소득의 비율(1870~2016)

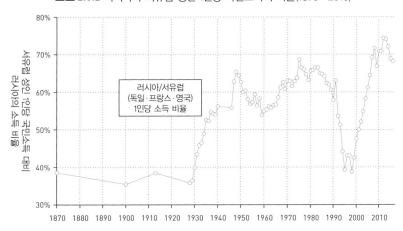

러시아/서유럽
(독일·프랑스·영국)
1인당 소득 비율

2016년 러시아의 성인 1인당 평균 국민소득은 서유럽 성인 1인당 국민소득의 68퍼센트였다. 모든 수치는 2016년 구매력평가 유로로 환산한 것이며 1유로는 1.3달러, 28.3루블이다. 구매력평가는 각국 간 생활물가 차이를 고려한다. 금액은 인플레이션을 뺀 것이다.

출처: 노보크메트, 피케티, 주크먼(2017). 데이터 시리즈와 주석은 wir2018.wid.world를 보라.

적 높은 계층 사이에 불만이 널리 퍼진 가운데 생활수준 개선이 상대적으로 느려지면서 결국 소련 붕괴를 초래한 복잡한 사회적·정치적 변화가 촉진되었다고 할 수 있다.[29]

그러나 소득과 자산 분배에서 나타난 이 극적인 변화의 결과는 특히 소련 붕괴 이후 제대로 설명되거나 이해되지 못하고 있다. 러시아에서 1989~1990년 이후 소득 불평등이 상당히 증가했다는 점은 의심할 여지가 거의 없다. 이에 관해서는 앞선 공산주의 체제에서 적어도 부분적으로는 화폐소득의 불평등이 이례적으로, 그리고 어느 정도는 겉치레로 감소했다는 점에서 그 이유를 찾을 수 있다. 그러나 그 후 불평등이 정확히 얼마나 증가했는지, 다른 나라에 비해서는 어떤 수준인지를 가늠하는 실증적 연구는 거의 없었다. 노보크메트와 피케티, 주크먼은 최근 논문에서 이 점을 포함한 여러 문제를 다루고자 했다. 이들은 기본적으로 이 보고서 앞부분에서 설명한 방식으로 러시아의 국민계정과 서베이, 그리고 고소득 납세자에 관해 최근에 공개된 과세 자료를 포함한 부와 조세 자료를 종합해 분배국민계정을 작성함으로써 그 문제들을 분석했다.

체제 전환기의 '충격 요법' 정책들로 국민소득 중 상위 10퍼센트 계층의 몫이 급격히 증가했다

소련 붕괴 후 소득 불평등의 놀라운 증가는 그 속도와 폭에서 극적인 것이었다. 이 시기의 특징은 그 전의 국가 주도 계획경제에서 자유시장 원리가 이끌어가는 경제로 전환하는 '충격 요법'과 '빅뱅' 모델이었다.[30] 이 시기에 러시아 국유기업들이 보유한 상당 규모의 자산이 민영화되었고 가격과 자본, 노동시장의 자유화와 더불어 여러 정치·경제적 변화가 나타났다.

2015년 러시아에서 소득 상위 10퍼센트 계층의 몫은 46퍼센트였다.

출처: 노보크메트, 피케티, 주크먼(2017). 데이터 시리즈와 주석은 wir2018.wid.world를 보라.

노보크메트와 피케티, 주크먼이 제공한 표준적인 추정치에 따르면 러시아에서 소득 상위 10퍼센트의 몫은 1990~1991년 25퍼센트 미만에서 1996년 45퍼센트 이상으로 늘었지만(도표 2.8.3을 보라) 미국에서는 소득 상위 10퍼센트의 몫이 39퍼센트에서 41퍼센트로 완만하게 늘었고 프랑스에서는 약 30~31퍼센트 수준을 유지했다.

국유기업 민영화는 일정 부분 바우처 민영화voucher privatization 전략을 통해 이뤄졌다. 당시 시민들은 어떤 국유기업이든 미래에 발행될 주식을 표시하는 무료 바우처 묶음을 받았다. 그러나 국유기업의 바우처 민영화는 매우 신속하게 이뤄져서 국가가 통제하던 1만5000곳 이상의 기업 소유권이 1992년부터 1994년까지 민간으로 넘어갔다.[31] 더욱이 이러한 민영화는 금융과 정치 상황이 극히 혼란스러운 가운데 이루어져서 소수의 개인 집단이 비교적 싼값에 대량의 바우처를 거둬들일 수 있었으며, 어떤 경우에는 정부 당국과 대단히 수지맞는 거래를—예컨대 악명 높은 주식-대출약정loans-for-shares agreement을 통해—할 수 있었다.[32] 러시아에서는 자본도피와 역외자산이 늘어나는 가운데 이런 식의 민영화가 이뤄졌기 때문에 다른 옛 공산권 나라들보다 훨씬 더 심한 부와 소득의 집중화가 초래되었다고 할 수 있다.

러시아의 노동시장이 국가 주도에서 시장 주도로 바뀐 것도 노동소득의 불평등을 키워 결국 전체적인 소득 불평등을 증가시켰다.[33] 공산주의 체제의 러시아에서는 실업이 사실상 존재하지 않았고 투입과정의 차이에 대한 보상과 노력에 대한 동기부여를 하는 데 이용된 미미한 임금 차이만 있을 뿐이었다. 이러한 체제는 확실히 시장경제와 비교할 때 일반적으로 평등주의 체제의 불평등이라는 결과를 낳았다. 하지만 러시아가 자유시장 체제로 이행할 무렵 노동자들이 국가가 운영하던 부문에서 민간부문으로 옮겨가면서 상당 규모의 실업이 발생하기 시작했다. 국영기업과 민간기업들이 문을 닫으면서 공공부문과 민간부문의 고용이 줄어드는 동안 재정 상황이 어려워져 투자와 고용에 있어 대단히 불리한 환경이 조성됐으며, 실업급여를 받으려는 이들에 대한 지원은 거의 없었다. 이런 요인들은 모두 최하위 소득자들에게 가장 큰 타격을 입혔다. 노동력 공급이 넘치고 부가 심하게 집중된 상황에서 노동시장의 전환과 민영화 과정은 노동자들을 희생시키면서 자본소유자들에게 유리하게 진행되었다.[34]

가격 자유화 역시 1990년부터 1996년까지 소비자물가지수가 5000배 가까이 오르는 결과를 초래했다. 인플레이션은 1992년 1월 1일 공식적인 가격 자유화 이후 1992년과 1993년에 (각각 1500퍼센트와 900퍼센트로) 특히 높았다. 이러한 초인플레이션 사태는 러시아 경제 전체에 영향을 미쳤는데—성인 1인당 국민소득은 1991년 약 1만7000유로에서 1995년 1만1000유로로 줄었다—가장 심한 타격을 받은 이들은 최하위 소득 계층이

제2부 글로벌 소득 불평등의 추이

었다. 소득 하위 50퍼센트 계층의 대다수는 명목소득이 인플레이션에 완전히 연동되지 않는 연금생활자와 저임금 노동자들이다. 이런 상황에서 높은 인플레이션은 수백만 가구를 빈곤으로 몰아넣는 엄청난 소득 재분배를 초래했으며, 특히 은퇴자 가구의 타격이 컸다. 국민소득 중 하위 50퍼센트 계층에 돌아가는 몫은 급격히 감소해 1990~1991년 전체 소득의 약 30퍼센트에서 1996년 10퍼센트 아래로 떨어졌다.

우리는 러시아 전체 인구 중 가난한 50퍼센트 계층의 몫이 급속히 감소한 반면 상위 1퍼센트 소득자들의 몫은 지속적으로 증가하는 과정을 볼 수 있다. 상위 1퍼센트 소득자들의 몫은 1989년 6퍼센트 미만에서 1996년 약 26퍼센트로 증가했다. 불과 7년 만에 엄청난 전환이 이루어진 것이다. 1989년에는 전체 소득 중 하위 50퍼센트 계층의 몫이 상위 1퍼센트 계층의 5배였지만 1996년이 되자 거의 2분의 1로 줄어들었다. 한편 중간 40퍼센트 계층은 체제 전환 초기의 개혁에 상대적으로 영향을 받지 않았던 것으로 보인다. 국민소득 중 이 계층의 몫은 같은 기간 약 46퍼센트에서 43퍼센트로 소폭 감소하는 데 그쳤다.

1996년 보리스 옐친 대통령의 재선 후 러시아 인구 중 가난한 50퍼센트의 몫은 안정화되기 시작했다. 1996년부터 2015년까지 경제가 점진적인 회복과정을 거치는 동안 최하위 계층에 속하는 연금소득자와 임금소득자들이 혜택을 받았다. 이에 따라 전체 소득 중 하위 50퍼센트 계층의 몫은 1996년부터 1998년까지 5퍼센트포인트 넘게 늘었다. 그러나 그들은 결코 1990~1991년의 소득 비중을 완전히 회복하지는 못했다. 상위 10퍼센트 계층의 몫은 1996년부터 1998년까지 약 48퍼센트에서 43퍼센트로 떨어졌다가 2015년까지 평균 47퍼센트 안팎으로 회복했다. 최근에는 미국에서 소득 상위 10퍼센트의 몫이 계속해서 늘어나 2015년에 와서는 미국의 소득 집중도가 러시아보다 더 높았다. 소득 상위 10퍼센트의 몫은 프랑스에서도 늘었지만 2015년까지 그리 높지 않은 수준인 34퍼센트로 매우 완만하게 증가했다.

이 12년 동안에는 또한 경제 전체적으로 강력한 성장이 이뤄져 러시아의 성인 1인당 국민소득은 1996년 약 1만2000유로에서 2008년 거의 2만5000유로로 2배 이상으로 증가했다.[35] 그러나 이런 성장의 주된 수혜자는 상위 10퍼센트 계층이었다. 국민소득 중 그들의 몫은 2008년까지 10년에 걸쳐 43퍼센트에서 53퍼센트로 증가했다. 상위 10퍼센트 계층의 몫이 커지는 추세는 중간 40퍼센트 계층이 경험한 바와 정반대였는데, 국민소득 중 중간 계층의 몫은 1998년 거의 40퍼센트에 이르던 것이 2008년 35퍼센트로 줄어들었다. 2008~2009년 러시아는 글로벌 금융위기가 터지고 석유 가격이 급락함에 따라 국민소득성장에 타격을 받았다. 러시아 경제는 그 후 느린 성장 속도를 유지하다가 2014~2015년에 다시 침체했는데, 이는 부분적으로 우크라이나에 대한 러시아의 군사 개입 후 국제적인 제재가 취해진 데 따른 것이었다. 러시아의 성인 1인당 평균 국민소득은 2008~2009년에 2000유로 넘게 감소했다가 2013년 2만4000유로로 조금 넘는 수준으로 상당히 무기력한 회복세를 보였다. 그 후 2015~2016년에는 2만3000유로로 다시 감소했다. 러시아 인구 중 가장 부유한 계층이 국민소득에서 차지하는 몫은 이런 위기 탓에 가장 큰 폭으로 줄어들어 소득 상위 10퍼센트 계층의 몫은 2010년까지 2년 새 6퍼센트포인트 감소했다. 이들의 몫은 2014~2015년에 45퍼센트 조금 넘는 수준에서 안정되었다. 하위 50퍼센트와 중간 40퍼센트 계층이 국민소득에서 차지하는 몫은 각각 4퍼센트포인트 증가해 약 18퍼센트, 39퍼센트로 늘어났다.

1989~2016년 전체를 보면 러시아의 성인 1인당 국민소득은 41퍼센트 증가했다. 다시 말해 한 해 약 1.3퍼센트씩 늘어난 것이다. 그러나 앞서 설명한 동태적 변화 때문에 각 소득 집단은 전혀 다른 성장 경로를 거쳤다. 지난

27년 동안 하위 소득자들은 평균적으로 소폭 성장 또는 마이너스 성장을 기록했는데(하위 50퍼센트 계층의 소득 증가율은 연평균 −0.8퍼센트, 총 −20퍼센트였다), 이는 주로 1996년 이전 인플레이션으로 인한 소득 손실 때문이었다. 중간 40퍼센트 계층은 플러스이지만 연평균 0.5퍼센트, 총 15퍼센트라는 매우 완만한 성장을 보이는 데 그쳤다. 한편 상위 10퍼센트 계층은 완전히 다른 경로를 거쳤다. 실제로 표 2.8.2에서 보듯이 이 집단은 소득 분포의 위쪽으로 갈수록 더 높은 소득 증가율을 나타냈다. 상위 10퍼센트 계층의 성인 1인당 평균 소득은 1989년부터 2016년까지 연 3.8퍼센트씩 증가했다. 1150만 명의 상위 소득자가 이 기간 중 171퍼센트의 누적소득 증가율을 기록한 것이다. 더욱이 이 기간에 러시아 경제 전체의 성장에서 혜택을 입은 계층은 이 상위 10퍼센트가 거의 유일하다. 러시아의 성장에서 그들이 차지한 몫은 99퍼센트인 반면 거의 1억350만 명의 성인이 속해 있는 하위 90퍼센트 계층은 단 1퍼센트만을 가져갔다.

표 2.8.2 러시아의 소득 증가율과 불평등(1989~2016)

소득 집단	연평균 실질소득 증가율	전 기간 누적 실질소득 증가율	경제 전체의 소득 증가액 중 각 집단의 몫
전체 인구	1.3%	41%	100%
하위 50% 계층	−0.8%	−20%	−15%
중간 40% 계층	0.5%	15%	16%
상위 10% 계층	3.8%	171%	99%
상위 1%	6.4%	429%	56%
상위 0.1%	9.5%	1,054%	34%
상위 0.01%	12.2%	2,134%	17%
상위 0.001%	14.9%	4,122%	8%

1989년부터 2016년까지 상위 1퍼센트 계층의 소득은 연평균 6.4퍼센트씩 증가했다.

출처: 노보크메트, 피케티, 주크먼(2017). 데이터 시리즈와 주석은 wir2018.wid.world를 보라.

도표 2.8.4는 1989~2016년 각 인구 집단의 총 성장률을 보여준다. 흥미롭게도 이 수치들은 유럽부흥개발은행EBRD이 작성한 것과 같이 상향 패턴을 보여준다.[36] 그러나 여기에 제시한 그림은 EBRD의 추정치와 두 가지 점에서 차이를 보인다. 첫째, 여기에 제시한 소득성장곡선은 상위 계층 소득 추정이 더 정확하기 때문에 상위 구간에서 훨씬 더 가파른 기울기를 보여준다.[37] 둘째, 채택한 소득 개념에 의미 있는 차이가 있다.[38] 소득 개념의 차이는 1989~2016년에 총 실질소득 증가율에 뚜렷한 영향을 미친다. EBRD는 그 증가율이 위에서 제시한 41퍼센트가 아닌 70퍼센트라고 밝힌다. 이 차이는 작은 것이 아니다. 이 보고서와 WID.월드에서 일관되게 사용하는 개념에 맞게 노보크메트 등은 조사 대상자 본인의 보고에만 의존하는 가계동향조사 자료보다는 국민소득 통계를 이용한다. 이 과정에

도표 2.8.4 러시아의 분위별 소득 증가율(1989~2016)

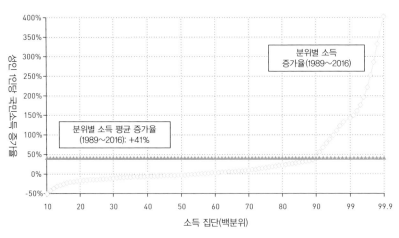

1989년부터 2016년까지 99~99.1분위 소득 집단(러시아의 가장 부유한 1퍼센트 집단 중 상대적으로 가난한 10퍼센트 집단)의 평균 소득은 143퍼센트 증가했다. 증가율은 인플레이션을 뺀 것이다.
출처: 노보크메트, 피케티, 주크먼(2017). 데이터 시리즈와 주석은 wir2018.wid.world를 보라.

서 저자들은 소련 시대와 소련 붕괴 후의 실질소득을 만족스러운 방식으로 비교하는 데 상당한 어려움이 있음을 깨달았다. 예를 들어 연구자들이 1989~1990년 물자 부족과 줄서기에 따른 경제적 비용을 고려한다면 총 성장률 수치는 41퍼센트에서 70퍼센트, 혹은 그 이상으로 높아질 수 있다.

러시아의 장기적인 불평등 추이는 U자형 패턴을 따른다

탈공산주의 시대인 1989~2016년에 일어난 소득 분포의 변화는 1905년 이후에 일어난 변화와 크게 달라 보인다. 1905년 차르 시대 러시아에서 국민소득 중 상위 10퍼센트 계층에 돌아가는 몫은 약 47퍼센트였지만 하위 50퍼센트 계층의 몫은 약 17퍼센트, 그리고 중간 40퍼센트 계층의 몫은 36퍼센트였다. 차르 시대 귀족을 해체하고 1922년 소비에트사회주의공화국연방USSR 창건의 길을 닦은 1917년 러시아 혁명 이후 이러한 분배 구조는 극적으로 바뀌었다. 1929년이 되자 상위 10퍼센트 계층은 국민소득의 22퍼센트밖에 벌지 못했는데, 이는 24년 전보다 25퍼센트포인트 줄어든 것이었다. 국민소득 중 상위 10퍼센트 계층의 몫이 줄어든 대신 하위 50퍼센트와 중간 40퍼센트 계층의 몫은 약 13퍼센트포인트씩 증가했다. 도표 2.8.5에서 보듯이 국민소득 중 하위 50퍼센트와 중간 40퍼센트의 몫은 거의 30퍼센트, 48퍼센트로 늘어났다. 한편 소득 상위 1퍼센트 집단의 몫은 1905년에 20퍼센트를 약간 밑돌았고, 소련 시대에는 4~5퍼센트까지 줄어들었다. 따라서 (이른바 탈스탈린 정책이 시작된) 1956년까지 늘어난 소득은 대부분 하위 90퍼센트 계층에 돌아갔다. 이 기간에는 공교육에 대한 대규모 투자가 이뤄지고 5개년 계획이 도입되었는데, 이 계획에 따라 국가 통제 아래 중공업 육성과 농업의 집단화, 소비재 제조 제한을 함으로써 자본 축적이 이뤄졌다.[39]

2015년에 국민소득 중 상위 10퍼센트 계층의 몫은 46퍼센트였다.
출처: 노보크메트, 피케티, 주크먼(2017). 데이터 시리즈와 주석은 wir2018.wid.world를 보라.

1953년 이오시프 스탈린이 사망한 후 굴라크의 대규모 강제노동을 없앤 것을 포함해 탈스탈린 정책으로 알려진 비교적 자유주의적인 정책들이 도입되면서 소득 분배에서도 저소득 계층에 유리한 변화가 더 많이 일어났다. 국민소득 하위 50퍼센트 계층의 몫은 1956년 24퍼센트에서 1968년 32퍼센트로 늘어났지만 같은 기간 상위 10퍼센트 계층의 몫은 26퍼센트에서 22퍼센트로 줄어들었다. 국민소득 중 이 두 집단과 중간 40퍼센트 계층의 몫은 그 후 1989년까지 상당히 안정적으로 유지되었고, **도표 2.8.6과 표 2.8.3**이 보여주듯이 성장은 이들 사이에서 비교적 균형 있게 이뤄졌다.

이 수치는 공산주의 체제 아래서와 그 체제가 끝난 뒤 각 소득 집단이 경험한 연평균 실질소득 증가율에 뚜렷한 차이가 있었음을 거듭 일깨워준다. 1905~1956년과 1956~1989년 내내 하위 50퍼센트와 중간 40퍼센트 계층의 연평균 실질소득은 적어도 상위 10퍼센트 계층만큼 늘어났으며,

1905년부터 1956년까지는 중하위 계층 소득 증가율이 상위 계층보다 상당히 더 높았다. 이 시기에는 경제성장이 상위 10퍼센트 계층(연간 소득 증가율 0.8퍼센트)보다 하위 50퍼센트 계층(2.6퍼센트)과 중간 40퍼센트 계층(2.5퍼센트)에 명백히 유리하게 이뤄졌다. 1956년부터 1989년까지 하위 50퍼센트는 그 전보다 더 높은 연간 소득 증가율을 기록해 상위 집단과의 증가율 차이는 뚜렷이 감소했다. 상위 19퍼센트의 소득은 중간 40퍼센트와 같은 연 2.3퍼센트씩 증가했다. 흥미롭게도 1905년부터 1956년까지는 상위 1퍼센트 집단 내에서 위쪽으로 갈수록 연간 소득 증가율의 마이너스 폭이 커졌지만 그다음 1956년부터 1989년까지는 이 집단 내에서 위쪽으로 갈수록 플러스 폭이 커졌다. 그 전과 극명한 대조를 이루는 시기는 1989년 이후인데, 이때는 연간 소득 증가율에서 상위 0.001퍼센트 소득자

도표 2.8.6 러시아의 분위별 연평균 실질소득 증가율(1905~2016)

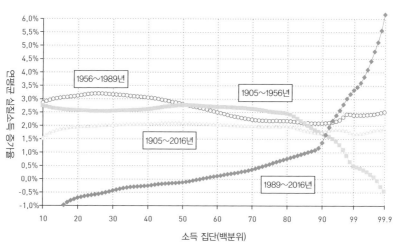

1989년부터 2016년까지 99~99.1분위(러시아의 가장 부유한 1퍼센트 중 상대적으로 가난한 10퍼센트) 집단의 평균 소득은 연평균 3.3퍼센트씩 증가했다. 증가율은 인플레이션을 뺀 것이다.

출처: 노보크메트, 피케티, 주크먼(2017). 데이터 시리즈와 주석은 wir2018.wid.world를 보라.

표 2.8.3 러시아의 분위별 연평균 실질소득 증가율(1905∼2016)

소득 집단	연평균 실질소득 증가율			
	1905∼2016년	1905∼1956년	1956∼1989년	1989∼2016년
전체 인구	1.9%	1.9%	2.5%	1.3%
하위 50% 계층	1.9%	2.6%	3.2%	−0.8%
중간 40% 계층	2.0%	2.5%	2.3%	0.5%
상위 10% 계층	1.9%	0.8%	2.3%	3.8%
상위 1%	2.0%	−0.3%	2.5%	6.4%
상위 0.1%	2.3%	−1.2%	2.7%	9.5%
상위 0.01%	2.5%	−2.1%	3.0%	12.2%
상위 0.001%	2.7%	−3.0%	3.3%	14.9%

1989년부터 2016년까지 상위 1퍼센트의 소득은 연평균 6.4퍼센트씩 증가했다.

출처: 노보크메트, 피케티, 주크먼(2017). 데이터 시리즈와 주석은 wir2018.wid.world를 보라.

(14.9퍼센트)와 하위 50퍼센트 소득자들(−0.8퍼센트) 사이의 격차가 15.7퍼센트포인트까지 벌어졌다. 소득 분포의 양끝에서 이처럼 성장률 격차가 벌어진 것은 20세기 내내, 심지어 러시아 경제의 사회화가 이뤄지던 시기에도 볼 수 없었던 현상이다.

더 정확한 결론을 이끌어내려면 더 상세한 자료가 필요하다

이미 지적한 바이지만 노보크메트와 피케티, 주크먼이 사용한 자료원에는 몇 가지 제약이 있는데, 이는 불평등의 큰 흐름을 보여주는 수치는 믿을 만하다 여기더라도 작은 차이들은 정확한 사실로 봐서는 안 된다는 점을 시사한다. 실제로 이들의 추정치는 차르 시대와 탈소비에트 시대 러시아의 불평등이 비슷한 수준임을 시사한다. 그러나 최근 기간에는 상세한 소득세 자료가 없기 때문에—또한 일반적으로 금융 정보의 투명성이 없기 때문에—그들의 추정치는 비교적 부정확하다. 그리고 무엇보다 1905년의 불평등 수준에 대한 추정치도 그만큼 부정확하기 때문에 대략의 비교만 가능할 것이다.[40] 따라서 차르 시대 러시아의 불평등 수준이 매우 높았으며 탈소비에트 시대에는 그보다 더 높을 수도 있지만 대략 차르 시대와 비슷한 수준이라고만 결론짓는 것이 안전해 보인다.

또한 표 2.8.1과 도표 2.8.5에 묘사된 화폐소득 불평등 측정치는 시대와 사회에 따라 달라지는 불평등의 비화폐적 차원을 무시한다는 점을 강조해야 한다. 예를 들어 차르 시대 러시아에서는 개인의 신분에 따른 불평등과 이동의 권리를 포함한 기본권의 불평등이 만연했으며, 이는 1861년 농노제가 공식 폐지된 후에도 오랫동안 지속되었다. 그와 같은 여러 불평등을 단 하나의 화폐적 지표로 요약하는 것은 복잡한 일련의 권력관계와 사회적 지배력을 지나치게 단순화하는 것임이 분명하다. 소비에트 시대에 대해서도 같은 이야기를 할 수 있다. 이 시기에는 공산주의 체제 아래 화폐적 불평등이 매우 낮은 수준으로 줄어서 상위 10퍼센트와 하위 50퍼센트 계층 간 소득 격차는 비교적 작았지만 소비에트 체제의 엘리트 계층은 더 좋은 상품과 서비스, 그리고 더 나은 기회를 갖는 특권을 누렸다.

이는 특별한 상점과 휴양 시설을 이용하는 기회를 포함해 여러 특권의 형태를 띨 수 있다. 소비에트의 상위 1퍼센트 집단은 경우에 따라 전체 평균의 4~5배에 이르는 그들의 연간 소득으로 기대보다 훨씬 더 나은 생활 수준을 누릴 수 있었다. 러시아든 다른 나라에서든 역사적인 비교나 국제적인 비교를 할 때 이러한 비화폐적 요소들을 잊지 말아야 한다.

제9장 인도의 소득 불평등

이 장의 내용은 뤼카 샹셀과 토마 피케티가 2017년에 쓴 워킹 페이퍼 「인도의 소득 불평등, 1922~2014년: 브리티시 라지(영국령 인도 제국―옮긴이)에서 억만장자 라지로?Indian Income Inequality, 1922-2014: From British Raj to Billionaire Raj?」(WID.월드 워킹 페이퍼 시리즈 2017/11호)에 바탕을 둔 것이다.

▸ 인도의 소득 불평등은 사상 최고 수준에 이르렀다. 2014년 인도의 국민소득 중 상위 1퍼센트 소득자에게 돌아간 몫은 22퍼센트였고 상위 10퍼센트의 몫은 약 56퍼센트였다.

▸ 1980년대 이후 인도가 규제 완화와 시장 개방을 위한 개혁의 실행에 집중하면서 경제는 심층적인 변화를 겪게 되었고 이로써 불평등은 크게 증가했다.

▸ 1980년대에 규제 완화 정책들이 도입된 후 인도의 상위 0.1퍼센트 소득자들이 전체 소득 증가액 중에서 차지한 몫은 하위 50퍼센트에 속한 모든 사람의 몫을 합친 것보다 더 많았다. 중간 40퍼센트 계층의 소득 역시 상대적으로 그다지 늘지 않았다.

▸ 이런 불평등 증가 추세는 1947년 인도가 독립한 후의 30년과는 대조적인데, 그때는 소득 불평등이 광범위하게 줄어 하위 50퍼센트 계층의 소득이 전체 평균보다 더 빠르게 늘었다.

▸ 인도가 2000~2010년 조세 통계의 공개를 일시적으로 중단한 것은 장기적으로 불평등의 변화를 추적하는 소득과 자산 통계에 투명성을 높일 필요성을 일깨워준다. 통계의 투명성을 높이면 인도의 불평등과 포용적 성장에 관한 더 많은 정보를 바탕으로 민주적인 토론을 할 수 있다.

인도는 영국 식민정부 아래 있던 1922년 소득세법으로 개인소득세를 도입했다. 그때부터 20세기로 접어들 때까지 인도 소득세국은 소득세표income tax tabulation를 작성해 상위 소득의 장기적인 변화를 체계적으로 추적하도록 했다. 독립 후 인도 경제의 심층적인 변화를 고려할 때 이는 연구자들이 접근할 수 있는 풍부한 자료원을 제공한다.[41] 연구 결과 가장 부유한 계층의 소득 ―'최상위 소득'― 은 1950년대 중반부터 1980년대 중반까지 감소했지만 이 추세는 그 후 친기업적 시장 규제 완화 정책이 시행되면서 역전되었다.

그러나 2000년 이후 실질소득 증가율이 앞선 몇십 년에 비해 상당히 높았을 때 인도의 경제 정책이 분배에 미친 영향에 관해서는 알려진 게 거의 없다. 이는 주로 2000년에 인도 소득세국이 소득세 통계 발간을 중단했기 때문이지만, 조사 대상자 본인의 응답에 의존하는 서베이 자료가 대개 소득 상위 계층에 관한 적절한 정보를 제공하지 않기 때문이기도 했다. 2016년에 소득세국은 지난 몇 년간의 소득세표를 공개해 2000년 이후 평균 소득 증가율이 높았던 시기의 소득 불평등 변화를 추적할 수 있게 해주었다.

인도의 불평등은 경제가 심층적인 변화를 겪고 난 1980년대 중반부터 심화됐다

지난 40년에 걸쳐 인도 경제는 심층적인 변화를 겪었다. 1970년대 후반 인도는 규제가 심하고 중앙에 권력이 집중된 사회주의 계획경제로 인식되었다. 그러나 1980년대부터 일련의 광범위한 자유화와 규제 완화 개혁들이 실행되었다. (1984~1989년 재임한) 라지브 간디 총리가 주도한 제7차 경제개발계획(1985~1990)에서 분명히 드러나듯이 자유화와 개방은 인도 정책 결정자들이 되풀이해 강조하는 화두가 되었다.

제7차 경제개발계획은 해외차입과 수입을 늘리면서 시장 규제 완화를 촉진하려는 것이었다. 자유시장을 지향하는 이러한 정책들은 그 후 1990년대 초 인도의 국제수지 위기 때 국제통화기금IMF이 도움을 주면서 내건 조건들에 더 확실히 반영되었고, 이는 규제 완화와 자유화를 위한 구조 개혁들을 더욱 촉진했다. 이 시기에는 또한 조세체계에 점진적인 변화가 나타났다. 인도의 소득세 최고한계세율은 1970년대 97.5퍼센트에서 1980년대 중반 50퍼센트로 낮아졌다.

조세제도의 변화와 더불어 나타난 인도 경제의 구조적 변화는 1980년대 이후 인도의 소득 불평등에 커다란 영향을 미친 것으로 보인다. 1983년에 국민소득 중 상위 소득자들에게 돌아가는 몫은 1922년 과세 기록이 시작된 이래 가장 낮았다. 당시 상위 1퍼센트 집단은 국민소득의 약 6퍼센트를 차지했고 상위 10퍼센트 집단은 30퍼센트를 차지했다. 또 하위 50퍼센트는 국민소득의 약 24퍼센트를 벌었으며 중간 40퍼센트는 46퍼센트 조금 넘는 몫을 가져갔다(도표 2.9.1a와 도표 2.9.1b를 보라). 그러나 1990년까지 이들의 몫은 눈에 띄게 달라졌다. 상위 10퍼센트의 몫은 1983년 이후 거의 4퍼센트포인트 늘어나 34퍼센트에 이르렀지만 중간 40퍼센트와 하위 50퍼센트 계층의 몫은 약 44퍼센트와 22퍼센트로 둘 다 2퍼센트포인트씩 줄었다.

일련의 첫 단계 경제개혁으로 알려진 정책들이 1991년부터 2000년까지 실행됐지만 이는 사실 1980년대 중반에 이뤄진 정책 전환의 연장이었다. 이 개혁들은 탈국유화와 공공부문에 대한 투자 회수, 그리고 규제 완화(공공부문 기업과 산업에 대한 보호 조치와 면허의 폐지)를 통해 민간

도표 2.9.1a 인도 국민소득 중 상위 10퍼센트와 중간 40퍼센트의 몫(1951~2014)

2014년 국민소득 중 상위 10퍼센트 계층의 몫은 55퍼센트였다.

출처: 샹셀과 피케티(2017). 데이터 시리즈와 주석은 wir2018.wid.world를 보라.

도표 2.9.1b 인도 국민소득 중 상위 1퍼센트와 하위 50퍼센트의 몫(1951~2014)

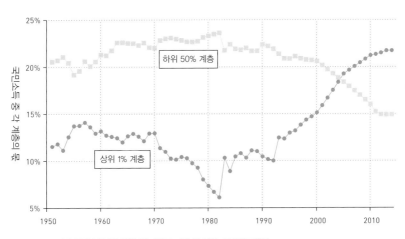

2014년 국민소득 중 하위 50퍼센트 계층의 몫은 15퍼센트였다.

출처: 샹셀과 피케티(2017). 데이터 시리즈와 주석은 wir2018.wid.world를 보라.

부문을 경제 정책의 중심에 올려놓아서[42] 경제를 노동보다는 자본에 더 유리한 쪽으로 크게 기울도록 했다. 이러한 개혁들은 회의당 정부Congress government와 그 뒤 보수 정부들이 모두 이행한 것이었다. 도표 2.9.1에서 보여주듯 2000년까지 인도에서 이러한 개혁이 추진되는 동안 소득 불평등은 극적으로 증가했다. 상위 10퍼센트 계층은 국민소득에서 차지하는 몫을 40퍼센트로 늘려 중간 40퍼센트 계층에 돌아가는 것과 거의 같은 몫을 차지했지만 하위 50퍼센트 계층의 몫은 약 20퍼센트로 줄어들었다.

친시장 개혁은 2000년 이후 제10차 5개년 계획과 그 뒤 일련의 계획 아래 계속되었다. 이 계획에 따라 석유와 설탕, 비료 가격을 정부가 통제하던 체제는 끝났으며 특히 농업부문에서 민영화가 추가로 이뤄졌다. 인도의 불평등의 추세는 2000년대 내내 상승 곡선을 그려 2014년에는 성인 인구 중 가장 부유한 10퍼센트가 국민소득의 약 56퍼센트를 가져갔다. 그에 따라 중간 40퍼센트는 전체 소득의 32퍼센트를 가졌고 하위 50퍼센트는 그 절반인 약 15퍼센트를 가져가는 데 그쳤다.

인도의 불평등은 주로 최상위 집단의 소득 증가에 따른 것이다

상위 10퍼센트 집단 내의 불평등도 높았다. 1980년대 초 이후 인도의 소득 분포에서 위쪽으로 올라갈수록 그 집단이 국민소득에서 차지하는 몫은 더 빠르게 늘어났다. 도표 2.9.2에서 나타내듯이 인도에서 소득 상위 1퍼센트의 몫은 1982~1983년 약 6퍼센트에서 10년 후 10퍼센트 이상으로 증가했고, 그 후 2000년까지 15퍼센트로 더 늘어났으며, 2014년까지는 다시 약 23퍼센트로 증가했다. 그래서 최신 자료는 새천년의 첫 10년 동안 국민소득 중 상위 1퍼센트 집단에 돌아가는 몫이 하위 50퍼센트에 속하는 몫

1922년 국민소득 중 상위 1퍼센트 계층의 몫은 13퍼센트였다.

출처: 샹셀과 피케티(2017). 데이터 시리즈와 주석은 wir2018.wid.world를 보라.

보다 더 크게 늘어났음을 보여준다. 2014년까지 국민소득 중 하위 50퍼센트—약 3억9000만 명의 성인이 속한 집단—의 몫은 다 합쳐봐야 780만 명인 상위 1퍼센트가 차지하는 몫의 3분의 2에 불과했다. 상위 0.1퍼센트와 0.01퍼센트 집단이 국민소득에서 차지하는 몫은 그보다 더 큰 폭으로 늘어났다. 이들의 몫은 1983년부터 2014년까지 각각 2퍼센트와 0.5퍼센트에서 약 10퍼센트와 5퍼센트로 늘어 5배, 10배가 되었다. 표 2.9.1에서 보여주듯 최상위 집단의 소득 증가율은 극단적으로 높았다.

이러한 변화는 인도의 자산 불평등에서 나타나는 동태적 변화와 일치한다. 최근에, 특히 2002년 이후에 인도의 전체 부에서 상위 10퍼센트 계층이 차지하는 몫은 크게 늘었다.[43] 상위 계층의 소득이 매우 불평등하게 증가함에 따라 전체 인구의 자산 불평등도 자동적으로 증가했고 이는 다시 소득의 집중화를 부추겼다.

표 2.9.1 중국, 프랑스, 인도, 미국의 분위별 소득 증가율(1980~2014)

소득 집단	인도	중국	프랑스	미국
전체 인구	187%	659%	35%	61%
하위 50% 계층	89%	312%	25%	1%
중간 40% 계층	93%	615%	32%	42%
상위 10% 계층	394%	1,074%	47%	121%
상위 1%	750%	1,534%	88%	204%
상위 0.1%	1,138%	1,825%	161%	320%
상위 0.01%	1,834%	2,210%	223%	453%
상위 0.001%	2,726%	2,546%	261%	636%

1980년부터 2014년까지 인도 상위 10퍼센트 계층의 평균 소득은 394퍼센트 늘었다. 증가율은 인플레이션을 뺀 것이다.

출처: 샹셀과 피케티(2017). 데이터 시리즈와 주석은 wir2018.wid.world를 보라.

최근 인도에서 불평등이 급증한 것은 1940년대에서 1980년대 사이에 불평등이 감소한 것과 대조적이다

인도가 독립한 후 자와할랄 네루는 엘리트 계층의 권력을 제한하려는 분명한 목표로 경제에 대한 정부의 통제를 엄격히 하면서 일련의 사회주의 정책을 시행했다. 네루 자신과 그의 딸 인디라 간디를 포함한 후임자들은 1970년대 말까지 국유화와 강력한 시장 규제, 그리고 매우 누진적인 조세 정책을 시행했다. 몇 가지 예를 들자면 1950년대 초에 철도와 항공 교통, 1970년대 중반에 석유, 그리고 전 기간에 걸쳐 은행업을 대상으로 국유화가 이루어졌다. 국유화로 민간의 부가 공공부문으로 이전되고 민간의 잠재적인 자본소득이 줄어들었을 뿐 아니라 정부가 급여 수준을 결정함에 따라 임금 격차도 줄어들었다. 민간부문에서는 극단적으로 높은 세율 때문에 소득을 늘리는 데 제약이 뒤따랐다. 1965년부터 1973년까지 소득세의 최고한계세율은 27퍼센트에서 거의 98퍼센트로 인상되었다. 이러한 변화는 소득 상위 계층의 지대추구rent-seeking 활동을 억제했을 텐데, 이는 이 계층의 과도한 협상력과 지대추구 활동이 존재하는 상황에서 효과적인 전략이라고 볼 수 있다. 이런 정책이 소득 불평등에 미치는 영향은 상당히 커서 소득 상위 1퍼센트의 몫은 제2차 세계대전 전 21퍼센트에서 1950년대와 1960년대에 약 10~12퍼센트로 떨어졌으며, 1980년대 초에 6퍼센트까지 더 떨어졌다.

'빛나는 인도Shining India'의 소득 증가율에 대한 재검토

이와 같은 제도와 정책의 큰 변화는 소득 증가율 면에서 각 인구 집단에 어떤 영향을 미쳤는가? 도표 2.9.3이 보여주듯이 1950년대 이후 평균 실질소득 증가율은 각 소득 집단 간에 뚜렷한 차이를 보였다. 1960년대와 1970년대 사회주의 중앙계획이 인도 경제를 지배할 당시 하위 50퍼센트의 연간 실질소득은 전체 평균에 비해 빠른 속도로 늘어났다. 이들의 소득은 상위 10퍼센트와 1퍼센트 소득자들이 경험한 소득 증가에 비해 눈에 띄게 빠른 속도로 늘어났다. 그러나 이러한 동태적 변화는 1980년대에 극적으로 바뀌었으며, 그 후 지금까지 그 상태로 지속된다. 1980년대에는 앞선 몇십 년보다 훨씬 더 높은 평균 소득 증가율을 기록했지만, 하위 90퍼센트 인구의 소득 증가율은 조금밖에 높아지지 않았다. 소득 증가율이 높은 경우는 실제로 상위 10퍼센트 집단에 집중되었다. 이런 상황은 1980~2000년대 내내 이어졌다. 2000년대에 상위 1퍼센트 집단의 연간 실질소득 증가율은 8.5퍼센트에 가까웠고, 그다음으로 상위 10퍼센트 집

도표 2.9.3a 인도의 소득 증가율(1951∼2014): 전체 인구와 하위 50퍼센트 계층 비교

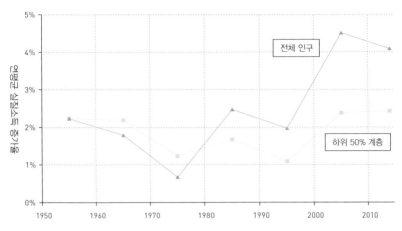

2000년대 전체 인구의 평균 소득은 연평균 4.5퍼센트씩 늘어난 데 비해 하위 50퍼센트 계층의 평균 소득은 2.4퍼센트씩 증가했다. 증가율은 인플레이션을 뺀 것이다.

출처: 샹셀과 피케티(2017). 데이터 시리즈와 주석은 wir2018.wid.world를 보라.

도표 2.9.3b 인도의 소득 증가율(1951∼2014):
전체 인구, 상위 10퍼센트, 상위 1퍼센트 계층 비교

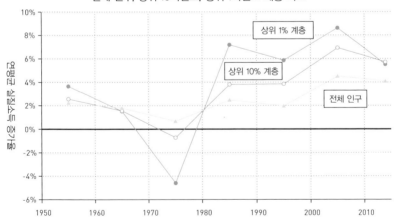

2000년대에 전체 인구의 평균 소득은 연평균 4.5퍼센트씩 늘어났지만 상위 1퍼센트 계층의 평균 소득은 한 해 평균 8.7퍼센트씩 증가했다. 증가율은 인플레이션을 뺀 것이다.

출처: 샹셀과 피케티(2017). 데이터 시리즈와 주석은 wir2018.wid.world를 보라.

단의 소득 증가율은 약 7퍼센트였으며, 하위 50퍼센트 집단의 소득 증가율은 2.5퍼센트에 못 미쳤다. 인도의 전체 평균 소득 증가율은 이 10년 동안 4.5퍼센트였다.

표 2.9.2는 1951~1980년 인도에서 각 집단의 소득 증가율과 전체 소득 증가액에서 각 집단이 차지하는 몫을 보여준다. 이 기간에는 소득 분포에서 더 위쪽에 있는 집단일수록 더 낮은 소득 증가율을 기록했다. 하위 50퍼센트와 중간 40퍼센트 집단의 성인 1인당 실질소득은 평균 소득보다 훨씬 더 빠르게 증가했다. 이 기간에 성인 1인당 평균 소득은 65퍼센트 늘어난 데 비해 이들 집단의 소득은 각각 87퍼센트와 74퍼센트 늘어났다. 더욱이 상위 0.1퍼센트와 0.01퍼센트, 0.001퍼센트 소득 집단은 이 30년 동안 실질소득이 크게 감소해 각각 26퍼센트와 42퍼센트, 45퍼센트 줄어들었다. 하위 50퍼센트 집단은 1951년부터 1980년까지 전체 소득 증가액의 28퍼센트를

표 2.9.2 인도의 소득 증가율과 불평등(1951~1980)

소득 집단	성인 1인당 실질소득 총 증가율	소득 증가분 중 각 소득 집단이 차지한 몫
전체 인구	65%	100%
하위 50% 계층	87%	28%
중간 40% 계층	74%	49%
상위 10% 계층	42%	24%
상위 1%	5%	1%
상위 0.1%	−26%	−2%
상위 0.01%	−42%	−1%
상위 0.001%	−45%	−0.4%

1951년부터 1980년까지 상위 1퍼센트 계층의 평균 소득은 5퍼센트 늘어났다. 상위 1퍼센트 계층은 이 기간에 전체 소득 증가액의 1퍼센트를 가져갔다. 증가율은 인플레이션을 뺀 것이다.

출처: 샹셀과 피케티(2017). 데이터 시리즈와 주석은 wir2018.wid.world를 보라.

차지한 데 비해 중간 40퍼센트는 전체 증가액의 거의 절반을 차지했다.

1980년 이전과 이후의 소득 증가율을 비교하는 것은 특히 흥미롭다. 1980년부터 2014년까지 하위 50퍼센트와 중간 40퍼센트의 소득은 각각 89퍼센트, 93퍼센트 증가했다. 한편 평균 소득 증가율은 1980년 이후 훨씬 더 높았지만 하위 50퍼센트와 중간 40퍼센트의 소득 증가율에는 거의 변화가 없었다. 1980년 이후 전체 소득 증가액 중 상위 0.1퍼센트 소득자들이 차지한 몫이 하위 50퍼센트의 몫보다 더 많다는 점도 놀랍다(전자는 소득 증가액의 12퍼센트를, 후자는 11퍼센트를 가져갔다). 2014년에 상위 0.1퍼센트 소득자들은 80만 명에 못 미쳤으며, 그 숫자는 델리의 교외도시로 IT 산업 중심지인 구루그람의 인구보다 더 적다. 하지만 2014년 성인 인구의 하위 절반은 3억8900만 명이나 되어서 최상위 집단과 극명한 대조를 이룬다. 인도의 소득 분포에서 반대편 끝에 있는 상위 1퍼센트 소득자들은 전체 소득 증가액 중 하위 84퍼센트와 같은 몫을 차지했다.

표 2.9.3은 2014년 각 집단의 소득 수준과 그 집단에 들어가는 데 필요한 문턱값(경계값)entry price, 그리고 성인 인구수를 나타낸다. 하위 50퍼센트 집단은 성인 1인당 평균 소득보다 훨씬 더 적게 벌었다. 이들의 소득은 전체 평균 세전소득의 3분의 1에 못 미쳤다. 하지만 중간 40퍼센트의 평균 소득은 전체 평균의 약 5분의 4에 이르렀다. 상위 10퍼센트 집단에 드는 이들은 전체 평균의 5배를 벌었다. 소득 분포의 위쪽을 보면 소득 증가율 통계에서 본 것과 같은 급격한 증가 추세가 뚜렷이 나타난다. 예를 들어 상위 1퍼센트 소득자들은 한 해 평균 약 13만4600유로(312만 루피)를 벌었고 상위 0.1퍼센트는 약 53만3700유로(1240만 루피)를 벌었다. 이 두 집단은 각각 인도 성인 평균 소득의 22배와 86배를 번 것이다. 상위 0.001퍼센트의 경우 이 비율이 1871배에 이른다(도표 2.9.4).

표 2.9.3 인도의 국민소득 분포(2014)

소득 집단	성인 인구수	소득 문턱값 (유로)	평균 소득 (유로)	전체 평균 소득 대비 (배)	국민소득 중 각 집단의 몫
전체 인구	794,306,000	–	6,200	1	100%
하위 50% 계층	397,153,000	–	1,900	0.3	15.3%
중간 40% 계층	317,722,000	3,100	4,700	0.8	30.5%
상위 10% 계층	79,431,000	9,200	33,600	5	54.2%
상위 1%	7,943,000	57,600	134,600	22	21.7%
상위 0.1%	794,000	202,000	533,700	86	8.6%
상위 0.01%	79,400	800,100	2,377,000	384	3.8%
상위 0.001%	7,900	3,301,900	11,589,000	1,871	1.9%

2014년 소득 상위 10퍼센트 계층의 평균 소득은 3만3600유로(77만9000루피)였다. 모든 금액은 2016년 구매력평가 유로로 환산한 것으로 1유로는 1.3달러, 23루피다. 구매력평가는 각국 간 생활물가 차이를 고려한다. 금액은 인플레이션을 뺀 것이다. 수치는 반올림 때문에 단순히 더할 수 없다.

출처: 샹셀과 피케티(2017). 데이터 시리즈와 주석은 wir2018.wid.world를 보라.

도표 2.9.4 인도의 분위별 소득 증가율(1980~2014)

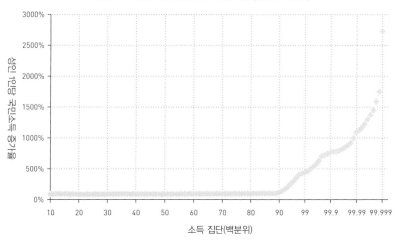

1980년부터 2014년까지 상위 0.001퍼센트 집단의 평균 소득은 2726퍼센트 늘었다. 증가율은 인플레이션을 뺀 것이다.

출처: 샹셀과 피케티(2017). 데이터 시리즈와 주석은 wir2018.wid.world를 보라.

제10장 중동의 소득 불평등

이 장의 내용은 파쿤도 알바레도, 리디아 어수어드, 토마 피케티가 2017년에 쓴 논문 「중동의 불평등 측정, 1990~2016년: 세계에서 가장 불평등한 지역?Measuring Inequality in the Middle East, 1990-2016: The World's Most Unequal Region?」(WID.월드 워킹 페이퍼 시리즈 2017/16호)에 바탕을 두고 있다.

▶ 중동은 세계에서 가장 불평등한 지역으로 보인다. 2016년 이 지역의 전체 소득 중 상위 10퍼센트 및 1퍼센트 계층에 돌아가는 몫은 각각 60퍼센트, 25퍼센트를 넘었다. 중동의 불평등 수준은 1990~2016년 기간에 극단적인 수준을 유지했으며, 소득 상위 10퍼센트의 몫은 60~66퍼센트 수준에서 오르내리고 하위 50퍼센트의 몫은 줄곧 10퍼센트를 밑돌았다. 이러한 불평등은 브라질과 남아프리카공화국의 불평등에 비견되거나 그보다 높은 수준이다.

▶ 이처럼 높은 수준의 소득 집중도는 국가 간 불평등, 특히 석유가 풍부한 나라들과 인구가 많은 나라들 간의 거대한 불평등과 국가 내의 심한 불평등에 기인한다.

▶ 중동의 국가 간 불평등은 주로 석유의 소유권을 결정하는 지리적 위치에 따른 것이며, 일부 국가가 석유 수입을 영구적인 기금으로 전환한 것도 국가 간 불평등을 키웠다. 그 결과 2016년 석유가 풍부한 걸프 국가들의 인구는 이 지역 인구의 15퍼센트로 작은 비중을 차지하지만 이들 나라의 소득은 이 지역 전체 소득의 42퍼센트에 달했다. 따라서 걸프 국가들과 다른 나라들 사이의 성인 1인당 국민소득 격차는 극단적으로 크다.

▶ 이 새로운 연구 결과는 또한 중동 지역의 국가 내 불평등이 앞서 추정했던 것보다 훨씬 더 크다는 것을 보여준다. 그러나 이용할 수 있는 데이터가 부족하기 때문에 이러한 추정치는 실제 불평등을 지나치게 낮게 평가할 가능성이 크다. 이 문제는 특히 걸프 지역 국가에서 심각한데, 이들 나라의 공식 불평등 통계 수치가 낮은 것은 저임금 외국인 노동자들의 인구 비중이 갈수록 커지고 있다는 정치경제적으로 중요한 사실과 배치된다.

더 정의로운 사회를 요구하는 '아랍의 봄'은 연구자들로 하여금 중동의 불평등을 재검토하게 했다

'아랍의 봄Arab Spring' 운동 이후 더 정의로운 사회가 이 민중운동의 주된 요구 사항이 된 가운데 중동 국가들의 불평등 측정치에 대한 관심이 새롭게 일었다. 그러나 기존 연구자들은 이들 국가 내의 소득 불평등이 국제적인 기준에서 특별히 높은 것 같지 않다고 주장해 불만이 다른 데서 기인할 수 있음을 암시했다. 이 같은 다소 놀라운 사실은 '불평등의 수수께끼Enigma of Inequality'[44] 또는 '아랍의 불평등 퍼즐Arab Inequality Puzzle'[45]로 일컬어졌으며, 그 때문에 이 지역의 불평등에 관한 문헌이 늘어났다.

이 놀라운 문제를 풀려는 문헌 가운데 파쿤도 알바레도와 리디아 어수어드, 토마 피케티의 최근 논문이 있다. 이들은 가계동향조사에만 의존하는 앞선 연구 결과들이 이 지역의 불평등을 지나치게 낮게 평가하고 있다고 주장하며, 최근에 공개되어 이 지역에서 유일하게 이용할 수 있는 조세 자료를 활용한 새로운 추정치를 제시한다.

중동의 불평등은 세계 어느 지역보다 더 심한 편에 속한다

중동의 소득 불평등은 1990~2016년에 걸쳐 극히 높은 수준을 유지했다. 소득 상위 10퍼센트 계층의 몫은 전체 소득의 60~66퍼센트를 오르내렸지만 하위 50퍼센트와 중간 40퍼센트 계층의 몫은 각각 전체 소득의 8~10퍼센트, 27~30퍼센트에서 움직였다. 이 지역의 소득은 성인 인구의 상위 1퍼센트에 심하게 집중되었는데, 이 집단은 전체 소득의 27퍼센트, 다시 말해 하위 50퍼센트 인구의 3배, 그리고 중간 40퍼센트 인구와 거의

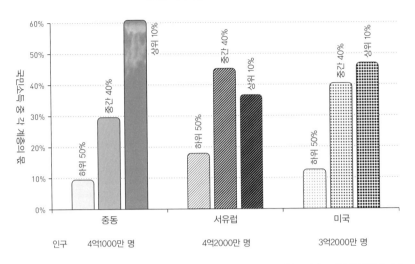

도표 2.10.1 중동, 서유럽, 미국의 불평등(2012~2016)

2012~2016년(자료를 이용할 수 있는 최근 연도) 중동의 소득 상위 10퍼센트 계층의 몫은 61퍼센트였다.

출처: 알바레도, 어수어드, 피케티(2017). 데이터 시리즈와 주석은 wir2018.wid.world를 보라.

같은 몫을 차지했다. 따라서 중동의 불평등은 전 세계 모든 지역에서 가장 높은 편에 속한다(도표 2.10.1).

중동 지역의 불평등 실태를 세계의 다른 나라들과 비교하는 것은—통상적인 개별 국가 간 불평등 비교와 마찬가지로—타당하고 유익한 분석이다. 이 지역의 총인구(2016년 약 4억1000만 명)는 서유럽(4억2000만 명), 미국(3억2000만 명)과 견줄 만하며, 이 지역 사람들은 상대적으로 높은 문화적, 언어적, 종교적 동질성을 보인다. 저자들은 중동에서 전체 소득 중 상위 10퍼센트 계층에 돌아가는 몫이 서유럽의 가장 크고 부유한 나라들(36퍼센트)과 미국(47퍼센트)뿐만 아니라 흔히 세계에서 가장 불평등한 나라로 묘사되는 브라질(55퍼센트)보다 훨씬 더 많다는 사실을 발견했다. 중동보다 불평등 추정치가 더 높은 유일한 나라는 남아프리카공화국인데, 이 나라의 상위 10퍼센트 집단은 2012년 국민소득 중 약 65퍼센트를 가져갔다(도표 2.10.2).

이런 연구 결과는 앞서 이야기한 기존 연구 결과와 상반되지만 다른 추정 기법을 사용하더라도 결론은 흔들리지 않는다. 소득 분포를 각국의 생활수준 차이를 반영하는 구매력평가 기준으로 계산하면 불평등 수준은 낮아지지만, 감소 폭이 그리 큰 것은 아니다. 중동의 지리적인 범위를 달리하더라도 불평등 수준에 미치는 영향은 비교적 제한된다. 중동의 가장 가난한―이집트와 이라크, 시리아, 예멘 같은―나라들과 석유가 풍부한 걸프 국가들 사이에 있는 터키를 분석에서 제외하면 놀랍게도 불평등 지표는 높아지지만 역시 소폭의 상승에 그친다.

그러나 이처럼 상이한 국가군의 불평등은 그 기원이 뚜렷이 구별된다. 다음에서 보듯이 중동의 불평등은 대체로 석유의 소유권을 결정하는 지리적

도표 2.10.2 중동과 다른 국가들의 소득 상위 10퍼센트 계층의 몫(2012~2016)

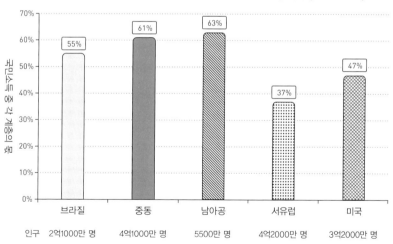

2012~2016년(자료를 이용할 수 있는 최근 연도) 중동의 소득 상위 10퍼센트 계층의 몫은 61퍼센트였다.
출처: 알바레도, 어수어드, 피케티(2017). 데이터 시리즈와 주석은 wir2018.wid.world를 보라.

위치와 석유 수입을 영구적인 금융기금으로 전환하는 정책에서 기인한다.

그와 대조적으로 브라질에서는 엄청난 지역 간 불평등과 함께 인종 간 불평등의 유산이 계속해서 중요한 역할을 한다(제2부 제11장을 보라). 남아프리카공화국의 극단적인 불평등은 인종분리 체제의 유산과 밀접한 관련이 있다(제2부 제12장을 보라). 중동이 인종과 민족문화 면에서 훨씬 더 높은 동질성을 갖고 있음에도 불구하고 남아공이나 브라질에서와 같은 수준의 불평등에 이른 것을 보면 놀랍다.

중동의 극단적인 불평등은 지속적인 국가 간 불평등에 따른 것이다

1990~2016년은 중동에서 인구가 급속히 증가한 시기로, 1990년 이 지역의 총인구는 2억4000만 명에 못 미쳤지만 2016년에는 거의 4억1000만 명으로 늘었다. 한편 평균 소득 증가는 훨씬 더 완만했다. 중동의 성인 1인당 국민소득은 (2016년 유로로 표시한) 구매력평가 기준 추정치를 보면 1990년 약 2만 유로에서 2016년 2만3000유로로 15퍼센트가량 늘었다. 시장환율을 기준으로 하면 성인 1인당 국민소득은 1990년 9000유로 미만에서 2016년 약 1만 유로로 증가했다(**도표 2.10.3**을 보라). 서유럽—세계 전체와 비교하면 상대적으로 성장률이 낮은 지역—의 성인 1인당 소득은 22퍼센트 늘었다.

그렇다면 중동의 불평등은 구매력평가로 측정해야 할까, 아니면 시장환율로 측정해야 할까? 구매력평가와 시장환율을 기준으로 측정한 불평등은 둘 다 국제적인 불평등의 패턴을 보여주는 보완적인 지표로서 가치가 있다. 물론 우리가 (대부분의 거주자가 그렇듯이) 각 국가 안에서 살고 일하며 돈을 쓰는 사람들의 생활수준에 관심을 갖는다면 구매력평가 관점

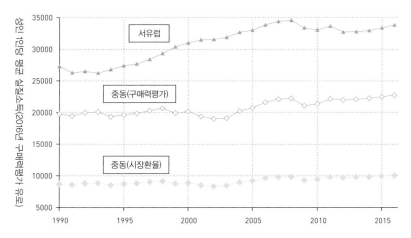

도표 2.10.3 중동과 서유럽의 평균 소득(1990~2016)

2016년 중동의 성인 1인당 평균 국민소득은 구매력평가로 2만2800유로, 시장환율로 1만60유로였다. 모든 금액은 2016년 구매력평가 유로로 환산한 것이며 1유로는 1.3달러다. 구매력평가는 각국 간 생활물가 차이를 고려한 것이다. 금액은 인플레이션을 뺀 것이다.

출처: 알바레도, 어수어드, 피케티(2017). 데이터 시리즈와 주석은 wir2018.wid.world를 보라.

을 선호할 것이다. 그러나 대외적인 경제관계에 관심을 갖는다면 시장환율의 관점이 더 적합하고 의미 있다. 예를 들어 유럽이나 걸프 국가에서 온 관광객과 방문객이 다른 나라를 여행할 때 상품을 사고 서비스를 이용할 수 있는 능력, 또는 이집트나 시리아에서 온 이민자 혹은 잠재적 이민자가 유로로 받은 임금의 일부를 고국에 송금할 수 있는 능력에 관심을 갖는다면 말이다. 여기서 시장환율은 매우 중요하며, 불평등을 인식하는 데 중요한 영향을 미칠 수도 있다. 시장환율이 중동에서 불평등의 표준적인 측정치로 사용되는 이유다.

중동 지역 평균 소득의 이면에 거대하고 끈질긴 국가 간 불평등이 존재한다는 점은 반드시 강조되어야 한다. 중동의 인구와 소득 구조 변화를 분석하고 종합하려면 이 지역을 다섯 블록으로 분해하는 것이 유용하다.

표 2.10.1 중동의 인구와 소득(2016)

	인구 (100만 명)	성인 인구 (100만 명)	성인 인구 비중 (중동 전체 인구 대비)	국민소득(2016년 구매력평가, 10억 유로)	국민소득 비중 (구매력평가 기준 중동 전체 소득 대비)	국민소득(2016년 시장환율, 10억 유로)	국민소득 비중 (시장환율 기준 중동 전체 소득 대비)
터키	80	53	21%	1,073	19%	548	22%
이란	80	56	22%	896	16%	330	13%
이집트	93	54	22%	800	14%	234	9%
이라크·시리아·기타	102	52	21%	570	10%	243	10%
걸프 국가	54	37	15%	2,394	42%	1,179	47%
중동 전체	409	252	100%	5,733	100%	2,534	100%

2016년 걸프 국가들은 구매력평가 기준으로 2조4000억 유로를 벌었다. 모든 금액은 2016년 구매력평가 유로와 시장환율 유로로 환산한 것이며 구매력평가 기준 1유로는 1.3달러, 시장환율 기준 1유로는 1.1달러다. 구매력평가는 각국 간 생활물가 차이를 고려한다. 금액은 인플레이션을 뺀 것이다. 수치는 반올림 때문에 단순히 더할 수 없다.

출처: 알바레도, 어수어드, 피케티(2017). 데이터 시리즈와 주석은 wir2018.wid.world를 보라.

터키, 이란, 이집트, 이라크·시리아(요르단, 레바논, 팔레스타인, 예멘처럼 걸프 국가가 아닌 다른 아랍 국가들도 포함한다), 그리고 걸프 국가들(사우디아라비아, 오만, 바레인, 아랍에미리트연방UAE, 카타르, 쿠웨이트를 포함한다)로 나누어 보는 것이다(표 2.10.1을 보라).

이 가운데 앞의 네 블록은 모두 중동 지역 총인구 중 약 20~25퍼센트씩을 차지하는 데 비해 걸프 국가들은 중동 인구의 15퍼센트를 차지한다. 하지만 인구 비중과 달리 걸프 국가들은 시장환율로 측정한 이 지역 전체 소득의 거의 절반을 차지한다. 이는 성인 1인당 국민소득에 있어 걸프 국가들과 중동 지역 내 다른 국가들 사이의 커다란 격차를 드러낸다. 이처

제2부 글로벌 소득 불평등의 추이

럼 뚜렷한 격차를 보면 중동 지역의 불평등 추정치들이 새롭기는 하지만 전혀 예상 못 한 바는 아니라는 점을 이해할 수 있다.

중동 지역 소득 불평등의 변화는 국가 간 불평등의 동태적 변화에 따른 것이었다. 1990년 중동 인구 중 걸프 국가들이 차지하는 비중은 10퍼센트였으며, 중동 전체 소득 중 이 국가들의 몫은 44퍼센트(구매력평가 기준)와 48퍼센트(시장환율 기준) 사이에 있었다. 1990~2016년 걸프 국가들과 다른 네 블록 국가들 간의 소득 격차가 좁혀지면서 지역 전체의 불평등은 감소했다. 그렇더라도 두 국가군 사이의 소득 격차는 여전히 엄청나다.

걸프 국가들과 중동의 나머지 국가들 간의 소득 격차가 줄어든 것은 몇 가지 복잡하고 상반되는 요인을 반영한다. 터키를 포함해 걸프 국가가 아닌 나라들의 경제가 상대적으로 빠르게 성장했을 뿐만 아니라 석유 가격과 걸프 국가들의 산유량이 변동했기 때문에 두 국가군 사이의 소득 격차가 줄어든 것이다. 한편 이민 노동자 인구수가 매우 큰 폭으로 증가한 것도 중요한 영향을 미쳐서 걸프 국가들의 성인 1인당 국민소득을 인위적으로 낮추는 결과를 낳았다. 특히 건설과 국내 서비스 부문에 외국인 노동자들이 대거 유입되면서 한마디로 걸프 국가들의 (1인당 소득을 구하는 식의 분자인) 소득보다 (분모인) 인구가 더 크게 늘어난 것이다. 외국인 노동자들이 이처럼 대거 늘어나면서 걸프 국가들의 전체 인구 중 외국인 비중은 1990년 50퍼센트 미만에서 2016년 60퍼센트로 늘었다.

이런 관점에서는 걸프 국가들을 두 그룹으로 구분하는 것도 유용하다. 그중 첫 번째 그룹에는 사우디아라비아와 오만, 바레인이 포함되는데, 이들 나라에서는 자국민이 여전히 전체 인구의 절반을 웃돌며 외국인 비중은 1990년부터 2016년까지 성인 인구의 약 40~45퍼센트에서 비교적 안정된 수준을 유지했다. 두 번째 그룹에는 아랍에미리트연방과 쿠웨이트, 카타르가 속하는데 이들 나라에 거주하는 인구 중 자국민은 갈수록 소수가 되고 외국인 비중은 전체 인구의 80퍼센트에서 90퍼센트까지 늘었다. 이 두 번째 그룹은 1990년 걸프 국가들의 전체 인구 중 약 4분의 1을 차지했다가 2016년까지 약 3분의 1로 비중이 커졌다.

중동 국가들의 국가 내 불평등은 높은 수준일 것이다

아쉽게도 중동에서는 소득세 자료가 극히 제한적이어서 국가 내 불평등에 대한 상세하고 정확한 분석이 어렵다. 중동의 가계동향조사 역시 적어도 세계의 다른 지역만큼 (아마 그보다 더) 상위 소득을 과소평가하는 것으로 보이며, 안타깝게도 현재 소득세 자료를 이용할 수 있는 나라는 레바논 한 곳뿐이다. 레바논의 데이터는 과세 당국에 신고된 상위 소득 수준이 가계동향조사에 보고된 소득 수준보다 훨씬 더 높다는 일반적인 결론을 확인시켜준다. 상위 1퍼센트의 경우 일반적으로 과세 당국에 신고된 소득이 2~3배 높은데 그 격차는 소득 수준과 시점에 따라 크게 달라진다.

적절한 데이터가 없다는 문제는 걸프 국가들의 경우 특히 심각하다. 이들 나라의 공식적인 지니계수가 낮은 것은 실제로 정치와 경제의 중요한 측면들을 숨기고 있을 수 있다. 다시 말해 그 나라 국적을 갖지 않은 인구의 비중이 커지고 그중 대다수가 어려운 여건에서 살아가는 저임금 노동자라는 사실을 가리고 있을 수 있는 것이다. 걸프 국가들에서 이주 노동자들이 크게 늘어남에 따라 이들 나라 국민은 자신들의 수많은 특권을 지킬 유인을 갖게 된다. 특권을 지키는 것은 외국인의 귀화를 제한하는데서 시작된다. 그 나라 국적을 가진 시민은 일반적으로 소득세를 내지 않고, 무상 의료와 교육을 비롯해 많은 사회적 지출의 혜택을 받으며, 전기와 연료 보조금을 받고, 흔히 토지 수여와 같은 다른 혜택도 받기 때문이다. 더욱

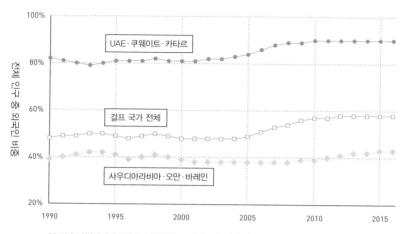

도표 2.10.4 걸프 국가들의 외국인 비중(1990~2015)

2015년 아랍에미리트연방과 쿠웨이트, 카타르의 전체 인구 중 외국인 비중은 90퍼센트였다.

출처: 알바레도, 어수어드, 피케티(2017). 데이터 시리즈와 주석은 wir2018.wid.world를 보라.

이 일부 시민은 국가가 그들에게 일자리와 주택을 제공하리라고 기대하며, 일부 걸프 국가의 헌법에는 이런 생각이 반영되어 있다(도표 2.10.4).[46]

그러나 내국인과 외국인의 차이를 가장 극명하게 보여주는 것은 아랍어로 '카팔라 시스템kafala system'이라고 불리는 '후견인 제도'를 적용해 이민자들을 규제하는 것이다.[47] 이 시스템은 모든 비숙련 노동자로 하여금 국내 후견인을 한 명 두도록 요구하며, 보통 고용주가 후견인으로서 비자와 법적 지위에 대한 책임을 진다.[48] 영국의 싱크탱크 채텀하우스Chatham House의 보고서가 설명하듯이 이 시스템은 법적·사회적·경제적으로 평등하지 않은 두 집단이 존재하는 지나치게 양극화된 사회 구조를 만들어낼 수 있다.[49] 우리가 아는 한 앞서 이야기한 데이터의 제약으로 인해 걸프 국가 내 소득 불평등을 측정하기 위해 이 두 인구 집단을 분석한 연구는 거의 없으며, 따라서 이 문제에 대한 우리의 계량적인 이해도 여전히 다소 제한적이다. 알바레도와 어수어드, 피케티는 처음으로 이 두 인구 집단을 체계적으로 구분한 (그리고 서베이의 소득 분포에 나타난 불평등 추정치를 큰 폭으로 상향 조정한) 연구자들이다. 안타깝게도 이 문제에 대한 실증적 이해에는 여전히 중요한 제약이 있다.

중동의 소득 불평등에 관한 더 나은 데이터는 필수다

중동의 불평등을 분석할 때 1990~2016년 기간 전체에 대해 질적으로 더 낫고 양적으로 더 많은 국가별 불평등 데이터를 이용할 수 있다면 이 논문에서 제시된 것과는 다른 결론이 도출될 가능성이 있다. 특히 국가 내 불평등 증가는 걸프 국가들의 국가 간 불평등 감소를 상쇄할 수도 있다. 국가 내 불평등 증가 추세는 전 세계적으로 대단히 이질적인 수많은 나라에서 볼 수 있다. 예를 들면 이 보고서의 다른 장들에서 설명한 미국과 유럽, 인도, 중국, 남아프리카공화국, 러시아 같은 나라에서 그런 추세가 나타나는데, 불평등 수준은 다양하다. 중동 국가들은—브라질과 함께—다른 범주에 속할 수도 있는데, 이들 국가는 다시 말해 역사적으로 불평등이 언제나 매우 높은 수준을 유지해서 최근 몇십 년 동안에는 더 높아지지 않았다. 그러나 현재 이용할 수 있는 자료로 이 현상에 관해 만족할 만큼 정확한 결론을 이끌어내기란 불가능하다.

대체로 그런 자료에 제대로 접근할 수 없을 때는 불평등 추이에 관해—그리고 세제와 공공지출 같은 중요한 정책 현안들에 관해—정확한 정보를 바탕으로 공개적인 토론을 하기가 매우 어렵다. 소득과 부에 관한 투명한 자료가 부족한 것은 세계적으로 대부분의 지역은 아닐지언정 많은 지역에서 중대한 문제이지만 중동에서 유독 심각하게 여겨지며, 관측된 불

평등이 어느 정도인지와 별개로 그 자체만으로 민주적 책임성의 문제가
제기된다고 할 수 있다.

제11장 브라질의 소득 불평등

이 장의 내용은 마르크 모르간이 2017년에 쓴 논문 「극단적이고 지속적인 불평등: 브라질 국민계정과 서베이, 과세 자료를 종합한 새로운 증거Extreme and Persistent Inequality: New Evidence for Brazil Combining National Accounts, Survey and Fiscal Data」(WID.월드 워킹 페이퍼 시리즈 2017/12호)에 바탕을 두고 있다.

▶ 브라질의 불평등에 관한 더 정확하고 새로운 데이터는 이 나라의 불평등 수준이 앞서 추정한 것보다 훨씬 더 높다는 사실을 보여준다.

▶ 종전의 추정치들은 지난 몇십 년간 불평등을 겨냥한 정책들이 브라질의 불평등 수준을 크게 낮추는 데 성공적이었음을 시사했지만, 최근의 증거는 지난 15년에 걸쳐 전체적인 소득 불평등이 비교적 높은 수준에서 지속되었음을 시사한다. 이때 노동소득 불평등은 종전에 생각했던 것보다 더 완만할지언정 감소했다는 것이 새로운 추정치로 확인된다.

▶ 브라질의 소득 분포는 지난 15년 동안 극히 불평등한 상태를 유지했다. 2015년에는 소득 상위 10퍼센트 계층이 전체 소득의 55퍼센트 이상을 가져간 데 비해 하위 50퍼센트 계층은 12퍼센트를 조금 넘게 가져갔고, 중간 40퍼센트 계층은 약 32퍼센트를 가져갔다. 이 기간에 하위 90퍼센트 집단 내에서는 노동소득의 격차가 줄면서 불평등이 감소했지만, 상위 집단에서는 자본소득의 쏠림이 심해지면서 소득 집중도가 높아졌다.

▶ 2008년 글로벌 금융위기 이후 전체 소득 증가액 중 상위 10퍼센트 소득자들이 차지하는 몫은 금융위기 발생 전 경제가 강력한 성장세를 보였던 시기와 같은 수준이었다.

▶ 소득 하위 50퍼센트 계층은 2001~2015년 전체 소득 증가액 중 매우 제한적인 몫을 차지하는 데 그쳤다. 지금까지는 현금이전이 국민소득 불평등을 줄이는 데 제한적인 영향을 미쳤다.

브라질은 1980년대에 관련 자료를 광범위하게 이용할 수 있게 된 이후 줄곧 세계에서 가장 불평등한 나라들 중 하나로 꼽혀왔다. 그러나 가계동향조사는 1990년대 중반부터 브라질의 불평등이 감소하고 있음을 보여주었다. 이는 노동시장이 호조를 보이고, 교육 확대로 숙련에 대한 임금 프리미엄이 하락하며, 최저임금이 (사회보장 급여에 연동되면서) 체계적으로 인상되고, 사회적 지원 프로그램의 적용 범위가 확대된 것과 같은 요인들이 복합적으로 작용했기 때문이다.[50] 이러한 가계소득 데이터는 브라질 정부의 여러 정책이 불평등을 줄이는 데 효과적이었다는 근거가 되었다. 실제로 경제 규모가 큰 나라가 꾸준히 성장하면서 불평등을 줄일 수 있었던 사례는 드문 편이기 때문에, 이처럼 브라질의 소득 불평등이 뚜렷이 감소한 것은 전 세계적으로 큰 관심을 모았다.[51]

그러나 이 보고서 앞부분에서 설명했듯이 가계동향조사는 전체적인 그림의 일부만을 보여준다. 연방국세청이 최근에 공개한 소득세 자료는 브라질의 불평등이 종전에 생각했던 수준보다 더 높다는 것을 나타내는 다른 그림을 그려주었다.[52] 마르크 모르간은 브라질의 연례 가계동향조사 자료와 소득세 신고에 관한 상세 정보, 그리고 국민계정을 종합해 일련의 분배국민계정을 작성했다. 그는 서베이와 세금 신고 자료, 거시경제의 총량 데이터 사이의 일관성을 확보함으로써 브라질의 불평등에 대한 공식적인 추정치들을 큰 폭으로 상향 조정하면서 지금까지 나온 자료 중 가장 대표적인 소득 불평등 통계를 제공할 수 있었다. 새로운 데이터는 또한 러시아나 인도, 중국과 같은 다른 신흥국들과 대조적으로 브라질에서는 새로운 세기에 접어든 후 세전 불평등이 비교적 일정한 상태로 유지됐으며, 많은 논평자가 주장해온 것만큼 감소하지는 않았음을 시사한다.

브라질에서 노동소득 불평등은 낮아졌음에도 불구하고 총소득 불평등은 매우 높은 수준을 유지했다

이러한 연구 결과는 브라질의 높은 소득 집중도를 뚜렷이 보여준다. 브라질의 성인 인구 중 가장 부유한 10퍼센트에 속하는 약 1400만 명은 2015년 전체 국민소득의 절반 이상(55퍼센트)을 가져간 데 반해 그보다 숫자가 5배나 많은 하위 절반 인구는 그 4분의 1 내지 5분의 1 수준인 12퍼센트를 가져가는 데 그쳤다. 소득 분포상 중간 40퍼센트는 전체 소득의 3분의 1을 조금 밑도는 몫(32퍼센트)을 받아갔는데, 이는 국제 기준으로 보면 낮은 수준이다. 이러한 사실은 브라질의 불평등 구조가 기본적으로 상위 계층으로 극심하게 쏠리는 소득 집중화에 영향을 받고 있음을 분명히 보여준다. 노동소득 분포를 보면 이러한 집중화는 덜 극단적이 된다. 가장 많이 버는 상위 10퍼센트 소득자들은 2015년 전체 노동소득의 44퍼센트를 가져갔으며, 중간 40퍼센트 계층은 거의 40퍼센트를 가져갔고, 이 분포상 하위 50퍼센트는 약 15퍼센트를 받았다(**도표 2.11.1**).

　2000년 이후 브라질의 총소득 불평등은 비교적 안정된 상태를 유지했다. 하위 50퍼센트 계층의 몫이 2001년부터 2015년까지 국민소득의 11퍼센트에서 12퍼센트로 조금 늘어나는 동안, 소득 상위 10퍼센트의 몫은 54퍼센트에서 55퍼센트를 조금 넘는 수준으로 증가했다. 이 두 계층의 몫이 늘어난 만큼 중간 40퍼센트 계층은 계속 압박을 받아 국민소득 중 이들의 몫은 34퍼센트에서 32퍼센트를 조금 넘는 수준으로 줄었다. 총소득 불평등에 큰 변동이 없었다는 사실로 인해 노동소득 불평등이 줄었다는 사

도표 2.11.1 브라질 국민소득 중 하위 50퍼센트와 상위 10퍼센트 계층의 몫(2015)

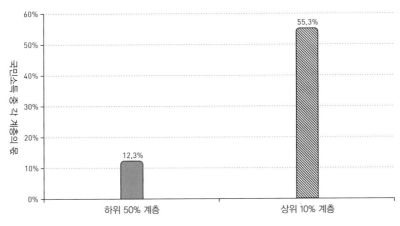

2015년 상위 10퍼센트 계층은 국민소득의 55퍼센트를 가져갔다.

출처: 모르간(2017). 데이터 시리즈와 주석은 wir2018.wid.world를 보라.

실이 가려져서는 안 된다. 노동소득 분포만 보면 하위 50퍼센트는 더 많은 것을 얻어 그들의 몫은 2001년부터 2015년까지 12퍼센트에서 15퍼센트로 늘었으며, 노동소득 상위 10퍼센트의 몫은 47퍼센트에서 44퍼센트로 줄었다. 중간 40퍼센트의 몫은 37퍼센트에서 거의 40퍼센트로 늘었는데, 이는 노동소득 분포가 전반적으로 압축되는 추세를 확인해주는 동시에 총소득 분포에서 자본소득이 중요하다는 점을 알려준다. 이러한 사실은 비교 대상이 상위 계층으로 갈수록 훨씬 더 명백해진다. 예를 들어 노동소득 분포에서 상위 1퍼센트 집단은 2015년 전체 노동소득의 14퍼센트를 받아갔지만 총소득 분포에서 같은 집단은 그 2배(28퍼센트)에 이르는 몫을 받아갔다.

표 2.11.1에서 보듯이 앞서 말한 각 집단의 평균 소득에서 나타나는 큰 격차는 그 자체로 극단적인 수준의 불평등을 명백하게 드러낸다. 2015년

표 2.11.1 브라질의 국민소득 분포(2015)

소득 집단	성인 인구수	소득 문턱값 (유로)	평균 소득 (유로)	국민소득 중 각 집단의 몫
전체 인구	142,521,000	–	13,900	100%
하위 50% 계층	71,260,000	–	3,400	12.3%
중간 40% 계층	57,008,000	6,600	11,300	32.4%
상위 10% 계층	14,252,000	22,500	76,900	55.3%
상위 1%	1,425,000	111,400	387,000	27.8%
상위 0.1%	142,500	572,500	2,003,500	14.4%
상위 0.01%	14,300	2,970,000	10,397,600	7.5%
상위 0.001%	1,430	15,400,000	53,986,200	3.9%

2015년 상위 10퍼센트 계층의 평균 소득은 7만6900유로였다. 모든 금액은 2016년 구매력평가 유로로 환산한 것이며 1유로는 1.3달러, 2.7헤알이다. 구매력평가는 각국 간 생활물가 차이를 고려한 것이다. 금액은 인플레이션을 뺀 것이다. 수치는 반올림 때문에 단순히 더할 수 없다.

출처: 모르간(2017). 데이터 시리즈와 주석은 wir2018.wid.world를 보라.

브라질에 사는 성인 1인당 한 해 평균 소득은 약 1만3900유로(3만7100헤알)였지만 하위 50퍼센트 소득자들의 평균 소득은 3400유로(전체 평균의 약 4분의 1인 9200헤알)에도 못 미쳤다. 그보다 위쪽에 있는 중간 40퍼센트 계층의 성인 1인당 평균 소득은 약 1만1300유로(3만500헤알)였다. 이는 브라질의 성인 인구 90퍼센트 가운데 상당수가 전체 평균에 못 미치는 소득을 올린다는 것을 의미하며, 브라질 소득 분포의 심한 불균형과 두터운 '중산층'의 부재를 잘 나타낸다. 결과적으로 상위 10퍼센트의 평균 소득은 전체 평균의 5배를 넘는 7만6900유로(20만7600헤알)였다. 이 배수는 소득 분포의 상위 계층으로 올라갈수록 더 커져서, 가장 부유한 1퍼센트 집단의 평균 소득은 약 38만7000유로(104만4900헤알)에 이른다.

표 2.11.2는 국민소득이 전체 성인 인구에 어떻게 분배되는지를 더 정확

제2부 글로벌 소득 불평등의 추이

표 2.11.2 브라질 서베이 소득과 국민소득 시리즈(2015): 각 소득 계층의 몫 비교

소득 집단	서베이 소득 시리즈 (서베이 데이터)	WID.월드 시리즈 (서베이+과세 자료+국민계정 데이터)
하위 50% 계층	16.0%	12.3%
중간 40% 계층	43.6%	32.4%
상위 10% 계층	40.4%	55.3%
상위 1%	10.7%	27.8%
상위 0.1%	2.2%	14.4%
상위 0.01%	0.4%	7.5%
상위 0.001%	0.1%	3.9%
전체(국민소득 대비)	57.1%	100%

2015년 서베이 자료에서 소득 상위 10퍼센트 계층에 돌아가는 몫은 40퍼센트였던 데 비해 국민소득 통계에서 소득 상위 10퍼센트에 돌아가는 몫은 55퍼센트였다.

출처: 모르간(2017). 데이터 시리즈와 주석은 wir2018.wid.world를 보라.

하게 보여주고, 또한 분배국민계정 시리즈와 서베이 데이터 간 불평등 추정치가 어떻게 다른지를 비교하기 위해 2015년 소득 분포상 상위 계층의 몫을 다시 정리한 것이다.

서베이 데이터만 보면 상위 1퍼센트 집단(약 140만 명의 성인)은 2015년 국민소득의 약 11퍼센트를 받아간다. 그러나 과세 자료에서 파악한 소득과 국민계정에서 분배되지 않은 소득을 포함하면 이 상위 1퍼센트의 몫은 28퍼센트로 극적으로 증가한다. 상위 1퍼센트가 국민소득 중 많은 몫을 차지함에 따라 중간 40퍼센트의 몫은 점차 줄어드는 것으로 보인다.

소득 분포의 위쪽으로 올라가도 이 추세는 비슷해서 엘리트 계층은 브라질 전체 소득 중 불균형적으로 많은 몫을 차지한다. **도표 2.11.2**는 15년에 걸쳐 소득 하위 50퍼센트 계층(7000만 명의 성인)의 몫을 상위 0.1퍼센트 집단(14만 명의 성인)의 몫과 비교한다. 2001년에 두 집단이 국민소득

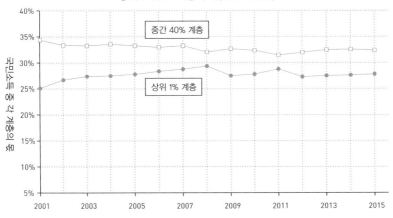

도표 2.11.2a 브라질 국민소득 중 중간 40퍼센트와
상위 1퍼센트 계층의 몫(2001~2015)

2015년 상위 1퍼센트 집단은 국민소득의 28퍼센트를 가져갔다.

출처: 모르간(2017). 데이터 시리즈와 주석은 wir2018.wid.world를 보라.

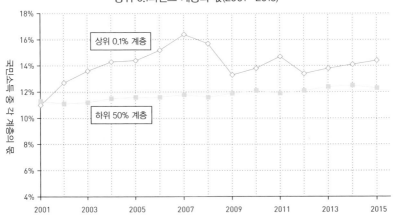

도표 2.11.2b 브라질 국민소득 중 하위 50퍼센트와
상위 0.1퍼센트 계층의 몫(2001~2015)

출처: 모르간(2017). 데이터 시리즈와 주석은 wir2018.wid.world를 보라.

에서 차지하는 몫은 비슷한 수준—각각 11퍼센트—에서 출발했지만 격차가 급속히 벌어지면서 상위 0.1퍼센트의 몫은 2004년까지 국민소득의 15퍼센트에 조금 못 미치는 수준으로 증가한 반면, 하위 50퍼센트의 몫은 거의 변하지 않은 채로 남아 있었다. 그 후 2015년까지 두 집단의 몫 사이의 격차는 한때 4퍼센트포인트까지 늘어났으며, 따라서 상위 0.1퍼센트 집단의 인구는 하위 50퍼센트 인구의 500분의 1에 불과한데도 그들의 소득 총액은 훨씬 더 많았다.

　모르간은 같은 연구에서 또한 서베이의 가공하지 않은 추정치를 그의 표준적인 (국민계정과 서베이, 과세 자료를 종합한) 국민소득 시리즈와 비교한다. 두 가지 추정치 사이에는 불평등의 수준과 변화 면에서 크고 명백한 괴리가 있으며, 소득 분포의 위쪽으로 올라갈수록 그 괴리는 점점 더 커진다. 국민계정상 기업부문에 돌아가 개인들에게 분배되지 않은 소득을 무시한 채 가계동향조사 자료에만 의존하면 브라질의 소득 불평등 변화에 대한 이해를 왜곡할 수 있다. 서베이 자료와 종합적인 데이터 사이의 괴리는 왜 그런 왜곡이 생기는지를 잘 보여준다. 예를 들어 가계동향조사는 2001년부터 2015년까지 전체 소득 중 상위 10퍼센트 계층의 몫이 47퍼센트에서 40퍼센트를 조금 넘는 수준으로 줄어들고, 하위 50퍼센트 계층의 몫이 12퍼센트를 조금 넘는 수준에서 16퍼센트로 늘어나면서 소득 불평등이 줄어들었음을 나타낸다. 이러한 수치는 상위 10퍼센트의 몫이 55퍼센트 안팎에서 오르내리는, 앞서 보여준 불평등 추세 및 수준과 뚜렷한 대조를 이룬다(도표 2.11.3). 따라서 일반적인 추세는 소득 상위 계층의 몫이 늘어나면서 국민소득의 집중도가 높아지고, 하위 계층의 몫이 조금 늘어나며, 중간 계층의 몫은 줄곧 줄어드는 것이라고 할 수 있다.

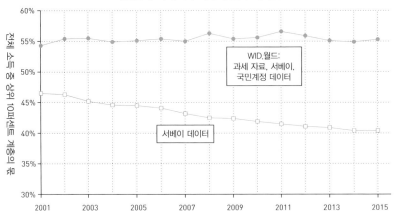

도표 2.11.3 브라질 소득 상위 10퍼센트 계층의 몫(2001~2015):
국민소득 시리즈와 서베이 소득 시리즈

세로축 제목: 전체 소득 중 상위 10퍼센트 계층의 몫

그래프 내 라벨:
WID.월드:
과세 자료, 서베이,
국민계정 데이터

서베이 데이터

가계동향조사에 따르면 2015년 상위 10퍼센트 소득자들은 국민소득 중 약 40퍼센트를 차지했다.
그러나 과세 자료와 서베이, 국민계정을 이용해 수정한 추정치는 그들의 몫이 55퍼센트임을 보여
준다.

출처: 모르간(2017). 데이터 시리즈와 주석은 wir2018.wid.world를 보라.

브라질에서는 가장 부유한 계층의 소득이 높은 증가세를 보이면서 소득 불평등이 커
진다

분배국민계정은 또한 거시경제 차원의 성장이 전체 소득 중 각 인구 집단
이 차지하는 몫에 어떤 영향을 미치는지를 검토할 수 있게 해준다. 2001년
부터 2015년까지 브라질의 1인당 국민소득 누적 실질 성장률은 56퍼센트였
다(표 2.11.3을 보라). 여기서 제기되는 질문은 이러한 경제 전체의 성장률에
비해 각 소득 집단의 성장률이 어느 정도인가 하는 것이다. 하위 50퍼센트
계층의 소득은 15년 동안 약 72퍼센트 증가하는 높은 실질 성장률을 기
록했다.

이는 중간 40퍼센트 계층(44퍼센트)과 상위 10퍼센트 계층(60퍼센트)보

다 상대적으로 더 높은 것이었다. 최상위 소득 분위의 성장률도 마찬가지로 높았다. 상위 1퍼센트의 소득이 69퍼센트 늘어났고 상위 0.1퍼센트의 소득은 65퍼센트 가까이 증가했다. 이는 모두 국민소득 누적 성장률보다 더 높은 수치다.

2001년부터 2015년까지 하위 절반 계층의 소득이 증가하기는 했지만 상위 계층은 전체 소득 증가액에서 불균형적으로 더 많은 부분을 차지했다. 예를 들어 상위 10퍼센트가 전체 소득 증가액의 58퍼센트를 차지하는 동안 상위 1퍼센트는 32퍼센트를 차지했다. 이 기간에 세 주요 소득 집단이 모두 매우 높은 성과를 거뒀음에도 불구하고, 하위 50퍼센트 집단은 소득 수준이 낮기 때문에 전체 소득 증가액 중 그들이 차지할 수 있는 몫은 16퍼센트로 비교적 적었다. 따라서 전체 국민소득 중 하위 50퍼센트 계층이 차지하는 몫의 변화 또한 작았다. 중간 40퍼센트 계층에 관한 통계는 국민소득 중 각 집단의 몫이 어떻게 달라졌는지를 분석하는 데 있어 소득의 크기가 중요하다는 점을 재확인시켜준다. 이 계층의 누적소득 증가율은 하위 50퍼센트 계층의 누적소득 증가율보다 더 낮았지만, 전체 소득 증가액에서 중간 40퍼센트 계층이 차지한 몫은 26퍼센트로 가난한 절반의 인구가 가져간 몫보다 더 많았다.

표 2.11.3은 또한 소득 증가 추이를 거의 같은 길이의 두 기간으로 나누어 글로벌 금융위기 전과 후의 흐름을 보여준다. 첫 번째 기간(2001~2007)에는 경제가 빠르게 성장함에 따라 모든 집단의 소득이 높은 증가세를 보이는 가운데, 중간 40퍼센트 계층의 소득만 국민소득에 비해 느리게 늘어났다. 그럼에도 불구하고 소득 증가액 중 압도적으로 많은 부분은 상위 10퍼센트에 돌아갔으며, 상위 10퍼센트는 전체 소득 증가액의 과반을 차지했다. 2007년부터 2015년까지 성장세는 조금 더 약해져서 소득은 그전 기간의 27퍼센트보다 더 낮은 23퍼센트 증가하는 데 그쳤지만, 소득 증

표 2.11.3 브라질의 소득 증가율과 불평등(2001~2015)

소득 집단	2001~2015년		2001~2007년		2007~2015년	
	전 기간 누적소득 증가율	누적소득 증가분 중 각 집단의 몫	전 기간 누적소득 증가율	누적소득 증가분 중 각 집단의 몫	전 기간 누적소득 증가율	누적소득 증가분 중 각 집단의 몫
전체 인구	56.1%	100.0%	26.9%	100.0%	23.0%	100.0%
하위 50%	71.5%	16.1%	32.5%	15.3%	29.4%	16.9%
중간 40%	44.2%	26.1%	22.3%	27.4%	17.9%	24.9%
상위 10%	59.7%	57.8%	28.5%	57.4%	24.3%	58.2%
상위 1%	68.8%	32.2%	37.0%	36.0%	23.2%	28.6%
상위 0.1%	65.4%	15.0%	34.9%	16.7%	22.7%	13.5%
상위 0.01%	57.5%	6.6%	38.2%	9.1%	13.9%	4.2%
상위 0.001%	50.2%	2.9%	48.0%	5.7%	1.5%	0.2%

2001년부터 2015년까지 상위 10퍼센트 집단은 국민소득 증가분 중 57.8퍼센트를 차지했다.

출처: 모르간(2017). 데이터 시리즈와 주석은 wir2018.wid.world를 보라.

가액은 금융위기 이후, 국내 경기 침체가 시작될 무렵에도 전과 같이 상위 10퍼센트에 집중되었다.

제12장 남아프리카공화국의 소득 불평등

이 장의 내용은 파쿤도 알바레도와 앤서니 앳킨슨이 쓴 「식민 지배, 인종분리와 자연자원: 남아공의 상위 소득, 1903~2007년Colonial rule, apartheid and natural resources: Top incomes in South Africa, 1903-2007」(경제정책연구센터 토론 자료, 2010년, 제8155호)과 WID.월드 최신 자료에 바탕을 두고 있다.

▶ 남아프리카공화국은 세계에서 가장 불평등한 나라들 중 하나로 두드러진 사례다. 2014년 남아공의 상위 10퍼센트 계층은 국민소득의 3분의 2를, 상위 1퍼센트는 국민소득의 20퍼센트를 받아갔다.

▶ 20세기 소득 상위 1퍼센트의 몫은 1914년부터 1993년까지 20퍼센트에서 10퍼센트로 줄어 반 토막이 되었다. 비록 이 통계에는 몇 가지 불확실한 점이 있어 검증이 필요하지만, 그 추이는 대영제국 지배 아래 있던 다른 지역들과 비슷한 경로를 따른다. 상위 계층의 몫이 줄어든 것은 일정 부분 1970년대와 1980년대 이 나라 경제와 정치의 불안정으로 설명할 수 있다.

▶ 종전에는 전체 소득에서 각 인종이 차지하는 몫은 일정한 수준을 유지했지만 1970년대 초 1인당 소득이 줄어드는 가운데 흑인들에게 유리한 쪽으로 변화가 일어나 백인들의 몫이 줄어들기 시작했다. 인종 간 불평등은 1980년대와 1990년대 내내 감소했지만, 같은 인종 내 각 집단 간 불평등은 증가했다.

▶ 지난 30년 동안 흑인들의 1인당 소득이 늘어나면서 인종 간 소득 격차는 줄었지만 흑인과 아시아·인도인 내의 불평등이 증가해 전체적인 불평등 감소를 막았던 것으로 보인다.

▶ 1994년 인종분리 정책이 끝난 후 상위 소득자들의 몫은 상당히 증가했다. 빈곤층을 돕고 인종분리주의의 유산과 싸우기 위한 몇 가지 개혁에도 불구하고 인종은 여전히 소득 수준과 교육 성취, 일자리 기회 및 부의 차이를 결정하는 핵심 요인이다.

남아공은 세계에서 가장 불평등한 나라들 중 하나다. 2014년 상위 10퍼센트 소득자들은 전체 소득의 3분의 2를 차지했다. 이는 브라질과 미국, 인도처럼 소득 불평등이 심한 다른 나라들의 상위 10퍼센트 계층이 국민소득의 50~55퍼센트 가까이를 차지하는 것과도 큰 차이를 보인다. 그러나 불평등이 심한 여느 나라들과 달리 남아공에서는 상위 1퍼센트와 그다음 9퍼센트 간의 차이가 상위 10퍼센트와 하위 90퍼센트 집단 간의 격차보다 훨씬 덜 뚜렷하다. 달리 말하면 남아공은 상위 소득자들의 비중이 가장 불평등한 영미권 국가들과 함께 견줄 만큼 높지만, 백인들이 대부분인 상위 소득 집단 내의 소득 집중도는 이들 국가보다 더 낮다. 2014년 남아공의 상위 1퍼센트 집단의 평균 소득은 그다음 9퍼센트 집단 평균 소득의 약 4배였지만(비교해보자면, 미국의 상위 1퍼센트 집단은 그다음 9퍼센트에 비해 7배 더 많이 번다), 상위 10퍼센트 계층의 평균 소득은 하위 90퍼센트 계층의 그것보다 17배 더 많다(미국의 상위 10퍼센트 평균 소득은 하위 90퍼센트의 평균 소득보다 8배 더 많다). 그렇다면 남아공 국민소득 중 20퍼센트를 차지하는 상위 1퍼센트의 몫이 많기는 하나 세계에서 가장 많은 편은 아니라고 보는 게 합리적이다.

남아공의 '이중 경제dual economy'는 이 나라의 소득 수준을 유럽 국가들과 비교함으로써 더 분명하게 드러낼 수 있다. 2014년 남아공 내 가장 부유한 10퍼센트 계층의 성인 1인당 평균 국민소득은 프랑스나 스페인, 혹은 이탈리아의 소득과 비교할 수 있는 구매력평가 기준으로 9만4600유로였다. 그러나 하위 90퍼센트 계층의 평균 국민소득은 프랑스 하위 16퍼센트의 평균 국민소득과 비슷했다. 이런 통계에 비춰보면 최근에 논의된 것처럼 이른바 중산층이 부상한다는 주장은 여전히 납득하기가 대단히

도표 2.12.1 남아공 전체 소득 중 상위 1퍼센트의 몫(1914~2014)

2014년에 국민소득 중 상위 1퍼센트 계층의 몫은 21퍼센트였다.

출처: 알바레도와 앳킨슨(2010). 데이터 시리즈와 주석은 wir2018.wid.world를 보라.

어렵다. 그보다는 남아공에 두 개의 사회가 공존해서 한쪽은 선진국의 부유층이나 중상층에 가까운 생활수준을 누리고 다른 한쪽은 뒤처지고 있는 것으로 여겨진다(**도표 2.12.1**).

남아공의 불평등은 통일 이후 인종분리 정책이 폐지될 때까지 감소했다

남아공은 다른 아프리카 국가들과 비교할 때 데이터의 이용 가능성 면에서 예외적이다. 조세 자료를 이용할 수 있는 기간은 케이프 식민지 시대로 남아프리카연방Union of South Africa이 세워지기 7년 전인 1903년에 시작해 2014년에 끝난다. 이 기간에 간헐적으로 빠진 해가 있는데 그중에서 1994년 인종분리 정책 폐지 후 8년 동안이 특기할 만하다. 역사적인 조세 데이터 시리즈가 흔히 그렇듯 20세기 전반 전체 성인 인구 중 과세 대상은 소수에 그쳤다. 따라서 우리가 상위 소득 계층의 몫을 추정할 수 있는 과세 자료는 1913년 이후 상위 1퍼센트 소득자들의 몫을 추적할 수 있게 해주지만 1963년부터는 (1971년부터 2008년까지 오랜 공백을 남겨둔 채) 상위 10퍼센트 인구만을 분석할 수 있다.

단기적으로 중요한 변동이 있었지만 1913~1993년 소득 집중도의 변화는 장기적으로 매우 분명한 추세를 따르는 것으로 여겨진다. 전체 소득 중 가장 부유한 1퍼센트의 몫은 1913년부터 1993년까지 22퍼센트에서 약 10퍼센트로 절반 이하로 줄었다. 소득 상위 1퍼센트에 돌아가는 몫이 줄었을 뿐만 아니라 이 상위 집단 내의 불평등 또한 감소했다. 실제로 상위 0.5퍼센트의 몫은 그다음 0.5퍼센트(99분위부터 99.5분위까지)의 몫에 비해 더 빨리 줄어들었다. 이에 따라 1914년 상위 0.5퍼센트는 상위 1퍼센트 소득의 75퍼센트를 차지했지만, 1980년대 말 그들의 몫은 60퍼센트로 줄었다.

1910년대 초에 시행된 첫 인종분리 조치들은 사회적으로 극단적인 영향을 미쳤음에도 불구하고, 그런 정책이 상위 1퍼센트의 소득 집중도를 크게 높이는 결과를 초래하지는 않았다. 당시는 남아공이 제조업을 비롯한 여러 산업부문을 꾸준히 발전시킨 시기였으며, 1930년대에는 발전이 눈에 띄게 가속화되면서 인구 대다수가 성장의 혜택을 누렸다. 대공황 기간에 잠시 줄어든 것만 빼면 당시 성인의 평균 실질소득은 꾸준히 늘어났다. 대영제국 지배 아래 있던 다른 나라들(호주와 캐나다, 뉴질랜드)과 비슷한 추세로 남아공에서도 1914년부터 제2차 세계대전이 시작될 때까지 불평등은 크게 감소했다. 1910년대에 단기적인 변동이 있긴 했지만 소득 상위 1퍼센트의 몫은 22퍼센트에서 16퍼센트로 줄었다.

제2차 세계대전 기간 전체 평균 소득은 계속 그 전의 추세를 따라갔지만, 가장 부유한 1퍼센트의 평균 실질소득은 급증하기 시작했다. 전쟁 기간에 갑자기 수요가 늘어나면서 농산물 수출 가격이 치솟았고 제조업은 1939년부터 1945년까지 2배 이상으로 성장했으며, 주조와 기계산업의 이익은 400퍼센트 넘게 늘었다.[53] 그러나 백인 숙련 노동자와 흑인 비숙련 노동자 사이의 임금 격차는 극단적으로 컸다. 찰스 H. 파인스타인이 설명했듯이 "흑인 노동자들은 그들이 창출한 신경제에서 늘어난 소득을 나누는 데 전혀 참여하지 못했다."[54] 전쟁 중 산업활동에 따라 소득 상위 1퍼센트의 몫이—1946년에 23퍼센트를 기록하며—정점에 이르렀던 시기는 기본적으로 상위 계층이 부유해진 짧은 기간이었던 것으로 보인다.

그와 대조적으로 1950년대의 소득성장은 더 포용적이어서 성인 1인당 평균 실질소득이 1949년부터 1961년까지 29퍼센트 증가하는 동안 상위 1퍼센트의 평균 실질소득은 조금 감소했다. 1961년까지 소득 상위 1퍼센트의 몫은 약 14퍼센트로 줄었다. 1960년대에 전체 소득과 상위 1퍼센트의 소득은 거의 같은 속도로 증가해 불평등은 비교적 일정한 수준을 유지했다. 전체 평균 소득은 60년 동안 증가세가 계속돼 1970년대 초에는 1913년에 비해 4배로 늘었다. 소득 불평등은 1973년부터 다시 감소하기 시작했다. 그러나 이는 3년간의 침체가 극에 달한 1990년까지 남아공의 소득성장이 전반적으로 정체된 시기를 보여준다.

남아공에서는 지난 90년 동안 늘어났던 금 생산이 처음으로 줄어들기 시작했다. 풍부한 금맥이 소진되었고 채굴 비용은 급속히 상승했다. 한때 경제성장의 엔진이었던 이 산업은 동력이 약화되기 시작했다. 석유와 다른 상품의 가격 상승은 인플레이션을 극적으로 가속화해서 1975년부터 1992년까지 연평균 물가 상승률은 약 14퍼센트에 이르렀다. 1980년대에는 남아공의 인종분리 정책에 대해 수입 제한을 포함한 국제 제재가 취해져 국내 시위와 폭동에 따른 정치적 압력이 가중되고 기존 체제의 불안이 커

도표 2.12.2 남아공의 성인 평균 소득과 상위 1퍼센트의 평균 소득(1914~2014)

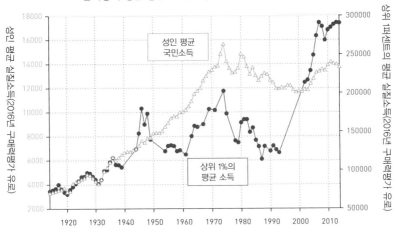

2014년 남아프리카공화국 성인 1인당 평균 소득은 1만3750유로(10만7300랜드)였지만 상위 1퍼센트 집단의 평균 소득은 29만500유로(226만6000랜드)였다. 모든 금액은 2016년 구매력 평가 유로로 환산한 것이며 1유로는 1.3달러, 7.8랜드다. 구매력평가는 각국 간 생활물가 차이를 반영한다. 금액은 인플레이션을 뺀 것이다.

출처: 알바레도와 앳킨슨(2010). 데이터 시리즈와 주석은 wir2018.wid.world를 보라.

졌다. 백인의 지배 체제는 경제와 정치 영역에서 일시에 도전을 받았고 남아공 정권은 그에 대해 노동조합과 임금 및 노동 조건을 협상할 권리를 인정하면서 계속 양보해나갔다. 이것으로 왜 상위 1퍼센트 계층의 성인 1인당 평균 실질소득이 전체 평균보다 더 빨리 감소했는지를 일정 부분 설명할 수 있다(도표 2.12.2).

인종분리 정책 폐지 후 시행된 진보적인 정책들은 불평등한 사회경제 구조에 대항하기에 역부족이었다

1993년 이후 8년 동안은 상위 소득 계층의 몫을 추정할 만한 과세 자료가 없다. 그러나 2002년 이후 다시 이용할 수 있게 된 데이터를 추가한 자료는 인종분리 정책이 폐지된 후 지금까지 불평등이 가파르게 증가했음을 시사한다. 이 두 기간의 추정치들이 완전히 비교 가능한 것은 아닐 수도 있어서 불평등 증가 폭을 신중하게 해석해야겠지만 말이다. 소득 상위 1퍼센트의 몫은 1993년부터 2014년까지 11퍼센트포인트 증가했다. 1993년부터 2002년까지 증가한 몫의 일부는 세제 변화에 따른 것이다. 특히 2002년 이전에는 자본이득이 과세소득에서 완전히 제외되었는데, 이 때문에 상위 소득 집단의 몫이 더 적게 표시되는 편향이 존재할 가능성이 매우 크다. 최근 몇 년 동안 세금 징수 역량 역시 크게 향상된 것으로 보인다. 그렇기는 해도 1993년과 2000년, 그리고 2008년 가계동향조사 데이터를 이용한 연구는 과세 자료가 없는 기간에 불평등이 크게 증가했음을 보여준다.[55]

남아공에서 인종분리 체제가 폐지된 후 경제적 불평등이 악화되었다는 사실이 처음에는 당혹스러운 일로 여겨질지 모른다. 새 헌법이 제정되고 인구의 다수를 이루는 인종에서 대통령이 나온 가운데 여러 인종이 함께 민주주의를 확립한다고 해서 불평등이 깊이 뿌리 내린 나라의 사회경제 구조가 저절로 바뀌는 것은 아니었다. 인종 간 불평등은 확실히 1980년대와 1990년대 내내 완화됐지만 같은 인종 집단 내 불평등은 심화됐다. 지난 30년에 걸쳐 흑인의 1인당 소득이 증가하면서 흑백 인종 간 소득 격차는 좁혀졌지만 흑인과 아시아·인도인 내 불평등은 심화돼 전체적인 불평등이 완화되지 못하도록 막은 것으로 여겨진다. 이러한 변화를 설명하는 학자들은 이 과정에서 노동시장이 지배적인 역할을 했다는 데 동의한다. 노동시장에서는 (행정직과 다른 정부 내 고임금 일자리를 포함해) 숙련 일자리에 고용된 흑인이 늘어나는 동시에 이들 노동자 집단의 평균 임금이 높아졌다.

1994년 이후 재분배를 위한 몇몇 사회 정책이 시행되거나 확대되었는

데, 그중에는 (어린이와 장애인, 노인 같은) 가장 취약한 집단을 대상으로 조건 없이 상당한 현금이전을 해주는 정책도 있었다. 이와 함께 개인소득에 대한 최고한계세율은 비교적 높게 유지되었으며, 최근에는 45퍼센트로 인상되었다. 그러나 재분배를 위한 이러한 정책적 노력에도 불구하고 서베이 결과는 일관되게 상위 소득 집단 중 백인의 비중이 여전히 압도적으로 높다는 사실을 보여준다. 다른 연구들은 실업과 교육 같은 기타 중요한 측면을 함께 고려했을 때 이러한 이중 구조가 더 두드러지게 나타남을 증명한다. 더욱이 남아공의 자산 분배는 여전히 매우 불평등하며, 특히 토지 분배가 그렇다. 1913년 남아공 의회는 아프리카인들이 전체 토지의 단 8퍼센트에 불과한 특정 지역에서만 토지를 소유할 수 있도록 제한하는 원주민토지법Natives Land Act을 통과시켰으며, 1990년대 초 7만 명이 채 안 되는 백인 농부가 농지의 약 85퍼센트를 소유했다.[56] 몇몇 토지개혁이 시행되었지만 성과는 미미한 듯했다.[57] 최근 토지 분배에 관한 정확한 자료는 여전히 부족하지만 그 후의 상황은 그다지 나아지지 않은 듯했다.

이러한 사회경제 구조에서 1993년 남아공에 대한 국제 제재가 풀린 것은 국제 시장에서 이득을 볼 수 있는 소수의 고숙련 기술자나 부유한 개인들에게 더욱 직접적으로 혜택을 주어 불평등이 증가하도록 부추겼을 수도 있다. 이 가설은 또한 경제 제재가 시행되던 1980년대에 과거 대영제국 지배 아래 있었던 다른 나라들(뉴질랜드와 캐나다, 호주)과 달리 남아공에서는 소득 불평등이 증가하지 않았다는 사실을 설명해준다. 하지만 지금까지 남아공의 소득 불평등은 이들 나라와 비슷한 추세를 따라왔다. 더욱이 남아공이 1996년에 무역장벽을 제거하고 자본이동을 자유화하며 재정적자를 줄이는 성장, 고용 및 재분배Growth, Employment and Redistribution, GEAR 계획을 시행한 것이 적어도 단기적으로는 노동소득보다 자본소득을 더 늘려주고, 비숙련 노동자보다 숙련 노동자의 소득을 더 늘려줌으로써 가장 부유한 계층을 더 잘살게 하고 가장 취약한 계층을 위험에 노출시켰다.

남아공이 2000년대 초부터 2010년대 중반까지 경험한 급속한 성장은 기본적으로 상품 가격 상승에 따른 것으로, 정부가 기대한 만큼 많은 일자리를 창출하지는 못했다. 소득 상위 1퍼센트 집단의 몫은 2002년 18퍼센트 조금 못 미치는 수준에서 2007년 21퍼센트 이상으로 증가했으며, 그후 1.5퍼센트포인트 줄었다가 2012~2013년 상품 가격이 두 번째로 정점에 이르면서 다시 늘어났다. 소득 상위 집단의 몫이 상품 가격 변동에 민감하게 반응하면서 늘어나거나 줄어든다는 사실은 자원지대resource rent로 이득을 보는 소수가 성장의 과실을 불균형적으로 많이 차지함을 암시한다.

마지막으로, 소득 상위 1퍼센트는 백인이 대부분인 상위 10퍼센트 집단의 작은 부분일 뿐임을 강조할 필요가 있다. 남아공의 상위 1퍼센트 집단이 전체 소득에서 차지하는 몫은 브라질이나 중동처럼 불평등이 심한 다른 지역들과 비교할 때 상대적으로 낮지만 상위 10퍼센트 집단의 몫은 극단적으로 높은 수준이다(도표 2.12.3). 상위 10퍼센트 집단의 역사적인 성장 경로는 상위 1퍼센트의 경로와 다를 수 있다. 그들의 몫은 20세기 내내 오르내림이 덜했을 것이다. 아쉽게도 현 단계에서 상위 10퍼센트 집단에 관한 역사적인 자료는 상위 1퍼센트 집단만큼 먼 과거로 거슬러 올라가지 못한다.

도표 2.12.3 남아공: 상위 10퍼센트의 몫은 세계 최고이지만
상위 1퍼센트의 몫은 세계 최고가 아니다

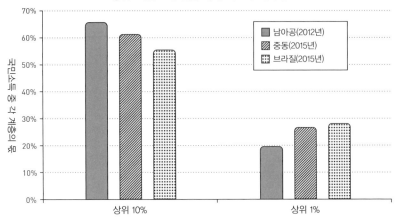

2012년 남아프리카공화국 국민소득 중 상위 10퍼센트 계층의 몫은 65퍼센트였지만 2015년 브라질에서는 그 몫이 55퍼센트였다. 소득 비중은 이용할 수 있는 최근 연도(남아공은 2012년, 중동과 브라질은 2015년)의 수치다.

출처: 알바레도와 앳킨슨(2010), WID.월드(2017). 데이터 시리즈와 주석은 wir2018.wid.world를 보라.

제2부 글로벌 소득 불평등의 추이

공공자본 대 민간자본의 동태적 변화

제1장 전 세계 자산-소득 비율

▶ 한 나라 경제 전체의 자산을 민간부문이 소유한 자산과 공공부문이 소유한 자산으로 나누어 분석하는 것은 개인들 간 자산 불평등의 동태적 변화를 이해하는 첫걸음이다. 새로운 데이터는 우리가 각국의 자산-소득 비율wealth-income ratio을 더 잘 이해하도록 해주고, 정책에 관한 핵심적인 질문에 답하는 데 도움을 줄 수 있다.

▶ 국민소득 대비 민간부문 순자산 비율이 전반적으로 오르는 추세는 최근 몇십 년 동안 거의 모든 나라에서 나타났다. 이 장기적인 추세가 대체로 2008년 금융위기나 일본과 스페인 등의 자산 가격 거품에 영향을 받지 않았다는 사실을 보면 놀랍다.

▶ 중국과 러시아에서 자산-소득 비율은 이례적으로 큰 폭으로 상승했다. 두 나라가 공산주의에서 자본주의 경제체제로 전환한 후 이 비율은 각각 3배와 4배로 높아졌다. 이들 나라의 민간부문 자산-소득 비율은 프랑스와 영국, 그리고 미국에서 볼 수 있는 수준에 가까워지고 있다.

▶ 공공부문의 자산은 1980년대 이후 대부분의 나라에서 감소했다. 공공부문 순자산(공공부문 자산에서 공공부문 부채를 뺀 값)은 최근 미국과 영국에서 심지어 마이너스가 되었으며, 일본과 독일, 프랑스에서는 미미한 플러스다. 이는 정부가 경제를 규제하고 소득을 재분배하며 불평등 증가를 완화하는 능력을 제한한다고 할 수 있다.

▶ 중국에서는 공공부문 자산이 대체로 감소했음에도 오늘날까지 높은 수준을 유지하고 있는데, 중국의 공공부문 순자산은 2008년 이후 국민자산의 약 30퍼센트 수준에서 안정되었다(1950~1980년 혼합경제 체제의 서방 국가에서 공공부문 순자산 비중이 15~25퍼센트였던 것과 대비된다).

▶ 일반적으로 공공부문 자산이 감소하는 추세를 보여주는 데이터에서 유일한 예외는 노르웨이처럼 공공부문에 대규모 국부펀드가 있는 석유 부국들이다.

▶ 최근 몇십 년 동안 민간부문의 자산-소득 비율이 구조적으로 상승한 것은 다음 장들에서 설명하듯이 높은 저축률과 성장 둔화(양적 요인), 부동산과 주식 가격 상승(상대적인 자산 가격 요인), 그리고 공공부문 자산의 민간부문 자산으로의 이전(제도적 요인)을 비롯한 여러 요인이 결합되어 나타난 현상이다.

국민자산national wealth의 규모와 구조가 장기적으로 어떻게 변화했는지를 이해하는 것은 경제 분야에서 가장 근본적인 문제들 중 하나다. 국민소득은 '유량flow' 개념이다. 이는 특정 국가에서 특정 연도 중에 생산되고 분배되는 모든 소득의 흐름을 합한 것으로 정의된다. 이는 또한 노동에 대한 보상과 자본에 대한 보상으로 나눌 수 있다. 한편 국민자산은 '저량stock' 개념이다. 이는 과거에 축적된 모든 자산—특히 주택과 사업자산, 그리고 금융자산에서 부채를 뺀 값—을 합친 것으로 정의된다. 국민자산과 국민소득 간의 관계는 한 나라의 경제에서 자본이 점하는 상대적인 중요성과 그 소유 구조를 포함해 몇 가지 핵심적인 경제적, 사회적, 정치적 변화에 관한 정보를 알려준다.

민간부문 자산의 분포를 (다시 말해 민간의 자산 가운데 예컨대 하위 50퍼센트, 상위 10퍼센트 인구 집단이 차지하는 몫이 얼마나 되는지를) 살펴보기 전에 민간부문의 총자산이 어떻게 변화했으며 공공부문의 자산, 그리고—정의상 민간부문과 공공부문 자산의 합계인—국민총자산 total national wealth과 비교할 때 민간자산이 얼마나 되는지를 더 잘 이해하는 게 필수다. 나라별 혹은 시기별로 사유재산과 공공재산의 개념 자체가 매우 다른 의미를 가질 수 있다는 점도 반드시 유념해야 한다. 예를 들어 민간의 토지나 주택자산은 임차인 권리의 범위, 임차 기간, 토지나 건물의 주인이 임대료를 변경하거나 임차인을 일방적으로 쫓아낼 수 있는 권리 같은 요소들에 따라 매우 다른 형태를 취할 수 있다. 그와 비슷하게, 기업의 자산은 (노르딕 국가나 독일에서처럼) 노동자 대표가 기업 이사회에서 실질적인 의결권을 가질 경우 주주들이 모든 의결권을 통제하는 경우와 다른 의미를 가질 수 있다.

또한 예컨대 중국에서 오늘날의 공공부문 자산은 40년 전의 공공자산과 그 실체가 다르며, 오늘날 노르웨이 국부펀드 형태의 공공자산과도 맥락이 다르다. 법과 정치 체제, 그리고 지배 구조의 세부 사항을 이해하는 것은 사회 집단 간 권력관계와 자산 구조 사이의 상호작용을 이해하는 데 중요하다. 민간부문과 공공부문의 부를 연구할 때는 그 분석을 추세와 수준에만 국한해서는 안 된다. 연구는 각국의 제도에 관한 더 깊은 이해에 바탕을 두어야 하며, 제도가 정치와 사회의 불평등에 어떤 영향을 미치는지에 관해서도 연구해야 한다.

국가 전체의 자산과 국민소득 간 비율이 어떻게 달라졌는지를 연구하는 것은 또한 자산 구조와 저축, 그리고 투자에 관한 우리 지식을 확장하는 데 도움을 주며, 이에 따라 거시경제에 관한 근본적인 문제들을 연구하는 데 활용될 수 있다. 여기에는 다음과 같은 문제가 포함된다. 공공부채는 장기적으로 어떤 동태적 변화를 거쳤으며, 어떤 변화를 나타낼 것으로 전망되는가? 해외부문 순자산 규모의 패턴은 어떤가? 이런 문제를 적절히 분석하려면 경제 전체의 대차대조표, 다시 말해 누가 어떤 자산을 갖고 있는지 전반적인 구조를 살펴보는 게 필수다. 공공부채나 외국인 자산은 화성인이 소유하는 것이 아니다. 정의상 그것들은 민간부문이나 공공부문 자산 소유자들에게 속한다. 예를 들어 자본 축적과 민간자산 구성이 어떻게 달라지는지를 지켜보는 것은 경제의 잠재적인 불안 징후를 알아보는 데 도움이 될 수도 있다. 실제로 일본과 스페인에서 자산-소득 비율은 두 나라가 1990년과 2008년에 자산시장 거품을 경험할 때 사상 최고에 이르렀다.

최근까지는 데이터가 없어서 그러한 동태적 변화를 완전히 파악하기가 어려웠다. 토마 피케티와 게이브리얼 주크먼은 최근 가장 크고 부유한 8개국의 1700년 이후 연간 자산-소득 비율의 통일된 시계열을 제시했다.[1] 이들 시리즈는 『21세기 자본』에서도 논의되었고, 그 후 세습사회patrimonial society의 귀환에 관한 토론에도 활용되었다.[2]

그리고 다른 연구자들이 그들의 작업을 확장했다. WID.월드 데이터베이스는 이제 이 보고서에서 논의하는 20개국 이상의 데이터를 담고 있다. 우리는 특히 몇몇 신흥국과 옛 공산권 국가들의 민간부문과 공공부문 자산 구조에 관한 시계열 자료를 가지고 있는데, 이는 공공 정책에 관한 핵심적인 문제들에 대해 새로운 통찰을 줄 수 있다.

그러나 우리가 강조하는 바는 이 분야에서 여전히 많은 진전이 이뤄져야 한다는 점이다. 무엇보다 우리는 개발도상국과 신흥국 중 여러 지역, 특히 아프리카의 공공부문과 민간부문, 그리고 해외부문의 자산 소유 구조에 관해 아는 것이 여전히 너무 적다.

민간부문의 자산-소득 비율은 1970년대 이후 뚜렷이 상승했다

1970년대에 국민소득 대비 민간자산 비율은 대부분의 선진국에서 약 200~350퍼센트 범위에 있었다(**도표 3.1.1**과 **도표 3.1.2**를 보라). 지난 40년 동안 이 비율은 모든 나라에서 가파르게 상승했다. 글로벌 금융위기가 시작된 2007년까지 분석 대상 국가들의 민간자산-국민소득 비율은 평균 550퍼센트에 이르렀고 극단적 사례인 스페인에서는 최고 800퍼센트까지 치솟았다. 일부 국가에서는 금융위기와 주택 가격 하락에 따라 이 비율이 떨어졌지만, 수십 년 동안 이어진 상승 추세는 대체로 변하지 않은 것으로 여겨진다. 2016년─국민소득의 배수로 나타낸─민간자산의 시가총액은 보통 1970년의 2배에 이르렀다.

그러나 민간자산의 크기와 수준에 있어서는 국가별로 흥미로운 차이를

도표 3.1.1 선진국의 국민순소득 대비 민간순자산 비율(1970~2016)

2015년 영국의 민간순자산은 국민순소득의 629퍼센트였다. 다시 말해 6.3년 치 국민소득과 맞먹었다. 민간순자산은 민간자산에서 민간부채를 뺀 값이다. 국민순자산은 민간순자산과 공공순자산을 더한 값이다.

출처: WID.월드(2017). 데이터 시리즈와 주석은 wir2018.wid.world를 보라.

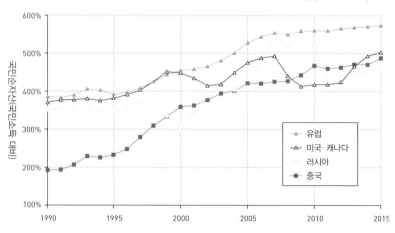

도표 3.1.2 신흥국과 선진국들의 국민순소득 대비 국민순자산 비율(1990~2015)

2015년 중국의 국민순자산은 국민소득의 487퍼센트였다. 다시 말해 4.9년 치 국민소득과 맞먹었다. 국민순자산은 민간순자산과 공공순자산을 더한 값이다. 민간순자산은 민간자산에서 민간부채를 뺀 값이다.

출처: WID.월드(2017). 데이터 시리즈와 주석은 wir2018.wid.world를 보라.

보인다. 유럽에서는 국민소득 대비 민간부문 순자산 비율이 국가별로 비슷한 궤적을 그리며 1970년 250~400퍼센트에서 2016년 450~750퍼센트로 상승했다. 이 비율은 이탈리아에서 가장 극적인 상승세를 보여 1970년 250퍼센트에서 2015년 700퍼센트 이상으로 거의 3배가 되었다. 그다음으로는 영국에서 같은 45년 동안 민간자산-국민소득 비율이 약 300퍼센트에서 650퍼센트로 2배가 되었다. 그보다 상승 폭은 조금 작지만 프랑스에서도 이 비율이 (약 300퍼센트에서 550퍼센트 이상으로 오르며) 비슷한 경로를 따랐고, (약 250퍼센트에서 450퍼센트로 오른) 독일과 (약 400퍼센트에서 650퍼센트로 오른) 스페인에서도 같은 추세가 나타났다.

유럽 외 지역에서는 호주와 캐나다의 민간자산-국민소득 비율이 프랑스와 이탈리아, 영국에 견줄 만한 변화를 보였다. 캐나다의 민간자산은 1970년부터 2016년까지 국민순소득의 약 250퍼센트에서 그 2배가 넘는 550퍼센트 이상으로 늘었다. 이 비율이 그처럼 놀라운 수준은 아니지만 호주에서도 매우 큰 폭으로 올랐다. 민간자산이 국민소득의 350퍼센트 미만에서 550퍼센트 이상으로 늘어난 것이다. 미국에서는 같은 기간에 민간자산이 국민소득의 350퍼센트 미만에서 절반가량 많은 약 500퍼센트로 증가했다.

일본에서도 민간부문의 자산-소득 비율이 이 기간에 (300퍼센트에서 600퍼센트 가까운 수준으로) 2배 가까이 상승했으며, 스페인과 마찬가지로 1990년에 이르기까지 자산 가격 거품 때문에 엄청난 변동을 거쳤다. 일본에서는 1986년께부터 경제의 기초 체력에 대한 지나치게 낙관적인 기대가 자본자산의 가치를 끌어올리면서 부동산과 주식 가격이 극적으로 상승했으며, 그에 따라 민간자산-국민소득 비율은 1990년까지 700퍼센트에 이를 만큼 치솟았다. 그러나 그 직후 닛케이 주가지수가 추락하고 다른 자산의 가격도 그 뒤를 따라 하락했다. 이는 이른바 '잃어버린 10년'으로 이어져 2000년까지 일본의 자산-소득 비율은 150퍼센트포인트나 떨어졌다. 그러나 일본의 자산-소득 비율은 추가적인 하락에도 불구하고 선진국 중 가장 높은 편이다. 제4부 제6장에서 자세히 설명할 텐데 스페인은 자산 가격 거품이 꺼진 후 비슷한 추세를 따라 2014년 자산-소득 비율이 약 650퍼센트로 2007년 정점에서 150퍼센트포인트 떨어졌다.

세계에서 규모가 가장 큰 몇몇 신흥국에 대한 연구가 최근에 완료된 덕분에 이제 이들 나라의 자산-소득 비율이 어떻게 변화했는지를 서로 비교하는 것도 가능하다. 이는 분석 대상 기간 신흥국들의 정치와 경제체제 변화를 고려할 때 특히 흥미롭다. **도표 3.1.2**가 나타내듯 중국과 러시아는 둘 다 공산주의에서 벗어나는 전환기를 거친 후 민간부문의 자산-소득 비율이 큰 폭으로 상승했다. 이러한 상승은 (공공부문의 부 가운데 많은 부분이 민간부문으로 이전됨에 따라) 어느 정도 예상되기는 했지만 중국이 실제로 경험한 변화의 폭은 특히 놀랍다. 이들의 사례를 (아래서 더 많이 논의할 텐데) 선진국에서 관찰된 경로와 비교하는 것 역시 대단히 흥미롭다.

1978년 '개방'을 위한 개혁 정책이 시행될 때 중국의 민간부문 자산은 국민소득의 110퍼센트 남짓한 수준이었으나 2015년까지 거의 끊임없이 상승해서 490퍼센트에 이르렀다. 러시아의 전환기는 12년 후인 1990년에 시작되었지만 그 뒤에 나타난 극적인 변화는 중국의 변화와 견줄 만한 것이었다. 이 짧은 기간에 러시아의 민간부문 자산-소득 비율은 약 120퍼센트에서 그 3배가 넘는 370퍼센트로 높아졌다. 이러한 변화를 앞서 설명한 유럽과 북미 지역의 사례와 비교하는 것은 흥미롭다. 중국의 자산-소득 비율은 미국에 비해 조금 낮으며 러시아의 그것도 크게 뒤지지 않는 수준이다. 더욱이 이들 신흥 경제국의 변화 속도와 폭은 부유한 나라들을 크게 뛰어넘는다. 변화의 크기를 비교해보면 자산-소득 비율 면에서 영국이

나 미국이 비슷한 변화를 경험한 유일한 시기는 20세기에 접어들어 그 비율이 엄청나게 떨어졌을 때다.

최근 몇십 년간 전체 자산-소득 비율 상승은 전적으로 민간자산 증가에 따른 것이다

도표 3.1.3을 보면 바로 최근 전체 자산-소득 비율의 상승세는 전적으로 민간의 부가 축적된 결과였음을 분명히 알 수 있다. 실제로 영국과 미국에

도표 3.1.3 선진국의 국민소득 대비 민간순자산과 공공순자산 비율(1970~2015)

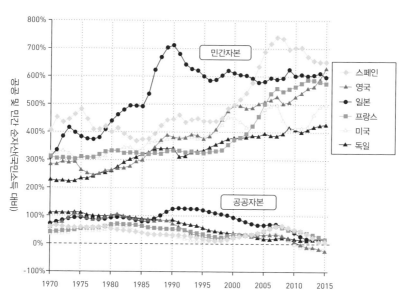

2015년 미국의 공공순자산(혹은 공공자본)은 마이너스(국민순소득의 −17퍼센트)였지만 민간순자산(혹은 민간자본)은 국민순소득의 500퍼센트였다. 1970년 공공순자산은 국민소득의 36퍼센트인 데 비해 민간순자산은 326퍼센트였다. 민간순자산은 민간자산에서 민간부채를 뺀 값이다. 공공순자산은 공공자산에서 공공부채를 뺀 값이다.

출처: WID.월드(2017). 데이터 시리즈와 주석은 wir2018.wid.world를 보라.

서는 공공부문의 순자산이 마이너스가 되었기 때문에 (다시 말해 이제 공공자산이 공공부채보다 더 적기 때문에) 국가 전체의 자산은 전적으로 민간의 부로 이뤄져 있다. 프랑스와 일본, 독일에서도 공공자산이 큰 폭으로 감소했는데, 공식 추정치에 따르면 이들 나라의 공공자산은 이제 국민소득의 약 10~20퍼센트로 전체 국민자산의 매우 미미한 부분만을 차지한다. 국민자산 중 민간자산 비중이 압도적인 것은 1970년대에 일반적이었던 상황이 뚜렷이 변화했음을 보여준다. 당시에는 대부분의 선진국에서 일반적으로 공공자산이 국민소득의 50퍼센트에서 100퍼센트 정도였다(독일에서는 100퍼센트 이상이었다). 오늘날 공공자산이 미미하거나 마이너스인 선진국 정부는 경제에 개입하고 소득을 재분배하며 불평등 증가세를 완화하는 능력이 제한적이라고 할 수 있다(이 문제는 다음에 더 논의한다).

실제로 최근 몇십 년 동안 공공순자산이 감소한 것은 대부분 공공부채가 늘어났기 때문이며, 대부분의 나라에서 국민소득 대비 공공자산 총액의 비율은 비교적 안정된 수준을 유지했다(도표 3.1.4a와 도표 3.1.4b를 보라). 국민소득 대비 공공자산 총액의 상대적인 안정세는 상반되는 두 요인에 따른 것으로 보인다. 이는 한편으로 공공자산 중 상당 부분(특히 1950년대부터 1970년대까지 몇몇 선진국에서 상대적으로 큰 비중을 차지했던 공기업이나 준공기업의 주식)이 민영화되었으며, 다른 한편으로는 남은 공공자산 ─일반적으로 행정기관과 학교, 대학, 병원으로 쓰이는 공공건물─의 시장 가치가 이 기간에 상승한 데 따른 것이다.

중국과 러시아는 민간자산─국민소득 비율의 변화 면에서 앞서 이야기한 여러 나라와 비교할 때 두 가지 대조적인 사례를 보여준다. 여기서 두 나라가 선택한 민영화 전략은 중요한 역할을 했다(이 부분은 제3부 제2장~제4장에서 더 자세히 분석한다). 중국의 공공자산은 점진적으로 민영화되면서 국민소득 대비 공공자산 비율이 조금 줄어드는 결과를 낳았다. 1978년 국

도표 3.1.4a 선진국의 국민소득 대비 공공자산 비율(1970~2015)

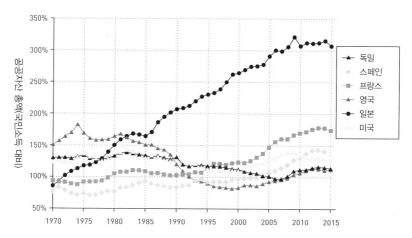

2015년 독일의 공공자산 총액은 국민소득의 114퍼센트였다. 다시 말해 1.1년 치 국민소득과 맞먹었다.

출처: WID.월드(2017). 데이터 시리즈와 주석은 wir2018.wid.world를 보라.

도표 3.1.4b 선진국의 국민소득 대비 공공부채 비율(1970~2015)

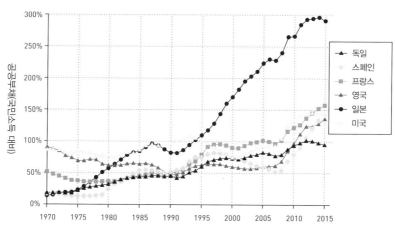

2015년 미국의 공공부채는 국민소득의 146퍼센트였다. 다시 말해 1.5년 치 국민소득과 맞먹었다.

출처: WID.월드(2017). 데이터 시리즈와 주석은 wir2018.wid.world를 보라.

민소득의 250퍼센트를 조금 넘는 수준이던 중국의 공공자산은 자산 가격이 급속히 상승하는 가운데서도 2015년까지 약 230퍼센트로 줄어들었다. 러시아에서는 공공부문 자산을 민간부문으로 가능한 한 빨리 이전하기 위해 선택한 바우처 민영화 전략으로 국민소득 대비 공공순자산 비율이 크게 떨어졌다. 1990년 국민소득의 230퍼센트를 넘었던 이 비율은 2015년 약 90퍼센트로 하락했다.

각국의 민간자산이 공공자산을 압도하는 현상은 그 나라 전체 국민자산 중 민간부문과 공공부문 자산의 상대적인 비중에서 뚜렷이 드러난다. 도표 3.1.5에서 나타나듯 (노르웨이를 빼고는) 분석 대상 국가 모두 민간자산에 비해 공공자산 비중이 줄어들었다. 1970년대 말 국민순자산 중 공공순자산이 차지하는 비중은 모든 선진국에서 상당 폭 플러스였다. 이 비중은 독

도표 3.1.5 선진국의 국민자산 중 공공자산의 비중(1978~2015)

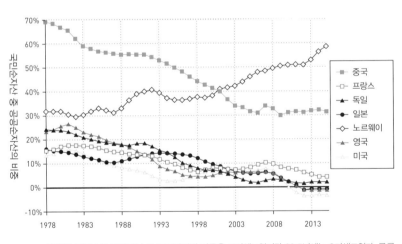

1980년 프랑스의 국민자산 중 공공자산의 비중은 17퍼센트였지만 2015년에는 3퍼센트였다. 공공순자산은 공공자산에서 공공부채를 뺀 값이다. 국민순자산은 민간순자산과 공공순자산을 합한 금액이다.

출처: WID.월드(2017). 데이터 시리즈와 주석은 wir2018,wid.world를 보라.

제3부 공공자본 대 민간자본의 동태적 변화

일과 영국에서 25퍼센트에 이르렀고 일본과 프랑스, 미국에서는 15퍼센트였다. 2016년 공공자산 비중은 영국과 미국에서는 마이너스가 되었고 일본과 독일, 프랑스에서는 미미한 플러스에 그쳤다. 중국에서는 1978년 공공자산 비중이 70퍼센트에 달했고 2008년 이후 약 30퍼센트 수준에서 안정된 것으로 보인다. 이는 서방 국가들이 혼합경제를 채택했던 1950~1970년대에 나타난 것보다 어느 정도 더 높은 (그러나 비교할 수 없는 정도는 아닌) 수준이다.

이런 의미에서 국가의 부를 늘릴 수 있는 프로젝트에 투자하기 위한 대규모 국부펀드를 활용하는 노르웨이는 다른 몇몇 자원 부국과 더불어 독특한 사례를 보여준다. 1969년 석유와 가스를 발견한 뒤 노르웨이 정부는 1990년대에 재생 불가능한 에너지원에서 얻은 수입의 일정 부분을 투자해 글로벌연금펀드Global Pension Fund를 설립했다. 북해의 원유 생산에서 발생하는 이익으로 현세대뿐만 아니라 미래 세대도 혜택을 받을 수 있도록 하기 위한 것이다. 이는 노르웨이에서 정부의 저축을 돕고 공공지출 재원을 확보하며 부를 축적하기 위한 중요한 경제 정책 수단으로 여겨졌다. 그 결과 공공자산의 가치가 국민소득의 약 300퍼센트로 (상대적인 규모에서 중국보다 상당히 더 높은 수준으로) 늘어나면서 전체 국민자산 중 공공자산의 비중은 1978년 약 30퍼센트에서 2015년 거의 60퍼센트로 높아졌다.

여기서 국가 전체의 자산-소득 비율을 결정하는 데 정치 제도와 이념이 중요하다는 점을 잘 보여주는 두 가지 흥미로운 비교를 해보려 한다. 요컨대 이는 단지 석유만의 문제가 아니며 공공자산과 경제를 운용하는 정부가 어떤 선택을 하느냐에 달려 있다. 첫 번째는 노르웨이 사례를 러시아와 견줘보는 것이다. 러시아의 누적 무역흑자는—국민소득의 약 200퍼센트로—상대적인 규모에서 노르웨이와 비슷한 수준이지만 공식 통계에 따르면 러시아는 해외자산을 많이 축적하지 못했다. 대신 (노르웨이와 달리) 이 흑자의 상당 부분이 역외자산으로 보유되어서 세금을 물리거나 정부지출에 쓰일 수 없는 것으로 추정된다. 두 번째는 노르웨이처럼 북해의 석유에서 혜택을 받을 수 있는 영국과 견줘보는 것이다. 앤서니 앳킨슨은 자신의 저서 『불평등을 넘어: 정의를 위해 무엇을 할 것인가?』에서 사려 깊은 질문 하나를 던진다.[3] 그는 "만약 영국이 1968년에 그런 펀드를 만들어 거기서 나오는 실질수익만 지출했다면 그동안 무슨 일이 일어났을까 하고 물어보는 것은 흥미로운 가상의 역사의 한 토막"이라고 썼다.[4] 앳킨슨은 이어서 만약 그랬더라면 영국의 누적된 기금은 상당히 큰 규모(3500억 파운드가량)로 불어나 노르웨이 국부펀드의 약 60퍼센트에 이르렀으리라고 추산했다.

영국은 노르웨이보다 큰 나라여서 국민소득 대비 국부펀드 규모는 더 작았겠지만 그럼에도 불구하고 이 재정적 완충 장치는 오늘날 영국 공공부문의 순자산 가치가 마이너스가 아닌 플러스가 되도록 해주었을 것이다.

최근 자산-소득 비율 변화는 경제 정책의 결정과 개별 국가의 특수한 상황에 따른 것일 가능성이 크다

다음 장들은 1970년대 이후 선진국에서(제3부 제2장), 그리고 공산주의가 지배하던 경제와 정치 체제에서 벗어나 각자 전환기를 거친 중국과 러시아에서(제3부 제2장) 자산-소득 비율이 왜 앞서 설명한 것과 같이 변화했는지 더 상세히 분석한다.

요컨대 최근 몇십 년 동안 민간부문 자산-소득 비율이 구조적으로 상승한 것은 여러 요소가 복합적으로 작용한 데 따른 것이다. 높은 저축률

제3부 공공자본 대 민간자본의 동태적 변화

과 성장 둔화(양적 요인)는 분석 대상 선진국들의 전체적인 자산-소득 비율 상승의 약 60퍼센트를 설명해주며 부동산과 주식 가격 상승(상대적인 자산 가격 요인)은 나머지 40퍼센트를 설명해준다. 공공의 부를 민간의 부로 이전한 것(제도적 요인)은 중국과 러시아의 민간부문 자산-소득 비율 변화를 이해하는 데 있어 필수 요인이다. 이는 중국과 러시아보다는 작은 규모이지만 (일반적으로 1980년대 중반에) 대규모 민영화 정책을 시행했던 선진국들의 자산-소득 비율을 이해하는 데도 중요하다.

금융위기 이후 자산-소득 비율의 추세는 나라별로 차이를 보여 제도적 요인과 각국의 특수한 맥락이 중요하다는 점을 뚜렷이 보여준다. 자산-소득 비율은 모든 분석 대상 국가에서 떨어졌는데, 이는 2008년부터 집값과 주가가 떨어지며 전반적으로 자산 가격이 하락함에 따라 각국에서 단기적인 자본손실이 발생했음을 시사한다. 자산-소득 비율의 하락 폭과 속도, 시점, 그리고 회복과정에서―두 나라(일본과 스페인)를 제외하면 자료를 이용할 수 있는 모든 나라에서 이 비율은 어느 정도 회복되었다― 각국은 상당한 차이를 나타냈는데, 이 역시 개별 국가의 상황이 자산-소득 비율에 얼마나 영향을 미치는지를 잘 보여준다. 예를 들어 이 비율의 하락 폭이 다른 나라들보다 스페인(150퍼센트포인트)과 미국(140퍼센트포인트)에서 더 컸던 것은 처음부터 지나치게 부풀려진 주식과 부동산 가격이 자산 거품 발생을 부추겼기 때문일 것이다(특히 제4부 제5장을 보라).

제2장 선진국 자산-소득 비율의 변화

▶ 국민 전체의 저축과 경제성장, 그리고 자산 가격은 장기적으로 국민자산이 어떻게 변화했는지를 이해
   하는 데 있어 핵심 변수들이다. 선진국에서 국민저축과 성장은 국민자산 증가의 약 60퍼센트를 설명해
   주며 자산 가격은 나머지 40퍼센트를 설명해준다.

▶ 1970년대 말 이후 주택 가격 상승은 대체로 국내자본 축적을 촉진했는데, 국가별로 상당한 차이가 있
   었다.

▶ 해외자산은 일반적으로 자산-소득 비율 변화에서 중요한 역할을 했다.

▶ 오늘날 선진국에서 민간자산-국민소득 비율은 19세기 말에 나타났던 600~700퍼센트의 높은 수준
   으로 되돌아간 것으로 여겨진다.

국민자산-국민소득 비율과 자산 구조의 변화를 제대로 분석하려면 수많은 설명 변수와 과정을 종합할 필요가 있다.

첫째, 국가 전체의 자산이 주어졌을 때 이를 민간부문과 공공부문 자산으로 나누는 것은 대체로 정부 정책의 영향을 받는다. 러시아나 중국 정부가 공공자산을—보통 시장 가격 이하로—민영화하기로 결정하면 민간자산의 비중은 자동으로 커진다. 더 일반적으로, 정부가 공공부문의 자산을 축적하기 위해 재정에서 흑자를 내기로 결정하면(그와 동시에 혹은 별개로 역사적·이념적 맥락에 따라 민간자산을 시장 가격 이하 또는 이상으로 국유화하면), 다른 조건이 일정할 경우 공공자산의 비중은 커질 것이다. 정부가 재정에서 적자를 내고 공공부채를 늘리거나 공공자산을 민영화해 그 적자를 메우면 공공부문의 부는 비중이 작아질 것이다.

선진국들의 경우 1970년대 이후 시행된 (재정적자와 공공자산 민영화, 공공부채의 확대와 같은) 공공 정책들이 어우러지면서 공공자산의 비중이 1970년대 전체 국민자산의 약 20퍼센트(국가에 따라 15퍼센트에서 25퍼센트 사이)에서 2016년 0퍼센트(혹은 소폭 마이너스)로 줄어들었다(도표 3.1.5를 보라). 만약 다른 재정 정책과 규제 정책들이 시행되었다면, 그리고 국민자산 중 공공자산의 비중이 1970년대와 같은 수준으로 유지되었다면, 정의상 2016년 민간자산의 비중은 (다른 조건이 같다면, 다시 말해 국민자산이 일정하다면) 실제보다 약 20퍼센트 더 작았을 것이다. 그런 의미에서 공공자산 비중의 감소는 민간자산-국민소득 비율의 전반적인 증가에 관해 대단히 많은 부분을 설명해준다.

다른 문제는 국민자산-국민소득 비율의 변화를 이해하는 것이다. 그러자면 국민저축(공공부문과 민간부문 저축의 합계) 수준과 (인구와 생산성 증가에 따라 결정되는) 경제성장 수준, 그리고 상대적인 자산 가격 변화 사이의 상호작용을 고려해야 한다. 더 정확히 말하자면 피케티와 주크먼의 연구(2014)에 따라 국민자산-국민소득 비율 변화를 물량효과volume effect와 가격효과price effect 두 요소로 분해할 수 있다.

물량효과는 대체로 국민저축의 변화에 따라 결정된다. 국민저축 수준이 높을수록 국민자산은 더 많이 축적되고 따라서 국부가 늘어난다. 이는 또한 경제성장의 수준에 따라 달라진다. 저축 수준이 일정할 때 인구 증가율이나 생산성 증가율이 낮을수록, 혹은 둘 다 낮을수록 (한마디로 국민소득이 낮아지기 때문에) 국민소득 대비 국민자산의 비율은 높아질 것이다. 요컨대 저축률이 높고 (예를 들어 일본이나 유럽의 대부분 지역처럼 인구 정체 때문에) 성장률이 낮은 나라들은 자연히 국민자산-국민소득 비율이 높아질 것이다.[5]

가격효과는 소비자물가와 비교한 자산의 상대적인 가격—특히 주택과 주식 가격—의 변화에 따라 달라진다. 이는 다시 저축의 패턴과 투자 전략뿐만 아니라 여러 제도와 정책 요인에 달려 있는데, 예를 들어 임대료 통제를 점차 폐지한 것은 이 기간에 주택 가격이 큰 폭으로 오르는 데 기여했다. 가령 일본이나 유럽의 고령화되는 가계가 그들의 저축 가운데 많은 부분을 부동산을 비롯한 국내자산에 투자하기로 하면 (그리고 투자 포트폴리오를 가능한 한 국제적으로 분산하지 않거나 분산할 수 없다면) 주택 가격 상승의 압력이 높아지는 것은 당연하다.

1970년 이후 저축과 투자, 그리고 경제성장의 패턴에 관한 체계적인 데이터 시리즈를 종합하면 물량효과와 가격효과 둘 다 중요한 역할을 했음을 보여줄 수 있다.

예를 들어 경제 규모가 가장 큰 8개 선진국을 보면 1970년부터 2010년까지 평균적으로 국민자산 축적의 약 60퍼센트를 물량효과로, 약 40퍼센트를 가격효과로 돌릴 수 있다. 그러나 국가별로 매우 큰 차이가 있다는데 유의해야 한다. 예컨대 물량효과는 1970년부터 2010년까지 미국 국민자산 축적의 72퍼센트를 설명해주며 자본이득이 남은 28퍼센트를 설명해준다. 새로운 저축은 또한 일본과 프랑스, 캐나다에서도 미국과 비슷하게 국민자산 축적의 약 70~80퍼센트를 설명해주고 남은 20~30퍼센트를 자본이득이 설명해준다. 그러나 호주와 이탈리아, 영국에서는 자본이득이 더 많아 자산 증가의 40~60퍼센트 이상을 설명해준다. 영국에서 이 기간 자산 증가의 절반 이상(58퍼센트)은 자산 가격 상승에 의한 것으로 볼 수 있다. 반면 독일에서는 같은 기간 자산 가격이 떨어져서 자본이득은 실제로 자산 증가를 둔화시켰고 저축이 국민자산 증가의 전부를 설명해주었다.[6]

새롭게 확장된 데이터 시리즈는 이러한 일반적인 연구 결과를 확인시켜준다. 특히 2008년 금융위기 이후 우리는 자산 가격 변동의 매우 다른 패턴을 볼 수 있다. 예를 들어 주택 가격은 미국과 스페인에서 크게 떨어진 반면(뒤에서 더 논의한다), 영국과 프랑스에서는 훨씬 더 완만하게 하락했다. 그러나 일반적인 결론은 최근 몇 년 동안 일부 국가에서 나타난 자산 가격 하락이 1970년 이후 나타난 상대적인 자산 가격의 장기적 상승에 비하면 소폭이라는 것이다.

대부분의 국가에서 데이터로 확인된 장기간에 걸친 상당한 자본 이득은 무엇으로 설명할 수 있는가? 1970~1980년대 이후 주택시장과 주식시장에서 얻은 자본이득은 어느 정도 장기적인 자산 가격 회복의 결과로 이해할 수 있다. 자산 가격은 1910~1950년에 주로 낮은 저축률과 (해외 투자 손실을 포함한) 부정적인 가치 평가 효과로 상당 폭 떨어졌지만 1950년 이후에는 줄곧 상승했다. 그러나 회복과정에서 특히 주택 가격에 일부 과도한 상승overshooting이 있었다. 이는 앞서 설명한 일종의 국내 투자 편향home portfolio bias으로 설명할 수 있다.

독일은 자본이득이 플러스로 나타나는 이 일반적인 패턴에서 하나의 흥미로운 예외였다. 비교적 높은 수준인 독일의 저축 흐름을 보면 누구든 이 나라의 국민자산-소득 비율이 2015년에 기록한 430퍼센트보다 높게 나타나리라고 예상할 것이다. 연구개발비 지출을 저축에 포함해 산출한 추정치에 따르면 독일의 '사라진 자산'은 국민소득의 50~100퍼센트에 이른다. 이는 독일 통계기관들이 저축과 투자 흐름을 과대평가했거나 현재의 민간자산 스톡을 과소평가했을 수 있고, 혹은 둘 다일 수도 있음을 시사한다. 그러나 독일의 법체계가 민간자산의 소유주가 아닌 이해관계자들의 자산 통제권을 중시하기 때문에 다른 나라들과 같은 수준의 장기적인 자산 가격 회복이 이뤄지지 못했을 가능성도 있다. 예를 들어 임대료 통제는 부동산의 시장 가치가 다른 나라들만큼 많이 오르지 못하도록 막았을 수도 있다. 그와 비슷하게 기업 이사회의 종업원 대표에게 의결권을 준 것이 기업의 시장 가치를 감소시켰을 수 있다. 독일 사람들은 또한 비싼 자본재에 대해, 특히 주택에 대해 영국과 프랑스, 이탈리아 사람들과 같은 선호를 갖고 있지 않을 수도 있다. 이는 아마 독일 사람들이 고도로 집중화된 큰 수도에 사는 것보다 구심점이 여럿인 지방에 사는 것을 더 좋아하는 역사적이고 문화적인 이유에서일 것이다.

마지막으로, 유럽 국가 전체를 대상으로 평균적인 부의 축적을 따질 때 자산-소득 비율 결정 요인으로서 자본이득과 손실의 중요성은 줄어든다는 점에 유의해야 한다.[7] 독일의 영향으로 프랑스와 이탈리아, 영국보다 유럽 전체의 평균 자본이득이 더 적었다. 미국의 지역별 대차대조표로 자산 축적을 뜯어본다면 미국 내의 지역별 자산 가격 차이가 유럽에서 나타나는 것과 크게 다르지 않다는 점을 알 수 있을 것이다. 그러므로 비교적 작은 나라나 지역의 경제 단위 안에서는 상당히 큰 폭의 자산 가격 변동이

오랫동안 지속될 수 있지만, 더 큰 범위에서 보면 이러한 움직임은 자체적으로 조정되는 경향이 있다.[8]

국내자본 축적은 주로 주택자산 증가에 따른 것이었다

주택자산의 축적은 국내자본 전체의 축적에 큰 역할을 해왔지만 나라별로 상당한 차이를 보였다. 프랑스와 이탈리아, 영국에서는 국내자본-국민소득 비율 상승이 거의 전적으로 주택자산 증가에 따른 것이다(표 3.2.1). 일본에서 주택은 전체 국내자본 증가에서 절반 이하의 비중을 차지하며, 해외순자산이 많이 축적돼 있기 때문에 전체 국민자산 증가에서는 그보다 더 작은 비중을 차지한다.

대부분의 나라에서 다른 국내자본재 또한 국민자산 증가에 기여했는데, 이는 특히 그 자본의 시장 가치가 상승세를 보였기 때문이다. 우리는 특히—기업의 시장 가치와 장부 가치의 격차로 정의되는—토빈의 Q 비율을 살펴볼 수 있다.[9] 1970년대에 이 비율은 1을 크게 밑돌았다. 이는 기업이 보유하는 자산의 시장 가치가 (즉, 주식시장 가격이) 장부 가치(기업의 대차대조표에 표시된 회계상의 자산 가치로, 자산에서 부채를 뺀 값)를 상당 폭 밑돌았음을 의미한다. 그리고 1990~2000년대에 이 비율은 1에 가까웠다(때로는 1을 웃돌았다). 하지만 여기서도 국가 간에 흥미로운 차이가 있다. 영국, 미국과 달리 독일에서는 토빈의 Q가 매우 낮아 1을 크게 밑도는 (보통 약 0.5) 수준을 유지했다. 이에 대한 한 가지 해석은 위에서 간략히 설명한 '이해관계자 효과stakeholder effect'다. 독일 기업의 주주들은 기업자산에 대하여 완전한 통제권을 갖지 않으며—그들은 노동자 대표, 그리고 때로는 지방정부와 의결권을 나눠 갖는다—이는 기업의 주식시장 가치를 장부 가치 아래로 떨어트렸을 수 있다.[10] 그러나 또 하나의 가능성은 토빈의 Q 차이 중 일부가 데이터의 제약을 반영한 것일 수도 있다는 점이다. 실제로 대단히 이상하게도 대부분의 나라에서 토빈의 Q는 구조적으로 1을 밑도는 것으로 보인다. 원칙적으로 이 비율을 1 이상으로 끌어올려

표 3.2.1 선진국의 국내자본 축적(1970~2015): 주택과 다른 국내자본

	1970년 국내자본/국민소득 비율		2015년 국내자본/국민소득 비율		1970~2015년 국내자본/국민소득 비율 증가	
	주택	다른 국내자본	주택	다른 국내자본	주택	다른 국내자본
미국	357%		518%		161%	
	132%	225%	179%	339%	48%	113%
일본	378%		532%		154%	
	150%	228%	214%	318%	64%	90%
독일	326%		393%		67%	
	160%	166%	268%	125%	108%	−41%
프랑스	343%		576%		233%	
	122%	221%	412%	164%	290%	−57%
영국	339%		624%		376%	
	99%	240%	334%	290%	290%	50%
이탈리아	238%		612%		374%	
	108%	130%	439%	173%	331%	43%
캐나다	304%		520%		237%	
	126%	178%	302%	218%	190%	47%
호주	429%		715%		286%	
	184%	245%	410%	305%	227%	59%

2015년 이탈리아 국내자본의 가치는 국민순소득의 612퍼센트였다. 다시 말해 6.1년 치 국민소득과 맞먹었다. 국내자본은 시장 가치로 국민자산에서 해외자산을 뺀 값이다.

출처: 피케티와 주크먼(2014), 에스테버스바울루스(2017), 데이터 시리즈와 주석은 wir2018.wid.world를 보라.

제3부 공공자본 대 민간자본의 동태적 변화

야 할 무형자본이 불완전하게 반영되었다는 점을 고려하더라도 이상한 일이다. 국민계정에서 기업의 장부 가치가 과대평가되는 경향이 있다는 점도 이에 관한 부분적인 설명이 될 수 있다.

해외자산은 자산-소득 비율의 전반적인 변화에 중요한 역할을 해왔다

선진국에서 자산이 어떻게 축적되었는지에 관한 위의 분석은 자산이 국내에서 축적되었는지, 해외에서 축적되었는지를 구분하지 않는다. 국민자산은 국내자산과 해외순자산의 합으로 볼 수 있으며, 해외순자산은 해외자산(국내 거주자들이 해외에 보유한 자산)에서 해외부채(해외 거주자들이 국내에 보유한 자산) 총액을 뺀 값이다. 1970~2016년 국민자산과 해외순자산에 관한 데이터를 검토해보면 선진국의 해외순자산은—플러스이든 마이너스든—이 기간 내내 상대적으로 작은 부분을 차지했음을 알 수 있다(도표 3.2.1을 보라).

해외순자산은 국민자산에서 상대적으로 적은 부분을 차지함에도 불구하고 해외의 부는 자산-소득 비율의 전반적인 변화에서 중요한 역할을 해왔다. 첫째, 일본과 독일은 1990년대와 2000년대에 수출 지향적인 경제로 대규모 무역흑자를 내면서 상당한 규모의 해외순자산을 축적했다. 이 두 나라는 2015년까지 각각 국민소득의 약 50퍼센트와 70퍼센트에 상당하는 해외순자산을 보유했다. 일본과 독일의 해외순자산은 여전히 제1차 세계대전 이전 프랑스와 영국이 가졌던 것보다 훨씬 더 적지만 그럼에도 불구하고 상당한 수준으로 늘어났다.

그 결과 해외순자산의 증가는 이 두 나라의 전체 국민자산-국민소득 비율 상승의 4분의 1 이상을 차지한다. 그와 대조적으로 다른 대부분의 선진

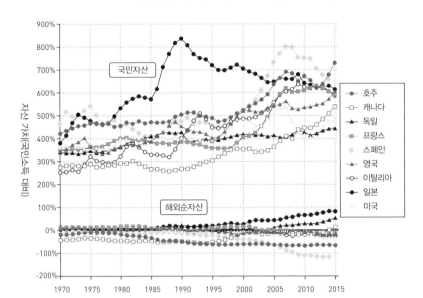

2015년 프랑스의 국민순자산 가치는 국민순소득의 591퍼센트였지만(다시 말해 5.9년 치 국민소득과 맞먹었지만), 해외순자산 가치는 국민순소득의 −10퍼센트였다. 국민순자산은 민간순자산과 공공순자산을 합친 값이다. 해외순사산은 사국민이 보유한 모든 해외자산에서 외국인이 보유한 모든 국내자산을 뺀 값이다.

출처: WID.월드(2017). 데이터 시리즈와 주석은 wir2018.wid.world를 보라.

국은 해외순자산이 마이너스—보통 국민소득의 −10퍼센트에서 −30퍼센트 사이—이며, 이 기간에 일반적으로 하락했다. 한 가지 주의해야 할 점은 이들 공식적인 해외순자산은 여러 선진국 거주자들이 조세천국에 보유한 상당 규모의 자산을 포함하지 않는다는 것이다. 그 자산을 포함하면 아마 선진국의 전체 해외순자산은 마이너스에서 플러스로 바뀔 것이며, 이러한 변화는 특히 역내 국내총생산의 15퍼센트에 상당하는 자산을 역외 조세천국에 두고 있는 유럽 대륙에서 두드러질 것이다.[11] 제3부 제4장과 제4부 제5장 역시 각각 러시아와 스페인의 역외자산 추정치를 제시한다.

둘째, 1970년 이후 각국이 보유한 해외자산의 총액은 엄청나게 증가해서 선진국 각국 국내자본의 상당 부분을 현재 다른 나라가 보유하고 있다. 국경을 넘는 자산 보유는 어느 곳에서나 상당히 많다. 유럽에서는 그 규모가 놀라울 만큼 크며 일본과 미국 같은 경제대국에서는 그보다 조금 더 작다. 한 가지 시사점은 해외 포트폴리오 자본의 이득과 손실은 매우 클 수 있고 나라와 시기에 따라 변동성이 클 수 있다는 것이다. 실제로 미국에서는 (호주와 영국에서도) 해외 포트폴리오에서 큰 자본이득이 발생했으며, 다른 몇몇 나라(일본, 독일, 프랑스)에서는 상당한 자본손실이 났다. 놀랍게도, 독일에서는 국가 전체적으로 사실상 모든 자본손실을 해외자산 탓으로 돌릴 수 있다. 미국에서는 국경을 넘는 포트폴리오의 순자본이득이 국가 전체적인 총 자본이득의 3분의 1을 차지하며, 이는 1970년 이후 국민자산─국민소득 비율의 전체 증가분과 같다.

도금시대로 회귀?

최근 통계를 더 장기간의 역사적 흐름에서 보지 않고 지난 몇십 년 동안 선진국의 자산─소득 비율 상승을 제대로 이해하기란 거의 불가능하다. 앞에서 개략적으로 이야기했듯이 1970년 이후 자산─소득 비율 상승의 상당 부분은 자본이득에 따른 것이다. 여기서 자본이득이 차지하는 비중은 평균 약 40퍼센트이며 국가 간에 커다란 차이가 있다. 그러나 핵심적인 질문은 이것이다. 이 자본이득은 상대적인 자산 가격의 (예를 들어 불균등한 기술 진보에서 기인한) 구조적이고 장기적인 상승에 따른 것인가, 아니면 단지 20세기 초에 나타난 자본손실을 메우는 회복 효과에 따른 것인가?

분석 기간을 100년 더 늘려서 자산−소득 비율 변화를 살펴보면 1970년 이후에 경험한 자본이득은 회복 효과에 따른 것임이 드러난다. 역사적인 데이터의 제약 때문에 이 장기적인 분석은 프랑스와 독일, 영국, 미국 네 나라에 국한된다. 그러나 이 네 나라는 두 가지 분명한 패턴을 보여준다. 유럽의 세 나라는 비슷한 U자형 패턴이 뚜렷해서, 오늘날의 국민소득 대비 민간자산 비율은 1870~1910년 기간에 나타난 600~700퍼센트에 달하는 높은 수준으로 되돌아가고 있는 것으로 보인다.

게다가 유럽의 공공자산−국민소득 비율은 지난 세기에 걸쳐 뒤집힌 U자형 곡선을 따랐다. 그러나 민간자산의 U자형 변화에 비하면 공공자산 축적 패턴의 크기는 매우 제한적이며, 이는 국민자산−소득 비율 또한 뚜렷한 U자를 그린다는 것을 의미한다(**도표 3.2.2**를 보라). 이는 또한 20세기가

도표 3.2.2 선진국 국민자산의 장기 추세(1870~2015)

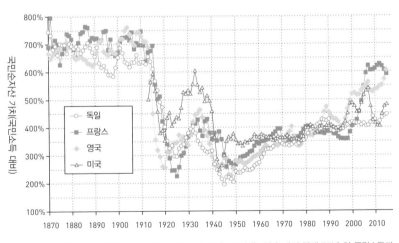

1870년 독일의 국민순자산 가치는 국민순소득의 745퍼센트였다. 다시 말해 7.5년 치 국민소득과 맞먹었다. 국민순자산은 민간순자산과 공공순자산을 합친 값이다.

출처: WID.월드(2017). 데이터 시리즈와 주석은 wir2018.wid.world를 보라.

시작될 무렵 유럽 국가들이 평균적으로 국민소득의 약 100퍼센트에 달하는 대단히 많은 플러스 해외순자산을 보유했음을 보여준다. 흥미롭게도 유럽의 해외순자산은 국민자산-소득 비율이 재차 미국의 비율을 넘어섰던 2000~2010년에 다시 (소폭) 플러스로 돌아섰다.

이처럼 일련의 기술적記述的 사실에서 시작해 저축과 성장률에 관한 최선의 역사적인 추정치를 이용하면 1870년 이후 저축과 자본이득의 상대적인 기여도를 추정할 수 있다. 이러한 분석에 의하면 그 140년 동안 이뤄진 모든 국민자산 축적을 저축 흐름으로 잘 설명할 수 있는 것으로 보인다. 그러나 민간자산-소득 비율의 차이를 완전히 설명하려면 프랑스와 영국, 미국에서 소폭의 자본이득이, 독일에서 소폭의 자본손실이 나타나야 한다. 그러나 모든 경우 소득 흐름은 자산 축적의 많은 부분을 설명하며 자본이득은 장기적으로 사라지는 것으로 보인다.

분석 기간을 여러 구간으로 나눠서 보면 모든 유럽 국가에서 자본의 가격효과가 뚜렷한 U자형을 그린다는 게 명백해진다. 예를 들어 영국은 1910년부터 1950년까지 한 해 -2퍼센트 가까운 실질 자본손실을 경험했고, 그 뒤 1950년부터 1980년까지 연간 약 1퍼센트, 그리고 1980년부터 2010년까지 약 2.5퍼센트의 실질 자본이득을 기록했다.[12] 프랑스도 비슷한 패턴을 보여서 이 두 나라의 데이터를 합치면 회복과정에서 약간의 과도한 상승이 이뤄져 1910~2010년 기간 전체적으로 자산의 실질적인 가격효과가 소폭 플러스인 것으로 여겨진다. 그와 대조적으로 독일에서는 자산 가격 회복이 아직 나타나지 않은 것으로 보이는데, 1910년부터 2010년까지 전체적으로 자산의 실질적인 가격효과가 평균 -1퍼센트에 가까웠다.

이처럼 기간을 나누어 분석하면 1910년부터 1950년까지 유럽에서 자산-소득 비율을 크게 떨어트린 요인을 분해해볼 수 있다.[13] 영국에서는 전쟁에 따른 파괴가 무시해도 좋을 정도의 영향만을 미쳐 전체 자산-소득 비율 하락의 약 4퍼센트만을 설명해준다. 대신 이 기간에 낮은 저축률이 자산－소득 비율 하락의 46퍼센트를 설명해주며 (해외 포트폴리오의 손실을 포함한) 자산 가격 하락 효과는 나머지 50퍼센트를 설명해준다. 이와 같은 자산 가격 하락 효과는 제1차 세계대전 후에 도입된 수많은 반反자본 정책에 따른 것이다. 그 전까지는 대체로 자본시장이 정부의 간섭을 받지 않고 굴러갔다. 이러한 정책은 1980년대부터 점차 폐지돼 자산 가격 회복을 촉진했다.

프랑스와 독일에서는 전쟁에 따른 물리적 파괴의 누적된 효과가 자산－소득 비율 하락의 약 4분의 1을 설명해준다. 나머지 4분의 3은 낮은 국민저축과 실질 자본손실이 절반씩을 설명한다. 흥미롭게도 1910년부터 1950년까지 민간자산－국민소득 비율은 프랑스와 독일에서보다 영국에서 덜 하락했지만 국민자산－소득 비율은 그 반대였는데, 이는 1950년을 전후해 영국이 대규모 공공부채를 지고 있었기 때문이다. 그러나 미국의 경우는 여기서도 유럽과 상당히 달라서 1910~1950년 자산－소득 비율 하락은 더 완만했고 1950년 이후 회복도 마찬가지였다. 자본이득에 관한 한 미국은 모든 기간에서 소폭이나마 플러스 가격효과를 보인다. 미국의 해외 포트폴리오 증가에 따른 자본이득 효과는 주로 최근 몇십 년 동안 더 커졌으며, 이는 과소평가된 저축과 투자 흐름으로 설명하기에는 너무 큰 것으로 보인다.

이러한 분석 결과는 자산 가격효과와 전쟁에 따른 파괴가 몇 년, 심지어 몇십 년 동안의 자산－소득 비율을 결정하는 데 대단히 중요하다는 점을 보여준다. 그러나 주요 선진국의 오늘날 자산 수준은 1870년 이후 전체적인 저축과 소득 증가율로 상당히 잘 설명할 수 있다.

이러한 연구 결과는 앞으로의 정책 결정에 몇 가지 시사점을 던져준다. 첫째, 20세기 중반 자산－소득 비율이 낮았던 것은 매우 특수한 환경에 따른 현상이었다. 두 차례 세계대전과 반자본 정책들이 세계의 자본스톡 중 많은 부분을 파괴했고 민간자산의 시장 가치를 감소시켰는데, 이런 일은 자유시장 체제에서 다시 발생할 가능성이 낮다. 반면 자산-소득 비율의 주된 결정 요인들―저축과 성장률―은 가까운 장래에 대단히 중요해질 가능성이 크다. 각국이 (유산 증가와 인생 주기 변화, 그리고 예비적 저축 때문에) 상당한 규모의 저축을 유지하는 한, 성장률이 낮은 나라에서는 자산-소득 비율이 높아질 수밖에 없다. 당장은 유럽과 일본에서 이런 효과가 뚜렷이 나타나겠지만 결국 어느 나라에서나 성장이 느려진다고 보면 자산-소득 비율도 전 세계적으로 높아지는 것이 당연하다.

자산-소득 비율이 높았던 시기로 회귀하는 것은 확실히 그 자체로 나쁘진 않지만 이는 자본에 대한 과세와 규제에 대해 새로운 문제를 제기한다. 부는 언제나 고도로 집중화되기에(이는 특히 자산 불평등의 동태적 변화를 지배하는 누적적이고 승수적인 과정 때문인데, 그에 관한 더 자세한 내용은 제4부를 보라) 자산-소득 비율이 높은 것은 부의 불평등, 그리고 잠재적으로 상속된 부의 불평등이 전후 기간보다 21세기에 전반적인 불평등 구조에서 더 큰 작용을 할 가능성이 높다는 걸 의미한다. 이런 변화는 자본과 상속에 누진적인 세금을 물릴 필요성을 뒷받침하는 것일 수 있다.[14] 국제적인 조세 경쟁 때문에 이러한 정책 변화가 일어나지 못한다면 반세계화와 반자본 정책의 새로운 물결이 일어날 가능성을 배제할 수 없다.

더욱이 각국의 저축과 성장률이 대부분 서로 다른 요인에 따라 결정되기 때문에 자산-소득 비율은 나라별로 크게 차이를 보일 수 있다. 이런 사실은 금융 규제에 중요한 시사점을 던진다. 자본이동이 자유로운 시장이 있을 때 각국의 자산-소득 비율이 큰 차이를 보인다는 것은 대규모 해외순자산의 존재를 시사하며, 이는 국가 간에 정치적 긴장을 불러올 수 있다. 자본시장이 완벽하지 않고 포트폴리오가 국내 투자에 치우치는 편향

이 있을 때는 구조적으로 자산-소득 비율이 높으면 일본과 스페인에서 경험한 바와 같은 국내자산 가격 거품을 부추길 수 있다. 나라 전체의 자산 스톡이 국민소득의 2~3년 치가 아니라 6~8년 치에 이를 때는 주택과 금융 시장의 거품이 더욱 파괴적일 수 있다. 일본과 스페인의 거품을 데이터로 쉽게 확인할 수 있다는 사실은 또한 자산-소득 비율을 잘 지켜보는 것이 적절한 금융·통화 정책을 설계하는 데 도움이 될 수 있음을 시사한다. 대부분의 관찰자가 일본과 스페인에서 자산 가격이 급속히 오르고 있다는 것을 알아차렸다. 하지만 잘 정의된 준거가 없으면 정책 결정자들에게 가격 상승이 지나친 것인지, 그에 대응해 행동을 해야 하는지 판단하기란 늘 어렵다. 이때 자산-소득 비율을 지켜보고 자산 축적 요인을 분해해보면 완벽하지는 않더라도 유용한 준거를 가질 수 있다.

제3장 옛 공산권 국가들과의 비교

이 장의 내용은 두 편의 논문에 바탕을 두고 있다. 첫 번째 논문은 필리프 노보크메트와 토마 피케티, 게이브리얼 주크먼이 2017년에 쓴 「소비에트에서 올리가르히까지: 1905~2016년 러시아의 불평등과 자산From Soviets to Oligarchs: Inequality and Property in Russia 1905-2016」(WID.월드 워킹 페이퍼 시리즈 2017/9호)이다. 두 번째 논문은 토마 피케티와 리 양, 게이브리얼 주크먼이 2017년에 쓴 「중국의 자본 축적, 사유재산과 불평등 심화, 1978~2015년Capital Accumulation, Private Property and Rising Inequality in China, 1978-2015」(WID. 월드 워킹 페이퍼 시리즈 2017/6호)이다.

▶ 중국과 러시아가 공산주의 체제를 벗어난 후 공공자산과 민간자산의 변화는 1970~1980년대 이래 일반적으로 선진국에서 국민소득 대비 민간자산이 증가하는 가운데 나타난 극단적인 경우로 볼 수 있다.

▶ 두 나라의 경험은 주로 제도적 차이, 특히 각각의 공공자산 민영화 전략으로 설명할 수 있다. 민영화는 중국보다 러시아에서 훨씬 더 빠른 속도로, 더 혼란스러운 방식으로, 더 광범위하게 이뤄졌는데, 이는 러시아가 국유기업들에 대해 '충격 요법'식 자유화 정책과 바우처 민영화 계획을 시행했기 때문이다.

▶ 1980년 중국과 러시아의 민간자산은 거의 같은 수준이었으나 2015년 중국의 민간자산은 국민소득의 약 500퍼센트에 이르렀는데, 이는 미국과 거의 같고 프랑스와 영국(550~600퍼센트)에 비해서는 조금 낮은 수준이다. 반면 러시아에서 이 비율은 350~400퍼센트로 훨씬 더 낮았다.

▶ 중국의 공공자산이 1980년부터 2015년까지 약 200~250퍼센트에 머무른 데 비해 러시아에서는 300퍼센트에서 100퍼센트 미만으로 크게 감소했는데, 이 역시 두 나라가 펼친 민영화 정책의 차이를 반영한다.

▶ 저축과 투자 유인의 차이로 인해 러시아에서는 자산의 상당 부분이 이 나라를 떠나 역외자산으로 머무른 반면 중국에서는 자산 중 압도적으로 많은 부분이 국경 안에 남아 국내자산에 투자되었다.

중국과 러시아가 공산주의를 버리고 체제를 전환한 것은 두 나라에서 전체 자산에 심층적인 영향을 미쳤다. 그러나 두 나라 사이에는 상당한 차이도 있는데, 무엇보다 민간자산－국민소득 비율 변화에서 뚜렷한 차이를 찾아볼 수 있다. 제3부 제2장에서 자세히 검토했듯이 1970~1980년대에 선진국에서 일반적으로 국민소득에 비해 민간자산이 늘어난 것은 성장 둔화와 상대적으로 높은 저축률, 그리고 전반적인 자산 가격 상승이 어우러진 결과라고 할 수 있다. 중국을 비롯한 옛 공산권 국가들과 더불어 러시아는 이런 일반적인 변화의 극단적 사례라고 볼 수 있다. 하지만 두 나라가 택한 자유화와 공공자산 민영화 전략 또한 이들 나라의 국민소득 대비 자산 비율 변화에 결정적인 영향을 미쳤다.

　중국에서처럼 러시아에서도 1980년대에는 민간자산 규모가 매우 제한적인 수준이어서 두 나라 모두 국민소득 대비 100퍼센트를 조금 넘는 수준이었다. 그러나 2015년까지 중국에서 민간자산은 국민소득의 약 500퍼센트로 미국과 거의 같은 수준에 이르렀고 프랑스와 영국의 수준(550~600퍼센트)에 급속히 가까워지고 있다. 러시아에서도 국민소득에 비해 민간자산이 크게 증가했지만, 그 비율은 2015년 약 350~400퍼센트에 그쳐서 **도표 3.3.1**에서 보여주듯 중국과 서방 국가들에 비해서는 매우 낮은 수준이다. 러시아의 민간자산에 역외자산 추정치를 포함시키지 않으면 이 격차는 더 커질 것이다(이는 제3부 제5장에서 더 논의한다). 역외자산은 전 세계적으로 국민소득의 10퍼센트 정도이지만 러시아에서는 국민소득의 약 70퍼센트에 이르기 때문에 러시아의 추정치에 포함시켜야 할 중요한 자산이다.[15]

　러시아의 국민자산 증가는 전적으로 민간자산이 늘어난 데 따른 것이

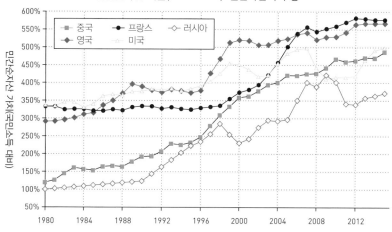

도표 3.3.1 중국, 러시아와 선진국의 국민순소득 대비
민간순자산 비율(1980~2015): 민간자산의 부상

2015년 미국의 민간자산 가치는 국민소득의 500퍼센트였다. 즉, 5년 치 국민소득과 맞먹었다.
민간순자산은 민간자산에서 민간부채를 뺀 값이다.

출처: 노보크메트, 피케티, 주크먼(2017). 데이터 시리즈와 주석은 wir2018.wid.world를 보라.

며, 민간자산 자체는 공공자산이 줄어든 대신 늘어났다. 지난 사반세기 동
안 국민소득 대비 국민자산은 느린 속도로 늘어났을 뿐이다. 러시아의 국
민자산이 1990년 국민소득의 400퍼센트에서 2015년 450퍼센트로 늘어나
는 동안 공공자산은 국민소득의 약 300퍼센트에서 90퍼센트 미만으로 줄
었다. 그와 대조적으로 중국의 공공자산은 1978년부터 2015년까지 비교적
일정한 수준을 유지해서 국민소득의 230퍼센트 남짓이었다. 앞서 설명했
듯이 중국에서는 민간자산이 큰 폭으로 증가하는 가운데 국민자산은 같
은 기간 국민소득의 약 350퍼센트에서 700퍼센트로 2배 늘었다(**도표 3.3.2**
를 보라). 흥미롭게도 러시아의 국민자산은 공산주의가 끝난 뒤 눈에 띄게
줄어들어서 1990년 국민소득의 약 425퍼센트에서 2000년 300퍼센트로 감
소했다. 이는 대체로 공공자산(특히 국유기업의 자산)을 민간부문으로 이

도표 3.3.2 중국, 러시아와 선진국의 국민순소득 대비
국민순자산 비율(1980~2015): 국민자산의 축적

2015년 중국의 국민자산 가치는 국민소득의 710퍼센트였다. 즉, 7.1년 치 국민소득과 맞먹었다.
국민순자산은 민간순자산과 공공순자산을 더한 값이다.

출처: 노보크메트, 피케티, 주크먼(2017). 데이터 시리즈와 주석은 wir2018.wid.world를 보라.

전하기 위해 이른바 충격 요법과 바우처 민영화 전략을 급속히 시행한 데 따른 것이었다. 반면 중국에서는 1978년 '개혁·개방' 정책 후 첫 10년 동안 국민소득 대비 공공자산 비율이 오르락내리락했다가 그 후에는 대체로 상승세를 유지했다. 국유기업과 기존 주택의 민영화 속도는 러시아에서보다 중국에서 훨씬 더 느려서 공공부문에서 민간부문으로 부가 더 점진적이고 일관되게 이전될 수 있었다. 1998~2002년, 그리고 2006~2010년 중국에 비해 러시아에서 자산 변동이 더 크게 나타난 것은 대부분 이 시기에 러시아에서 나타난 주식시장 변동으로 설명할 수 있다.

러시아와 중국이 국민자산 축적에서 보이는 매우 상이한 패턴은 몇 가지 요인으로 설명할 수 있다. 첫째, 저축률(자본의 가치 감소분 제외)은 중국에서 훨씬 더 높아서 러시아는 기껏해야 15~20퍼센트인 데 비해 중국은 보통 30~35퍼센트에 이르렀다. 어떤 나라가 저축을 더 많이 할수록 부를 더 많이 쌓게 되는 것은 당연하다. 둘째, 중국에서 이러한 저축은 국내 투자 자금으로 활용되었으며, 따라서 중국의 국내자본 축적으로 이어졌다. 그와 대조적으로 러시아의 국민저축 가운데 대단히 많은 부분―보통 절반 가량―은 매우 큰 폭의 무역흑자와 경상수지 흑자를 통해 국내 투자보다는 해외 투자의 자금으로 활용되었다. 이를 그 자체로 반드시 불리한 것이라 할 수는 없지만 이처럼 큰 폭의 해외 저축 흐름은 부의 축적이 거의 이뤄지지 않는 결과를 낳았다. 부실한 포트폴리오 투자와 자본도피, 그리고 자산의 역외 유출로 인해 전반적으로 흑자가 잘못 관리되었기 때문이다.

러시아의 국민자산 계산에 역외자산을 포함시키지 않을 경우, 역시 러시아와 중국 사이의 격차는 더욱 커질 것이다. 역외자산이 대부분 특정 국가의 정부 통제를 벗어나 있다는 점을 고려할 때, 러시아 자산에 그것을 포함시키면 독자들은 틀림없이 러시아 자산의 추세 변화를 이해하는 데 도움을 받겠지만, 이 나라의 자산 가치를 과대평가한다고 할 수도 있다. 그에 비해 국민자산을 추정하는 데 누적된 무역흑자를 전부 고려하면 러시아의 국민자산―국민소득 비율은 2015년에 약 700퍼센트로 중국과 같은 수준에 이르렀을 것이다. 이런 요소들을 포함시키는지 여부에 따라 자산의 변화가 크게 달라지는 것은, 이 문제가 경제 전체적으로 중요하다는 것을 잘 보여준다.

마지막으로, 중국의 국민자산―소득 비율은 러시아보다 더 높은데, 이는 상대적인 자산 가격이 러시아에서보다 중국에서 더 올랐기 때문이다. 특히 토빈의 Q 비율은 러시아에서보다 중국에서 1에 훨씬 더 가깝다.[16] 이는 늘 자산 가치가 매우 낮게 평가되었던 러시아에 비해 중국에서 부를 형성하는 자산의 시장 가치(즉, 주식시장 가격)가 장부 가치(즉, 기업의 대차대조표에 바탕을 둔 자산 가치로, 기업의 자산에서 부채를 뺀 값)에 훨씬 더 가깝다는 뜻이다. 이러한 연구 결과의 해석은 몇 가지 다른 요인을 반영할 수 있다.

먼저 중국 쪽을 보면, 토빈의 Q 비율이 1에 가까워지도록 영향을 미친 핵심 요인은 중국 증권거래소의 상장기업 수를 제한하는 자본시장 규제다.[17] 러시아 쪽에는 더 많은 요인이 있다. 토빈의 Q 비율이 낮은 데 대한 한 가지 해석은 기업 이해관계자 모델에 따르면 주주 외에도—기업의 의사결정 권한을 공유하는 노동자 대표, 그리고 때로 지역 정부를 포함한—다양한 경제활동 주체가 있으며, 그 때문에 주식의 시장 가치가 낮아질 수도 있지만 그렇다고 꼭 기업의 사회적 가치가 떨어지지는 않는다는 것이다. 토빈의 Q 비율이 낮은 까닭에 대한 그보다 덜 낙관적인 해석은 러시아에 더 잘 들어맞을 수 있는데, 재산권 규정이 허술하고 주주권 보호가 약한 것은 명확한 규율에 따라 효율성을 높일 수 있는 이해관계자들이 있기 때문이 아니라 단순히 법체계가 잘 작동하지 않기 때문이라는 해석이다. 더욱이 이처럼 낮은 시장의 평가는 러시아 기업의 경영과 통제에 있어서 역외자산과 법체계의 아웃소싱이 갖는 중요성을 반영한다. 다시 말해 러시아 기업들은 역외의 법적 주체와 복잡한 계약관계를 맺고 있으며, 이런 체제에서는 러시아 법체계의 지배를 받고 모스크바 주식시장에서 거래되는 공식적인 주식은 단지 겉으로 보이는 부분일 뿐이다.[18]

중국과 러시아 같은 옛 공산주의 국가는 애초 공공자산 비중이 훨씬 더 컸다가, 최근 들어 선진국들이 그랬던 것처럼 전체 자산 중 공공자산의 전반적인 비중이 작아지는 일반적인 패턴을 똑같이 따랐다. 공산주의 국가였던 중국과 러시아에서 공공순자산의 비중은 1980년 약 70퍼센트에서 2015년 각각 35퍼센트와 20퍼센트로 줄어 공공부문과 민간부문 자산 비율에서 확실한 역전을 보여주었다. **도표 3.3.3**에서 보듯 국민순자산 중 공공순자산과 민간순자산의 비중은 두 나라에서 다 역전되었는데, 중국에서는 1978년 약 70퍼센트 대 30퍼센트에서 2015년 30퍼센트 대 70퍼센트로, 러시아에서는 1990년 70퍼센트 대 30퍼센트에서 2015년 20퍼센트 대 80퍼센트로 바뀌었다. 이들 나라의 최근 공공자산 대 민간자산 비율은 이른바 '자본주의' 국가들이 제2차 세계대전 후 혼합경제 체제를 거치던 시기(1950~1980)에 보여준 비율과 그리 다르지 않다. 그러나 이 두 나라는 더 이상 공공의 소유가 지배적인 재산 소유 형태가 아니라는 의미에서 공산주의 체제로부터 벗어났음에도 여전히 다른 자본주의 국가들에 비해 공공자산 비중이 훨씬 더 높다. 이는 두 나라의 공공부채가 적은 데다, 러시아의 경우 에너지 부문과 같은 공공자산이 상당히 많기 때문이다(**도표 3.3.3**).

　그러나 중국과 러시아의 경험에는 큰 차이가 있다. 러시아에서 공공자산 대 민간자산 비율이 더 큰 폭으로, 더 짧은 기간에 역전된 것은 중국에 비해 러시아에서 더 빠른 속도로 더 심층적인 민영화가 이뤄졌음을 분명히 보여준다. 실제로 중국에서 민영화는 여전히 진행 중이며, 중국 당국이 그렇게 하기로 결정만 하면 공공자산과 민간자산의 비율을 현 수준에서 안정시킬 수도 있다. 그와 대조적으로 러시아 민영화의 '충격 요법'은 중국

도표 3.3.3 옛 공산권 국가와 선진국의 국민자산 중 공공자산 비중(1980~2015)

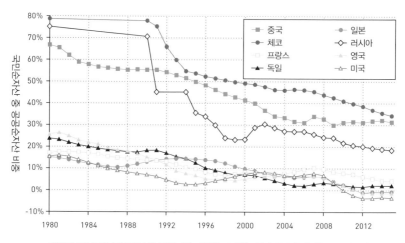

2015년 러시아의 국민자산 중 공공자산 비중은 19퍼센트였다. 공공순자산은 공공자산에서 공공부채를 뺀 값이다. 국민순자산은 민간순자산과 공공자산을 더한 값이다.

출처: 노보크메트, 피케티, 주크먼(2017). 데이터 시리즈와 주석은 wir2018.wid.world를 보라.

과 다른 옛 공산권 국가들이 따랐던 방식과는 매우 달랐다. 그 차이는 러시아가 시장경제로 이행하기 시작한 직후인 1990년부터 1995년까지 뚜렷이 드러났는데, 이 기간에 러시아에서는 국민순자산 중 공공순자산 비중이 70퍼센트에서 35퍼센트로 떨어져, 55퍼센트에서 50퍼센트로 떨어진 중국에 비해 5배나 큰 하락률을 기록했다. 이런 변화가 소득 불평등과 자산 불평등에 미치는 영향은 각각 제2부와 제4부에서 더 자세히 논의한다.

그에 비해 중국과 러시아의 해외자산 비중은 두 나라가 공산주의 체제에서 전환한 이후 비슷했는데, 그 이유는 전혀 달랐다. **도표 3.3.4**는 두 나라가 플러스 해외순자산을 보유하고 있음을 보여주는데, 이는 중국과 러시아 국민이 국외에 보유한 자산이 외국인들이 두 나라에 보유한 자산보다 더 값나간다는 뜻이다. 러시아의 해외순자산은 주로 이 나라의 경제와

도표 3.3.4 옛 공산권 국가의 해외순자산(1990~2015)

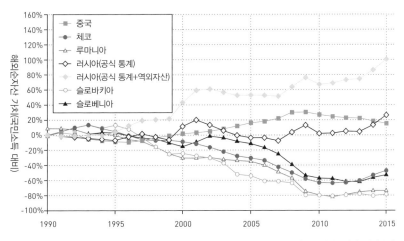

2015년 러시아의 국민소득 중 (역외자산을 포함한) 해외순자산 비중은 101퍼센트였다. 해외순자산은 내국인이 외국에 보유한 모든 자산에서 외국인이 국내에 보유한 모든 자산을 뺀 값이다.

출처: 노보크메트, 피케티, 주크먼(2017). 데이터 시리즈와 주석은 wir2018.wid.world를 보라.

주어진 자연 조건에 따른 것이다. 자연자원의 양은 많긴 하나 반드시 영구적인 것은 아니다. 러시아의 부존자원은 중동과 다른 지역의 석유 부국들처럼 이 나라가 미래를 위해 무역흑자와 외환보유액을 쌓을 수 있도록 해준다.

그러나 중국이 러시아와 비슷한 규모의 해외순자산을 축적한 것은 훨씬 더 놀라운 사실로, 자산 축적과정상 두 나라 간의 커다란 차이를 나타낸다. 중국의 해외순자산 축적은 어떤 중요한 자연자원도 주어지지 않은 가운데, 그리고 1990~2015년 사이 국민소득 대비 평균 3퍼센트 미만의 훨씬 더 적은 무역흑자를 내는 가운데 이뤄졌다. 그에 비해 같은 기간 러시아의 국민소득 대비 무역흑자는 평균 10퍼센트에 이르렀다. 이는 중국이 무역흑자와 외환보유액을 훨씬 더 효율적으로 관리했다는 사실을 보여준다. 중국 공산당은 이를 경제와 금융 주권을 지키는 데 필수라고 보았으며 외국인 투자자의 권한을 제한하는 정치적 선택을 했다.

정치 제도와 이념의 차이는 중국과 러시아의 국민자산-국민소득 비율, 그리고 국민자산 중 공공부문과 민간부문 비중의 변화에서 순수한 경제적 요인들보다 훨씬 더 큰 역할을 한 것으로 보인다. 이미 강조했듯이 러시아의 민영화 전략이 보인 속도와 깊이는 훨씬 더 느리고 더 점진적인 이행 계획을 시행한 중국의 경우와 매우 달랐으며, 특히 러시아가 바우처 민영화 계획을 통해 국유기업을 헐값에 판 것이 그랬다. 더욱이 저축과 투자 유인의 차이로 인해 러시아에서는 자산의 상당 부분이 러시아를 떠나 역외자산 형태로 보유된 반면, 중국의 자산 중 압도적으로 많은 부분은 국경 안에 머물렀다.

제4장 중국의 자본 축적, 사유재산, 그리고 불평등 심화

이 장의 내용은 토마 피케티와 리 양, 게이브리얼 주크먼이 2017년에 쓴 논문 「중국의 자본 축적, 사유재산과 불평등 심화, 1978~2015년Capital Accumulation, Private Property and Rising Inequality in China, 1978-2015」(WID.월드 워킹 페이퍼 시리즈 2017/6호)에 바탕을 두고 있다.

▶ 중국의 국민자산이 최근 몇십 년 동안 국민소득의 350퍼센트에서 700퍼센트로 2배가 되는 동안 그 구성 또한 극적으로 바뀌었다. 1970년대 말 전체 자본의 절반에 가까웠던 농업자산의 비중은 2010년대 중반 10분의 1 미만으로 줄어들었다. 그와 대조적으로 주택부문의 민영화와 자본시장 자유화로 중국의 국민자산 구성에서 주택과 국내자본은 압도적인 비중을 차지했다.

▶ 아마 가장 놀라운 변화는 중국의 국민자산 중 공공자산과 민간자산의 비중에서 나타난 변화일 것이다. 중국의 민간자산은 1978년 국민소득의 약 100퍼센트에서 2014년 450퍼센트로 늘어났는데, 이는 주로 기존 주택의 민영화가 프랑스와 미국, 영국에서 볼 수 있는 수준에 가까워졌기 때문이다.

▶ 공공자산과 민간자산의 균형을 보면, 1978년 70대 30으로 나뉘었던 공공자산 대 민간자산 비율은 2015년에 35대 65로 바뀌었는데, 공공자산 비중은 계속 높은 수준을 유지해서 국민소득의 약 250퍼센트였다. 이는 선진국과 비교했을 때 높은 수준이다.

▶ 중국의 높은 저축률은 자산 축적을 이끈 중요한 동인이었지만, 시뮬레이션에 따르면 자산 증가의 50~60퍼센트를 설명하는 데 그쳤다. 나머지는 상대적인 자산 가격 상승으로 설명할 수 있다.

▶ 중국의 자산 축적은 주로 국내자본 축적에 따른 것이다. 중국의 해외순자산은 2000년 이후 크게 증가했지만 일본이나 독일에 비해서는 상대적으로 많지 않은 수준이었다. 한편 중국은 유럽과 북미에 비해 외국인의 기업 소유에 대해 더 회의적이었다.

중국이 혼합경제 체제로 이행하면서 국민자산은 급속히 증가했고, 그 구성에도 근본적인 변화가 일어났다

중국의 국민자산-국민소득 비율은 최근 몇십 년 동안 크게 높아졌다. 중국의 국민소득 대비 국민자산 비율은 1978년 약 350퍼센트였지만 1993년까지 500퍼센트에 이르렀고 2015년에는 700퍼센트를 웃돌았다. 국민자산 구성은 극적으로 바뀌었다. **도표 3.4.1**이 보여주듯 농업용 토지는 1978년 전체 자본의 거의 절반을 차지했으나 2015년에는 전체 자본의 10분의 1 미만으로 급감했다. 그와 대조적으로 주택과 기타 국내자본(건물, 장비, 기계, 특허권을 비롯해 기업과 공공기관, 가계가 활용하는 각종 자산)은 그 규모나 전체 자본에서 차지하는 비중 면에서 크게 증가했다. 주택자산이 1978년 국민소득의 대략 50퍼센트에서 2015년 약 200퍼센트로 늘어나는 동안 기타 국내자본은 1978년부터 2015년까지 국민소득의 대략 100퍼센트에서 350퍼센트로 늘어나 가장 비중이 큰 자산이 되었다. 21세기에 접어든 후 해외순자산 또한 중국의 국민자산을 눈에 띄게 늘려 국민소득의 약 25퍼센트에 이르렀다.

그러나 1970년대 말 이후 가장 놀라운 변화는 아마 국민자산 중 민간자산과 공공자산의 구성비에서 나타난 변화일 것이다(**도표 3.4.2**를 보라). 민간자산은 1978년 국민소득의 약 100퍼센트로 상대적으로 적었다가 2014년에는 450퍼센트 이상으로 증가했다. 그에 비해 공공자산은 같은 기간 국민소득의 200퍼센트와 250퍼센트 사이에서 대체로 안정된 수준을 유지했다(먼저 1993~1994년 소폭 증가했다가 그 후 당초 수준으로 돌아갔다). 그 결과 국민자산에서 공공자산과 민간자산의 균형은 크게 달라져, 이 나라가 공산주의 체제에 기반을 둔 경제 모델에서 혼합경제 형태로 이행하면서 공공자산과 민간자산 비율은 1978년 70대 30에서 2015년 35

도표 3.4.1 중국의 국민자산 구성(1978~2015)

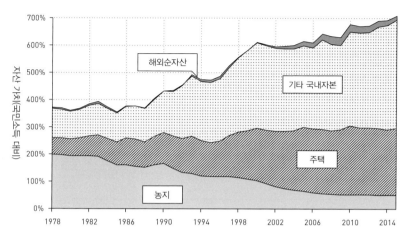

2015년 국민자산의 가치는 국민소득의 710퍼센트, 다시 말해 7.1년 치 국민소득과 맞먹었다. 주택자산 총액은 국민소득의 246퍼센트였다.

출처: 피케티, 양, 주크먼(2017). 데이터 시리즈와 주석은 wir2018.wid.world를 보라.

대 65로 바뀌었다. 그러나 **도표 3.4.3**에서 볼 수 있듯이 중국 경제에서 국민자산의 민영화 범위는 부를 이루는 자산의 형태에 따라 달라진다. 주택부문에서는 특히 광범위한 민영화가 이뤄져 민간부문의 주택 비중은 1978년부터 2015년까지 약 50퍼센트에서 95퍼센트 이상으로 늘어났고, 다른 형태의 국내자본에서는 공공부문 비중이 줄었지만 여전히 약 50퍼센트에 달했다. 예를 들어 1978년 거의 전적으로 국가가 소유했던 국내 주식(상장주식과 비상장주식)은 2015년까지 민간 소유 비중이 약 30퍼센트로 늘어났다. 정부는 계속해서 약 60퍼센트를 소유하고 나머지 10퍼센트를 외국인이 보유했다. 흥미롭게도 중국 주식 중 공공부문의 소유는 2006년까지 상당히 줄었지만 2007년 이후 안정된 수준을 유지했고 심지어 조금 늘어난 것으로 보인다.

도표 3.4.2 중국의 국민자산 구조(1978~2015)

세로축: 자산 가치(국민소득 대비)

- 국민순자산 (공공+민간)
- 민간순자산(가계)
- 공공순자산(정부)

2015년 민간순자산의 가치는 국민순소득의 487퍼센트였다. 다시 말해 4.8년 치 국민소득과 맞먹었다. 중국의 공공자산은 국민소득의 223퍼센트에 이른다. 국민순자산은 민간순자산과 공공순자산을 합친 값이다. 민간순자산은 민간자산에서 민간부채를 뺀 값이다. 공공순자산은 공공자산에서 공공부채를 뺀 값이다.

출처: 피케티, 양, 주크먼(2017). 데이터 시리즈와 주석은 wir2018.wid.world를 보라.

도표 3.4.3 중국 내 자산 유형별 민간자산의 비중(1978~2015): 민간자산의 부상

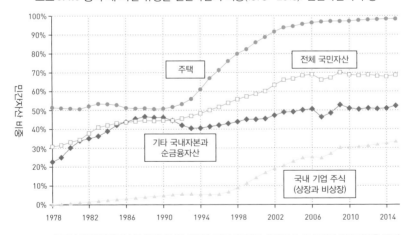

세로축: 민간자산 비중

- 주택
- 전체 국민자산
- 기타 국내자본과 순금융자산
- 국내 기업 주식 (상장과 비상장)

2015년 전체 국민자산 중 민간자산의 비중은 69퍼센트였다. 주택자산 중 민간자산의 비중은 98퍼센트였다.

출처: 피케티, 양, 주크먼(2017). 데이터 시리즈와 주석은 wir2018.wid.world를 보라.

제3부 공공자본 대 민간자본의 동태적 변화

중국의 국민소득 대비 민간자산 비율은 현재 450~500퍼센트 범위에 있으며 대부분의 OECD 국가에서 나타나는 수준에 훨씬 더 가까워졌다. 미국은 이 비율이 500퍼센트에 가깝고 영국은 550~600퍼센트 수준이다. 하지만 중국은 이들 서방 국가와 달리 공공자산을 상당한 비중으로 유지한다. 서방 국가에서는 공공부문의 순자산이 매우 적거나 심지어 공공부채가 공공자산을 초과해 순자산이 마이너스인 경우도 있다. 실제로 오늘날 중국에서 공공부문 자산의 비중은 1950년대부터 1980년대까지 서방 국가에서 보여준 수준보다 비교할 수 없을 만큼 크지는 않더라도 어느 정도 큰 편이며 최근에는 더 커진 것으로 여겨진다. 2008년 금융위기 이후 중국의 혼합경제에서 공공부문 비중은 높아진 것으로 보이며, 국내자본 축적은 중국에서 자산 증가를 촉진한 주된 요인 중 하나였다.

공공부문이 보유한 자산의 규모와 구조는 중국의 경제개발에 있어 커다란 시사점을 갖는다. 공공자산의 규모는 국가가 산업과 지역개발을 위한 정책을 시행하는 데 중요한 영향을 미친다. 때로는 그 때문에 더 효율적으로 정책을 펼 수도 있고, 그렇지 않을 수도 있다. 이는 재정 면에서도 상당한 영향을 미친다. 공공순자산이 마이너스인 경우 정부는 공공지출과 복지이전의 재원을 조달하려면 거액의 이자를 지급해야 하지만, 공공순자산이 플러스인 경우 상당한 자본소득을 얻으며 세금을 거둬서 할 수 있는 것보다 더 많은 공공지출 재원을 마련할 수 있다.

중국 내 국민자산 중 공공자산의 비중과 노르웨이처럼 대규모 국부펀드를 가진 자원 부국의 공공자산 비중 변화를 비교해보면 흥미롭다. 두 나라는 자산 구조가 뒤바뀌었다. 중국의 국민자산 중 공공자산 비중은 1978년부터 2015년까지 70퍼센트에서 30퍼센트로 떨어진 반면, 같은 기간 노르웨이에서는 그 비중이 30퍼센트에서 60퍼센트로 높아졌다(**도표 3.4.4를 보라**). 노르웨이와 중국의 공공자산에서 볼 수 있는 가장 중요한 차이는 중국과 달리 노르웨이에서는 공공자산이 대부분 해외에 투자된다는 점이다. 큰 폭의 플러스 공공순자산은 자본소득을 창출하며, 이는 대부분 추가적인 해외자본을 축적하는 기반으로 활용된다. 또한 장기적으로 세금을 줄이고 공공지출을 더 많이 할 수 있는 재원으로 활용된다. 그런 의미에서 노르웨이의 공공자산 형태는 중국과 많이 다르다. 따라서 노르웨이의 공공자산은 중국에서처럼 산업 개발과 경제에 대한 통제 수단을 보유하려는 목적이라기보다는 주로 재정과 금융상의 목적을 위해 축적된다. 그런가 하면 노르웨이의 국부펀드는 예컨대 특정한 사회 정책과 환경 정책을 지원하는 데 활용되기도 한다.

도표 3.4.4 중국과 선진국의 공공자산 비중 변화(1978~2015)

2015년 중국의 전체 국민자산 중 공공자산 비중은 31퍼센트였던 데 비해 미국의 공공자산 비중은 -4퍼센트였다. 국민순자산은 민간순자산과 공공순자산을 합친 값이다. 공공순자산은 공공자산에서 공공부채를 뺀 값이다.

출처: 피케티, 양, 주크먼(2017). 데이터 시리즈와 주석은 wir2018.wid.world를 보라.

제3부 공공자본 대 민간자본의 동태적 변화

이 기간에 중국의 높은 저축률과 투자율은 부의 축적을 이끈 중요한 동인이었다. 하지만 그것만으로는 중국 내 부의 증가를 다 설명할 수 없으며 이는 일부 선진국의 경우도 마찬가지였다. 중국이 축적한 부를 이해하는 데 다른 중요한 요소는 상대적인 자산 가격 상승이다. 특히 주택과 주식 가격이 소비자물가에 비해 상당히 빠른 속도로 올랐다.

토마 피케티와 리 양, 게이브리얼 주크먼의 추정에 따르면 중국에서 저축은 1978년 이래 자산-소득 비율 상승의 50~60퍼센트를 설명하는 데 비해, 상대적인 자산 가격 상승은 남은 40~50퍼센트를 설명한다.

선진국에서와 마찬가지로 중국에서도 상대적인 자산 가격 상승은 여러 요인이 어우러진 결과였다. 그중 첫 번째는 주택자산에 대한 중국 가계의 높은 선호와 수요인데, 이는 부분적으로 다른 저축과 투자 수단에 대한 접근이 제한돼 있기 때문일 수 있으며—예컨대 중국 국민은 해외 투자를 할 수 없으며, 자본시장이 발전하는 데는 시간이 걸렸다—공적연금 체계 확대에 대한 인식이 불충분하기 때문일 수도 있다. 두 번째 요인은 임대료 제한 폐지와 세입자에 대한 집주인의 상대적인 권리 확대, 그리고 기업 내 주주와 노동자 간의 상대적인 권력 조정을 포함해 사유재산권을 강화하는 법체계의 변화다.

1996~2015년 중국의 자산 축적을 부문(공공부문과 민간부문)별, 자산(금융자산과 비금융자산)별로 분해해보면 흥미로운 통찰을 얻을 수 있다. 민간자산을 분석할 때는 자산에 대한 투자수익률 면에서 뚜렷한 차이가 나타난다. 주거용 주택자산(수익률 163퍼센트)을 비롯한 비금융자산에서는 높은 플러스 자본이득(231퍼센트)이 발생했지만, 순금융자산에서는 자본이득(1퍼센트)이 무시할 만한 수준에 그쳤다. 반면에 공공부문에

서는 금융자산에서 높은 자본이득(68퍼센트)이 생겼지만, 비금융자산에서는 자본이득(19퍼센트)이 더 적었다. 이처럼 공공부문 금융자산의 높은 자본이득 중 대부분은 정부 소유 지분에서 나온 것으로, 2003년에 시작된 국유기업 개혁 및 2006년부터 이뤄진 전례 없는 국유기업 공개 바람과 관련 있다. 중국은 또한 해외순자산에서 두드러진 자본손실을 보였는데, 이는 일정 부분 2004년 이후 위안화의 평가절상에 따른 것이다. 이로부터 왜 대규모 경상수지 흑자에도 불구하고 해외순자산은 (2000년 국민소득의 −9퍼센트에서 2015년 15퍼센트로) 완만하게 늘어나는 데 그쳤는지를 설명할 수 있다.

중국은 일본과 마찬가지로 유럽이나 북미 국가에 비해 외국인 소유권에 대해 더 회의적이다

지난 40년 동안 중국의 자산 증가에서 국내 금융중개도 핵심적인 역할을 했다. 국내총자본 대비 국내 금융부채 총액—즉, 가계와 정부, 기업 부문이 진 채무와 발행한 주식을 모두 합한 금액—비율은 1978년 60퍼센트에서 2015년 140퍼센트로 높아졌다. 이는 1970년대 말 중국이 보여준 제한적인 금융 발전을 고려할 때 상당히 큰 폭의 증가다. 그러나 이러한 금융 발전에도 불구하고 중국의 금융중개는 여러 서방 국가에 비해 훨씬 더 낮은 수준에 머물렀다. 도표 3.4.5에 나타난 것처럼 서방 국가의 국내자본 대비 금융중개 비율은 1978년 100~140퍼센트에서 2015년 200~300퍼센트로 상승했다.

그러나 중국 기업에 대한 외국인 지분은 자산 증가에 있어 큰 역할을 하지 못했다. 중국의 국내 금융부채 중 외국인 보유 지분은 2015년 5퍼센

제3부 공공자본 대 민간자본의 동태적 변화

도표 3.4.5 중국과 선진국의 국내 금융부채(1978~2015): 금융중개의 부상

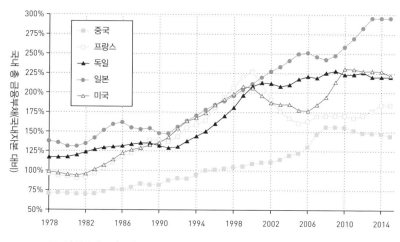

2015년 중국의 국내 금융부채는 국내자본의 145퍼센트에 이른 데 비해 독일의 금융부채는 220퍼센트였다.

출처: 피케티, 양, 주크먼(2017). 데이터 시리즈와 주석은 wir2018.wid.world를 보라.

트에 그쳤고, **도표 3.4.6**에 나타나듯 분석 대상 기간 전체를 보더라도 7퍼센트를 넘긴 적이 없다. 일본은 국내 금융부채 중 외국인의 몫이 10퍼센트로 중국 다음으로 낮고, 이 비중이 15퍼센트인 미국과 25~30퍼센트인 독일, 프랑스가 그 뒤를 이었다. 이런 차이는 부분적으로 규모의 효과를 반영한다. 유럽 국가들은 규모가 작기 때문에 유럽 전체를 뭉뚱그려서 소유 구조를 살펴보면 외국인들은 유럽 국가의 자산에서 (미국과 같은 수준인) 약 15퍼센트를 소유하는 데 그칠 것이다. 그렇더라도 일부 아시아 국가는 유럽과 북미 국가들에 비해 외국인 소유권에 대하여 덜 개방적인 경향이 있는 것으로 보인다. 일본이 그렇고 중국은 더욱 그렇다.

도표 3.4.6 중국과 선진국의 대외 금융부채(1978~2015): 외국인 투자자의 부상

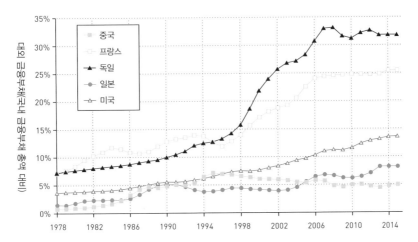

2015년 중국의 대외 금융부채 규모는 국내 금융부채의 5퍼센트였던 데 비해 프랑스의 대외 금융부채는 25퍼센트였다. 대외 금융부채는 외국인이 보유한 주식 포트폴리오와 외국인 직접 투자, 외국인 보유 채권과 금융파생상품으로 구성된다.

출처: 피케티, 양, 주크먼(2017). 데이터 시리즈와 주석은 wir2018.wid.world를 보라.

제3부 공공자본 대 민간자본의 동태적 변화

제5장 러시아 사유재산의 부상

이 장의 내용은 필리프 노보크메트와 토마 피케티, 게이브리얼 주크먼이 2017년에 쓴 논문 「소비에트에서 올리가르히까지: 1905~2016년 러시아의 불평등과 자산From Soviets to Oligarchs: Inequality and Property in Russia 1905-2016」(WID.월드 워킹 페이퍼 시리즈 2017/10호)에 바탕을 두고 있다.

▶ 러시아의 국민순자산-국민소득 비율은 이 나라가 공산주의에서 자본주의 경제 모델로 전환한 이후 완만하게 높아져 1990년 약 400퍼센트에서 2015년 450퍼센트로 상승했다. 동시에 이 나라의 자산 구성에 상당한 변동이 있었는데, 충격 요법과 바우처 민영화 전략으로 엄청난 부가 공공부문에서 민간부문으로 매우 빠르게 이전되었다. 공공자산은 1990년 국민소득의 300퍼센트에 달했지만 2015년에는 100퍼센트에 불과했다.

▶ 민간주택은 2015년 러시아의 민간부문 부를 이루는 요소에서 단연 가장 큰 비중을 차지한다. 주택자산의 점진적인 부상은 부동산 가격 움직임, 그리고 기업들을 바우처 민영화 방식으로 매각한 것보다 더 점진적으로 이뤄진 주택부문 민영화로 설명할 수 있다.

▶ 러시아 가계가 소유한 공식적인 금융자산이 —1990~2015년 내내 국민소득의 약 70~80퍼센트로— 매우 낮은 수준이라는 사실은 특히 놀랍다. 이는 러시아의 기업 민영화가 장기적으로 가계 금융자산을 크게 늘려주는 효과를 내지 못했음을 시사한다.

▶ 그러나 연구자들은 러시아 국제수지 통계의 불일치를 분석해 소수의 러시아 국민이 2015년 국민소득의 70퍼센트에 이르는 역외자산을 보유한다고 추정할 수 있으며, 이 역외자산을 합치면 공식적인 금융자산은 2배로 불어난다. 이는 러시아의 법과 통계 체계의 허술함 탓에 가능해진 자본도피의 결과로 여겨진다.

러시아의 민간자산과 공공자산 총계 추이는 소련 붕괴 후 극적으로 바뀌었다. 러시아가 1990년 이후 공산주의에서 자본주의 체제로 이행하면서 공공자산은 민간부문으로 이전되었다. 국민순자산은 1990년 국민소득의 400퍼센트를 조금 넘는 수준이었고 그중 국가가 약 4분의 3, 개인이 4분의 1을 소유했다. 그러나 2015년에는 도표 3.5.1에서 보여주듯 이 비율이 역전되었다. 민간순자산은 국민소득의 350퍼센트에 달했지만 공공순자산은 100퍼센트에 못 미쳤다. 국민소득 대비 전체 국민자산의 비율은 25년 동안 고작 12퍼센트 높아졌다. 더욱이 러시아의 공공순자산은 1990년부터 1995년까지 바우처를 통해 국유기업을 민영화한 것을 포함해 이른바 충격요법 방식의 이행 전략을 시행하는 가운데 불과 몇 년 만에 이처럼 극적으로 줄어들었다(제4부에서 이 문제를 더 자세히 다룬다).[19]

러시아의 체제 전환 초기에 국민소득 대비 국민자산이 줄어든 사실은 특기할 만하다. 도표 3.5.1에서 볼 수 있듯 1990년부터 1999년까지 국민순자산은 국민소득의 400퍼센트 이상에서 약 300퍼센트로 줄었다. 국민자산은 이 기간에 거의 반 토막이 난 국민소득보다 훨씬 더 많이 줄었다. 그러나 국민자산은 1999년부터 2009년까지 상당히 늘어나 국민소득의 약 550퍼센트에 이르렀다. 이 고점은 10년 동안 러시아의 주식과 주택 가격이 매우 큰 폭으로 올랐던 시기와 일치한다. 하지만 그 후 금융위기로 국민소득 대비 국민자산은 2015년 약 450퍼센트로 다시 줄어 25년 전 수준을 조금 웃도는 데 그쳤다. 따라서 1990~2015년에 나타난 주된 변화는 전체 국민자산이 지속적으로 크게 늘어난 것이 아니라 자산이 공공부문에서 민간부문으로 이전된 것이었다.

2015년 국민자산 가치는 국민소득의 455퍼센트였다. 다시 말해 4.6년 치 국민소득과 맞먹었다. 공공순자산은 국민소득의 84퍼센트였다. 국민자산은 민간순자산과 공공순자산을 더한 값이다. 민간순자산은 민간자산에서 민간부채를 뺀 값이다. 공공순자산은 공공자산에서 공공부채를 뺀 값이다.

출처: 노보크메트, 피케티, 주크먼(2017). 데이터 시리즈와 주석은 wir2018.wid.world를 보라.

민간주택은 러시아 민간부문의 부를 이루는 가장 중요한 자산으로 부상했다

러시아의 국민자산−소득 비율과 자산 구성 변화에 영향을 준 요인들을 더 잘 이해하려면 서로 다른 유형의 자산을 따로따로 살펴보는 것이 필수다. **도표 3.5.2**에서 보듯 1990년 이후 민간자산은 크게 증가했다.[20] 2000년부터 주택 거품이 정점에 이른 2008~2009년까지 자산 가격이 2배 이상으로 오를 때 주택은 결정적인 역할을 했다. 주택자산의 가치는 1990년 국민소득의 50퍼센트 미만에서 2008~2009년 250퍼센트까지 올라 정점에 이르렀고, 그 후 2015년까지 약 200퍼센트로 하락했다. 그와 달리 (주로 법인화되지 않고 가계가 직접 소유하는 사업체로 이루어진) 기타 국내

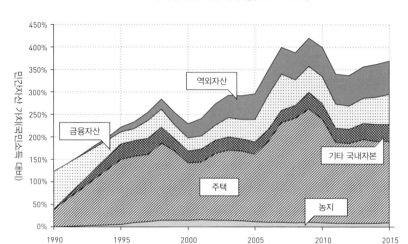

도표 3.5.2 러시아 민간자산의 구성(1990~2015)

2015년 주택자산 가치는 국민소득의 182퍼센트, 다시 말해 1.8년 치 국민소득과 맞먹었다. 금융자산 가치는 국민소득의 67퍼센트였다.

출처: 노보크메트, 피케티, 주크먼(2017). 데이터 시리즈와 주석은 wir2018.wid.world를 보라.

자본과 (역시 1990년대에 대거 민영화된) 농업용 토지는 시간이 지나면서 늘어나기는 했어도 민간주택의 부상에 비하면 상대적으로 제한적인 역할을 했다.

1990년부터 2015년까지 민간주택자산이 점진적으로 늘어난 것은 부동산 가격의 움직임뿐 아니라 주택의 민영화 방식으로도 설명할 수 있다. 기업에 적용했던 바우처 방식의 민영화에 비해 주택 민영화는 더 지속적인 방식으로 이뤄졌기 때문이다. 세입자들은 일반적으로 비교적 낮은 가격으로 살고 있는 주택을 매입할 권리를 얻었지만, 그 권리를 즉각 행사할 필요는 없었다. 다양한 경제적·정치적·심리적 요인으로 인해 러시아의 많은 가계는 1990년대 말까지, 심지어 2000년대까지 그 권리 행사를 미뤘다. 실제로 어떤 이들은 정부 당국이 유지·관리하던 주택이 개인 소유가 되면 따라올 관리 비용을 걱정했으며, 다른 이들은 특히 보리스 옐친이 공산당 지도자 겐나디 주가노프에 비교적 작은 표 차로 이긴 1996년 대통령 선거 후 정치적인 후퇴 가능성을 더 염려했다.

러시아에서 공식적인 가계 금융자산은 특히 적은데 이는 대체로 옛 국유기업들을 민영화하기 위해 선택한 바우처 방식 때문이다

이와 함께 로스뱅크Rosbank 금융 대차대조표와 다른 공식 자료로 파악한 러시아 가계의 공식적인 금융자산 규모가 극히 작다는 점 역시 매우 놀랍다. 가계 금융자산은 1990~2015년 기간 내내 언제나 국민소득의 70~80퍼센트에 못 미쳤고, 국민소득의 50퍼센트를 밑돌 때도 많았다. 1990년대 말과 2000년대 초 가계 금융자산은 국민소득의 20~30퍼센트까지 줄었다. 따라서 러시아 기업의 민영화로 개인들이 기업의 지분을 소유할 수 있게 되었음에도 불구하고, 민영화가 장기적으로 가계 금융자산 규모를 크게 늘려주지는 못한 것으로 보인다. 이는 특히 역설적이다.

초기의 금융자산 감소는 예측할 수 있는 것이었다. 1990년 당시 가계 금융자산—그때는 저축계좌가 주를 이뤘다—은 국민소득의 약 70~80퍼센트에 이르렀다. 그러나 1990년대 초 가격 자유화가 시행되면서 그러한 소비에트 시대 저축은 초인플레이션 때문에 거의 다 날아가버렸다. 소비자물가지수는 1990년부터 1996년까지 거의 5000배나 뛰었다. 인플레이션은 줄곧 한 해 150퍼센트를 웃돌았고 1992년에는 1500퍼센트, 1993년에는 900퍼센트나 치솟았다. 1998년에—화폐가치가 옛 루블의 1000배나 되는—새 루블을 도입한 후 인플레이션은 2006년까지 연평균 약 20~30퍼센트에서 안정되었다.

1990년대에 러시아 가계가—특히 바우처 민영화를 통해—축적한 새로운 금융자산이 저축에서 생긴 이러한 손실을 보상해주지 못한 까닭을 생각해보면 더욱 놀랍다. 물론 1992~1993년에 민영화 바우처가 처음 도입되었을 때 러시아 가계가 이 새로운 금융 수단으로 무엇을 해야 할지, 바우처 값을 얼마로 매겨야 할지를 알기란 매우 어려웠다. 더 일반적으로 말하자면 1990년대 러시아 경제와 정치는 혼란스러웠고, 상황이 어느 정도 안정된 1990년대 중후반까지 가계의 금융자산이 비교적 낮은 수준에 머물렀던 것은 그리 놀라운 일이 아니라고 할 수 있다. 하지만 그처럼 극단적으로 낮은 수준이 혼란기를 한참 지나서까지도 지속된 까닭을 이해하기는 힘들다. 특히 1998년부터 2008년까지 나타난 러시아 주식시장의 놀라운 활황에도 불구하고 러시아 가계가 공식적으로 보유한 총 금융자산은 2008년 국민소득의 70퍼센트 남짓한 수준, 다시 말해 1990년보다 낮은 수준에 그쳤다는 점이 눈에 띈다.

역외자산을 고려하면 러시아의 공식적인 금융자산 총계는 2배로 불어난다

필리프 노보크메트와 토마 피케티, 게이브리얼 주크먼의 견해로는 러시아 가계 중 상당한 역외자산—즉, 역외 조세천국에 있는 비공식적인 금융자산—을 소유한 소수 집단이 있다는 사실이 이 역설을 설명하는 주된 근거가 될 수 있다. 이들의 표준적인 추정치에 따르면 러시아의 역외자산은 1990년부터 2015년까지 점차 늘어나 최근에는 국민소득의 약 75퍼센트에 이르렀다. 도표 3.5.2에서 나타냈듯이 역외자산은 대략 러시아 가계가 소유한 공식적인 금융자산과 같은 규모로 늘어났다. 역외자산은 그 속성상 규모를 추정하기 어렵고 이 장에서 제시한 표준 추정치는 정확하지 않으며

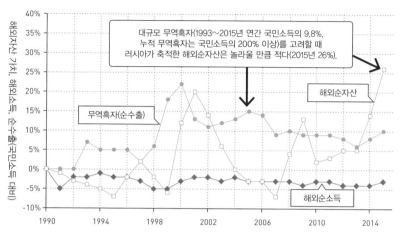

도표 3.5.3 러시아의 무역흑자와 누락된 해외자산(1990~2015)

대규모 무역흑자(1993~2015년 연간 국민소득의 9.8%,
누적 무역흑자는 국민소득의 200% 이상)를 고려할 때
러시아가 축적한 해외순자산은 놀라울 만큼 적다(2015년 26%).

2015년 러시아의 무역흑자(수출−수입) 규모는 국민소득의 10퍼센트와 맞먹었다.

출처: 노보크메트, 피케티, 주크먼(2017). 데이터 시리즈와 주석은 wir2018.wid.world를 보라.

완전히 만족스럽다고 할 수도 없지만, 그 규모는 합리적인 추정치로 보인다. 그리고 다음에 설명하듯이 추정치를 구하는 방식을 고려할 때 그 규모는 어느 정도 과소평가되었을 가능성이 크다.

러시아 가계가 보유한 역외자산의 규모와 변화 추이를 추정하려면 당연히 먼저 러시아의 무역수지 및 국제수지 변화를 살펴봐야 한다. 이 두 가지 수지를 함께 검토하면 **도표 3.5.3**에서 보여주는 것처럼 러시아가 기록한 대단히 큰 규모의 무역흑자와 상대적으로 적은 해외자산 사이에 명백히 상반되는 면을 볼 수 있다.

러시아는 1990년대 초 이후 해마다 큰 폭의 무역흑자를 냈다. 이러한 —대부분 석유와 가스 수출로 얻은—무역흑자는 1993년부터 2015년까지 평균적으로 국민소득의 거의 10퍼센트에 이르렀다. 1993년부터 1998년까지는 국민소득의 약 5퍼센트였고, 1999~2000년에는 20퍼센트에 달했다.

따라서 러시아 경제는 지난 20년 동안 평균적으로 매년 수입한 것보다 연간 소득의 약 10퍼센트에 해당되는 금액만큼 더 많이 수출했다. 당초 러시아의 체제 전환이 시작될 때 해외자산이나 해외부채가 매우 적어 해외순자산이 0에 가까웠던 상황에서 이처럼 지속적인 흑자는 러시아 국민이 다른 나라에 보유하는 해외자산을 엄청나게 축적하는 결과로 이어져야 했다. 그러나 러시아가 축적한 해외순자산은 2015년 국민소득의 약 26퍼센트로 놀랄 만큼 적었다는 사실은 역설적이다.

러시아의 국제수지를 조사해보면 금융자산 소유권에 관한 정보에 일관성이 없다는 점이 더 많이 드러난다. 소련이 무너진 후 해외자산(즉, 러시아 거주자가 다른 나라에 보유하는 자산)과 해외부채(즉, 다른 나라 거주자가 러시아에 보유한 자산) 둘 다 크게 증가했다. 1990년에는 러시아와 해외 금융시장의 통합 수준이 낮고 자본이동에 대한 통제가 강력한 점 때문에 해외자산과 부채 모두 국민소득의 약 10퍼센트로 극히 적었다. 그러나 2015년 해외자산은 국민소득의 110퍼센트 가까운 수준에 이르렀고 해외부채는 국민소득의 85퍼센트에 근접해서 해외순자산은 국민소득의 약 26퍼센트였다.

이처럼 해외순자산 축적이 낮은 수준에 그친 것은 어떻게 설명할 수 있을까? 자본도피가 하나의 명백한 이유가 될 수 있다. 일부 러시아 개인, 그리고/혹은 개인을 대신해 움직이는 러시아 기업들, 그리고/혹은 개인을 대신해 활동하는 일부 러시아 정부 관료들은 러시아 무역흑자 중 일부를 역외자산, 즉 러시아의 공식적인 금융 통계에 적절히 기록되지 않는 해외자산을 축적하는 데 전용할 수 있었다. 러시아의 법과 통계 체계가 취약하고 이 기간에 러시아에서 사업과 금융거래를 조직하는 역외 법인이 광범위하게 이용되었다는 점을 고려하면, 그러한 자본 유출이 일어날 수 있다는 점은 그리 놀랍지 않을 것이다.[21]

이러한 자본도피와 그에 따른 역외자산 축적이 얼마나 되는지를 측정하는 것은 어려운 과제다. 단순한 계산으로 1990~2015년 누적된 무역흑자(국민소득의 230퍼센트)에서 공식적인 해외순자산(30퍼센트)을 빼면 이 기간 자본도피 누계가 국민소득의 200퍼센트나 되는 것으로 추정할 수 있다. 그러나 이는 해외자산에서 나오는 자본소득 누계를 포함하지 않은 것이다. 자산의 수익률이 높았다면 자본소득은 상당한 규모였을 수 있다. 실제로 **도표 3.5.3**에서 소폭의 마이너스 해외순소득이 보여주듯이 1990~2015년 해외자산의 수익률은 해외부채의 이율보다 더 낮았던 것으로 보인다. 따라서 이 마이너스 순자본소득은 러시아의 연간 흑자 중 약 4분의 1에서 3분의 1을 흡수했다.

더욱이 해외자산과 해외부채 포트폴리오에서 실현된 자본이득과 자본손실도 고려해야 한다. 연간 흑자와 통계상 해외순자산 변화 사이에 커다란 차이가 있다면 이런 포트폴리오 효과는 상당히 클 수 있다. 이는 러시아에서 부분적으로 일어난 일이다. 외국 투자자들이 주가가 극히 낮았던 1990년대에 러시아 자산을 사서 2000년대에 이 나라 주식시장의 활황으로 인해 이득을 보았다는 사실은 러시아의 해외부채가 **도표 3.5.4**에서 보여주는 것만큼 높아진 이유를 설명해준다. 그러므로 이런 포트폴리오 효과는 러시아 무역흑자 가운데 상당 부분이 결국 다른 나라 국민이 보유하는 자산으로 바뀌었다는 것을 의미한다. 그러나 앞서 이야기한 수익률 차이와 포트폴리오 효과는 누락된 자산의 역설을 완전히 설명해줄 만큼 충분히 크지 않다.

그런 까닭에 필리프 노보크메트와 토마 피케티, 게이브리얼 주크먼은 역외자산에 주목한다. 다시 말해 러시아의 누락된 해외자산 규모를 추정

도표 3.5.4 러시아의 공식 해외자산과 해외부채(1990~2015)

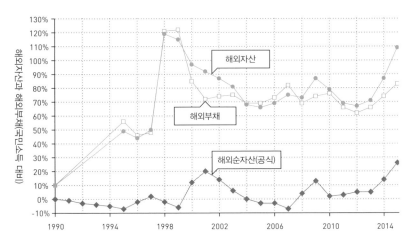

2015년 공식적인 해외순자산은 국민소득의 26퍼센트였다. 해외순자산은 해외자산에서 해외부채를 뺀 값이다. 해외자산은 러시아 거주자가 다른 나라에서 보유하는 자산이다. 해외부채는 다른 나라 거주자가 러시아에서 보유하는 자산이다.

출처: 노보크메트, 피케티, 주크먼(2017). 데이터 시리즈와 주석은 wir2018.wid.world를 보라.

하기 위해 러시아의 국제수지에 드러나는 불일치를 이용하는 방법을 찾는 것이다. 이들의 비교적 보수적인 추정치에 따르면 역외자산은 2015년 러시아 국민소득의 약 75퍼센트에 이르렀으며, 이는 러시아 사람들이 공식적인 금융자산 보유액만큼 많은 역외자산(둘 다 국민소득의 약 70~80퍼센트)을 보유하고 있다는 것을 시사한다. 다시 말해 그들은 전체 금융자산의 50퍼센트를 역외에 보유하고 있는 것이다. 이런 결과는 앞서 게이브리얼 주크먼이 방법론적으로 다르게 접근한 연구에서 얻은 추정치와 비슷하다.[22] 그래서 이 추정치는 어느 정도 확신을 갖고 볼 수 있다. 그러나 이러한 역외자산 규모는 대체로 정확하다고 여겨짐에도 불구하고 국제적인 금융 투명성이 떨어진다는 점을 고려할 때 절대적인 정밀성은 부족하다. 또한 이처럼 누락된 자산을 누가 어떤 형태로 보유하는지를 알아내는

제3부 공공자본 대 민간자본의 동태적 변화

데 어려움이 있다는 사실은 더 큰 문제를 제기하게끔 한다.

더욱 불확실한 것은 러시아 국민이 역외에서 보유한 자산의 소재지다. 이 역외자산 중 일부는 다시 러시아 기업에 투자되었을 수 있다. 또 일부 러시아인이 런던과 같은 도시나 프랑스와 같은 나라의 시골에 상당한 부동산을 소유하고 있다는 이야기가 있고, 독일, 영국, 미국 등의 기업과 스포츠팀의 지분을 많이 보유하고 있다는 이야기도 들린다.『포브스』지가 발표한 러시아 억만장자 명단을 살펴보면 이러한 개인들이 모두 4000억 달러―즉, 8000억 달러로 추정되는 러시아 역외자산의 약 절반과 맞먹는 금액―이상의 자산을 소유하고 있다는 것을 알 수 있다.『포브스』와 다른 잡지들이 발간한 자산 포트폴리오를 비교해보면 대부분의 역외자산을 러시아 기업, 특히 에너지와 금융 부문 기업들이 보유하고 있다는 결론을 내리고 싶어질지도 모른다. 이를 근거로 이용할 수 있는 데이터를 해석하면 러시아의―2015년 국민소득의 80퍼센트를 넘는―공식 해외부채 중 많은 부분은 실제로 러시아 거주자들이 역외 계좌를 통해 보유하고 있는 것으로 볼 수 있다. 그러나『포브스』명단이 억만장자의 보고된 자산 중 역외에 보유한 부분―매우 클 것 같은 부분―에 관한 정보를 알려주지 않는다는 점을 고려하면 더 확정적인 설명을 하기는 어렵다.

제4부

글로벌
자산 불평등의 추이

제1장 글로벌 자산 불평등: 추이와 전망

▶ 글로벌 자산 불평등에 관한 데이터는 소득 불평등에 관한 데이터보다 드물어서 그 추정치는 신중하게 해석해야 한다. 현 단계에서 일관된 글로벌 자산 분포를 작성하기란 불가능하다. 그러나 중요한 지역— 특히 중국과 유럽, 미국— 에 관해 이용할 수 있는 연구는 글로벌 부의 동태적 변화에 대한 값진 통찰을 제공한다.

▶ 지난 몇십 년 동안 글로벌 자산 불평등이 증가했다는 증거가 있다. 글로벌 수준에서—중국과 유럽, 그리고 미국에서—전체 자산 중 상위 1퍼센트의 몫은 1980년 28퍼센트에서 오늘날 33퍼센트로 증가한 반면 하위 75퍼센트의 몫은 10퍼센트 근처에서 맴돌았다.

▶ 자산은 소득보다 훨씬 더 집중돼 있다. 상위 10퍼센트 계층은 중국과 유럽, 미국에서 전체 자산 중 70퍼센트를 넘게 소유하지만 하위 50퍼센트는 2퍼센트 미만을, 중간 40퍼센트('글로벌 자산 중산층')는 30퍼센트 미만을 갖고 있다.

▶ 자산 불평등의 확고한 추세가 이어진다면 2050년에는 상위 0.1퍼센트만 모여도 글로벌 중산층보다 더 많은 자산을 갖게 될 것이다.

글로벌 자산 불평등 추정치는 글로벌 소득 불평등 통계보다 드물기 때문에 신중하게 봐야 한다

자산 불평등에 관해 이용할 수 있는 자료는 소득 불평등 자료보다 훨씬 더 드물고, 특히 전 세계적인 자료는 드물다. 그런 까닭에 지난 몇십 년 동안 글로벌 자산 불평등이 어떻게 변화했는지에 대해 완전한 그림을 제공하기는 더욱 어렵다.

우리는 이 점을 분명히 해두고 싶다. 이용할 수 있는 자료만으로는 현 단계에서 글로벌 자산 분포의 수준과 변화를 적절히 추정하기가 불가능하다. 이 보고서 제2부에서 신중하게 보여주고자 했듯이 우리는 글로벌 소득 분포와 그 변화를 어느 정도 추정할 수 있다. 반면 자산은 사정이 다르다. 이 책 제3부에서 보여주었듯이 세계에는 우리가 국가 전체의 자산 합계를 측정하고 그것을 민간자산과 공공자산, 해외자산, 자연자본으로 분해하는 것조차 불가능한 대단히 넓은 지역—특히 아프리카와 남미, 아시아 지역—이 있다. 국가의 전체 자산과 그 변화하는 구조를 측정하는 데 더 많은 진전이 있어야만 우리는 민간부문의 개인 간 자산 분포 추정치를 작성할 수 있다.

몇몇 잡지가 (특히 『포브스』가) 글로벌 억만장자 순위를 발표하며, 몇몇 금융기관은 (예컨대 크레디 스위스는) 억만장자에 관한 자료와 다른 데이터를 결합해 글로벌 자산 분포를 추정했다. 이런 조사는 일반적으로 최근 몇십 년 동안 최상위 자산 보유자들이 매우 빠른 속도로—세계 경제 성장보다 훨씬 더 빠르게—부상했다는 사실을 밝혀준다. 우리는 뒤에서 이러한 일반적인 결론에 동의할 것이다. 그러나 『포브스』지와 이들 금융기관이 활용한 분석 방법은 대개 투명성이 부족하다. 특히 이들은 분석에 활용한 원데이터의 출처와 상세한 컴퓨터 코드를 공개하지 않는다. 그런 까닭에 이들의 통계 분석 결과를 재구성하는 것은 불가능하다. 이는 단지 기술적인 문제가 아니다. 방법론의 선택은 자산 불평등의 변화를 측정하는 데 커다란 영향을 미치며, 불평등에 관한 사실을 두고 어떤 동의에 이르려면 분석 방법과 출처의 투명성을 확보하는 것은 결정적으로 중요하다.

WID.월드 프로젝트의 계획에 따라 점진적으로 연구를 진행하면서 우리는 만족스러운 연구가 가능할 정도의 원데이터가 존재하는 나라들에 대해서만 자산 불평등 시리즈를 공개하는 방식을 택했다. 이상적으로는 자산 분포를 적절히 추정하고 투명한 방식으로 자료를 분석하기 위해 가계자산에 관한 서베이와 재산 순위 자료, 조세 행정 데이터를 (소득세 자료는 자본화capitalization 방식을 활용하고, 상속세 자료는 유산승수estate multiplier 방식으로 자산 규모를 추정해서) 종합해야 한다. 현 단계에서는 몇몇 나라—그중에서도 특기할 만한 미국과 유럽의 몇몇 나라(특히 프랑스와 영국, 스페인)—만 이런 조건들을 충족시키며, 중국의 조건은 그에 비해 덜 만족스럽다(이 나라에서는 가계자산 서베이와 재산 순위 자료를 이용할 수 있지만 조세 데이터에 대한 접근은 극히 제한적이다). 우리는 러시아와 중동의 자산 불평등 추정치도 산출했는데, 그것들은 더 취약하여 이 보고서에서 글로벌 자산 분포 추정치를 산출하는 데 사용하지는 않는다.

따라서 우리의 1980년 이후 글로벌 자산 불평등 추정치는 크게 세 지역, 즉 미국, 중국, 유럽의 자료를 종합한 것이다. 유럽은 세 나라(프랑스, 스페인과 영국)가 대표하며, 이들은 자산 불평등 데이터가 있는 다른 나라들(특히 스웨덴과 독일)을 볼 때 대체로 대표성이 있다고 여겨진다. 『포브스』지의 억만장자 순위는 매우 부유한 극소수의 인구 집단만을 다루긴 하지만, 더 많은 나라를 포괄하는 자료를 제공한다. 그 정보가 어떻게 수집되었는지에 관해서는 알 수 있는 바가 거의 없지만 1987년 이후 순위 자료를 우리 분석 결과와 비교해볼 수 있다.

이용할 수 있는 데이터는 글로벌 자산 불평등이 극심하며 증가하는 추세임을 보여준다

(중국과 유럽, 미국이 대표하는) 세계의 전체적인 자산은 소수 집단에 집중된 정도가 소득보다 훨씬 더 심하다. 상위 10퍼센트 계층은 전체 자산의 70퍼센트 이상을 소유한다.[1] 가장 부유한 상위 1퍼센트는 2017년 전체 자산의 33퍼센트를 소유한다. 이는 1980년 28퍼센트에서 더 높아진 것이다. 반면 전체 인구 중 하위 50퍼센트는 분석 기간 내내 보유자산이 (2퍼센트 미만으로) 거의 없었다. 그보다 조금 더 큰 집단을 보면, 상위 75퍼센트 계층의 몫은 10퍼센트 근처에서 오르내린다. 남미와 아프리카, 그리고 아시아의 나머지 지역 사람 대부분이 글로벌 자산 분포상 가장 가난한 편에 속하기에 이 분석에 그들을 포함시키면 자산 집중도는 더 높아질 것이다. 우리는 이를 다음 판 세계불평등보고서의 과제로 남겨둔다(**도표 4.1.1**).

우리는 **표 4.1.1**에서 1980년부터 2017년까지 각 계층이 보유하는 자산의 증가율을 비교한다(모든 증가율은 실질로, 다시 말해 인플레이션에 따른 효과를 빼고 표시한다). 이로써 몇 가지 놀라운 결과가 나타난다. 첫째, 1980년 이후 평균 소득보다 평균 자산이 더 빨리 늘어났다는 사실을 알수 있다. 이는 보고서 제2부에서 설명했듯이 대부분의 국가에서 자산−소득 비율이 높아지는 일반적인 경향을 반영한다. 1987년부터 2017년까지 전 세계 성인 1인당 평균 소득은 연 1.3퍼센트씩 증가했지만 평균 자산은 연 1.9퍼센트씩 늘어났다.

다음으로, 이제 세계 자산 분포의 위쪽을 보면—『포브스』지 억만장자

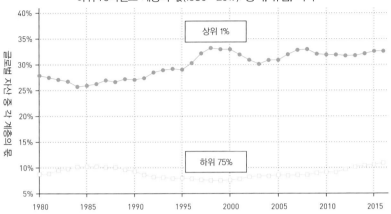

**도표 4.1.1 글로벌 자산 중 상위 1퍼센트와
하위 75퍼센트 계층의 몫(1980~2017): 중국, 유럽, 미국**

2017년 상위 1퍼센트 계층은 글로벌 자산 중 33퍼센트를 소유했다. 1980년부터 2017년까지 글로벌 자산 집단의 변화는 중국과 유럽, 미국의 경우를 나타낸다.

출처: WID.월드(2017). 데이터 시리즈와 주석은 wir2018.wid.world를 보라.

표 4.1.1 글로벌 자산의 연평균 증가율과 불평등(1980~2017)

	중국·유럽·미국		세계
	1980~2017년	1987~2017년	1987~2017년
상위 1억 분의 1 인구(『포브스』)	—	7.8%	6.4%
상위 2000만 분의 1 인구(『포브스』)	—	7.0%	5.3%
상위 0.01%(WID.월드)	5.5%	5.7%	4.7%
상위 0.1%(WID.월드)	4.4%	4.5%	3.5%
상위 1%(WID.월드)	3.4%	3.5%	2.6%
성인 평균 자산	2.9%	2.8%	1.9%
성인 평균 소득	1.3%	1.4%	1.3%

1987년부터 2017년까지 세계 상위 1퍼센트 집단의 자산은 연 2.6퍼센트씩 증가했다. 어떤 개인이 2017년 자산 기준으로 중국·유럽·미국에서 가장 부유한 1퍼센트에 들어가려면 적어도 112만5000유로를 가져야 하며, 상위 0.1퍼센트에 들어가려면 최소한 520만9000유로로, 상위 0.01퍼센트에 들어가려면 2581만2000유로가 필요하다.

출처: WID.월드(2017). 데이터 시리즈와 주석은 wir2018.wid.world를 보라.

제4부 글로벌 자산 불평등의 추이

순위로 측정한—최상위 자산 보유자들의 부는 평균적인 자산 보유자들보다 훨씬 더 빨리 늘어났음을 알 수 있다. 2000만 분의 1 인구 집단의 자산은 1987년 이후 연평균 5.3퍼센트, 1억 분의 1 인구 집단의 자산은 연평균 6.4퍼센트씩 증가했다(표 4.1.1을 보라). 정의상 이런 증가율은 영원히 계속될 수 없다. 만약 최상위 자산 보유자들의 재산이 영원히 세계의 평균적인 자산 보유자들의 재산보다 3~4배 빠른 속도로 증가한다면, 결국 억만장자들이 전 세계 자산의 100퍼센트를 차지하게 될 것이다.

이 억만장자 순위 자료에는 두 가지 문제가 있다. 첫째, 앞서 지적한바 그 자산을 어떻게 추정했는지가 전혀 분명하지 않다. 다음으로 가장 중요한 점을 지적하자면, 이처럼 자산이 대단히 빠르게 늘어나는 패턴은 오로지 억만장자들에게만 해당되는지, 아니면 그 아래 백만장자들에게도 확대해볼 수 있는 것인지가 전혀 명확하지 않다. 10억 달러 이상을 가진 억만장자보다 500만 달러, 2000만 달러, 또는 1억 달러를 가진 개인들이 훨씬 더 많고, 이들이 억만장자들에 비해 전 세계 자산 중 훨씬 더 많은 부분을 움직이기 때문에 이는 매우 중요한 문제다.

우리는 불행히도 이 문제에 대한 충분한 답을 얻지 못하지만 적어도 미국과 유럽, 중국의 자산 분포에 관한 추정치는 흥미로운 통찰을 준다. 우리는 1987년부터 2017년까지 미국과 유럽, 중국에서 상위 1퍼센트의 평균 자산이 한 해 평균 3.5퍼센트 증가했다는 사실을 밝혔다(성인 1인당 평균 자산은 연 2.8퍼센트, 평균 소득은 연 1.4퍼센트 증가했다). 자산 분포상 상위 계층으로 갈수록 증가율은 높아진다. 상위 0.1퍼센트의 평균 자산은 한 해 4.4퍼센트씩, 상위 0.01퍼센트의 평균 자산은 한 해 5.6퍼센트씩 증가했다.

이러한 결과는 몇 가지 독립적인 출처의 자료(가계자산 서베이, 소득세 데이터를 갖고 소득 자본화 방식으로 추정한 자산, 그리고 이용할 수 있는 상속세 자료가 있다면 유산승수 방식으로 추정한 자산)를 종합해서 얻은 것인데, 이는 『포브스』지의 억만장자 자료와 일치하는 것으로 보인다. 그러나 분석 결과는 또한 한 해 5~6퍼센트나 되는 자산 증가율을 기록하는 계층을 찾으려면 자산 분포상 정말 높은 곳까지 올라가야 한다는 점을 시사한다. 이는 상위 1퍼센트 자산 보유자(즉, 2016년 중국과 유럽, 미국에서 약 110만 유로가 넘는 순자산을 가진 모든 개인)만 봐도 알 수 있는데, 1987년부터 2017년까지 이 집단 전체의 자산 증가율은 연 3.5퍼센트였다. 이는 전체 평균 자산 증가율(연 2.8퍼센트)보다 더 높지만 그 격차가 억만장자들만큼 크지는 않다. 이는 현재 속도로 불평등이 증가하고 자산 분포상 격차가 확대되면 몇십 년 후에는 정말 극단적으로 불평등과 격차가 커지리라는 것을 시사한다. (앞으로의 전망에 관한 논의는 다음을 보라.) 이 점을 염두에 두고 말하자면, 자산 분포는 분명히 자산 집중도가 높아지는 쪽으로 갈 것임을 시사하는데, 2008년 금융위기가—일시적인 영향을 제외하면—장기적이고 구조적인 추세에 영향을 미쳤다는 증거는 전혀 없다.

우리의 연구 결과는 또한 글로벌 자산 증가액 중 많은 부분이 상위 1퍼센트와 그보다 더 작은 자산 집단에 돌아갔음을 보여준다. 표 4.1.2가 보여주듯이 상위 1퍼센트 집단은 1인당 자산 증가액의 37퍼센트를 차지했으며 그중 절반 이상이 상위 0.1퍼센트에 돌아갔다.

이 모든 것은 자산 분포상 최상위 계층에서 불평등이 증가하고 있음을 뜻한다. 도표 4.1.2가 보여주듯 중국의 빠른 성장 덕분에 자산 분포상 하위 계층도 상당한 자산 증가를 기록했다는 점에 주목할 필요가 있다. 이 패턴은 글로벌 소득 증가의 '코끼리곡선'을 연상시키는데, 이는 글로벌 자산 분포가 어떤 면에서는 질적으로 소득 분포와 비슷하게 변화해왔음을 보여준다. 자산 분포상 하위 4분의 3 집단은 『포브스』가 추정한 억만장자들

표 4.1.2 글로벌 자산 증가분 중 각 자산 집단이 차지하는 몫(1980~2017)

자산 집단	1인당 자산 실질 증가분 중 각 집단의 몫
하위 99%	62.9%
상위 1%	37.1%
상위 0.1%	21.6%
상위 0.01%	12.4%

1987년부터 2017년까지 글로벌 상위 1퍼센트 집단은 중국과 유럽, 미국의 총 자산 증가분 중 37퍼센트를 차지했다. 2017년 중국·유럽·미국에서 어떤 개인이 보유자산 기준으로 가장 부유한 1퍼센트에 들어가려면 적어도 112만5000유로를 가져야 하며 상위 0.1퍼센트에 들어가려면 최소한 520만9000유로로, 상위 0.01퍼센트에 들어가려면 최소한 2581만2000유로가 필요하다.

출처: WID.월드(2017). 데이터 시리즈와 주석은 wir2018.wid.world를 보라.

도표 4.1.2 글로벌 분위별 자산 증가율(1987~2017): 중국, 유럽, 미국

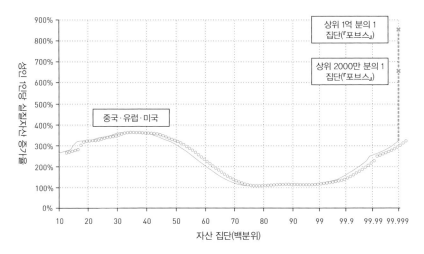

1987년부터 2017년까지 50번째 글로벌 자산 분위의 평균 자산은 300퍼센트 증가했다. 전 세계 성인 1인당 평균 자산 증가율은 129퍼센트였다. 1987년부터 2017년까지 글로벌 자산 집단의 변화는 중국과 유럽, 미국이 대표한다. 자산 가치는 인플레이션을 뺀 것이다.

출처: WID.월드(2017). 데이터 시리즈와 주석은 wir2018.wid.world를 보라.

보다는 적지만 그래도 상당한 자산 증가를 기록했다. 이 두 집단 사이에 있는, 선진국의 중산층은 가장 낮은 자산 증가율을 보였다. 각 집단의 자산 증가율 추이는 지난 30년 동안 상당히 안정적이었고, 소수의 자산 상위 집단은 높은 증가율을 기록했다.

지금의 추세가 이어지는 시나리오에서는 자산 상위 1퍼센트의 몫이 5년마다 1퍼센트 포인트씩 증가할 것이다

앞으로 몇십 년 동안 이러한 추세가 계속되면 글로벌 자산 분포는 어떻게 바뀔까? 도표 4.1.3은 이 물음에 답하려 한다. 상위 0.1퍼센트 자산 소유자들은 우리가 자산 분포의 상위 10퍼센트보다는 아래에 있지만 중위수보다는 위에 있는 계층으로 정의하는—즉, 세계 인구의 40퍼센트에 이르는—글로벌 자산 중산층을 점점 더 빠르게 따라잡을 것이다. 2050년에는 이두 집단이 글로벌 자산에서 같은 몫, 즉 25퍼센트씩을 갖게 될 것이다. 글로벌 자산 중산층은 세계 인구의 40퍼센트를 차지하므로 가장 부유한 상위 0.1퍼센트는 글로벌 중산층보다 평균적으로 400배 더 부유해지는 셈이다. 몇십 년 후에 이러한 변화가 일어날 것이다.

상위 2000만 분의 1과 1억 분의 1에 드는 개인들은 각각 성인 250명, 50명이며 이들은 1990년대 초에 전체 자산 중 각각 0.5퍼센트와 0.25퍼센트를 소유했던 데 비해 2030년에는 1.5퍼센트와 0.75퍼센트를 가질 수 있다. 상위 1퍼센트의 몫은 5년마다 1퍼센트포인트씩 계속 늘어날 것이다. 상위 0.1퍼센트와 0.01퍼센트의 몫 또한 5년마다 1퍼센트포인트씩 증가할 것이며, 이는 실제로 자산 불평등을 키우는 집단이 주로 이들 소수 집단임을 의미한다. 이들은 억만장자들보다는 더 큰 집단이지만 그렇더라도 아주 작은 집

제4부 글로벌 자산 불평등의 추이

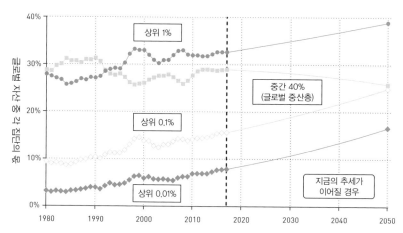

도표 4.1.3 글로벌 자산 불평등(1980~2050): 중국, 유럽, 미국

2016년 중국과 유럽, 미국이 대표하는 세계에서 글로벌 자산 중 상위 1퍼센트의 몫은 33퍼센트였다. 지금의 추세가 이어진다고 가정하면 글로벌 자산 중 상위 1퍼센트의 몫은 2050년 39퍼센트에 이를 것이다. 상위 0.1퍼센트 자산 소유자들은 중산층(27퍼센트)과 거의 같은 몫(26퍼센트)을 가질 것이다. 1987년부터 2017년까지 글로벌 자산 집단의 변화는 중국과 유럽, 미국이 대표한다. 자산 가치는 인플레이션을 뺀 것이다.

출처: WID.월드(2017). 데이터 시리즈와 주석은 wir2018.wid.world를 보라.

단이다. (2016년 유럽과 미국, 중국에서 상위 0.1퍼센트나 0.01퍼센트에 들어가려면 각각 520만 유로나 2580만 유로 이상이 필요했다.)

글로벌 자산 불평등은 여러 요인으로 인해 촉진되었다

제2부에서 논의했듯이 글로벌 소득의 동태적 변화는 국가 간 요인과 국가 내 요인이 함께 이끌었다. 민간자산은 선진국에서보다는 규모가 큰 신흥 경제국에서 더 빠르게 증가했으며, 이런 추세는 높은 경제성장과 체제 전환 국가의 대규모 민영화에 의해 촉진되었다. 이런 요인은 글로벌 불평등

을 감소시키는 경향이 있다. 하지만 상위 계층에서는 그런 효과를 상쇄하고도 남을 만큼 국가 내 자산 불평등이 확대되었다. 자산 불평등 확대 자체도 불균등한 저축률과 투자수익률로 소득 불평등이 더 증가한 것을 비롯해 여러 요인이 작용해서 나타난 것이다. 누진적인 세제를 포함한 다른 요인들은 다시 이러한 동태적 변화를 완화하거나 악화시켰다. 그러므로 앞으로 자산 불평등은 선진국을 추격하는 신흥국의 경제성장과 국가 내 불평등 결정 요인들에 따라 달라질 것이다. 다음 장들에서 더 자세히 설명하듯이 우리는 국가별로 이 문제를 연구할 것이다.

먼저 1980년대 초 글로벌 자산 분포상 최상위 계층이 세계 평균보다 그토록 높은 자산 증가율을 기록한 사실과 관련해 필연적인 것은 아무것도 없었다는 점을 강조해야 한다. 그 과정에서 중요한 역할을 했을 글로벌 요인들 중 하나는 여러 나라에서 공공부문 자산이 민간부문으로 더 많이 이전된 것이다(제2부를 보라). 민영화는 전체 인구 중—예를 들어 러시아의 올리가르히와 같은—소수의 집단에 불균형적으로 혜택을 주었으므로 이는 상위 자산 보유자들의 몫이 왜 그토록 빠르게 늘어났는지를 설명해줄 수 있다. 그러나 우리가 이용할 수 있는 데이터로는 이런 요인이 글로벌 자산 분포에 미친 영향을 추정하기 어렵다. 특히 (예를 들어 뒤에서 논의하는 영국과 프랑스, 스페인의 주택 민영화 사례처럼) 민영화가 주로 중산층에 혜택을 준 경우도 있다. 그런 효과가 미래에도 나타날 것인지는 또 하나의 중요하면서도 불확실한 문제다(어떤 이는 대규모 민영화 물결이 이제 지나갔다고 결론 내리고 싶을 것이다).

상위 계층의 자산이 늘어나는 데 또 하나의 중요한 글로벌 요인이 될 만한 것은 금융부문의 규제 완화와 혁신이다. 이는 금융자산 포트폴리오의 규모에 따라 달라지는 투자수익률의 불평등을 증가시켰을 수도 있다. 이런 효과에 대한 가장 설득력 있는 증거 중 하나는 대학기금의 실질 투자수익률에서 찾아볼 수 있다. 미국의 대학기금은 1980년부터 2010년까지 (인플레이션과 관리 비용을 뺀 후) 연 4~5퍼센트의 수익률을 내는 가장 작은 기금부터 연 8~10퍼센트 수익률을 기록하는 가장 큰 기금까지 다양하다.[2]

여기서 다시 이런 경향이 특정 기간에만 나타난 것인지, 아니면 미래에도 계속될 것인지를 궁금해할 수 있다(우리가 이용할 수 있는 데이터는 대형 기금들이 최근 몇 년 사이 여전히 매우 높은 수익을 얻고 있음을 시사한다). 또한 대규모 대학기금과 달리 개인적인 가족자산을 관리하는 것은 다른 여러 문제가 얽혀 있으므로 이러한 연구 결과를 직접적으로 적용할 수는 없다. 안타깝게도 대규모 가족자산에 대해 비슷한 계산을 하는 데 이용할 수 있는 데이터는 대단히 적다.

그럼에도 불구하고 다음에서 보겠지만 개별 국가를 대상으로 한 우리 연구는—저축률 차이와 더불어—투자수익률 격차가 자산 집중도 증가를 촉진하는 중요한 요인이 될 수 있음을 명백히 보여준다(상자 4.1.1).

상자 4.1.1

연구 방법에 관한 주석: 우리 프로젝트는 어떻게 작동하나

우리는 자산 분포를 다음과 같은 몇 개의 집단으로 나눈다.
- ▶ 하위 99퍼센트
- ▶ 상위 1퍼센트, 상위 0.1퍼센트 제외
- ▶ 상위 0.1퍼센트, 상위 0.01퍼센트 제외
- ▶ 상위 0.01퍼센트, 2000만 분의 1 집단 제외
- ▶ 상위 2000만 분의 1 집단, 상위 1억 분의 1 집단 제외
- ▶ 상위 1억 분의 1 집단

우리는 (『포브스』순위 발표가 시작된) 1987년 이후 이들 집단의 평균 자산 증가율을 계산하고, 그 증가율을 바탕으로 각 집단의 평균 자산을 추정했다. 이 평균을 바탕으로 자산 상위 집단의 몫을 구했다.

과거에는 범위가 더 좁은 상위 집단이 더 높은 자산 증가율을 기록했기 때문에 이런 방법을 쓰면 자산 불평등이 늘어난다고 예측할 수 있다. 물론 이 추세가 미래에 무한히 확장될 수는 없다. 왜냐하면 지금의 변수들로 예측하면 결국 상위 집단이 거의 모든 자산을 소유하는 결과에 이를 것이기 때문이다. 그러나 이 문제는 아주 먼 미래에나 일어날 터이므로, 이 방법은 앞으로 몇십 년간의 불평등을 전망하는 데 여전히 유용하다.

제2장 세계 각국의 개인 간 자산 불평등의 추이

▶ 개인 간 자산 불평등에 관해 이용할 수 있는 데이터는 1980년대 초 또는 후반부터 대부분의 국가에서 불평등이 증가했음을 보여준다. 지난 40년 동안 소득 불평등이 증가하고 공공부문의 자산이 대거 민간 부문으로 이전된 것이 이러한 동태적 변화를 촉진한다.

▶ 중국과 러시아가 공산주의에서 자본주의 경제로 전환한 후 자산 상위 계층의 몫은 크게 늘어났다. 그 러나 두 나라가 경험한 불평등의 동태적 변화가 다른 것은 경제와 정치의 체제 전환 전략이 서로 다르 다는 사실을 뚜렷이 보여준다.

▶ 미국에서는 지난 30년 동안 자산 불평등이 극적으로 증가했으며, 이는 주로 상위 0.1퍼센트 자산 소유 자들의 부상에 따른 것이었다. 특히 소득과 저축률의 불평등이 증가하면서 자산 집중화가 눈덩이처럼 확대되는 효과를 낳았다.

▶ 프랑스와 영국에서는 지난 40년 동안 자산 상위 계층의 몫이 더 완만하게 늘어났는데, 이는 부분적으로 중산층의 주택자산이 늘고, 미국에 비해 소득 불평등이 상대적으로 덜해서 자산 불평등 감소 효과가 나 타났기 때문이다. 그 결과 역사적으로 자산 집중도는 미국이 유럽보다 낮았지만 그 상황은 1970년대 이 후 역전되었다.

▶ 스페인에서는 자산 가격 또한 자산 불평등을 줄이는 중요한 역할을 했다. 분석 대상 기간에 자산 집중 도는 단기적인 변동만 있었을 뿐 장기적으로는 대체로 변하지 않았다.

▶ 장기적으로 자산 집단 간 저축의 동태적 변화뿐만 아니라 자본의 투자수익률과 성장률 간의 격차가 자 산 불평등을 촉진했다. 대규모 자산 포트폴리오가 낼 수 있는 투자수익률이 평균적인 경제성장률보다 더 높을 때 자산 불평등은 증가한다. 저축의 불평등이 클 때도 마찬가지다.

국가 내 자산 불평등은 20세기에 접어들면서 경제 규모가 가장 큰 일부 국가에서 극적으로 감소했지만 1980년대 이후에는 자산 집중화가 광범위하게 진행되었다. 『21세기 자본』은 유럽과 북미 전역에 걸쳐 제1차 세계대전 시작점부터 1980년대 중반까지 장기적으로 자산 불평등 감소로 이어진 경제·정치·사회적 충격을 설명한다.[3] 이러한 충격으로는 대공황, 두 차례 세계대전에 따른 인적·물적 자본의 파괴, 자본이동 제한, 산업 국유화와 물품 공급, 그리고 경제에 대한 정부의 통제 강화를 꼽을 수 있다. 부와 소득은 밀접하게 얽혀 있어 자산에 관한 논의와 소득에 관한 논의는 그 내용이 비슷한데, 위에서 꼽은 요인들이 모두 유럽과 미국의 가장 부유한 계층에 큰 충격을 주면서 중산층의 자산 증가에 기여했다.

아쉽게도 글로벌 차원에서는 최근 자산 불평등의 변화에 관해 알려진 바가 거의 없는 편이다. 지금까지 공개적으로 논의된 자산 불평등 데이터의 원천은 본질적으로 자산의 동태적 변화에 관해 탄탄한 분석을 할 수 없게 하는 것들이었다. 또한 분석 방법이 언제나 투명한 것은 아니어서 자산 불평등 통계가 어떻게 작성되었는지를 추적하기가 어렵다. 이는 단순히 기술적인 문제에 그치지 않는다. 연구 방법의 선택은 실제로 자산 불평등 변화를 측정하는 데 큰 영향을 미치기 때문이다.

이 보고서에서 논의하고 WID.월드에 공개한 자산 분포와 해외자산 관련 정보는 일반인들도 이용할 수 있지만 그 정보는 여전히 불완전하다. 그러나 우리는 이것을 전 세계적으로 자산 불평등에 관한 데이터를 만들기 위한 최초의 체계적인 시도라고 본다. 이는 조세 자료와 자산 서베이, 해외자산을 일관된 방식으로 결합하는 것이다. 이 보고서에서는 중국과 프랑스, 러시아, 스페인, 영국, 미국의 자산 불평등을 추정하며 그 결과를 이 장과 다음 장들에서 제시한다.

중국과 러시아의 자산 불평등 데이터는 1995~2015년 치만 이용 가능하나, 이 20년만 보더라도 자산 불평등이 엄청나게 증가했음을 확인할 수 있다. 두 나라 상위 1퍼센트 집단의 자산 집중도는 사실상 2배로 높아져 이 집단이 전체 자산에서 차지하는 몫은 중국에서는 1995년 15퍼센트를 약간 웃돌다가 2015년 30퍼센트로 증가했으며, 러시아에서는 22퍼센트 미만에서 약 43퍼센트로 늘어났다. 흥미롭게도 2015년 두 나라의 전체 자산 중 상위 10퍼센트의 몫은 훨씬 더 비슷해졌다. 도표 4.2.2에서 볼 수 있듯이 집단의 몫은 중국에서 67퍼센트, 러시아에서 71퍼센트로 중국보다 러시아의 체제 전환 전략이 가장 부유한 사람들에게 더 유리했음을 암시한다. 도표 4.2.1에서 보는 것처럼 2015년까지 러시아는 미국보다 더 높은 자산 집중도를 보였지만 중국의 자산 불평등은 대체로 프랑스와 미국의 중간쯤이었다.

옛 공산권 국가인 이 두 나라의 불평등 수준에서 격차가 커진 것은 일정 부분 주택과 국유기업의 민영화 전략 차이 때문이었다. 러시아에서는 국가 소유였던 기업들을 바우처 민영화 과정을 거쳐 민간부문에 이전했는데, 실행 속도가 지극히 빨랐다는 점을 고려하면 이는 자산을 떨이로 매각하는 것이나 다름없었다. 그와 대조적으로 중국에서는 국유기업들의 매각으로 공공자본을 민간자본으로 대거 이전하는 일이 느리게 진행되었다. 그렇지만 그 규모는 상당히 컸다. 1995년부터 2005년까지 10만 개 가까운 기업이 보유한 11조4000억 위안의 자산이 민간의 손에 넘어갔다.[4]

한편 자산을 민영화하는 방식은 달랐다. 중국 국민에 배분되는 복지 주택은 엄청나게 줄었고, 주택시장은 거의 완전히 민영화돼 2002년까지 도시 주택의 85퍼센트가 민간 소유로 바뀌었다. 이러한 자산 민영화 과정

도표 4.2.1 신흥국과 선진국의 개인자산 상위 1퍼센트의 몫(1913~2015)

러시아에서 자산 상위 1퍼센트의 몫은 1995년 22퍼센트였지만 2015년에는 43퍼센트였다.

출처: WID.월드(2017). 데이터 시리즈와 주석은 wir2018.wid.world를 보라.

도표 4.2.2 신흥국과 선진국의 개인자산 상위 10퍼센트의 몫(1913~2015)

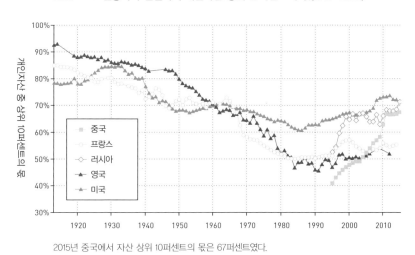

2015년 중국에서 자산 상위 10퍼센트의 몫은 67퍼센트였다.

출처: WID.월드(2017). 데이터 시리즈와 주석은 wir2018.wid.world를 보라.

제4부 글로벌 자산 불평등의 추이

은 매우 불평등해서, 흔히 개인이 주택을 매입할 가능성은 집안이 얼마나 부유하고 얼마나 좋은 정치적 연줄이 있느냐에 달려 있었고, 가장 부유한 계층은 민영화된 공공자산을 공식적인 시장을 통해 더 쉽게 살 수 있었다. 그와 대조적으로 러시아는 자산 민영화에 있어 더 점진적인 접근 방식을 택했다. 세입자들은 보통 비교적 낮은 가격에 자신이 거주하던 주택을 매입할 권리를 받았지만, 이 권리를 즉시 행사할 필요는 없었다. 거시경제와 정치 환경을 둘러싼 불확실성 때문에 많은 러시아 사람이 이 권리를 행사하지 않고 1990년대 말에서 심지어 2000년대까지 기다렸다. 그 결과 민영화가 자산 불평등을 줄이는 효과는 작았다. 상위 50퍼센트 중 상위 10퍼센트를 제외한 집단을 가리키는 중간 40퍼센트 계층의 몫은 이 기간에 두 나라에서 다 감소했다. 흥미롭게도 이 집단의 몫은 중국과 러시아에서 비슷한 비율로 감소했는데, 중국에서는 1995년 43퍼센트에서 2015년 26퍼센트로, 러시아에서는 같은 기간 39퍼센트에서 25퍼센트로 줄었다. 이처럼 중산층의 몫이 감소하는 현상은 중국에서 더 두드러졌지만 처음에는 중국보다 러시아에서 더 갑작스럽게 나타났다. 1992년 가격 자유화에 따른 초인플레이션이 저축을 깨끗이 쓸어가버렸기 때문이다.

미국에서는 소득 불평등과 저축률이 높아지면서 급속한 자산 집중화가 초래됐다

미국에서 자산 불평등이 증가한 것은 그리 갑작스러운 일이 아니었지만 역사적인 관점에서 보면 옛 공산권 국가들이 경험한 것에 비해 극적인 면이 덜한 건 아니었다. 미국의 자산 불평등은 도금시대에는 매우 심했지만 1930년대와 1940년대에는 뉴딜에 의한 급진적인 정책 변화로 상당히 감소했다. 당시 매우 누진적인 소득세와 상속세가 발전하면서 거액의 재산을 축적하고 물려주기는 더욱 어려워졌다. 정부의 규제는 금융의 역할을 크게 제약했으며, 도금시대처럼 금융-산업자본가에게 자산이 집중될 여지를 크게 줄여놓았다. 그러나 1980년대 중반 이후 자산 상위 계층의 몫은 가파르게 증가했다. 이때 자산 집중도가 급속히 상승한 것은 무엇보다 소득 분포상 상위 계층의 소득이 치솟고 하위 계층의 소득은 정체되었기 때문이다. 이러한 동태적 변화는 그 전에 시행되었던 정책이 뒤집힌 데 따른 것이었는데, 금융 규제가 완화되고 최고세율이 낮아진 것이 특히 중요한 정책 변화였다. 가장 부유한 계층과 중하위 계층 간의 저축률 차이도 자산 불평등을 증가시켰다. 이는 자산 집중도가 증가하는 경향을 강화하는 '눈덩이' 효과를 냈다. 부유한 계층은 고소득에 따른 저축을 이용해 금융 자산을 매입하고 이는 다시 더 많은 소득을 창출해 더 많은 자산을 살 수 있도록 해주었으며, 그 결과 자산 상위 계층의 몫이 늘어나면서 자본소득의 집중도가 높아진 것이다.

도표 4.2.1에 묘사되었듯이 미국에서는 전체 자산 중 상위 1퍼센트 성인의 몫이 1978년 22퍼센트 미만으로 역사적 저점을 기록한 후 2014년까지 거의 39퍼센트로 늘어났다. 이런 추세는 기존의 역사적인 패턴이 반전된 것으로, 2014년 미국에서 자산 상위 1퍼센트의 몫은 영국과 프랑스 자산 상위 1퍼센트 몫의 거의 2배였다. 이러한 변화로 부유층은 더 높은 수익률을 얻는 자산을 더 많이 매입할 수 있었고, 이에 따라 자산 분포상 상위 계층에 눈덩이 효과가 나타났다. 하지만 중산층의 자산은 정체되었다. 결과적으로 전체 자산 중 중간 40퍼센트의 몫은 1986년 역사적 고점인 37퍼센트 수준에서 2014년 약 28퍼센트로 줄었다. 그 전에는 중간 40퍼센트 계층의 연금 가입률과 주택 보유율이 증가했던 반면, 1980년대 중반 이후에는 이 추세가 반전되었는데, 이는 주택대출과 학자금 대출, 신용카드 빚과 다른 채무를 포함한 가계 빚이 급증했기 때문이다. 가계 빚은 1980년

대 중반 국민소득의 75퍼센트에서 2009년 135퍼센트로 증가했고, 2012년에는 경제 대침체로 부분적인 부채 축소deleveraging가 이뤄졌음에도 불구하고 여전히 국민소득의 110퍼센트 가까운 수준을 유지했다. 이런 추세는 2008년부터 2013년까지 전체 자산 중 하위 90퍼센트 계층의 몫이 마이너스였다는 점에서도 볼 수 있다.

프랑스와 영국에서는 중산층의 주택자산 증가가 불평등 증가세를 완화했다

제1차 세계대전이 시작된 때부터 1980년대 초까지 프랑스와 영국에서는 자산 불평등이 극적으로 감소했다. 1914년부터 1945년까지 대공황과 인플레이션, 그리고 두 차례의 세계대전 기간 생산자본과 주택이 파괴된 것을 포함해 자산시장에 큰 충격이 나타났고, 이어서 국유화와 임대료 통제, 누진적인 세제처럼 자산 불평등을 줄이기 위한 정책들이 시행되었다. 이러한 요인들이 어우러져 제1차 세계대전 이전까지 상대적으로 불평등이 덜했던 미국과 달리 유럽에서는 존재하지 않았던 유산중산층이 탄생했다. 1980년대 중반 이후에는 영국과 프랑스에서 자산 불평등이 나란히 증가했다. 하지만 이제 자산 분배 면에서 미국이 유럽보다 더 불평등해졌기에 영국과 프랑스의 불평등 증가는 미국에서보다 훨씬 덜했다. 프랑스와 영국에서 부유층은 금융자산을 불균형적으로 많이 보유했으며, 그에 따른 높은 수익은 자산 불평등을 더욱 부추겼다. 그러나 이런 효과는 주택 가격의 전반적인 상승으로 완화되었으며, 주택 가격 상승에 따른 혜택은 주로 자산 상위 집단보다 상대적으로 더 많은 주택을 소유한 유산중산층에 돌아갔다.

도표 4.2.1과 도표 4.2.2에서 보여주듯이 20세기가 시작될 때 전체 자산 중

상위 10퍼센트와 상위 1퍼센트의 몫은 프랑스와 영국에서 공히 극적으로 줄어들었다. 영국에서는 자산 상위 1퍼센트의 몫이 1900년대 초 거의 75퍼센트에 이르렀고 프랑스에서는 거의 60퍼센트에 달했다. 그러나 1980년대 초까지 두 차례의 세계대전 중 자본이 파괴된 것과 경제활동 및 분배에 대해 정부가 통제를 강화한 것을 포함한 몇 가지 요인이 어우러져 1985년 상위 1퍼센트의 몫은 두 나라에서 똑같이 16퍼센트로 줄었고, 상위 10퍼센트의 몫은 영국에서는 47퍼센트, 프랑스에서는 50퍼센트로 감소해 역사적 저점에 가까워졌다(앞서 이들의 몫은 각각 93퍼센트와 86퍼센트까지 늘어난 적이 있다).

그러던 중 프랑스에서 프랑수아 미테랑 대통령이 긴축 전환 정책을 펴고, 영국에서는 마거릿 대처 총리가 집권하면서 자산 불평등이 증가하기 시작했다. 자산 집중도가 높아진 것은 몇 가지 요인이 어우러진 결과다. 그 요인으로는 소득 분포상 상위 계층과 하위 계층 간의 격차가 확대되고, 조세의 누진성이 떨어지며, 부유층이 불균형적으로 많이 소유하는 금융자산의 수익률이 높고, 과거 국가가 경영하던 산업의 큰 부분이 민영화된 것을 들 수 있다.

프랑스에서는 2000년께 큰 폭의 단기적 변동이 나타나 전체 자산 중 상위 10퍼센트 계층의 몫은 (2000년 57퍼센트까지) 상당히 증가했다가 (2004년 53퍼센트로) 다시 감소했다. 이는 전적으로 상대적인 자산 가격이 크게 오르내렸기 때문이다. 실제로 2000년 '닷컴 거품' 때 프랑스의 주식 가격은 주택 가격에 비해 매우 높아서 중산층보다 상위 계층에 상대적으로 더 유리했다.

그러나 이런 변동에도 불구하고 장기적인 추세는 바뀌지 않았다. 상위 10퍼센트 계층이 전체 자산에서 차지하는 몫은 2014년 프랑스에서 55퍼센트로 늘어났고 2012년 영국에서는 52퍼센트로 증가했다. 가장 부유한 1퍼센트 집단의 몫은 각각 23퍼센트, 20퍼센트에 이르렀다. 2000년대에 자산 불평등은 완만하게 증가했다. 그 전부터 주택 가격은 전반적으로 올라—중간 40퍼센트 계층이 더 큰 비중을 차지하는 자산인—부동산의 가치가 높아졌고, 따라서 전체 자산 중 유산중산층의 몫은 늘어났다.

그러나 높은 주택 가격은 자산 불평등에 불분명하고 상반되는 영향을 미친다는 점에 유의해야 한다. 한편으로는 높은 주택 가격이 불평등 증가 추세를 누그러뜨릴 수 있다. 부동산을 소유한 중산층—보유자산이 대부분 주택인 계층—은 주로 금융자산을 갖고 있는 상위 집단보다 자산 가치가 더 크게 증가하는 혜택을 누리기 때문이다. 다른 한편 주택 가격이 오르면 더 가난한 집단은 처음부터 부동산을 갖기 어려워지며, 이런 추세는 빈곤층과 중산층 간의 불평등을 키울 수 있다.

높은 부동산 가격은 또한 새로운 형태의 불평등을 양산한다. 예를 들어 부동산을 적기에 산 이들과 그러지 못한 이들, 혹은 젊은 임금소득자들 중 부모의 재산을 상속받거나 생전 증여를 받아 주택 소유자가 된 이들과 영원히 세입자로 남은 이들 사이에 불평등이 발생하는 것이다. 이런 점은 1970~1980년대와 그 이후에 태어난 세대에게 점점 더 중요해지지만 그 전 (특히 1940~1950년대에 태어나 자신의 노동소득만으로도 비교적 낮은 가격에 집을 살 수 있었던) 세대에게는 훨씬 덜 중요해진 새로운 형태의 불평등이다.[5]

자산 가격은 스페인의 자산 불평등에 있어서도 중요한 평등화 역할을 했다

주택시장은 다른 유럽 국가에서도 중요한 역할을 했다. 스페인에서는 지난 몇십 년 동안 자산 집중도에 어느 정도 변동이 있었지만 주택시장 변화에 따라 불평등은 대체로 일정한 수준을 유지했다. 자산 가격의 움직임은 단기적인 자산 불평등 수준을 결정하는 핵심 요인이다. 특히 주택시장 활황으로 스페인의 부동산 가격은 1984년부터 1990년까지 3배로 뛰었고 1996년부터 2008년까지 다시 3배로 치솟아 1984년부터 2013년에 이르는 기간 내내 자산 집중도가 크게 변동했다. 스페인의 가장 부유한 개인들이 부동산 시장에 깊숙이 뛰어들면서 여러 자산을 사들였기 때문에 2008년 이 시장의 거품이 꺼지자 상위 10퍼센트와 상위 1퍼센트 계층은 더 큰 영향을 받았고, 이는 그들이 그 전에 거둬들였던 이득을 대거 잠식했다. 닷컴 활황과 붕괴의 와중에도 비슷한 추세가 뚜렷이 나타나 전체 자산 중 상위 1퍼센트의 몫은 2000년에 약 28퍼센트로 고점을 찍었다.

정책과 제도는 자본 수익률과 저축률에 영향을 미침으로써 장기적으로 자산 불평등에 변화를 일으킨다

장기적으로 자산 집중도를 결정하는 요인은 개인 간 저축률의 불균등, 그리고 투자수익률과 경제성장률 간의 차이다.[6] 앞선 연구는 상위 집단으로 쏠리는 자산 불평등이 투자수익률과 성장률 간의 차이(r-g)에 따라 증가한다는 점을 보여주었다.[7] 직관적으로 봐도 성장률과 자본의 투자수익률 간 격차가 클수록(r>g) 부유층의 손에 자본이 집중되면서 자산 불평등은 더 증폭된다. 과거의 부는 더 빠르게 자본화되고 자본이 늘어나는 속도가 경제 전반의 성장 속도에 추월당할 가능성은 더 낮아진다는 의미다. 앞서 이야기했듯이 이런 효과는 자산 규모에 따라 투자수익률이 높아지는 경향이 있다는 사실로 인해 크게 증폭된다. 대규모 금융 포트폴리오가 낼 수 있는 투자수익률은 보통 소액 예금으로 낼 수 있는 수익률과 거의 무관하다.

또한 저축률이 조금만 변해도 자산 불평등에 매우 큰 영향을 미칠 수 있으며, 그 영향이 완전히 사라지기까지는 몇십 년 혹은 몇 세대가 걸릴 수도 있다. 이런 영향은 자산 분포상 가장 부유한 개인들과 나머지 사람들 간의 저축률에 있어 큰 차이를 보이는 프랑스와 영국, 미국에서 뚜렷했다. 프랑스에서는 1970년부터 2012년까지 상위 10퍼센트 자산 보유자들이 보통 연간 소득 중 20~30퍼센트를 저축한다. 그러나 중간 40퍼센트 계층에서는 이 비율이 훨씬 더 낮을 뿐만 아니라, 1970년 연간 소득의 15퍼센트에서 2012년 5퍼센트 미만으로 크게 하락했다. 하위 50퍼센트 계층에서는 저축률이 8퍼센트에서 거의 0퍼센트로 떨어졌다. 미국에서는 하위 90퍼센트 가구의 저축률이 1970년대 이후 급속히 떨어졌지만 상위 1퍼센트의 저축률은 대체로 안정된 상태를 유지했다. 하위 90퍼센트 계층의 연간 저축률은 1970년대 말과 1980년대 초 약 5~10퍼센트에서 2000년대 중반 약 −5퍼센트로 떨어졌다가 대침체 후 약 0퍼센트로 반등했다. 이러한 하위 90퍼센트 계층의 저축률 하락은 대부분 가계부채, 특히 주택대출 증가에 따른 것이었다.

프랑스에서 1984~2014년에 볼 수 있었던 저축률 격차가 투자수익률 격차, 노동소득 격차와 더불어 그대로 지속된다면 전체 자산 중 상위 10퍼센트가 차지하는 몫은 19세기와 20세기 초에 볼 수 있었던 수준, 다시 말해 전체 자산의 약 85퍼센트로 점차 증가할 것이다. 그러나 만약 1970~1984년의 추세가 1984년 이후에도 계속됐다면, 그리고 앞으로도 몇십 년 동안 계속된다면 오늘날 상위 10퍼센트가 전체 자산에서 차지하는 몫은 45퍼센트를 조금 넘는 수준에 그쳤을 것이며, 그 몫은 21세기 내내 감소할 것이다.

제3장 미국의 자산 불평등

이 장의 내용은 이매뉴얼 사에즈와 게이브리얼 주크먼이 2016년에 쓴 논문 「1913년 이후 미국의 자산 불평등: 소득세 자료의 자본화로 본 증거Wealth Inequality in the United States Since 1913: Evidence from Capitalized Income Tax Data」(『쿼털리 저널 오브 이코노믹스』 131권(2호), 519~578쪽)에 바탕을 둔 것이다.

▶ 미국에서 상위 자산가들의 몫은 1980년대 중반부터 2012년까지 증가했다. 상위 0.1퍼센트가 상위 계층의 자산 집중화를 주도했는데, 전체 자산 중 그들의 몫은 1978년 7퍼센트에서 2012년 그 3배인 22퍼센트로 증가해 20세기 초와 견줄 만한 수준이 되었다.

▶ 미국의 자산 불평등은 앞서 1930년대와 1940년대부터 뉴딜 정책의 일환으로 추진된 급진적인 변화 때문에 상당히 줄었다. 이러한 정책으로는 누진적 소득세와 상속세 도입, 그리고 더 강화된 금융 규제를 꼽을 수 있다.

▶ 1980년대 이후 급속한 자산 집중화를 촉진한 핵심 요인은 상위 계층 소득이 급증한 것과 더불어 자산 집단 간 저축률 불평등이 증가한 것이다. 이는 부유층이 금융자산을 축적하면서 자본소득 집중도가 증가하고 이것이 다시 상위 계층으로 하여금 더 많은 자산을 축적하도록 해주면서 기존 추세를 강화하는 '눈덩이' 효과를 낳았다.

▶ 자산 분포상 하위 90퍼센트의 몫이 줄어든 것은 중산층의 주택대출과 소비자 신용, 그리고 학생 부채가 크게 늘어나면서 이들의 저축이 급감한 결과다.

미국의 자산 불평등 구조를 알아보려면 먼저 **표 4.3.1**에 개략적으로 나타낸 2012년 자산 분포를 생각해보는 게 가장 좋을 것이다. 미국의 가구당 평균 순자산은 38만4000달러를 넘지만 이 평균은 광범위한 차이를 가리고 있다. 하위 90퍼센트 가구—약 9만4000달러의 평균 자산을 보유한 1억4500만 가구에 가까운 집단—의 자산을 모두 합하면 상위 0.1퍼센트에 들어가는 16만1000가구가 보유한 자산(전체 자산의 22퍼센트)과 같다. 상위 0.1퍼센트의 평균 자산은 약 8200만 달러로 하위 90퍼센트 평균 자산의 868배에 이르렀다. 미국에서 자산은 소득보다 훨씬 더 집중되었고 전체 자산 중 상위 0.1퍼센트 집단의 몫은 전체 소득 중 상위 1퍼센트 집단의 몫과 거의 같았다.

1980년대 이후 자산 불평등 증가는 거의 전적으로 상위 0.1퍼센트 집단이 주도했다

미국의 자산은 훨씬 더 집중화되었지만 이 추세는 미국 국민 수천만 명의 재산이 불어났기 때문이 아니다. 그보다는—자산 상위 1퍼센트에 들어가기 위한 문턱값인—440만 달러 이상의 자산을 가진 아주 작은 인구 집단에 나타난 극적인 변화에 따른 것이다.

자산 상위 계층의 몫은 1980년대 중반 이후 가파르게 늘어났다. 실제로 전체 자산 중 상위 10퍼센트가 보유한 몫은 1985년 약 63퍼센트로 1917년 이후 가장 낮은 수준에 이르렀다. 하지만 그 후 2012년까지 자산 상위 10퍼센트의 몫은 13퍼센트포인트 증가해 77퍼센트 이상으로 불어났다. 미국 전체 자산의 4분의 3 이상을 전체 인구의 단 10퍼센트가 소유하

표 4.3.1 미국의 가계자산 분포(2012)

표 4.3.1 미국의 가계자산 분포(2012)

자산 집단	가구 수	문턱값(달러)	평균 자산(달러)	전체 자산 중에서 차지하는 몫
A. 상위 자산 집단				
전체 인구	160,700,000	–	384,000	100%
상위 10%	16,070,000	740,000	2,871,000	77.2%
상위 1%	1,607,000	4,442,000	15,526,000	41.8%
상위 0.1%	160,700	23,110,000	81,671,000	22.0%
상위 0.01%	16,070	124,525,000	416,205,000	11.2%
B. 중간 자산 집단				
하위 90%	144,600,000	–	94,000	22.8%
상위 10~1%	14,463,000	740,000	1,470,000	35.4%
상위 1~0.1%	1,446,300	4,442,000	8,178,000	19.8%
상위 0.1~0.01%	144,600	23,110,000	44,537,000	10.8%
상위 0.01%	16,070	124,525,000	416,205,000	11.2%

2012년 미국에서 상위 10퍼센트 계층의 평균 자산은 287만1000달러였다. 모든 금액은 2016년 (인플레이션을 고려한) 불변 미국 달러로 환산했다. 시장환율로 비교하면 1달러는 0.8유로, 3.3엔이다. 수치는 반올림 때문에 단순히 더할 수 없다.

출처: 사에즈와 주크먼(2016). 데이터 시리즈와 주석은 wir2018.wid.world를 보라.

는 것이다.

그러나 1980년대 중반 이후 자산 상위 10퍼센트에 속하지만 상위 1퍼센트에는 들지 않는 가구의 몫은 감소했다. 실제로 1986년부터 2012년까지 전체 자산 중 상위 1퍼센트가 소유하는 몫은 상위 10퍼센트의 몫보다 더 빠르게 (약 17퍼센트포인트) 늘어났다(도표 4.3.1a를 보라). 전체 자산 중 상위 1퍼센트의 몫이 증가한 것 자체도 상위 0.1퍼센트의 몫이 7퍼센트에서 22퍼센트로 (15퍼센트포인트) 증가한 덕분이다. 따라서 2012년 자산 상위 0.1퍼센트의 몫은 1978년 이후 3배로 불어나 상위 1~0.1퍼센트의 몫(즉,

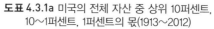

도표 4.3.1a 미국의 전체 자산 중 상위 10퍼센트,
10~1퍼센트, 1퍼센트의 몫(1913~2012)

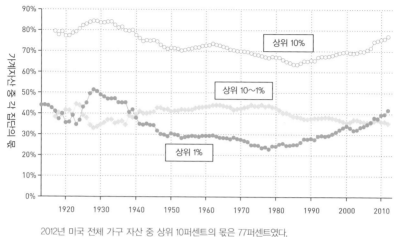

2012년 미국 전체 가구 자산 중 상위 10퍼센트의 몫은 77퍼센트였다.

출처: 사에즈와 주크먼(2016). 데이터 시리즈와 주석은 wir2018.wid.world를 보라.

상위 1퍼센트의 몫에서 0.1퍼센트의 몫을 뺀 값)보다 더 커졌다. 지난 40년 동안 상위 1퍼센트와 상위 10퍼센트의 몫이 늘어난 것은 거의 전부 상위 0.1퍼센트만의 몫이 늘어난 데 따른 것이었다.

최근 미국의 자산 집중도가 높아진 것은 지난 반세기에 걸쳐 자산 집중도가 지속적으로 낮아진 것과 대조적이다

미국에서 가장 부유한 계층이 전체 자산에서 차지하는 몫이 1980년대 중반 이후 크게 늘어난 것은 대공황 이후 그때까지 나타났던 추세와 뚜렷한 대조를 이룬다. 이른바 포효하는 1920년대Roaring Twenties에는 자산 집중도가 큰 폭으로 높아져 상위 1퍼센트는 그 10년 동안 전체 자산에서 차지

도표 4.3.1b 미국 전체 자산 중 상위 1~0.1퍼센트와 0.1퍼센트의 몫(1913~2012)

2012년 미국 전체 가구 자산 중 상위 0.1퍼센트의 몫은 22퍼센트였다.

출처: 사에즈와 주크먼(2016). 데이터 시리즈와 주석은 wir2018.wid.world를 보라.

하는 몫을 크게 늘렸다. 1923년 35퍼센트였던 이들의 몫은 1928년에 거의 52퍼센트로 늘었고, 상위 10퍼센트가 전체 자산에서 차지하는 몫은 84퍼센트로 정점에 이르렀다. 그러나 대공황의 영향과 프랭클린 루스벨트 대통령 시절에 시행된 뉴딜 정책 때문에 이 추세는 바로 반전되었다.

자산 불평등은 1929년부터 제2차 세계대전이 끝날 때까지 엄청난 속도로 줄어들었다. 주식시장이 폭락하고 뉴딜 시대의 금융 규제가 도입되면서 금융자산의 가치가 떨어짐에 따라 도금시대의 금융－산업자본가 모형에 비해 금융의 역할은 줄고 자산을 집중시키는 능력도 떨어졌으며, 누진적 소득세와 상속세가 발전하면서 큰 재산을 모으고 물려주기가 어려워졌다. 그에 따라 전체 자산에서 상위 1퍼센트가 차지하는 몫은 52퍼센트에서 1949년까지 29퍼센트로 줄었다. 그들의 줄어든 몫이 상위 10~1퍼센트 계층에만 돌아가지는 않았다. **도표 4.3.1a**에 나타나듯 전체 자산 중 이 계층의 몫은 33퍼센트에서 42퍼센트로 늘어났으므로 하위 90퍼센트 계층은 상위 1퍼센트와 같은 29퍼센트의 몫을 갖게 되었다.

제2차 세계대전 후 자산 불평등은 완만하게 증가했다가 1960년대부터 다시 줄어들었다. 자산 상위 10퍼센트의 몫은 70퍼센트에서 1962년 74퍼센트로 늘어난 후 거의 해마다 줄어들어 1980년대 중반까지 전체 자산의 65퍼센트 미만으로 감소했다. 그러나 앞서 설명했듯이 레이건 시대에 규제가 풀리고 세금의 누진성도 떨어지면서 미국 자산 불평등 추이에 변곡점이 형성되었다. 개인소득세 최고세율은 1986년 50퍼센트에서 1988년 28퍼센트로, 35퍼센트인 법인세율 아래로 낮아졌다.

중산층 자산의 부상과 침체

두 번째 중요한 분석 결과는 전체 자산 중 하위 90퍼센트 계층의 몫이 어떻게 달라졌는지를 보여준다. 자산 분포상 하위 절반은 신용카드 빚과 주택대출 같은 마이너스 자산을 포함할 경우 순자산이 늘 0에 가깝기 때문에 전체 자산 중 하위 90퍼센트의 몫은 하위 50퍼센트보다는 위에 있지만 상위 10퍼센트에는 못 미치는 중간 40퍼센트 집단의 몫과 같다. 이들 '중산층'이 2012년 전체 자산에서 차지하는 몫은 연금 가치가 늘어나고 주택 보유율이 높아졌음에도 불구하고 70년 전과 같은 수준이었다.

중산층이 소유하는 자산의 비중은 1930년대 초부터 늘어나기 시작해 1980년대 중반에 정점에 이르렀다. 그들의 몫은 **도표 4.3.2**에서 보여주듯 그 후로 줄곧 줄어들었다. 전체 자산 중 하위 90퍼센트 계층의 몫이 1930년대 초 16퍼센트에서 1980년대 중반 35퍼센트로 크게 늘어난 것은 주로 이 집단의 주택자산이 축적된 데다 그보다 더 큰 폭으로 연금자산이 늘어난

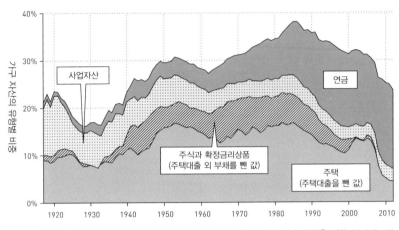

2012년 미국 전체 가구 자산 중 하위 90퍼센트의 몫은 23퍼센트였다. 연금은 하위 90퍼센트의 가구 자산에서 16퍼센트포인트를 차지했다.

출처: 사에즈와 주크먼(2016). 데이터 시리즈와 주석은 wir2018.wid.world를 보라.

데 따른 것이다. 연금은 20세기가 시작될 때까지 거의 존재하지 않다가 먼저 확정급여형연금defined benefits plan 형태로 개발되었고, 그 후 1980년대부터는 개인퇴직연금계좌Individual Retirement Accounts와 (미국 세법의 한 절을 일컫는) 401(k)로 불리는 연금저축과 같은 확정기여형연금defined contribution plan 형태가 도입되었다.

1980년대 중반부터 전체 자산 중 하위 90퍼센트의 몫이 줄어든 현상은 중산층 자산을 구성하는 두 가지, 즉 주택(주택대출을 뺀 값)과 고정소득 자산(주택대출이 아닌 부채를 뺀 값) 때문이다. 그들의 몫이 줄어든 것은 부채, 즉 주택대출과 학자금 대출, 신용카드 대출, 그 외의 채무를 포함한 가계 빚 총액이 1980년대 중반 국민소득의 75퍼센트에서 2009년 135퍼센트로 급증했기 때문이다. 그 후 2007~2009년 금융위기와 대침체가 중산층에 큰 타격을 입혔다. 전체 자산 중 하위 90퍼센트의 몫은 2007년 중반부터

도표 4.3.3 미국 하위 90퍼센트와 상위 1퍼센트 계층의 자산 규모(1917~2012)

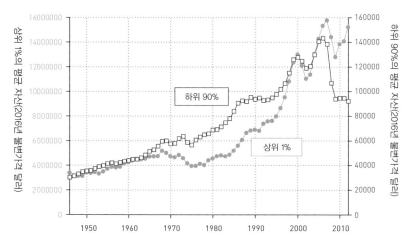

2012년 하위 90퍼센트 가구의 평균 실질자산은 9만2100달러인 데 비해 상위 1퍼센트의 평균 실질자산은 1523만7000달러였다. 모든 금액은 (인플레이션을 고려한) 2016년 불변가격 달러로 환산했다. 시장환율로 비교하면 1달러는 0.8유로, 3.3엔이다.

출처: 사에즈와 주크먼(2016). 데이터 시리즈와 주석은 wir2018.wid.world를 보라.

2008년 중반까지 주택 가격이 폭락하면서 급격히 감소했고, 그 후의 회복은 고르게 이뤄지지 않았다. 2009~2012년 사이 가구당 실질 자산 가치는 하위 90퍼센트에서는 연 0.6퍼센트씩 줄었지만, 상위 0.1퍼센트에서는 연 7.9퍼센트씩 늘어났다.

대침체 때 자산 중 상당 부분을 팔아서 중산층의 부채 수준은 줄어들었음에도 불구하고 2012년 그들의 빚은 여전히 국민소득의 110퍼센트나 되었다. 이처럼 부채가 급증함에 따라 중산층의 부에 극적인 효과가 나타났는데, (주택대출을 제외한) 전체 부채 가운데 약 90퍼센트가 자산 분포상 하위 90퍼센트 계층이 진 것이었다. 이는 그들의 연금자산 가치 증가를 상쇄하고도 남을 만큼 큰 규모였다. 놀랍게도 2012년 하위 90퍼센트 가구의 평균 실질 자산은 1986년의 그것보다 많지 않았다. 하위 90퍼센트의 평균 실질 자산은 **도표 4.3.3**에서 보여주듯 1990년대 정보기술의 활황과 2000년대 중반 주택시장 거품 기간에 상당히 늘어나 2006년에 14만 3000달러로 고점에 이르렀지만 그 후 급격히 감소해 2009년에는 약 9만 3800달러(2016년 불변가격 달러)에 그쳤다.

저축률의 동태적 변화는 자산 불평등 변화의 많은 부분을 설명해준다

계층별 소득 비중과 저축률의 불평등이 장기적으로 부의 동태적 변화에 미치는 영향이 밝혀졌다.[8] 미국에서는 1917년부터 2012년까지 각 자산 집단의 저축률에 커다란 차이가 있었다. 이 기간 하위 90퍼센트 자산 보유자들은 평균적으로 소득의 약 3퍼센트를 저축한 데 비해, 상위 10~1퍼센트 집단은 소득의 15퍼센트쯤, 상위 1퍼센트 집단은 20~25퍼센트가량을 저축했다. 대공황(1929~1939) 때 중요한 예외가 나타났는데, 이때 기업들은 여전히 배당을 지급했지만 이익을 전혀 못 내거나 손실을 냈기 때문에 상위 1퍼센트 집단의 저축률은 큰 폭의 마이너스를 기록했다. 이 기간에 상위 계층의 마이너스 저축은 앞서 설명했듯이 1930년대 상위 자산가들의 몫이 줄어드는 데 큰 요인이 되었다.

저축률의 불평등은 또한 최근 몇십 년 동안 크게 증가했다. 하위 90퍼센트 가구의 저축률은 1970년대 이후 급속히 떨어졌지만 상위 1퍼센트의 저축률은 대체로 안정된 수준을 유지했다. 하위 90퍼센트 계층의 연간 저축률은 1970년대 말과 1980년대 초에 약 5~10퍼센트에서 2000년대 중반 약 −5퍼센트로 떨어졌다가 대침체 후(2008~2011년쯤) 약 0퍼센트로 반등했다. 1998년부터 2008년까지 하위 90퍼센트는 특히 유례없는 주택 가격 상승이 부추긴 주택대출을 비롯해 부채가 엄청나게 늘어나면서 해마다 역逆저축(외상 지출)을 했다.[9] 동시에 상위 1퍼센트는 계속 높은 저축률을 기록했고, 하위 90퍼센트와 상위 10~1퍼센트의 저축률은 상대적으로 급격히 떨어졌다.

중산층의 저축이 줄어든 것은 전체 자산 중 하위 90퍼센트 계층의 몫이 줄어든 것의 많은 부분을 설명해주지만 소득 불평등 증가도 미국의 자산 불평등의 동태적 변화에 몇 가지 유의할 만한 영향을 미쳤다. 첫째, 하위 50퍼센트 계층의 저축률 하락 자체가 소득 불평등이 커지고 중산층 소득성장이 느려진 결과일 수 있으며, 이는 자산 불평등을 키웠을 수 있다.[10] 둘째, 시뮬레이션을 해보니, 하위 90퍼센트가 국민소득에서 차지하는 몫을 일정하게 유지하면서 연 3퍼센트의 저축을 했더라면 이들이 전체 자산에서 차지하는 몫은 1980년대 중반 이후 거의 줄지 않고 2012년에는 (실제 기록한 23퍼센트가 아닌) 약 33퍼센트에 달했을 것이다. 마지막으로, 상위 계층에서 소득 불평등이 증가한 것은 자산 분포상 상위 집단들이 전체 자산에서 차지하는 몫에 커다란 영향을 미쳤다. 예를 들어 자산 분포상 상위 1퍼센트 가구가 버는 소득이 전체 소득에서 차지하는 비중은 1970년대 말 이후 2배로 불어나 최근 몇 년간은 약 16퍼센트에 이르렀다. 이 같은 증가 폭은 상위 1퍼센트가 전체 자산에서 차지하는 몫의 증가 폭보다 상대적으로 크며, 전체 자산 중 상위 1퍼센트의 몫이 늘어나게 된 주요한 동인이 그들의 소득 급증에 있음을 시사한다.

제4장· 프랑스의 자산 불평등

이 장의 내용은 버트런드 가빈티와 조나탕 구피예르브레, 토마 피케티가 2016년에 쓴 논문 「자산 불평등의 동태적 변화에 대한 설명: 프랑스 사례의 분석 방법과 추정, 그리고 시뮬레이션(1800~2014)Accounting for Wealth Inequality Dynamics: Methods, Estimates and Simulations for France (1800–2014)」(WID.월드 워킹 페이퍼 시리즈 2016/5호)에 바탕을 두고 있다.

▶ 프랑스에서 자산 불평등은 1980년대 이후 완만하게 증가했다. 1984년에는 상위 10퍼센트 계층이 프랑스의 전체 자산 중 50퍼센트를 소유해 사상 최저를 기록했지만 2014년에는 55퍼센트를 소유했다.

▶ 프랑스의 자산 불평등은 1914년부터 1984년까지 극적으로 감소했다. 1900년대 초에는 전체 자산 중 상위 1퍼센트가 차지하는 몫이 55퍼센트에 이르렀다. 1914년부터 1945년까지 큰 충격(공황과 인플레이션, 전쟁)이 있었고, 이어서 국유화와 임대료 통제, 조세 정책 변화로 가장 부유한 1퍼센트의 몫은 1980년대 초까지 약 16퍼센트로 감소했다.

▶ 1950~1984년 중산층의 절대적인 자산 규모가 크게 늘어나면서 이 계층은 더 큰 번영을 누렸다. 이는 부분적으로 이 고속 성장기에 중산층의 저축률이 높아졌기 때문이다.

▶ 주택 가격이 상승한 것도 1984년 이후 자산 불평등 증가를 완화하는 데 핵심적인 역할을 했는데, 이는 주택이 중산층의 포트폴리오에서 큰 부분을 이루었기 때문이다.

▶ 자산 불평등의 장기적인 변화는 대부분 저축률의 불평등에 좌우되며, 저축률 자체는 저축 습관과 소득 불평등, 그리고 조세와 규제 정책에 따라 달라진다.

▶ 저축률과 투자수익률에서 나타나는 작은 차이는 자산 불평등에 장기적으로 큰 영향을 미칠 수 있다. 최근의 추세가 이어지면 이번 세기가 끝날 무렵에는 자산 불평등이 1900년 수준으로 회귀할 수도 있다.

만약 2014년 프랑스의 전체 자산이 이 나라 성인 인구 모두에게 똑같이
분배된다면 성인 한 명당 약 20만1000유로의 순자산을 갖게 될 것이다.
그러나 표 4.4.1이 보여주듯 이는 현실과 거리가 멀다. 성인 인구 중 자산이
가장 적은 절반에 속하는 사람은 전체 평균의 8분의 1인 약 2만5500유로
의 자산을 가지며, 이 집단은 프랑스 전체 자산의 6퍼센트를 소유한다. 중
간 40퍼센트의 평균 자산은 전체 평균 자산과 거의 같은 19만3000유로에
이르며, 따라서 전체 자산 중 이들의 몫은 38퍼센트로 프랑스 전체 자산
이 모두에게 똑같이 분배되었을 경우와 거의 같다. 프랑스 성인 중 자산

표 4.4.1 프랑스의 개인자산 분포(2014)

자산 집단	인구수	문턱값(유로)	평균 자산(유로)	전체 자산 중 각 집단의 몫
전체 인구	51,720,000	–	201,000	100%
하위 50%	25,860,000	–	25,500	6.3%
중간 40%	20,690,000	99,000	193,000	38.4%
상위 10%	5,172,000	402,000	1,097,000	54.5%
상위 1%	517,000	2,024,000	4,703,000	23.4%
상위 0.1%	51,700	7,612,000	16,506,000	8.2%
상위 0.01%	5,170	26,668,000	55,724,000	2.8%
상위 0.001%	517	88,916,000	183,819,000	0.9%

2014년 프랑스에서 상위 10퍼센트 계층의 평균 자산은 109만7000유로였다. 모든 금액은 2016년 (인플레이
션을 고려한) 불변가격 유로로 환산했다. 시장환율로 비교하면 1유로는 1.1달러, 7.3엔이다. 수치는 반올림 때
문에 단순히 더할 수 없다.

출처: 가빈티, 구피예르브레, 피케티(2017). 데이터 시리즈와 주석은 wir2018.wid.world를 보라.

상위 10퍼센트에 들어가려면 총 40만2000유로 이상의 자산을 보유해야 한다. 이 집단의 평균 자산은 110만 유로에 가깝고 이는 전체 평균의 5.5배, 하위 50퍼센트 평균 자산의 43배다.

프랑스에서 자산은 상위 10퍼센트 내에서 훨씬 더 높은 집중도를 보인다. 이는 전체 자산 중 상위 1퍼센트의 몫을 분석해보면 바로 명백해진다. 전체 자산의 23.4퍼센트를 차지하는 이들의 평균 순자산은 470만 유로를 웃돌고 그들의 몫은 가장 부유한 10퍼센트 인구에서 상위 1퍼센트를 뺀 집단, 즉 상위 10~1퍼센트 집단의 몫과 거의 같다. 프랑스의 성인이 자산 상위 0.1퍼센트에 들어가려면 적어도 760만 유로가량의 자산을 가져야 하며 이 집단의 평균 자산은 약 1650만 유로에 이른다. 5만2000명의 성인이 모인 이 집단의 총자산은 하위 50퍼센트에 속하는 2600만 명의 성인이 소유한 총자산보다 3분의 1이 더 많다. 상위 0.001퍼센트에 속하는 성인 520명의 평균 자산은 1억8400만 유로에 가깝고, 이는 전체 평균의 914배, 상위 10퍼센트 집단에 속하는 사람들 평균 자산의 거의 180배에 이른다.

20세기 초 이후 자산 불평등이 극적으로 감소하면서 유산중산층이 생겨났다

현 수준의 자산 불평등은 20세기 초의 불평등과는 거리가 멀다. 19세기와 20세기 초에 자산 집중도는 극히 높은 수준에서 일정하게 유지되었다. 『21세기 자본』에서 지적한 것처럼[11] 프랑스 혁명은 세제상의 특권을 끝내고 자산에 새로운 세금을 물리면서 자산 집중도를 떨어트렸을 가능성이 크지만, 1800년부터 19세기 내내 자산 집중도가 매우 높은 수준을 유지했다는 점을 보면 흥미롭다. 공화제와 능력주의의 이상을 퍼뜨린 프랑스 제3공화국 시대(1870~1940)에는 자산 집중도가 떨어지기보다는 높아졌다.

제1차 세계대전 전야에 프랑스 전체 자산 중 상위 10퍼센트 계층의 몫은 약 85퍼센트였지만 중간 40퍼센트의 몫은 15퍼센트에 조금 못 미쳤다. 따라서 하위 50퍼센트의 보유자산은 전무하다시피 했다. 어떤 의미에서 그 시대에 '중산층'이란 없었다. 중간 40퍼센트 계층은 하위 50퍼센트처럼 자산이 거의 없었다. 도표 4.4.1에서 볼 수 있듯 1800년부터 1914년까지 상위 10퍼센트 계층에선 상위 1퍼센트가 압도했는데, 이들은 1900년대 초 상위 10~1퍼센트가 보유한 자산의 2배를 가졌다.

자산 상위 10퍼센트의 몫은 1914~1945년 자본에 충격이 가해진 후 줄어들기 시작했다. 제1, 2차 세계대전은 총자산 스톡이 대거 파괴되면서 전체적인 자산-소득 비율이 약 700퍼센트에서 200퍼센트 미만으로 떨어지는 엄청난 손실을 초래했다. 이는 프랑스의 자산 불평등에 심대한 영향을

도표 4.4.1 프랑스 전체 자산 중 각 집단의 몫(1800~2014)

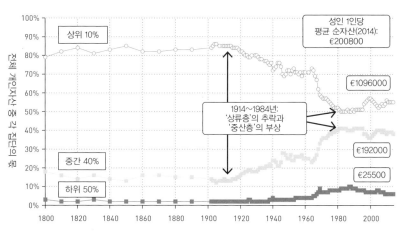

2014년 프랑스에서 상위 10퍼센트 계층이 전체 개인자산에서 차지하는 몫은 55퍼센트였다. 모든 금액은 2016년 (인플레이션을 고려한) 불변가격 유로로 환산했다. 시장환율로 비교하면 1유로는 1.1달러, 7.3엔이다.
출처: 가빈티, 구피예르브레, 피케티(2017). 데이터 시리즈와 주석은 wir2018.wid.world를 보라.

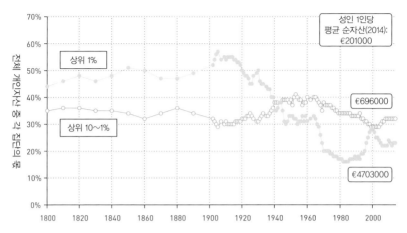

도표 4.4.2 프랑스 전체 자산 중 상위 계층의 몫(1800~2014)

성인 1인당
평균 순자산(2014):
€201000

상위 1%

상위 10~1%

€696000

€4703000

2014년 프랑스에서 상위 1퍼센트 계층이 전체 개인자산에서 차지하는 몫은 24퍼센트였다. 모든 금액은 2016년 (인플레이션을 고려한) 불변가격 유로로 환산했다. 시장환율로 비교하면 1유로는 1.1달러, 7.3엔이다.

출처: 가빈티, 구피예르브레, 피케티(2017). 데이터 시리즈와 주석은 wir2018.wid.world를 보라.

미쳤다. 전체 자산 중 상위 1퍼센트의 몫은 제1차 세계대전이 시작될 때부터 제2차 세계대전이 끝날 때까지 55퍼센트에서 30퍼센트로 거의 반 토막 나서 상대적으로 중산층의 몫이 커졌다.

1914~1945년 중간 40퍼센트 계층이 부상한 것은 이 기간에 중산층이 많은 자산을 축적했기 때문이 아니었다. 이는 단지 그들이—당초 보유했던 자산의 감소율을 볼 때—상위 10퍼센트보다 자산을 덜 잃었다는 사실을 보여준다. 그와 대조적으로 전후 몇십 년 동안 중산층이 부상한 것은 부분적으로 고속성장기에 그들의 저축률이 높아져 자산의 절대 규모가 상당히 커졌기 때문이다.

이처럼 자산 불평등이 감소하는 추세는 1980년대 초까지 계속돼 1983~1984년에는 기록상 가장 낮은 수준으로 감소했다. 전체 자산 중 상위 1퍼

제4부 글로벌 자산 불평등의 추이

센트와 상위 10~1퍼센트가 보유하는 몫은 1940년대 중반부터 1960년대 중반까지 각각 30~35퍼센트와 35~40퍼센트 범위 안에서 오르락내리락했고 같은 기간에 중간 40퍼센트의 몫이 20퍼센트에서 25퍼센트로 늘었다. 상위 1퍼센트의 몫은 1945년 약 33퍼센트에서 1984년 15퍼센트를 조금 넘는 수준으로 줄었지만, 중간 40퍼센트의 몫은 25퍼센트에서 40퍼센트 이상으로 늘었다(**도표 4.4.1**과 **도표 4.4.2**를 보라).

1984년 이후 프랑스의 자산 불평등은 완만하게 증가했다

프랑스에서 자산 불평등은 1980년대 초 이후 완만하게 증가했다. 1984년에 프랑스의 자산 집중도는 19세기 초 데이터를 수집하기 시작한 이래 가장 낮았다. 그러나 시간이 흐를수록 1980년대의 자산 불평등은 눈에 띄게 증가하기 시작했다. 1982~1983년 미테랑 대통령이 긴축 정책으로 선회한 데 이어(더 자세한 내용은 제2부 제2장을 보라) 대규모 국유기업 민영화와 금융시장 발전을 포함해 자유방임주의 성향이 강한 경제 정책들이 도입되면서, 프랑스 성인 중 가장 부유한 10퍼센트 계층이 전체 자산에서 차지하는 몫은 1990년 53퍼센트, 1995년 56퍼센트로 증가했다. 반면 중산층과 하위 계층은 몫이 줄어서 1990년대 중반까지 각각 약 49퍼센트와 6퍼센트로 감소했다.

자산 집중도는 닷컴 활황 때 큰 폭으로 높아졌다. 2000년까지 전체 자산 중 상위 10퍼센트의 몫이 60퍼센트를 넘어섬에 따라 중간 40퍼센트의 몫은 35퍼센트 미만, 하위 50퍼센트의 몫은 약 6퍼센트로 줄었다. 그러나 2000년에는 앞선 30년 동안 나타났던 자산 집중도가 단기적으로 강한 변동성을 보이면서 어떤 변곡점이 될 해로 여겨졌다. 2000년에 닷컴 거품이 꺼지면서 주가가 폭락하고 주택 가격이 탄탄한 오름세를 타면서 중간 40퍼센트의 몫은 그 후 증가하기 시작했고, 상위 10퍼센트의 몫은 감소했다. 이와 같은 자산 가격의 (뒤에서 더 자세히 논의하는) 상대적인 변동으로 2005년 전체 자산 중 상위 10퍼센트의 몫은 약 56퍼센트를, 중간 40퍼센트의 몫은 대략 38퍼센트를, 하위 50퍼센트의 몫은 남은 6퍼센트를 기록했다. 따라서 새천년 들어 첫 5년 동안 프랑스 성인 인구의 다른 절반의 사정은 크게 달라졌음에도 불구하고 하위 50퍼센트의 몫은 변하지 않은 채로 있었다.

그 후 2008~2009년 글로벌 금융위기에 이르기까지, 그리고 금융위기 이후에도 프랑스의 자산 불평등 구도는 크게 바뀌지 않았다. 전체 자산 중 상위 10퍼센트가 보유하는 몫은 2010년 약 59퍼센트로 증가했지만 중간 40퍼센트의 몫은 거의 변하지 않았다. 반면 하위 50퍼센트는 어려움을 겪었는데, 전체 자산 중 그들의 몫은 단 5퍼센트로 감소했다. 그다음 2년 동안에는 전체 자산 중 상위 10퍼센트의 몫이 조금 줄어들고, 하위 50퍼센트의 몫이 약간 늘어났으나, 중간 40퍼센트의 몫은 이번에도 무시할 만한 정도의 변동을 보였다.

각 자산 집단 간 보유자산 포트폴리오 차이는 최근 자산 불평등의 동태적 변화를 결정지은 핵심 요인이다

자산유형별로 불평등을 분석하기 전에 **도표 4.4.3**에서 나타냈듯이 1970~2014년 프랑스 내 전체적인 자산 규모와 구성이 크게 달라졌음을 상기할 필요가 있다. 이 도표를 보면 주택자산과 금융자산의 비중은 상당히 커진 반면, 사업자산은 뚜렷이 감소했음을 알 수 있다. 사업자산이 줄어든 것은 주로 자영업이 감소했기 때문이다. 예금을 제외한 금융자산은 1980년 대 말과 1990년대 민영화 이후 크게 늘었고 닷컴 거품 붕괴에 이를 때까 지 주식시장이 활황을 보였던 2000년에 고점에 이르렀다. 그와 대조적으로 주택 가격은 1990년대 초에 떨어졌지만 그 후 2000년대 주가가 떨어지는 시기에 크게 올랐다.

각 자산 집단은 매우 다른 자산 포트폴리오를 보유하기 때문에 상대적인 자산 가격에서 나타난 이러한 상반된 움직임은 프랑스에서 자산 불평등 변화에 중요한 영향을 미쳤다. 도표 4.4.4에 나타낸 것처럼 2012년 자산 분포상 하위 30퍼센트 집단은 주로 예금을 보유했지만 중간 계층이 주로 보유하는 자산 형태는 주택자산이었다. 그러나 자산 분포상 상위 10퍼센트와 상위 1퍼센트로 올라가면 점차—예금을 제외한—금융자산이 압도적인데, 이는 주로 이 계층이 대규모 주식 포트폴리오를 갖고 있기 때문이다. 이와 같은 자산 포트폴리오 구성의 일반적인 패턴은 1970~2014년 내내 비교적 일정하게 유지되었으며, 예외적으로 1970년대와 1980년대 초에 사업자산이 중상층 자산 보유자들에게 특별히 더 중요한 역할을 했다.

이제 전체 자산 중 하위 50퍼센트와 중간 40퍼센트, 상위 10퍼센트, 그리고 상위 1퍼센트에 돌아가는 몫의 변화를 자산유형별로 분해해보면 자산 가격 움직임이 불평등에 미치는 영향이 크다는 것을 알 수 있다. 도표 4.4.5는 2000년대 주식시장 활황과 그 후의 침체가 특히 자산 상위 계층의 몫에 큰 영향을 미쳤음을 보여준다. 이 도표는 또한 2000년대의 전반적인 주택 가격 상승이 중간 40퍼센트 계층의 몫에 미친 영향을 보여준다. 이에 관해서는 뒤에서 더 논의한다.

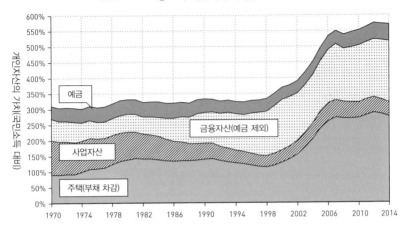

도표 4.4.3 프랑스의 개인자산 구성(1970~2014)

2014년 개인자산의 가치는 국민소득의 571퍼센트에 이르렀다.

출처: 가빈티, 구피예르브레, 피케티(2017). 데이터 시리즈와 주석은 wir2018.wid.world를 보라.

도표 4.4.4 프랑스의 집단별 자산 구성(2012)

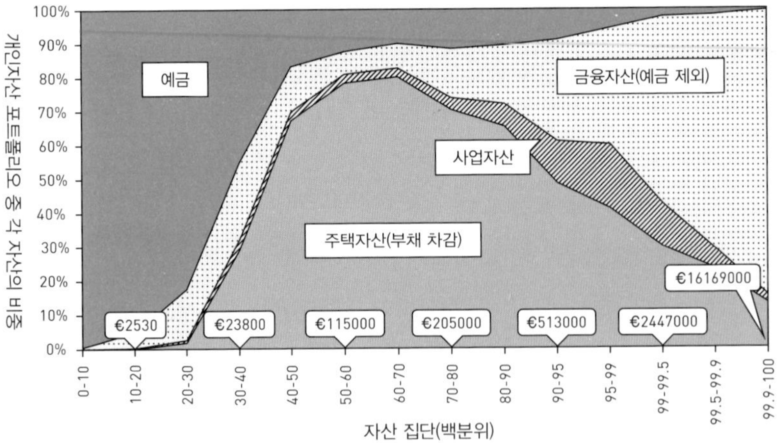

2012년 다섯 번째 십분위(50~60분위)의 개인자산 중 67퍼센트는 주택자산(부채를 뺀 값)으로 이뤄졌다. 모든 금액은 2016년 (인플레이션을 고려한) 불변가격 유로로 환산했다. 시장환율로 비교하면 1유로는 1.1달러, 7.3엔이다.

출처: 가빈티, 구피예르브레, 피케티(2017). 데이터 시리즈와 주석은 wir2018.wid.world를 보라.

제4부 글로벌 자산 불평등의 추이

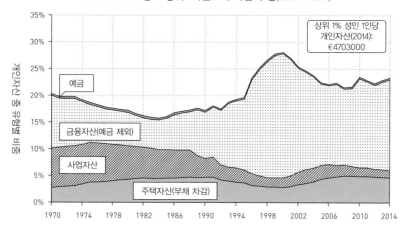

도표 4.4.5a 프랑스 상위 1퍼센트의 자산 구성(1970~2014)

2014년 상위 1퍼센트는 전체 개인자산 중 17퍼센트를 예금을 제외한 금융자산으로 보유했다. 모든 금액은 2016년 (인플레이션을 고려한) 불변가격 유로로 환산했다. 시장환율로 비교하면 1유로는 1.1달러, 7.3엔이다.

출처: 가빈티, 구피예르브레, 피케티(2017). 데이터 시리즈와 주석은 wir2018.wid.world를 보라.

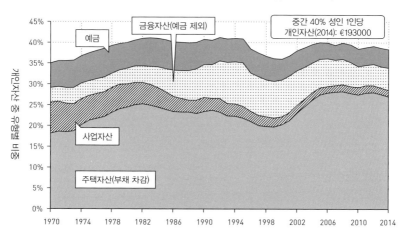

도표 4.4.5b 프랑스 중간 40퍼센트의 자산 구성(1970~2014)

2014년 중간 40퍼센트는 전체 개인자산 중 27퍼센트를 주택(부채를 뺀 값)으로 보유했다. 모든 금액은 2016년 (인플레이션을 고려한) 불변가격 유로로 환산했다. 시장환율로 비교하면 1유로는 1.1달러, 7.3엔이다.

출처: 가빈티, 구피예르브레, 피케티(2017). 데이터 시리즈와 주석은 wir2018.wid.world를 보라.

주택 가격 상승은 1980년대 이후 자산 집중도를 완화했다

주택 가격 변동은 1970년부터 2014년까지 프랑스에서 자산 불평등이 줄어드는 데 주목할 만한 역할을 했다. 다른 여러 선진국에서 나타난 추세와 비슷하게 프랑스에서도 주택 가격은 소비자물가 상승보다 (한 해 2.4퍼센트) 더 빠른 속도로 올랐으며, 이에 따라 부동산을 가진 프랑스 성인의 총 투자수익은 상당히 커 이들의 자산은 분석 대상 기간에 연간 6퍼센트 넘게 증가했다. 그러나 이러한 주택 가격의 구조적인 상승은 꾸준한 상승세와는 거리가 멀었으며, 2000년부터 2008년까지 특히 강한 상승세를 타서 자산 불평등에 있어 장기적 변동이라기보다는 큰 폭의 단기적 변동을 불러왔다.

금융자산 가격이 21세기가 시작될 때까지 상승하면서 나타난 자산 집중도의 단기적인 변동을 설명하는 것도 같은 추론을 따른다. 주식시장 활황 때 프랑스의 자산 불평등은 크게 증가했는데 이는 가장 부유한 계층이 보유한 자산이 금융자산에 쏠려 있었기 때문이다. 그러나 이 추론은 또한 이러한 자산 가격 상승이 이 기간에 주택 가격 변동과 더불어 나타난 장기적인 불평등 증가를 충분히 설명할 수 없다는 점도 수용한다.

일단 자산 가격 변동을 조정하고 나면 데이터는 구조적인 요인들이 1970년부터 2014년까지 자산 집중도 증가를 초래했음을 보여준다. 그러나 2000년대 주택시장 활황은 분명 불평등 증가를 제한하는 요인으로서 중요한 역할을 했다. 전체 자산 중 상위 10퍼센트와 1퍼센트의 몫이 1984~2014년 구조적으로 증가했는데 만약 이 기간에 주택 가격이 다른 자산 가격에 비해 그토록 빠르게 오르지 않았다면 구조적인 불평등 증가는 훨씬 더 큰 폭으로 이뤄졌을 것이다.

프랑스의 사례는 또한 주택 가격이 자산 불평등에 있어 불명확하고 상반된 영향을 미쳤다는 사실을 뚜렷하게 보여준다. 주택 가격 상승은—부동산을 가질 수 있는 계층인—중산층이 보유하는 자산의 시장 가치를 올려주며, 그에 따라 자산 포트폴리오가 더 분산돼 있어서 상대적으로 부동산 비중이 작은 상위 10퍼센트에 비해 중간 40퍼센트 계층이 차지하는 몫을 늘려준다. 반면 주택 가격 상승은 그보다 아래쪽에 있는 노동자 계층(하위 50퍼센트 계층)과 가족의 자산이 없는 중산층으로 하여금 부동산을 갖기 더 어렵게 만들기도 했다.

부자들의 높은 저축률과 자산 수익률은 1980년대 이후 자산 집중도를 증가시켰다

장기적으로 자산 집중도를 결정하는 요인은 각 집단의 저축률, 그리고 그들이 보유하는 부(자산)의 유형별 장기 투자수익률이다.[12] 특히 자산 상위 집단의 저축률이나 투자수익률이 평균을 웃돌거나 둘 다 평균 이상이면 커다란 승수효과를 내면서 자산 집중도가 크게 높아질 수 있다.

도표 4.4.6에서 보여주듯 1970년부터 2012년까지 프랑스의 자산 집단별 저축률에는 큰 차이가 있었다. 분석 대상 기간에 상위 10퍼센트 자산 보유자들은 일반적으로 연간 소득 중 20~30퍼센트를 저축했다. 반면 중간 40퍼센트와 하위 50퍼센트 계층의 저축률은 훨씬 더 낮을 뿐만 아니라 눈에 띄게 하락해서 1970년부터 2012년까지 각각 연간소득의 15퍼센트에서 5퍼센트로, 8퍼센트에서 0퍼센트로 떨어졌다. 영국과 미국에서도 비슷한 추세가 나타나며, 이는 저축률 차이가 이 기간에 여러 선진국에서 자산 집중도 증가를 설명하는 가장 중요한 구조적 요인이라는 확신을 더해준다.

1970~2014년 각 자산 집단 간에 자산의 평균 투자수익률 또한 상당한

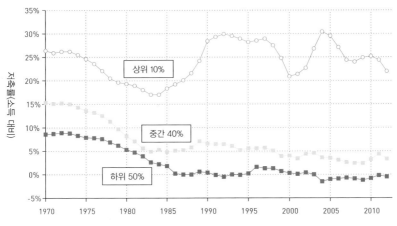

도표 4.4.6 프랑스의 자산 집단별 저축률(1970~2012)

2012년 중간 40퍼센트 집단은 소득의 3퍼센트를 저축한 데 비해 하위 50퍼센트 집단은 저축한 액수보다 더 많은 액수를 지출했다.

출처: 가빈티, 구피예르브레, 피케티(2017). 데이터 시리즈와 주석은 wir2018.wid.world를 보라.

차이가 있었다. 상위와 하위 자산 집단 간 투자수익률의 뚜렷한 불평등은 각 집단의 자산 포트폴리오에서 나타나는 큰 차이에서 비롯된다. 앞서 도표 4.4.5에서 보여주었듯이 상위 자산 집단은 금융자산, 특히 주식을 더 많이 보유하며 이는 부동산이나 금융기관에 맡긴 예금보다 훨씬 더 높은 수익을 낼 수 있다. 실제로 기업 지분과 주식, 채권 같은 금융자산의 연평균 수익률은 주택자산의 4배에 이르는데, 다만 실질 자본이득을 포함하면 수익률 차이는 그보다 적은 50퍼센트로 줄어든다.[13]

노년층은 프랑스 자산을 움직일 열쇠를 가지고 있다

최근 연령 집단 간 자산 불평등은 어떻게 달라졌을까? 먼저 연령별 자산 규모를 보면 20세 인구가 평균적으로 소유한 자산은 시계열 자료가 있는 기간 내내 언제나 성인 평균 자산의 15퍼센트 미만으로 매우 제한적임을 분명히 알 수 있다. 자산은 그 후 연령이 높아짐에 따라 가파르게 늘어나 분석 대상 시기에 따라 55~65세에 성인 평균 자산의 150~170퍼센트로 정점에 이른다. **도표 4.4.7**이 보여주듯이 이 비율은 이후 소폭 하락하지만 60세부터 80세까지 125~150퍼센트로 매우 높은 수준을 유지한다.

이와 같은 연령별 자산 규모는 지난 40년에 걸쳐 가장 부유한 개인들이 늙어감에 따라 조금씩 달라졌다. 2010년에는 자산 축적이 1995년과 1970년보다 훨씬 더 늦은 나이에 이뤄져서 자산 규모는 1970년과 1995년보다 7년 내지 10년 늦은 65세에 정점에 이른다. 또한 프랑스에서는 나이가 많은 개인들이 살아 있을 때 대단히 많은 증여를 하므로 이러한 증여가 없었다면

도표 4.4.7 프랑스의 연령별 자산 규모(1970~2012)

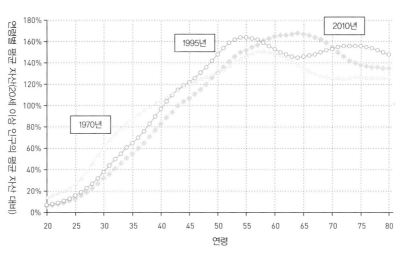

2010년 50세 인구의 평균 자산은 성인 인구의 개인 평균 자산보다 30퍼센트 더 많았다.
출처: 가빈티, 구피예르브레, 피케티(2017). 데이터 시리즈와 주석은 wir2018.wid.world를 보라.

노년층의 평균 자산은 더 많았을 것이며, 특히 일생의 마지막 시기에 그럴 것이라는 점에 유의할 필요가 있다. 증여는 평균적으로 사망하기 약 10년 전에 이뤄지며, 1970년대에 연간 유증bequest자산 총액의 약 20~30퍼센트였던 증여자산 총액은 2000~2010년대에는 80퍼센트로 증가했다.[14]

저축 습관, 소득 불평등의 동태적 변화, 세제 변화가 저축률의 불평등을 촉진할 가능성이 크다

저축률과 투자수익률이 왜 지금과 같은 식으로 변하는지를 완전히 설명하기란 불가능하지만 20세기 초 이후 작동한 핵심 요인들을 밝혀내는 것은 가능하다. 상위 자산 집단의 저축률이 1914년부터 1945년까지 자본과 조세 면에서 큰 충격을 받았다는 점은 누구나 상상할 수 있다. 특히 1914년 이전에는 누진적인 세제가 없었고, 두 차례 전쟁 사이에는 상위 소득 집단과 자산 집단에 대한 실효세율이 매우 높은 수준으로 빠르게 올랐다. 예를 들어 실효세율은 20~40퍼센트로 오르거나 때로는 그보다 높은 수준에 이르렀다.[15] 상위 자산 보유자들이 (세전 자본소득에 대한 부정적인 충격에 더해) 세금이 늘어난 것만큼 소비를 줄여 생활수준을 떨어트리지 않을 가능성이 높은 상황에서 그들은 실제로 저축률을 낮춰야 했다.

1945년 이후 전후 고속성장기에 자산 분포상 하위 계층과 중간 계층 사람들은 그 전보다 더 높은 저축률을 보였는데, 이는 개인들이 충격과 위기에 대비해 소비를 절제하고 번 돈을 더 많이 저축하는 일종의 '저축 습관' 효과에 따른 것이었다.[16] 최근 몇십 년 동안 상위 소득자들의 몫이 증가함과 동시에 하위와 중간 집단의 소득 증가가 느려진 것도 저축률의 불평등을 키웠다고 할 수 있다. 그리고 일종의 상대적인 소비 성향 효과(제2부 제

5장을 보라)로 하위 90퍼센트 계층이 상위 10퍼센트 계층보다 그들의 소득 중 더 많은 부분을 소비하면서 자산에 투자할 수 있는 저축을 거의 하지 못했기 때문에 불평등은 더 악화되었다. 이는 특히 하위 50퍼센트 계층에서 두드러졌다.

제2차 세계대전 후부터 1960년대에 본 것처럼 조세체계, 특히 조세의 누진성이 달라지면 집단 간 저축률과 투자수익률의 불평등에 매우 큰 영향을 미치고 이에 따라 장기적으로 자산 불평등에도 큰 영향을 줄 수 있다는 점은 명확하다. 투자수익률의 불평등은 또한 임대료 통제의 도입과 폐지뿐만 아니라 대공황 이후 보았던 금융 규제와 규제 완화, 그리고 1980년대 중후반에 이뤄진 자본통제 완화를 포함한 다른 여러 요인에 영향을 받을 수 있다.

자산 집중도는 2100년까지 과거 도금시대 수준으로 회귀할 수 있다

자산 집단별 저축률과 투자수익률은 앞으로 몇십 년 동안 각 집단이 전체 자산에서 차지하는 몫을 추정하는 데 이용할 수 있다.

1984~2014년 기간에 봤던—상위 10퍼센트는 24.5퍼센트에 이르고 하위 90퍼센트는 2.5퍼센트에 불과한—저축률의 불평등이 똑같이 지속되고 더불어 투자수익률과 노동소득의 불평등도 지속된다고 가정하면 전체 자산 중 상위 10퍼센트가 차지하는 몫은 점차 늘어나 19세기와 20세기 초에 봤던 수준, 즉 전체 자산의 약 85퍼센트를 차지할 것이다. 그러나 만약 1970~1984년의 추세가 1984년 이후에도 지속되고 그 후 몇십 년 동안에도 그대로 이어졌다면 상위 10퍼센트가 전체 자산에서 차지하는 몫은 줄어들었을 것이다. 1970~1984년과 같은 평균 저축률과 투자수익률 불평

도표 4.4.8 프랑스 전체 자산 중 상위 10퍼센트의 몫 시뮬레이션(1800~2150)

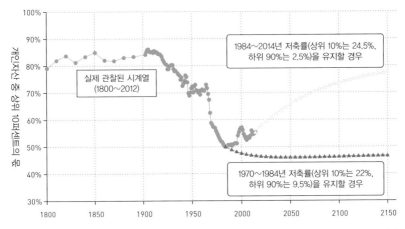

상위 10퍼센트와 하위 90퍼센트의 저축률이 1984~2014년 그들의 평균 저축률과 같은 수준(각각 24.5퍼센트와 2.5퍼센트)을 유지한다면 2050년 전체 자산 중 상위 10퍼센트가 차지하는 몫은 78퍼센트에 이를 것이다.

출처: 가빈티, 구피예르브레, 피케티(2017). 데이터 시리즈와 주석은 wir2018.wid.world를 보라.

등, 그리고 노동소득 불평등을 가정하면 상위 10퍼센트 계층은 오늘날 전체 자산의 45퍼센트를 조금 웃도는 자산을 소유할 것이며 이 수치는 21세기 내내 더 하락할 것이다(**도표 4.4.8**을 보라).

이처럼 비교적 간단한 시뮬레이션에서 두 가지 중요한 메시지를 얻을 수 있다. 첫째, 예를 들어 저축률이나 투자수익률 불평등에서 아주 작은 변화만 일어나도 일정한 상태의 자산 불평등에 엄청난 영향을 미칠 수 있다. 둘째, 이런 효과는 완전히 실현되기까지 몇십 년에서 심지어 몇 세대가 걸릴 수도 있다. 이와 같은 지연 효과는 1914~1945년 자본에 대한 충격이 가해진 후 오랫동안 자산 집중도 하락이 계속된 이유를 설명해줄 수 있다. 일단 몇몇 구조적인 요인이 변화하면 새로운 정상 상태에 이르는 데 몇십 년이 걸린다.

제5장 스페인의 자산 불평등

이 장의 내용은 클라라 마르티네스 톨레다노가 2017년에 쓴 논문 「스페인의 주택 거품, 역외자산과 자산 불평등(1984~2013)Housing Bubbles, Offshore Assets and Wealth Inequality in Spain (1984–2013)」(WID.월드 워킹 페이퍼 시리즈 2017/19호)에 바탕을 두고 있다.

▸ 지난 30년간 주택과 주식시장 활황으로 스페인의 국민소득 대비 개인자산 비율은 1984년 380퍼센트에서 2007년 730퍼센트로 높아졌으며 그 후 2014년까지 650퍼센트에 조금 못 미치는 수준으로 떨어졌다.

▸ 스페인에서 자산 상위 10퍼센트 계층에 속하는 성인의 2013년 1인당 평균 자산은 거의 81만3000유로에 이르며, 이들은 전체 개인자산에서 57퍼센트를 차지한다. 하위 50퍼센트 계층의 몫은 7퍼센트이며 이들의 평균 자산은 1만8900유로를 조금 넘는다. 개인자산의 계층별 비중은 지난 30년 동안 사실상 변하지 않았다.

▸ 부유층은 어느 자산이 가장 높은 수익을 내는지에 따라 포트폴리오를 조정하고 분산시킬 수 있기 때문에 스페인의 주택시장이 활황을 보일 때 그 혜택을 누리고 시장이 붕괴할 때 그 충격에서 어느 정도 벗어날 수 있었다.

▸ 2012년 스페인 국민은 약 1460억 달러의 역외자산을 갖고 있었으며, 이는 자산 집중도를 상당히 높였다.

스페인의 자산 총액은 지난 30년간 유례없는 증가를 기록했는데, 이는 주로 이 기간에 주택자산이 크게 늘었기 때문이다. 주택 가격이 1985년부터 1991년까지 3배로 뛴 다음 1996년부터 2008년까지 다시 3배로 치솟고[17] 주식의 시장 가치가 7배로 치솟았다 반 토막이 날 때 이러한 경제 현상에 관해 쓴 논문은 많았지만, 그것이 분배에 미치는 효과를 다룬 글은 훨씬 적다. 특히 어느 집단이 이러한 자산 증가에서 혜택을 받았는지, 각 집단은 얼마나 혜택을 얻었는지, 각 집단 간 자산 격차는 시간이 지나면서 어떻게 달라졌는지, 각종 자산 유형의 비중이 달라졌는지, 그리고 어떤 요인들이 이러한 변화를 불러일으키는지에 관한 연구는 거의 이뤄지지 않았다.

마르티네스톨레다노는 공개적으로 이용할 수 있는 질 좋은 데이터를 기반으로 쓴 최근 논문[18]에서 이러한 질문들에 답하려고 했다. 저자는 과세 기록과 국민계정 통계, 자산 서베이 결과를 종합했을 뿐만 아니라 자본화 방식[19]을 적용했는데 이는 사에즈와 주크먼이 미국에 대해 연구할 때 이용한 것이다.[20] 마르티네스톨레다노는 이를 통해 1984년부터 2013년까지 스페인의 일관되고 통일된 자산 분포 시계열을 제공하면서 1999~2013년 기간에 대해서는 연령별로 세분한 시계열을 작성했다.

주택 가격 상승은 스페인의 자산 증가를 촉진했다

스페인의 국민소득 대비 개인자산 비율은 1984년부터 2014년까지 거의 2배가 되었다. 도표 4.5.1에서 보여주듯 개인자산은 1980년대 후반 약 380퍼센트에서 1990년대 중반 약 470퍼센트로 증가했다. 1995년 이후 개인자산은 더 빠르게 증가하기 시작해 글로벌 금융위기 전인 2007년에는 국민소

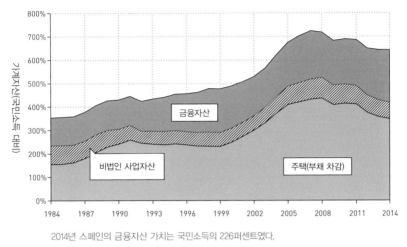

도표 4.5.1 스페인의 가계자산 구성(1984~2014)

2014년 스페인의 금융자산 가치는 국민소득의 226퍼센트였다.

출처: 마르티네스톨레다노(2017). 데이터 시리즈와 주석은 wir2018.wid.world를 보라.

득의 728퍼센트로 정점에 이르렀다. 2008년에 자산 거품이 꺼진 후 개인 자산은 눈에 띄게 줄어들었고 그 후 줄곧 감소했다. **도표 4.5.1**에서 보여주는 것처럼 2014년 국민소득 대비 개인자산 비율은 646퍼센트로 2004년, 2005년과 비슷했지만 1980년대, 1990년대보다는 훨씬 더 높았다.

도표 4.5.1은 또한 지난 30년 동안 스페인의 전체 순자산 구성이 어떻게 달라졌는지를 보여준다. 1980년대 후반에는 주택순자산 가치가 금융자산의 2배 속도로 상승했지만 이런 추세는 1990년대에 역전돼 주로 닷컴 거품으로 주가가 상승한 덕분에 금융자산이 부동산보다 더 빠른 속도로 축적되기 시작했다. 그러나 2000년 주식시장 폭락 후 주택 가격은 상당한 상승을 기록한 금융자산보다 더 빠르게 올랐다. 그 후 주택 가격은 2008년에 정점에 이르렀고, 이후 상당히 크게 부풀어 올랐던 주택 거품이 꺼지면서 주택자산은 금융자산보다 더 큰 폭으로 줄어들었다.

이 시기에는 또한 가계자산 포트폴리오에서 주택순자산의 비중이 커졌다. 부동산은 1984년부터 2014년까지 스페인의 평균적인 가계가 보유한 가장 중요한 자산으로서 항상 가계 순자산 총액 중 40퍼센트 이상을 차지했다. 하지만 개인자산 구성이 늘 같은 것은 아니었다. 실제로 부동산은 닷컴 거품 이전과 같이 금융자산이 크게 증가하는 시기에는 중요성이 떨어졌다. 법인화하지 않은 사업자산의 비중이 꾸준히 줄어들면서 가계의 전체 포트폴리오에서 부동산 비중이 더욱 커졌는데, 비법인 사업자산 비중은 주로 스페인 경제에서 농업 비중이 상대적으로 감소함에 따라 1984년 가계자산의 23퍼센트에서 2014년 11퍼센트로 떨어졌다.

상위 10퍼센트 계층은 1980년대 중반 이후 스페인 개인자산의 절반 이상을 소유했다

표 4.5.1은 2013년 스페인 성인의 개인자산 규모와 자산 집단별 문턱값 및 그 비중을 나타낸다. 스페인의 성인 1인당 평균 순자산은 약 14만 4000유로였다. 그러나 자산 분포상 하위 50퍼센트 계층의 평균 자산은 1만 8900유로로 스페인 평균의 13퍼센트에 불과했다. 하위 50퍼센트가 보유하는 개인자산 총액의 비중은 전체의 7퍼센트에 못 미쳤다. 자산 분포상 그다음 40퍼센트의 평균 자산은 13만 3000유로를 조금 넘어서 이 집단이 전체 개인자산에서 차지하는 몫은 37퍼센트로 이들의 인구 비중과 크게 다르지 않다. 따라서 상위 10퍼센트는 스페인 개인자산의 56퍼센트 이상을 보유하며, 이들의 평균 자산은 약 81만 3000유로로 전체 평균의 5.5배를 넘고 하위 50퍼센트 인구의 평균 자산보다 43배 더 많다.

2013년 스페인의 개인자산 중 각 집단이 차지하는 몫은 커다란 차이를 보였는데, 이러한 격차는 지난 29년 내내 대체로 변하지 않았다. **도표 4.5.2**

표 4.5.1 스페인의 가계자산 분포(2013)

자산 집단	인구수	문턱값(유로)	평균 자산(유로)	전체 자산 중 각 집단의 몫
전체 인구	35,083,000	–	144,000	100%
하위 50%	17,541,000	–	18,900	6.6%
중간 40%	14,033,000	43,000	133,000	36.9%
상위 10%	3,508,000	317,000	813,000	56.5%
상위 1%	350,800	1,385,000	3,029,000	21.1%
상위 0.1%	35,080	4,775,000	10,378,000	7.2%

2013년 스페인의 자산 상위 1퍼센트 집단의 평균 자산은 302만9000유로였다. 모든 금액은 (인플레이션을 고려한) 2016년 불변가격 유로로 환산했다. 시장환율로 비교하면 1유로는 1.1달러, 7.3엔이다. 수치는 반올림 때문에 단순히 더할 수 없을 때도 있다.

출처: 마르티네스톨레다노(2017). 데이터 시리즈와 주석은 wir2018.wid.world를 보라.

도표 4.5.2 스페인 전체 자산 중 각 집단의 몫(1984~2013)

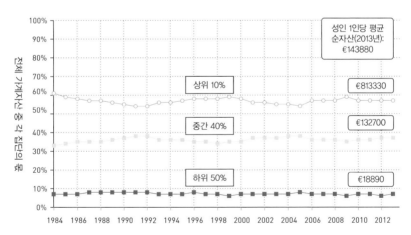

2013년 스페인 가계자산 중 하위 50퍼센트 계층의 몫은 7퍼센트였다. 모든 금액은 (인플레이션을 고려한) 2016년 불변가격 유로로 환산했다. 시장환율로 비교하면 1유로는 1.1달러, 7.3엔이다.

출처: 마르티네스톨레다노(2017). 데이터 시리즈와 주석은 wir2018.wid.world를 보라.

가 보여주듯이 전체 자산 중 각 집단이 보유한 몫은 8퍼센트포인트 범위 안에서 변동했다. 전체 개인자산 중 하위 50퍼센트 계층에 돌아가는 몫은 언제나 매우 적었는데, 1992년 9퍼센트로 정점에 이른 뒤 2013년에는 다시 6퍼센트 조금 넘는 수준으로 떨어져 분석 기간이 시작될 때와 거의 같은 수준이었다. 중간 40퍼센트 계층의 몫은 주로 전체 개인 순자산 총액의 32퍼센트와 39퍼센트 사이에서 오르내렸고 분석 기간 대부분에 걸쳐 35퍼센트 이상을 유지했다. 이때 상위 10퍼센트의 몫은 53퍼센트와 61퍼센트 사이에서 변동했다. 주목할 만한 것은 전체 자산 중 상위 10퍼센트의 몫은 1980년대 중반부터 1990년대가 시작될 때까지 감소한 반면 스페인 전역의 주택 가격이 3배로 뛰면서 중간 40퍼센트와 하위 50퍼센트의 몫은 늘어났다는 점이다. 자산 상위 10퍼센트의 몫은 1990년대에 주식시장이 강한 상승세를 보이면서 증가했다가 2000년대 중반까지 감소했고, 2008년 글로벌 금융위기가 시작되고 주택 거품이 꺼지기까지 다시 늘어났다. 그 후 상위 10퍼센트의 몫은 감소했다가 1990년대 중반과 비슷한 수준에서 안정되었다.

상대적인 자산 가격의 변화가 스페인의 전반적인 자산 불평등에 다소 제한적인 영향을 미치는 가운데, 각 자산 집단이 보유한 자산 포트폴리오에는 중요한 차이가 있었다. 도표 4.5.3에 보여주듯이 2013년 스페인 자산 분포상 하위 20퍼센트 집단은 주로 금융자산을 소유했으며 대부분 은행의 저축예금과 당좌예금 형태였다. 자산 분포상 중간 쪽으로 옮겨갈수록 부동산이 가장 지배적인 (30~60분위에서는 전체 자산의 90퍼센트에 이르는) 자산 형태가 된다. 그러고는 분석 대상을 더 부유한 개인들로 옮겨갈수록 금융자산은 자산 포트폴리오에서 더욱 큰 비중을 차지한다. 그러나 자산 분포상 하위 50퍼센트 계층과 달리 상위 10퍼센트와 상위 1퍼센트 계층에서는 은행 예금이 작은 부분에 지나지 않는다. 그 대신 스페인의 부

도표 4.5.3 스페인의 집단별 자산 구성(2013)

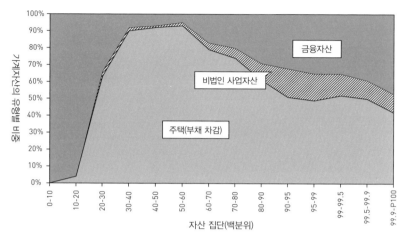

2013년 5번째 십분위(50~60분위)의 가계자산 중 93퍼센트는 (부채를 뺀) 주택자산이었다.

출처: 마르티네스톨레다노(2017), 데이터 시리즈와 주석은 wir2018.wid.world를 보라.

유한 성인들은 주식과 투자신탁, 채권과 같은 확정이율자산, 현금, 생명보험, 연금펀드를 조합한 포트폴리오를 갖는다. 이와 같은 집단별 자산 구성의 일반적인 패턴은 **도표 4.5.4**와 **도표 4.5.5**에서 볼 수 있듯이 1984년부터 2012년까지의 기간에도 나타난다. 유일한 차이는 법인화하지 않는 자산의 비중이 28년 동안 줄어든 것인데, 이는 주로 자영농가의 활동이 감소했기 때문이다.

스페인 자산 구조의 변화를 자산 유형별, 자산 집단별로 분해하면 1984년부터 2013년까지 자산 가격 변화가 각각의 자산 포트폴리오와 개인자산의 몫에 어떤 영향을 미쳤는지를 알아볼 수 있다. **도표 4.5.4**의 그래프는 2000년 주식시장 활황과 2007년 주택시장 거품 붕괴가 상위 1퍼센트 집단의 포트폴리오와 전체 자산에서 차지하는 몫에 어떤 영향을 미쳤는지를 명확히 보여준다. 상위 1퍼센트의 자산 구성 요소 중 금융자산의 추이

도표 4.5.4 스페인 상위 1퍼센트 집단의 자산 구성(1984~2013)

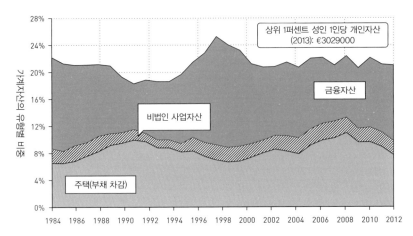

2013년 상위 1퍼센트 집단은 전체 가계자산의 11퍼센트를 금융자산으로 소유했다. 모든 금액은 (인플레이션을 고려한) 2016년 불변가격 유로로 환산했다. 시장환율로 비교하면 1유로는 1.1달러, 7.3엔이다.

출처: 마르티네스톨레다노(2017). 데이터 시리즈와 주석은 wir2018.wid.world를 보라.

를 검토해보면 닷컴 위기 한 해 전인 1999년에 금융사산 가치와 비중이 크게 뛴 것을 명백히 알 수 있다.

다른 선진국들에 비해 스페인에서 볼 수 있는 한 가지 특수성은 가계자산 포트폴리오에서 주택자산이 큰 비중을 차지하며 심지어 자산 상위 계층에서도 마찬가지라는 점이다. 분석 대상 기간 29년 내내 그러다가 주택가격이 가장 큰 폭으로 오른 2007년까지 몇 년간은 훨씬 더 두드러졌다. 스페인 자산 분포에서 상위 10퍼센트와 상위 1퍼센트 집단이 보유하는 주택자산은 전체 가계 순자산 중 각각 26퍼센트와 8퍼센트를 차지한다. 프랑스에서 그 비율은 각각 19퍼센트와 5퍼센트다.[21]

제4부 글로벌 자산 불평등의 추이

마르티네스톨레다노는 1999년 이후 스페인의 상세한 미시 자료를 이용해 연령 집단별 자산이 어떤 차이를 보이는지, 그리고 그 차이는 시간이 지나면서 어떻게 달라졌는지를 분석할 수 있었다. **도표 4.5.5**가 보여주듯이 분석 대상 기간 14년 동안 20세 인구의 평균 자산은 언제나 전체 평균 자산의 10퍼센트 미만으로 매우 적었다. 자산 규모는 연령이 높아짐에 따라 증가 추세를 보인다. 40세의 개인들은 전체 평균 자산의 약 50퍼센트를 보유하는 데 비해 60세 인구는 전체 평균의 150퍼센트 넘는 자산을 보유한다. 60세를 넘어가면 개인의 평균 자산은 완만하게 감소하나 전체 평균의 120퍼센트 미만으로 줄지는 않는다. 60세 이상 연령 집단의 평균 자산이

도표 4.5.5 스페인의 연령별 자산 규모(2001~2013)

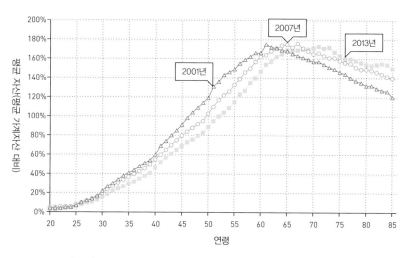

2013년 50세 인구의 평균 자산은 모든 스페인 가계 평균 자산의 89퍼센트였다.

출처: 마르티네스톨레다노(2017). 데이터 시리즈와 주석은 wir2018.wid.world를 보라.

급속히 감소하지 않고 전체 평균 자산보다 훨씬 더 높은 수준을 유지함에 따라 고령의 개인들은 상당한 부를 가진 채 사망하고 그 부를 후손들에게 넘겨준다.

그러나 1999~2013년 연령 집단별 상대적 자산 규모에 중요한 변화가 있었다. 전체 평균 자산 대비 노년층의 평균 자산 비율은 2001년보다 2013년에 더 높았으므로, 금융위기 후 고령자(60세 이상)들은 상대적으로 더 부유해졌고 젊은이(20~39세)들은 더 가난해진 것이다. 이는 스페인 경제의 거품이 꺼진 후 젊은이들의 실업이 크게 늘어난 반면[22] 노령자에 대한 사회보장 연금은 안정된 상태를 유지했다는 사실과도 일치한다. 자산 분포 시리즈를 연령별로 분해해보면 젊은층(20~39세)의 자산 불평등은 노년층(60세 이상)과 중년층(40~59세)보다 더 두드러지며, 중년층의 자산 불평등은 전체 인구의 불평등 수준과 거의 같다. 그 이유로 늙은 세대의 부를 젊은 세대에 넘겨주는 유증재산의 중요성이 커지고 있다는 점을 들 수 있다. 부유한 가족이 많은 자산을 물려주는 데다 청년층 실업률이 높아 젊은이들이 (불평등을 완화해줄) 노동소득으로 축적하는 자산이 적다는 사실로 노인들보다 젊은이들 사이에 불평등이 높은 현상을 설명할 수 있다.

스페인의 부동산 거품이 자산 불평등에 미친 영향은 중립적이었다

마르티네스톨레다노의 자산 분포 시리즈를 세밀하게 분해하면 스페인의 주택 거품이 왜 묘하게도 자산 불평등 수준에 중립적인 영향을 미쳤는지를 설명하는 데도 도움이 된다. 유럽의 여러 나라에서처럼 스페인에서도 하위 90퍼센트 계층의 부동산 소유가 늘어나고 그들의 자산 포트폴리오에서 주택이 상당한 비중을 차지한 것이 자산 불평등을 줄이는 데 기여했다. 도표 4.5.6이 보여주듯 상위 1퍼센트 집단의 1984년부터 2013년까지의 자산 집중도는 주택자산을 포함할 경우 약 10퍼센트포인트 낮아진다. 더욱이 이 도표는 2000년 이후 주택을 제외할 때와 포함할 때 자산 불평등이 비슷한 추이를 따랐다는 점을 보여주며, 이는 주택시장 활황과 침체가 자산 불평등에 거의 영향을 미치지 않았음을 확인해준다.

이 수수께끼 같은 현상을 이해하기 위해서는 시간에 따라 주택순자산의 소유 구조가 어떻게 바뀌었는지를 살펴보는 것이 중요하다. 전체 주택순자산 중 상위 1퍼센트가 소유하는 부분은 2005년부터 주택 가격이 치솟았던 2009년까지 상당히 증가한 반면 중간 40퍼센트가 소유한 주택 비중은 줄어들었다. 이처럼 주택 소유의 집중도가 높아진 것은 주로 상위 1퍼센트가 추가로 사들인 부동산의 물량이 중간 40퍼센트에 비해 늘어난 데 따른 것

도표 4.5.6 스페인 전체 자산 중 상위 1퍼센트 집단의 몫(1984∼2013)

2013년 전체 자산 중 상위 1퍼센트 집단의 몫은 21퍼센트였다. 그러나 주택자산을 제외하면 34퍼센트였다.

출처: 마르티네스톨레다노(2017). 데이터 시리즈와 주석은 wir2018.wid.world를 보라.

이며, 가장 부유한 집단이 소유한 부동산 가격이 크게 뛰었기 때문이 아니다. 중간 40퍼센트의 주택 가격 대비 상위 10퍼센트(그리고 상위 1퍼센트)의 주택 가격 비율은 2005년부터 2009년까지 일정하게 유지되었다. 그러나 거품 국면에서 상위 계층의 주택 집중도가 증가했다가 다시 감소했다면 자산 전체의 집중도는 왜 거의 달라지지 않았을까? 한 가지 그럴듯한 설명은 상위 1퍼센트 집단 내 개인들이 주택시장 활황기에 금융자산을 부동산으로 대체했지만 그 후 주택 가격이 떨어지기 시작했을 때 금융자산을 더 많이 축적했다는 것이다. 전체 금융자산 중 상위 1퍼센트가 보유하는 몫은 주택시장 활황기에 감소했다. 이는 부유한 개인들은 포트폴리오를 더 잘 분산할 수 있어, 가격이 상승할 때는 위험자산에 더 많이 투자하고 가격이 떨어질 때는 더 쉽게 투자를 회수해 다른 자산을 취득할 수 있다는 생각과 일치한다.

저축률과 자산 투자수익률 간 격차는 장기적으로 자산 불평등을 촉진하나

스페인에서 자산 불평등의 동태적 변화를 이끌어가는 밑바탕의 힘을 이해하는 데는 1999년부터 2012년까지 소득과 저축률, 그리고 투자수익률이 어떻게 변화했는지를 분석하는 것이 유용하다.

스페인의 저축률은 각 자산 집단 사이에 큰 차이를 보이며 이는 도표 4.5.7a~c에서 나타냈듯이 시간이 지나면서 달라졌다. 이러한 격차는 스페인에서 볼 수 있는 높은 수준의 자산 집중도를 반영하는데, 상위 10퍼센트 집단에서는 이 기간에 평균 저축률이 소득의 27퍼센트였던 데 비해 중간 40퍼센트의 저축률은 10퍼센트, 하위 50퍼센트의 저축률은 1퍼센트에 불과했다.

도표 4.5.7a 스페인의 저축률(1999~2012)

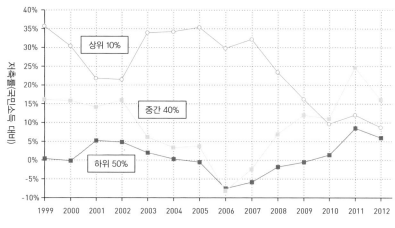

2012년 중간 40퍼센트 계층은 소득의 16퍼센트를 저축한 데 비해 하위 50퍼센트 계층은 6퍼센트를 저축했다.

출처: 마르티네스톨레다노(2017). 데이터 시리즈와 주석은 wir2018.wid.world를 보라.

도표 4.5.7b 스페인의 주택순자산 저축률(1999~2012)

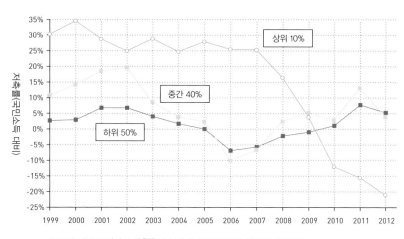

2012년 하위 50퍼센트 계층은 소득의 5퍼센트를 주택 형태로 저축했다.

출처: 마르티네스톨레다노(2017). 데이터 시리즈와 주석은 wir2018.wid.world를 보라.

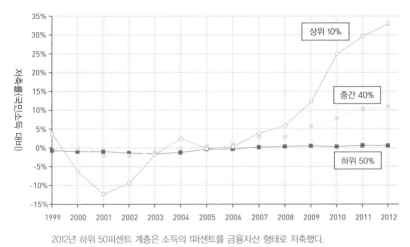

도표 4.5.7c 스페인의 금융자산 저축률(1999~2012)

2012년 하위 50퍼센트 계층은 소득의 1퍼센트를 금융자산 형태로 저축했다.

출처: 마르티네스톨레다노(2017). 데이터 시리즈와 주석은 wir2018.wid.world를 보라.

저축률 변화를 더 자세히 살펴보면 한 가지 중요한 점이 드러난다. 주택 거품 때문에 부유한 계층과 그렇지 못한 계층 사이의 저축률 격차가 커졌고 거품이 꺼질 때는 그 격차가 줄어들었다는 점이다. **도표 4.5.7a**는 부동산 거품이 꺼지기 전 상위 10퍼센트 계층은 더 많은 주택자산을 축적하면서 높은 수준의 저축률을 유지한 반면 중간 40퍼센트와 하위 50퍼센트 계층은 주택자산을 축적할 자금을 차입을 통해 마련해 저축률이 하락했음을 보여준다. 부동산 거품이 꺼진 후 상위 10퍼센트는 주택자산의 일부를 팔았고 주택 가격 하락을 상쇄하기 위해 더 많은 금융자산을 축적하기 시작했다. 그럼에도 불구하고 이 기간 상위 10퍼센트의 총저축률은 하락했는데 이는 그들이 소득 중 많은 부분을 소비할 필요가 있었기 때문일 것이다. 그들과 달리 중간 40퍼센트는 주택대출을 상환하기 위해 더 많이 저축하기 시작했으며 그에 따라 두 자산 집단 간 저축률 차이는 줄어들었다. 이 두 가지 추세는 따라서 스페인의 주택 가격이 요동치는 혼란기에 자산 집중도를 완화하는 데 기여했다.

스페인에서 자산 불평등은 또한 1986~2012년 사이 각 집단이 소유하는 자산의 투자수익률 차이로 인해 증폭되었다.[23] 이런 분석 결과는 이 장 앞부분에서 설명한 대로 스페인 자산 집단의 포트폴리오에 큰 차이가 있다(도표 4.5.1)는 점과도 일치하는데, 상위 자산 집단은 흔히 예금이나 주택 같은 다른 자산보다 더 높은 수익을 내는 주식을 비롯한 금융자산을 소유할 가능성이 높다.

스페인의 자산 분포에 역외자산을 포함시키면 불평등 수준이 높아지는 것으로 나타난다

다른 여러 나라와 마찬가지로 스페인에서도 공식적인 금융 데이터는 가계가 해외에 보유하는 자산 중 많은 부분을 포착하지 못한다. 조사 결과 스페인 사람들은 주식과 채권, 뮤추얼펀드의 포트폴리오를 보유하면서 조세천국의 역외 금융기관들을 이용한다. 주크먼은 이런 자산이 2012년에 거의 800억 유로에 이를 것으로 추산했는데[24] 이는 스페인 가계의 금융순자산 9퍼센트와 맞먹는 것으로 그중 4분의 3은 공식 기록에 나오지 않는다. 따라서 스페인의 자산 분포 시계열에서 역외자산을 빠트리면 자산 집중도는 크게 저평가된다.

마르티네스톨레다노는 스위스중앙은행의 데이터 시리즈와 함께 역외자산 세금 신고와 2012년 조세 사면 관련 자료를 이용하는 방식으로 역외자산을 고려해 자산 분포를 조정할 수 있었다. 도표 4.5.8에서 나타낸 것처럼 역외자산 규모는 1980년대와 1990년대, 그리고 2000년대가 시작되는 시기에 급속히 증가했다가 2007년 스페인 과세 당국이 조세회피와 탈세에 더 엄격하게 대응한 후에는 안정되었다. 신고되시 않은 역외자산은 2012년에 거의 1500억 유로에 이르러 개인 금융자산의 8.6퍼센트를 차지했다. 투자펀드는 2012년 미신고 역외자산 중 50퍼센트를 차지했고 이어 주식이 30퍼센트, 예금과 생명보험이 각각 18퍼센트와 2퍼센트를 차지했다.

스페인 자산 분포 시리즈는 해마다 나오는 미신고 역외자산 추정치를 가장 부유한 1퍼센트에 비례적으로 배분하는 식으로 수정한다. 이는 스페인 과세 당국의 공식 자료와 일관된다. 이 자료는 스페인 거주자들이 신고한 해외자산 중 대부분을 상위 자산 보유자들이 갖고 있으며, 이런 자산이 2007년과 2015년에 각각 과세 기반의 12퍼센트와 31퍼센트를 차지했음을 말해준다. 자산 분포에 역외자산을 포함시키면 1984년부터 2013년까지 자산 집중도는 상당히 높아진다. 역외자산을 포함시킬 경우 실제로 1980년대보다 2000년대의 자산 집중도가 더 높게 나오는데, 이는 이런 역외자산

도표 4.5.8 스페인의 미신고 역외자산 총액(1984~2015)

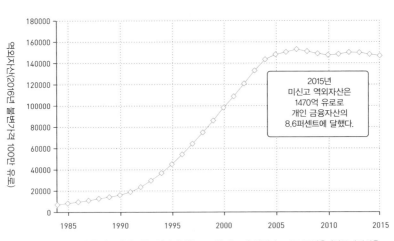

2015년에 신고되지 않은 역외자산은 1470억 유로에 달했다. 모든 금액은 (인플레이션을 고려한) 2016년 불변가격 유로로 환산했다. 시장환율로 비교하면 1유로는 1.1달러, 7.3엔이다.

출처: 마르티네스톨레다노(2017). 데이터 시리즈와 주석은 wir2018.wid.world를 보라.

을 고려하지 않았을 때 관찰한 것과는 반대다. 2000년부터 2013년까지 전체 자산 중 상위 1퍼센트 집단의 몫은 평균 약 24퍼센트였는데, 이는 역외 자산을 무시했을 때의 추정치 21퍼센트에 비해 눈에 띄게 높은 것이다.[25] 특히 이 장 앞부분에서 논의한 것처럼 이 기간에 스페인이 주택시장 활황을 경험했고 비금융자산과 금융자산이 상당히 증가했다는 점을 생각하면 이런 차이는 상당히 놀랍다.

제6장 영국의 자산 불평등

이 장의 내용은 파쿤도 알바레도와 앤서니 앳킨슨, 살바토레 모렐리가 2017년에 쓴 논문 「영국 상위 집단 자산 비중의 한 세기 이상 장기 추이Top Wealth Shares in the UK over more than a Century」(WID.월드 워킹 페이퍼 시리즈 2017/2호)에 바탕을 두고 있다.

▶ 영국의 자산 불평등은 1980년대 이후 완만하게 증가해 전체 자산 중 상위 1퍼센트(50만 명에 가까운 개인들)가 소유하는 몫은 1984년 15퍼센트에서 2013년 20~22퍼센트로 늘어났다.

▶ 영국에서 지난 40년 동안 자산 집중도 증가는 대부분 상위 0.5퍼센트에 국한된 현상이었으며, 그중에서도 특히 상위 0.1퍼센트(가장 부유한 영국인 5만 명)가 전체 자산에서 차지하는 몫은 1984년 4.5퍼센트에서 2013년 9퍼센트로 2배 늘었다.

▶ 그러나 오늘날 자산 불평등은 한 세기 전보다 확실히 더 낮은 수준이다. 첫 번째 세계화의 결과로 1914년 영국에서 전체 개인자산 중 가장 부유한 1퍼센트에 돌아가는 몫은 약 70퍼센트였으나 그 후 이들의 몫은 줄어들었다. 이때 두 차례의 세계대전이 벌어진 1914년부터 1918년까지, 그리고 1939년부터 1945년까지의 자본손실이 많은 주목을 받았다. 전쟁 기간에 영국 상위 계층의 몫은 확실히 줄었지만 이는 전 기간에 걸쳐 그들의 몫이 크게 줄어든 사실의 일부만을 설명해줄 뿐이다. 20세기 영국에서 자산 상위 계층의 몫이 크게 줄어든 것은 대부분 평화기에 일어난 현상이었다.

▶ 20세기 영국에서는 자기 집에 사는 이들이 크게 늘어났으며 공공주택 매각은 자가 주거를 더욱 촉진했다. 이는 1980년대에 자산 불평등이 역사적으로 낮은 수준으로 감소하는 데 도움을 주어 자산 상위 1퍼센트의 몫은 15퍼센트로 줄어들었다. 그러나 1990년대에는 '임대용 매입'을 통해 민간의 주택 임대자들이 돌아오면서 변화가 나타났다.

▶ 비주택자산(금융자산과 사업자산)의 집중도는 1995년부터 2013년까지 크게 높아졌다. 동시에 전체 자산 불평등의 증가 폭은 더 좁아졌다. 최근 금융자산 쪽에서는 상위 집단의 몫이 확실히 증가하는 경향이 나타났지만 주택자산 쪽에서는 그 추세가 누그러진 것으로 보인다. 사람들이 영국에서 자산 집중도 증가를 이야기할 때는 아마도 금융자산 쪽을 생각하는 것 같다.

영국에 대한 분석은 제1차 세계대전 이전의 '도금시대'까지 거슬러 올라간다. 1895년에 시작되는 장기 시계열은 영국의 자산 분포가 한 세기 넘게 엄청난 변화를 거쳤음을 잘 보여준다.[26] 제1차 세계대전 이전 영국의 상위 5퍼센트 자산 보유자들은 전체 개인자산의 약 90퍼센트를 소유했다. 자기 집에 사는 이들은 극히 드물었다. 100년 후 자가거주자의 비율은 약 40퍼센트였다. 과거 상위 1퍼센트는 전체 자산의 3분의 2를 가졌던 데 비해 오늘날에는 약 5분의 1을 소유하며 전체 가구의 3분의 2가 집을 갖고 있다.

도표 4.6.1은 1895년부터 2013년까지 자산 분포의 위쪽 끝에 있는 집단의 몫을 보여준다. 상위 집단의 몫에 나타난 변화는 세 시기로 나눠볼 수 있다. 첫 번째 시기는 제1차 세계대전이 일어나기까지의 20년이다. 현대의 첫 세계화 후 영국에서 전체 개인자산 중 가장 부유한 1퍼센트 개인들에게 돌아가는 몫은 약 70퍼센트에서 비교적 일정하게 유지되었다. 두 번째 시기는 20세기의 절반이 넘는 기간에 걸쳐 있다. 1914년 이후 최상위 자산가들의 몫은 줄어들기 시작해 1980년경까지 계속 감소했다. 이 기간에 두 차례의 세계대전이 일어났고, 1914년부터 1918년까지, 그리고 1939년부터 1945년까지 발생한 자본손실은 많은 관심을 모았다. 전쟁 기간 영국에서 상위 자산가들의 몫은 확실히 감소했는데, 그들의 몫이 줄어든 건 대부분 평화기에 나타난 현상이었다. 1980년까지 가장 부유한 1퍼센트의 몫은 전체 자산의 약 17퍼센트로 줄어들었다. 그들의 몫은 여전히 인구 비중의 17배에 이르지만 전에 비해 극적으로 감소한 것이다. 그러나 이러한 추세는 1980년대 중반에 끝나고 세 번째 시기가 시작된다. 1980년대 초부터 상위 1퍼센트—오늘날 약 50만 명에 이르는 개인—의 몫은 추세가 바뀌어서 1984년 15퍼센트에서 2013년 20~22퍼센트로 증가했다.

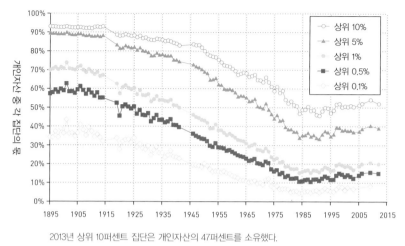

상위 10%
상위 5%
상위 1%
상위 0.5%
상위 0.1%

2013년 상위 10퍼센트 집단은 개인자산의 47퍼센트를 소유했다.

출처: 알바레도, 앳킨슨, 모렐리(2017). 데이터 시리즈와 주석은 wir2018.wid.world를 보라.

영국의 자산 불평등은 1980년대 이후 증가했으며 그 변화는 결코 사소한 것이 아니었다

1980년대를 지나면서 상위 계층의 몫이 줄어드는 추세는 갑자기 멈추더니 오름세로 돌아섰다. 자산 불평등은 지난 40년 동안 점차 증가했다. 1980년대 초 자산 불평등이 역사상 최저 수준이었을 때 가장 부유한 10퍼센트는 전체 자산의 46퍼센트를 소유했고 상위 1퍼센트 자산가들은 15퍼센트를 차지했다. 그 후 자산 집중화는 주로 최상위 집단에서 나타났다. 영국에서 가장 부유한 10퍼센트 개인들은 2013년 전체 자산 중 절반 이상을 소유했다. 전체 자산의 5분의 1은 상위 1퍼센트 개인들에게 돌아갔다. 상위 1퍼센트 집단 중 아래쪽 절반(99분위와 99.5분위 사이에 있는 이들)은 전체 자산 중에서 차지하는 몫이 비교적 안정적이었지만, 위쪽 절반은 1985년부터 2013년까지 몫이 늘어났다. 실제로 상위 1퍼센트의 몫이 늘어날 때

그 대부분은 상위 0.5퍼센트의 몫이 증가했기 때문이며, 그중에서도 주로
―이 기간에 전체 자산에서 차지하는 몫이 4.5퍼센트에서 9퍼센트로 늘
어난― 상위 0.1퍼센트의 몫이 늘어났기 때문이다. 따라서 지난 40년 동안
자산 집중도가 증가한 것은 대부분 상위 0.5퍼센트(가장 부유한 영국인
25만 명), 특히 상위 0.1퍼센트(가장 부유한 5만 명) 집단에 국한된 현상이
었다.

　2013년까지 영국 성인의 평균 자산은 2016년 불변가격으로 약 17만3000
유로(14만1000파운드)였지만 **도표 4.6.2**에서 볼 수 있듯이 자산은 결코 고
르게 분배되지 않았다. 자산 하위 90퍼센트 인구의 평균 자산은 전체 평균
의 약 3분의 1인 8만3200유로(6만8000파운드)에 불과했으며, 이는 자산
분포상 하위 50퍼센트 계층이 무시할 만한 규모의 자산을 소유했음을 시
사한다. 게다가 상위 10~5퍼센트, 5~1퍼센트, 1~0.5퍼센트 집단과 상위

도표 4.6.2 영국 전체 자산 중 상위 10퍼센트와 하위 90퍼센트의 몫(1895~2012)

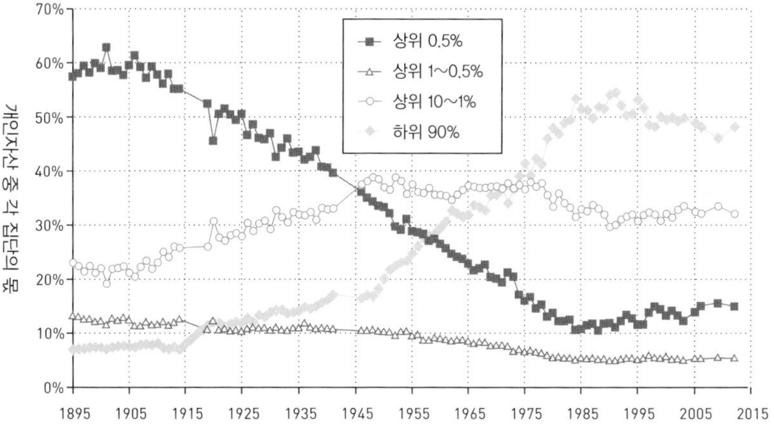

2012년 상위 0.5퍼센트 집단은 개인자산의 15퍼센트를 소유했다.
출처: 알바레도, 앳킨슨, 모렐리(2017). 데이터 시리즈와 주석은 wir2018.wid.world를 보라.

0.5퍼센트 집단 간의 평균 자산 격차는 대단히 컸다. 이들의 평균 자산은 각각 39만3000유로(32만1000파운드)에서 72만3000유로(59만1000파운드)로, 다시 148만 유로(121만 파운드)에서 454만 유로(371만 파운드)로 더욱더 많아지며, 이는 자산 분포에서 위쪽으로 올라갈수록 보유자산이 기하급수적으로 늘어난다는 것을 알려준다.

영국의 자산 집중도는 최근 들어 높아졌지만 20세기 초의 극단적인 수준과는 거리가 멀다. 첫 세계화 시대(1870~1914)에는 전체 자산 중 상위 계층의 몫이 극히 높아져, 자산 분포상 상위 10퍼센트는 제1차 세계대전 전야에 전체 자산 중 거의 95퍼센트를 소유했다. 당시 가장 부유한 0.1퍼센트 개인은 전체 자산 중 적어도 3분의 1을 소유했는데, 이는 그들이 인구 비례에 따른 몫의 333배 이상을 가졌다는 뜻이다. 상위 1퍼센트의 몫은 약 70퍼센트였고, 상위 5퍼센트의 몫은 약 90퍼센트에 달했다.

상위 집단 내 불평등은 1914년부터 1980년까지 크게 줄었다

지난 세기에는 상위 자산 집단 내에서 중요한 변화가 일어났다. 그 집단들이 모두 같은 경로를 따라 변화한 건 아니었다. **도표 4.6.2**는 상위 10퍼센트 집단, 그리고 심지어 상위 1퍼센트 집단까지 그 내부를 들여다볼 필요가 있다는 것을 보여준다. 전체 자산 중 상위 집단의 몫에 변화가 있었을 뿐만 아니라 상위 집단 자산 분포의 모양, 다시 말해 가장 부유한 계층 내의 불평등 구조 또한 변화했다. 20세기 초반에 전체 자산 중 상위 1퍼센트가 차지하는 몫이 줄어든 대신 상위 10퍼센트에는 속하지만 1퍼센트에 속하지 않는 이들(즉, '최상위 다음 9퍼센트')의 몫은 증가했으며 1970년대 말까지 비교적 안정적이었다. 상위 1퍼센트 중 아래쪽 절반(99분위와 99.5분위 사이에 있는 이들)의 몫은 1950년대까지 비교적 안정되었는데 이 시기에는 상위 0.5퍼센트의 몫이 극적으로 줄어들었다. 1980년 이후 상위 1퍼센트 중 아래쪽 절반의 몫은 계속 안정적이기는 하지만 훨씬 더 낮은 수준에서 유지되었으며, 그동안 위쪽 절반의 몫은 늘어났다.

상위 계층 자산 집중화의 정도는 상위 자산 집단 자체의 내부적인 불평등에 달려 있을 뿐만 아니라(상위 1퍼센트 자산 보유자들은 얼마나 불평등한가?) 가장 부유한 집단에 들어가기 위해서는 얼마나 많은 자산을 가져야 하는가에 대한 (평균 자산 대비) '문턱값'에도 달려 있다. '문턱값'을 분석해보면 상위 10퍼센트와 상위 5퍼센트에 들어가는 데 필요한 최소한의 자산은 시계열이 시작될 때부터 1970년대 말까지 높아졌다가 이후 평평해졌다. 그러나 이 구간의 다른 쪽 끝에 있는 상위 0.1퍼센트 집단에 들어가기 위한 문턱값은 **도표 4.6.3**에 나타나듯이 1911년부터 1980년대까지

도표 4.6.3 영국의 상위 자산 집단의 문턱값(1910~2012)

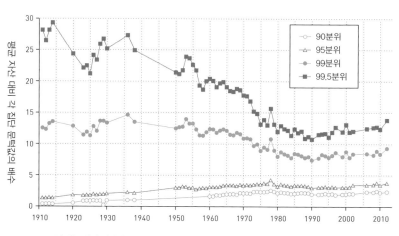

2012년 영국에서 개인자산 상위 5퍼센트 집단에 들어가려면 성인 1인당 평균 자산보다 3.8배 많은 자산을 가져야 했다. 자산 추정치는 인플레이션을 고려한 것이다.

출처: 알바레도, 앳킨슨, 모렐리(2017). 데이터 시리즈와 주석은 wir2018,wid.world를 보라.

꾸준히 하락한 뒤 다시 상승하기 시작했다. 상위 1퍼센트에 들어가는 데 필요한 문턱값은 1914년 이후 절반으로 떨어졌다. 요컨대 영국에서 상위 1퍼센트 집단에 진입하는 데 필요한 자산은 이제 제1차 세계대전 전에 필요했던 수준의 약 절반이며, 상위 1퍼센트 집단 내에서 자산이 덜 집중되어 있다는 것 또한 사실이다.

부동산 소유 구조가 바뀐 것은 1980년 이전 자산 불평등을 줄이는 데 핵심적인 역할을 했다

영국에서 전체 평균 자산이 증가하는 데 주택자산이 한 역할은 광범위하게 논의되었다. 특히 앤서니 앳킨슨과 공저자들은 일찍이 1989년에 '대중적인 자산popular wealth', 즉 소유주가 거주하는 주택, 그리고 자동차, 가전제품 같은 내구소비재가 영국에서 1970년대 말까지 자산 상위 계층의 몫이 줄어드는 과정에서 결정적인 역할을 한 요인 중 하나이으며, 더욱이 주택 가격 상승이 상위 1퍼센트의 몫을 감소시켰다는 점을 밝혔다.[27] 그러나 그 후에 영국 주택시장에 몇 가지 중요한 변화가 나타났다.

영국에서 주택 보유 형태의 변화가 전체 자산의 동태적 변화 과정상 주택자산의 역할에 어떤 영향을 미쳤는지, 특히 주택 정책이 어떻게 부동산 가격과 자가거주 비율에 영향을 주었는지를 분석하는 게 이 문제를 이해하는 데 가장 큰 도움이 된다. 이러한 맥락에서 제1차 세계대전이 끝날 때부터 2011년까지 영국 주택시장의 변화는 다음과 같이 크게 세 기간으로 나눠서 볼 수 있다.

첫째, 1918년부터 1970년대 말까지 민간 임대는 갈수록 자가거주와 사회적 주택 소유로 대체되었다. 잉글랜드와 웨일스에서 집주인이 거주하는 주택은 1918년 전체 가구의 23퍼센트에서 1971년 50퍼센트로, 그 후 1981년까지 58퍼센트로 늘어났다.[28] 이와 동시에 민간 임대자들이 소유하는 주택의 비중은 1918년 76퍼센트에서 1981년 11퍼센트로 떨어졌다. 이 두 가지 요인으로 인구에 비해 임대자 비중이 높은 자산 상위 1퍼센트 집단이 전체 자산에서 차지하는 몫이 줄어든 것이다. 이처럼 주택시장이 민간 임대에서 자가거주 중심으로 바뀐 것만으로 전체 개인자산 중 주택의 비중이 달라진 건 아니지만(같은 주택을 다른 시기에 다른 사람이 소유하게 되었을 뿐이다), 공공주택이 1918년 주택시장의 1퍼센트에서 1981년 31퍼센트로 늘어난 것은 개인자산 중 주택이 차지하는 비중에 영향을 주었다.

둘째, 1980년대에는 공공임대주택council house이 대거 매각되면서 전체 개인자산 중 주택의 비중이 높아졌다. 1980년대에 보수당 정부가 공공주택을 팔기로 결정함에 따라 전체 주택 중 사회적 주택 비중은 23퍼센트로 떨어지고 자가거주 비율은 68퍼센트로 높아졌으며 민간 임대는 9퍼센트로 줄었다. 그에 따라 더 많은 주택이 개인자산으로 편입되었고 전체 개인자산 중 거주용 주택의 비율은 1980년대에 약 10퍼센트포인트 올라갔다.

셋째, 1990년대에는 민간 임대자들이 돌아왔다. 보수당과 노동당 정부가 잇달아 '임대용 매입' 정책을 시행함에 따라 주택시장에서 민간 임대자들이 차지하는 비중은 1991년 9퍼센트에서 2011년 18퍼센트로 2배가 되었다. 민간 임대자들의 비중이 늘어나면서 자가거주(4퍼센트포인트 감소)와 사회적 주택(5퍼센트포인트 감소) 비중은 줄었다. 더욱이 과거에는 공공임대주택 매각으로 개인의 주택자산이 증가하면서 평등화 효과가 나타났을지 몰라도, 이제는 민간 임대자들이 돌아옴에 따라 주택자산 증가가 내는 평등화 효과는 과거에 비해 줄어들 수 있다.

주택자산은 최근 자산 집중화 경향을 완화했다

이는 모두 자산 상위 집단의 주택과 비주택자산을 분해해보면 흥미로우리라는 점을 시사한다. 실제로 주택은 상위 계층의 전체 자산 중 제한적인 부분만을 차지한다. 1970년 이후 상위 1퍼센트 집단의 전체 순자산 중 주택자산의 비중은 10퍼센트와 25퍼센트 사이에서 오르내렸다. 이때 주택자산은 대출금을 빼고 계산한다. 주택자산을 제외하고 자산 분포를 살펴보는 것도 유익하다. 도표 4.6.4는 1971년 이후 주택을 포함한 전체 자산 중에서 상위 집단이 차지하는 몫과 주택을 제외한 자산 중 그들이 갖는 몫을 보여준다. 우리가 예상한 것처럼 주택을 제외한 자산 분포에서 상위 1퍼센트 집단의 몫은 더 높은 것으로 나타난다. 1971년부터 1997년까지 주택을 포함한 모든 자산 중 상위 1퍼센트의 몫은 평균 18퍼센트였지만 비주택자

도표 4.6.4 영국 자산 상위 1퍼센트의 몫(1971~2012)

2013년 전체 자산 중 상위 1퍼센트 집단의 몫은 20퍼센트였다. 그러나 주택자산을 제외하면 상위 1퍼센트 집단의 몫은 33퍼센트였다.

출처: 알바레도, 앳킨슨, 모렐리(2017). 데이터 시리즈와 주석은 wir2018.wid.world를 보라.

산 중 상위 1퍼센트의 몫은 평균 25퍼센트였다. 주택을 제외한 자산을 보면 상위 집단의 몫이 더 높은 변동성을 보이지만(그들의 몫은 주택자산 때문에 변동성이 어느 정도 줄어든다), 20세기의 마지막 사반세기에 걸쳐 그들의 몫은 전반적으로 차이가 거의 없었다. 비주택자산만 보면 2000년까지 큰 변화를 찾아볼 수 없다. 상위 1퍼센트의 몫은 1970년대 말까지 확실히 줄어들었다가 1990년대 중반까지 대체로 안정적인 모습을 보였다.

그러나 21세기에는 뚜렷한 변화가 나타났다. 주택을 포함한 전체 자산 중 상위 1퍼센트의 몫과 주택을 제외한 자산 중 그들의 몫 사이에 나타나는 격차가 벌어진 것이다. 시간에 따른 변화에도 차이가 있었다. 1995년부터 2013년까지 비주택자산(금융과 사업자산)의 집중도는 크게 상승했다. 주택을 제외한 다른 형태의 자산에서 집중도가 높아지는 확고한 추세를 주택자산이 완화한 것으로 보인다. 사람들이 영국의 자산 집중도가 높아지고 있다고 이야기한다면 아마도 비주택자산을 생각하며 하는 말일 것이다.

경제적 불평등과 싸우기

제1장 글로벌 소득 불평등은 어떻게 바뀔 것인가?

▶ 글로벌 소득 불평등의 미래는 수렴 요인(신흥국의 빠른 성장)과 격차 확대 요인(국가 내 불평등 증가)에 따라 달라질 것이다. 둘 중 어느 쪽의 힘이 지배적일지, 그런 변화가 지속될지는 아무도 알 수 없다.

▶ 그러나 우리의 표준적인 전망은 국가 내 불평등이 1980년대 이후에 그랬듯이 계속해서 증가하면 신흥국들의 성장에 관해 상당히 낙관적인 가정을 하더라도 글로벌 소득 불평등은 급격하게 증가하리라는 것을 보여준다. 전체 소득 중 글로벌 상위 1퍼센트의 몫은 오늘날 20퍼센트 가까운 수준에서 2050년 24퍼센트 이상으로 늘어나는 반면 글로벌 하위 50퍼센트의 몫은 10퍼센트에서 8퍼센트 미만으로 줄어들 것이다.

▶ 모든 나라가 1980년 이후 미국과 같은 급격한 불평등 증가 경로를 따른다면 글로벌 상위 1퍼센트의 몫은 그보다 더 많이 늘어나 2050년 약 28퍼센트에 이를 것이다. 이들의 몫은 글로벌 하위 50퍼센트의 몫이 6퍼센트로 떨어지는 대신에 증가하는 것이다.

▶ 반대로 모든 나라가 1980년 이후 유럽처럼 상대적으로 완만한 불평등 증가 경로를 따른다면 글로벌 상위 1퍼센트의 몫은 2050년 19퍼센트로 줄어드는 반면 하위 50퍼센트의 몫은 13퍼센트로 늘어날 것이다.

▶ 국가 내 불평등의 높은 증가율 경로와 낮은 증가율 경로 사이의 차이는 글로벌 인구 중 하위 50퍼센트의 소득에 엄청난 영향을 미친다. 미국식의 급속한 불평등 증가 시나리오에서는 세계 인구 중 아래쪽 절반이 2050년 성인 1인당 4500유로를 벌지만 유럽연합식의 완만한 불평등 증가 시나리오에서는 9100유로를 번다(두 가지 시나리오에서 2050년 글로벌 평균 소득이 성인 1인당 3만5500유로로 주어졌을 때 그렇다).

지난 40년은 국가 내 소득 불평등이 가파르게 증가한 시기다. 글로벌 차원에서도 불평등은 1980년 이후 급속히 심화됐지만 2000년대 초부터는 상황이 어느 정도 안정되었다. 미래에는 어떻게 될까? 신흥국들의 성장으로 글로벌 소득 불평등이 지속적으로 감소할까? 아니면 국가 내 불평등이 글로벌 소득 불평등을 2000년 수준으로 되돌릴까? 이 장에서 우리는 지금부터 2050년까지 나타날 수 있는 각기 다른 글로벌 소득 불평등 시나리오들을 논의한다.

앞 장에서 제시한 글로벌 자산 불평등 예측은 자산 집단별 성장률 면에서 지금과 같은 불평등이 계속되면 전체 자산 중 글로벌 중산층의 몫은 줄어들고 자산 불평등은 더 증가하리라는 것을 보여주었다. 그러나 이런 예측은 매우 신중하게 해석해야 한다. 자산 불평등 데이터에 커다란 제약들이 있기 때문에 앞 장의 분석에는 중국과 유럽, 미국만 포함되었다.

다행히 이제 소득 불평등을 측정하는 데 더 많은 데이터를 이용할 수 있게 되었으므로, 이 장에서는 글로벌 소득 불평등에 관한 더 정교한 예측을 제시한다. 그 결과를 논의하기 전에 무엇을 신뢰할 만하게 예측할 수 있고, 무엇을 예측할 수 없는지를 강조할 필요가 있다. "모든 모형은 틀리지만 어떤 모형은 유용하다"는 말이 있다. 우리의 예측은 핵심적인 결정 요인들이 하는 역할을 더 잘 이해할 수 있도록 앞으로 글로벌 불평등의 가능한 상태를 보여주려는 시도다. 우리의 목적은 미래를 예언하는 것이 아니다. 분석에서 고려하는 요인들(혹은 변수들)의 수는 제한되어 있다. 이는 우리 예측을 복잡하지 않고 단순하게 만들어 이해하기 쉽게 해주지만, 한편으로는 미래를 예측하는 능력을 제한하기도 한다. 글로벌 소득 불평등의 동태적 변화에 대한 예측은 세 가지 요인, 즉 국가 내 소득 불평등, 개별 국가의 전체적인 소득성장률, 인구 변화를 고려하는 모형에 바탕을 둔다.

우리가 답을 찾으려고 하는 핵심적인 질문 중 하나는 이런 것이다. 미래에는—아시아와 아프리카, 남미 국가들이 선진국을 따라잡으면서—국가 간 소득이 수렴하는 힘이 지배함에 따라 글로벌 소득 불평등이 감소할까? 아니면 격차를 벌리는 힘(국가 내 불평등 증가)이 지배하게 될까? 이때 인구의 동태적 변화를 고려하는 것도 중요하다. 예컨대 불평등이 심화되는 국가에서 인구가 빠르게 늘어나면 글로벌 격차는 두드러지게 확대될 것이다. 이런 요인들 중 어느 것이 지배적인 힘이 될지를 미리 알기는 어렵다. 그러므로 우리의 작업은 어떤 조건 아래서 상이한 결과들이 나타나는지를 이해하는 데 도움이 된다.

2050년까지 글로벌 소득 불평등을 예측하는 세 가지 시나리오의 설정

우리는 2050년까지 불평등의 변화를 예측하기 위해 세 가지 시나리오를 설정했다. 이 시나리오는 모두 21세기 절반의 시점까지 진행되는 것이다. 이는—지금까지 우리 분석에서 출발점이었던—1980년 이후 지나온 기간과 비슷한 기간을 내다보게 해준다. 첫 번째 시나리오는 '지금의 추세가 이어질 경우', 즉 1980년 이후 나타난 국가 내 불평등 추세가 계속된다는 가정에 바탕을 둔다. 두 번째 시나리오는 국가 내 불평등 증가 추세가 급격할 경우, 세 번째 시나리오는 국가 내 불평등 증가 추세가 완만할 경우를 보여준다. 세 가지 시나리오 모두 국가 간 불평등 변화는 같다고 본다. 이는 특정 국가의 평균 소득 증가율이 세 시나리오에서 모두 같다는 것을 의미한다. 인구 증가율 역시 세 시나리오에서 모두 같다. 미래의 총소득과 인구 증가율을 추정하기 위해 우리는 2060년까지 내다보는 OECD의 장기 전망을 이용했다.[1] 또한 UN의 세계인구전망도 참조했다.[2]

첫 번째 시나리오에서는 모든 나라가 1980년대 초 이후에 각자 지나온 불평등 경로를 따른다. 예를 들어 우리는 중국에서 하위 50퍼센트 소득자들이 1980~2016년 사이 중국 전체 소득 증가액의 13퍼센트를 차지했음을 안다.[3] 그래서 우리는 중국의 하위 50퍼센트 소득자들이 2050년까지 중국 소득 증가액의 13퍼센트를 차지할 것이라고 가정한다. 두 번째 시나리오는 모든 나라가 1980~2016년 사이 미국과 같은 불평등 경로를 따른다고 가정한다. 앞서 들었던 예와 마찬가지로 우리는 미국에서 하위 50퍼센트 소득자들이 1980년 이후 전체 소득 증가액의 3퍼센트를 차지했다는 사실을 안다. 두 번째 시나리오는 그와 같이 모든 국가의 하위 50퍼센트 소득자들이 2017~2050년 사이 소득 증가액의 3퍼센트를 가져갈 것이라고 가정한다. 세 번째 시나리오에서는 모든 나라가 1980~2016년 사이 ―하위 50퍼센트가 1980년 이후 전체 소득 증가액의 14퍼센트를 차지한― 유럽연합과 같은 불평등 경로를 따른다.

자국의 추세가 그대로 유지되는 경우 저소득 국가들의 강한 성장세에도 불구하고 글로벌 불평등은 계속 심화될 것이다

도표 5.1.1은 세 시나리오에서 글로벌 상위 1퍼센트와 하위 50퍼센트가 전체 소득에서 차지하는 몫의 변화를 보여준다. 자국의 추세가 그대로 유지되는 시나리오(시나리오 1)에서는 전체 소득 중 하위 50퍼센트 인구가 차지하는 몫이 오늘날 약 10퍼센트에서 2050년 9퍼센트 미만으로 조금 줄어든다. 글로벌 소득 분포의 위쪽을 보면, 전 세계 소득 상위 1퍼센트가 차지하는 몫은 오늘날 21퍼센트 미만에서 2050년 24퍼센트 이상으로 증가한다. 따라서 이 시나리오에서는 신흥국들의 강한 성장세에도 불구하고

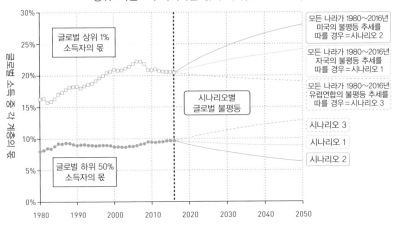

도표 5.1.1 글로벌 전체 소득 중 하위 50퍼센트와
상위 1퍼센트가 차지하는 몫의 예측(1980~2050)

모든 나라가 2017년부터 2050년까지 미국이 1980년부터 2016년까지 경험한 불평등 경로를 따른 다면 글로벌 상위 1퍼센트가 전체 소득에서 차지하는 몫은 2050년 28퍼센트에 이를 것이다. 소득 비중 추정치는 구매력평가 유로로 계산했다. 구매력평가는 각국 간 생활물가 차이를 고려한다. 금 액은 인플레이션을 뺀 것이다.

출처: WID.월드(2017). 데이터 시리즈와 주석은 wir2018.wid.world를 보라.

글로벌 불평등이 급격히 심화된다. 예를 들어 우리는 아프리카의 성인 1인 당 평균 소득이 전 기간에 걸쳐 연간 3퍼센트 성장을 이어갈(2017년부터 2050년까지 총소득 증가율이 173퍼센트에 이를) 것으로 가정한다.

이러한 예측은 저소득 국가가 선진국을 꾸준히 따라잡는 것만으로는 국 가 내 불평등이 지속적으로 악화되는 것을 막기에 충분하지 않다는 사실 을 보여준다. 이러한 연구 결과는 또한 제2부에서 논의한 것처럼 2008년 금융위기 이후 나타난 글로벌 소득 불평등 감소(또는 안정)가 대체로 상위 소득 계층이 받은 충격, 그리고 선진국(특히 유럽)의 성장 둔화로 인한 단 기적인 현상일 수 있음을 시사한다.

시나리오 2에서는 미래의 글로벌 소득 불평등이 시나리오 1에 비해 증 폭되며, 2050년에는 글로벌 상위 1퍼센트의 몫과 하위 50퍼센트의 몫 사이의 격차가 더 벌어진다. 이 시나리오에서 글로벌 상위 1퍼센트는 2050년 글로벌 소득 중 28퍼센트 가까이를 가져가지만 하위 50퍼센트는 6퍼센트 가까이를 가져가는데, 이는 신흥국들이 산업화된 세계를 따라잡기 시작하기 전인 1980년에 비해 더 적은 수준이다. 이 시나리오에서 전체 소득 중 상위 1퍼센트의 몫이 (2017~2050년 기간에 8퍼센트포인트) 늘어나는 것은 (전부는 아니지만) 대부분 하위 50퍼센트의 몫이 (4퍼센트포인트) 줄어든 대신에 증가한 것이다.

시나리오 3은 더 평등한 미래 세계를 제시한다. 이는 모든 나라가 유럽 연합의 불평등 경로—혹은 더 평등한 경로—에 맞춘다면 글로벌 불평등이 완화될 수 있음을 보여준다. 이 시나리오에서 전체 소득 중 하위 50퍼센트의 몫은 현재 10퍼센트에서 2050년 약 13퍼센트로 증가한다. 그러나 이 두 집단이 차지하는 몫의 격차는 (약 6퍼센트포인트로) 큰 폭으로 유지된다. 이는 미래에 자국의 불평등 추세를 그대로 유지하거나 미국의 추세를 따르는 것보다 유럽의 경로를 따르는 편이 훨씬 더 나은 대안이지만, 하위 50퍼센트의 몫이 상위 1퍼센트의 몫을 따라잡으려면 그보다 더 평등한 성장 경로를 추구할 필요가 있음을 시사한다. 상위 1퍼센트와 하위 50퍼센트 집단이 글로벌 소득에서 같은 몫을 차지하는 세계에 도달한다는 것은 상위 1퍼센트에 드는 개인들이 평균적으로 하위 절반에 속한 사람들보다 50배를 더 많이 버는 지점에 이른다는 뜻이다. 어떤 시나리오를 따르더라도 글로벌 불평등은 상당히 높은 수준을 유지할 것이다.

국가 내 불평등 추세는 글로벌 빈곤 퇴치에 있어 결정적으로 중요하다

이와 같은 시나리오들은 실제 소득 수준, 특히 하위 집단의 소득 수준에 어떤 영향을 미칠까? 전체 소득 중 각 집단이 보유하는 몫은 어떻게 달라지는지, 그리고 시간이 지나면서 그 몫은 수렴하는지, 아니면 격차가 확대되는지에 초점을 맞추면 유용한 정보를 얻을 수 있다. 그러나 결국 개인들에게—특히 사회적 사다리의 바닥에 있는 이들에게—중요한 것은 그들의 절대적인 소득 수준이라고 할 수 있다. 우리는 여기서 미래를 예언하려는 것이 아니다. 우리의 전망은 일련의 단순한 가정 아래 미래가 어떻게 **달라질 수 있는지**에 관해 정보를 제공하려는 것임을 다시 한번 강조한다.

도표 5.1.2는 글로벌 평균 소득 수준이 어떻게 달라지는지, 그리고 앞서 설명한 세 시나리오에 따라 세계 인구 중 하위 절반의 평균 소득이 어떻

도표 5.1.2 글로벌 평균 소득 전망(1980~2050)

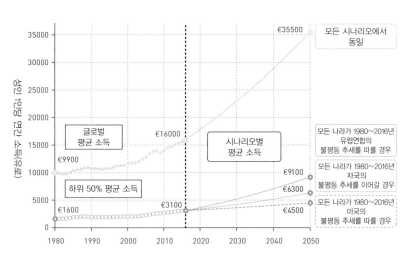

2016년 1만6000유로였던 글로벌 평균 소득은 2050년까지 3만5500유로에 이를 것이다. 모든 나라가 1980년부터 2016년까지 유럽이 경험한 불평등 경로를 따른다면 세계 인구 중 소득 하위 50퍼센트의 평균 소득은 2050년까지 9100유로에 이를 것이다. 소득 추정치는 구매력평가 유로로 계산했다. 구매력평가로 비교하면 1유로는 1.3달러, 4.4엔이다. 구매력평가는 각국 간 생활물가 차이를 고려한다. 금액은 인플레이션을 뺀 것이다.

출처: WID.월드(2017). 데이터 시리즈와 주석은 wir2018.wid.world를 보라.

게 변화하는지를 보여준다. 글로벌 평균 소득은 세 시나리오에 따라 달라지지 않는다. 이는 간단히 이해할 수 있다. 세 시나리오에서 각국의 (따라서 세계 전체의) 전체 소득과 인구 증가율은 모두 같다. 시나리오별로 달라지는 건 늘어난 소득이 국가 내에서 어떻게 분배되는가 하는 것뿐이다. 저소득 국가에 대한 우리 가정은 상당히 낙관적이며, 그러므로 미래의 글로벌 평균 소득은 실제로 이 수치가 제시하는 것보다 약간 낮은 수준이 될 가능성이 있음을 거듭 강조하려 한다. 특히 글로벌 하위 50퍼센트의 평균 소득은 훨씬 더 낮을 것이다.

2016년 글로벌 평균 소득은 1만6000유로인 데 비해 세계 인구 중 가난한 절반의 성인 1인당 평균 소득은 3100유로였다. 전체 평균이 하위 절반

도표 5.1.3 글로벌 평균 소득 전망(1980~2050)

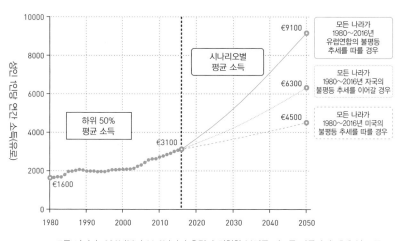

모든 나라가 1980년부터 2016년까지 유럽이 경험한 불평등 경로를 따른다면 세계 인구 중 소득 하위 50퍼센트의 평균 소득은 2050년까지 9100유로에 이를 것이다. 소득 추정치는 구매력평가 유로로 계산했다. 구매력평가로 비교했을 때 1유로는 1.3달러, 4.4엔이다. 구매력평가는 각국 간 생물물가 차이를 고려한다. 금액은 인플레이션을 뺀 것이다.

출처: WID.월드(2017). 데이터 시리즈와 주석은 wir2018.wid.world를 보라.

인구 평균의 5.2배에 이른 것이다. 우리 전망에 따르면 2050년 글로벌 평균 소득은 3만5500유로에 이를 것이다. 자국 추세가 유지되는 시나리오에서는 하위 절반의 소득이 2050년 6300유로에 그쳐 전체 평균과 하위 계층 평균의 격차는 (5.2배에서 5.6배로) 커질 것이다. 미국 추세에 따르는 시나리오에서는 세계 인구 중 하위 절반이 1인당 연간 4500유로를 벌어서 하위 50퍼센트 인구의 소득 대비 글로벌 평균 소득은 7.9배로 높아질 것이다. 유럽연합 추세에 따르는 시나리오에서는 글로벌 하위 절반의 평균 소득이 9100유로에 이르러 하위 50퍼센트 대비 전체 평균 소득은 3.9배로 낮아질 것이다.

글로벌 평균 소득과 하위 절반 인구의 평균 소득 간 격차는 모든 시나리오에서 대단히 크다. 그러나 유럽연합 시나리오와 미국 시나리오 간 하위 50퍼센트의 평균 소득 차이도 중요하다. 글로벌 하위 50퍼센트의 평균 소득은 유럽연합 시나리오에서 9100유로로 미국 시나리오의 4500유로와 비교하면 2배를 넘는다. 이는 빈곤 퇴치를 위해서는 국가 내 불평등 경로가—대단히—중요하다는 점을 시사한다. 다시 말해 신흥국에서 고성장 전략을 추구하는 것만으로는 글로벌 하위 절반이 가난에서 벗어나도록 하는 데 충분하지 않다. 국가 내 불평등을 줄이는 일 역시 긴요하다.

이러한 시나리오 분석에서는 또 하나의 핵심적인 통찰을 얻을 수 있다. 글로벌 불평등이 미래에 반드시 심화되는 것은 아니라는 점이다. 우리가 (제2부에서) 분석한 것처럼 각국이 상이한 소득 불평등 경로를 거친 사실을 보면 더 평등한 성장이 곧 더 낮은 성장을 의미하지는 않는다는 점을 알 수 있다. 이는 불평등 수준을 시기별로 비교하거나(높은 성장을 기록했던 1950~1960년대에 미국의 불평등은 가장 낮은 수준이었다) 국가끼리 비교해보면 명백히 드러난다(지난 몇십 년 동안 중국은 인도보다 훨씬 더 빠르게 성장하면서도 불평등 수준이 더 낮았고, 유럽연합은 미국보다 더 평등한 경로를 거치면서도 성장률은 비슷했다). 이는 미래에 전체적인 성장을 제약하지 않고도 평등한 발전을 추구할 수 있음을 시사한다.

　국가 내 불평등과 글로벌 불평등 증가를 막기 위해 정부는 무엇을 할 수 있는가? 이 보고서의 다음 장과 마지막 장들에서는 우리 사회가 소득과 자산 집중도 증가에 따른 문제들을 진지하게 다루기 위해 민주적으로 토론할 필요가 있는 정책 대안들을 탄탄하고 투명한 경제적 데이터를 바탕으로 논의한다. 우리는 이러한 정책 토론 중 어느 것에 대해서도 최종적인 결론을 내리려는 게 아니며, 특정 국가가 처한 경제, 정치, 사회, 문화적 상황에 가장 잘 맞는 일단의 정책들에 대해 올바른 해답을 갖고 있다고 주장하지도 않는다. 그러나 최근 연구는 지난 몇십 년 동안 충분히 논의되지 못한 근본적인 경제 문제들에 주목한다. 여기에는 분배 구조의 상위 계층에서 증가하는 불평등에 대응하기 위한 누진적인 과세와 글로벌 금융 투명성 제고, 그리고 하위 계층의 소득 정체를 끝내기 위한 더 평등한 교육 기회와 괜찮은 일자리 제공 문제도 포함된다. 우리는 미래에 투자하는 공공자본의 역할을 재평가하는 일 역시 미래의 논의에 있어 핵심적인 부분이 되어야 한다고 본다.

제2장 불평등 증가에 대한 최상위 계층에서의 해법: 누진세의 역할

▶ 글로벌 상위 계층의 몫이 증가하는 가운데서도 각국은 매우 상이한 불평등 경로를 밟아왔다. 1980년 이후 시행된 제도와 정책의 변화는 서로 다른 불평등 경로를 가장 잘 설명해주는 요인이다.

▶ 소득세의 누진성은 상위 계층의 소득과 자산 불평등 증가에 맞서기 위한 검증된 수단이다. 누진과세는 세후 불평등만 감소시키는 것이 아니다. 누진세는 또한 소득성장의 더 많은 부분을 차지하고자 급여 인상을 위한 공격적인 협상에 나서려는 상위 소득자들의 의욕을 떨어트림으로써 세전 불평등에도 영향을 미친다.

▶ 조세의 누진성은 1970년대부터 2000년대 중반까지 선진국에서 급속히 떨어졌다. 이 기간에 선진국의 소득세 최고한계세율은 평균 70퍼센트에서 42퍼센트로 인하되었다. 2008년 글로벌 금융위기 이후 세율 인하 추세는 멈췄으며, 일부 국가는 세율을 다시 인상했다. 그러나 미래의 변화는 여전히 불확실하다.

▶ 자산과 상속에 대한 누진적인 과세 또한 재분배의 핵심적인 요소다. 세계에서 가장 불평등한 나라들(브라질과 남아공, 인도, 러시아, 중동) 중 일부 국가에서는 흔히 가난한 이들이 구매하는 기초적인 상품에 대해서는 높은 세율을 물리는 데 반해 상속세는 거의 존재하지 않는다.

▶ 더 일반적으로 말하자면 규모가 큰 신흥국들의 조세체계는 매우 역진적이다. 최근에 (예컨대 2000년부터 2015년까지 브라질에서) 나타난 불평등 추세는 앞으로 누진과세를 위한 세제 개혁에 높은 우선순위를 두어야 한다는 것을 말해준다.

앞서 우리는 소득과 자산 불평등이 대체로 분배 구조의 맨 위쪽에서 심화됐음을 확인했다. 불평등은 주로 분배 구조상 최상위 집단의 소득과 자산이 나머지 집단에 비해 크게 늘어났기 때문에 증가한 것이다. 이에 대해 흔히 하는 설명은 숙련 편향 기술 변화skill-biased technological change와 관련된 것이다. 다시 말해 기술 변화는 비숙련 노동에 비해 숙련 노동의 생산성을 상대적으로 높여주었고, 그에 따라 숙련 노동자에 대한 수요가—따라서 급여가—증가했다는 것이다. 제2부 제1장에서 논의한 것처럼 세계화도 선진국에 비슷한 영향을 미쳤을 수 있다. 우리가 이미 되풀이해 강조했듯이 순수하게 기술에만 주목하는 이런 설명에는 여러 한계가 있다. 첫째, 소득 불평등 증가는 단지 노동소득 분배뿐 아니라 자본소득과 부의 동태적 변화와도 관련된 광범위한 현상이다. 숙련 노동의 공급은 교육에 따라 결정된다. 다시 말해 교육을 확대하면 숙련 노동의 공급이 늘어나며, 세계화는 숙련 노동에 대한 수요를 증가시킬 수 있다. 노동소득 불평등은 어느 과정이 더 빠르게 일어나느냐에 달려 있다. 이런 생각은 교육과 기술의 경주로 묘사되었다.[4] 다시 말해 정책이 큰 차이를 만들어낼 수 있다.

상위 노동소득에 대한 또 하나의 보완적인 설명은 '슈퍼스타 효과'다.[5] 이 이론에 따르면 기술 변화와 세계화로 상위 계층에 진입한 이들이 성장의 열매를 더 쉽게 더 많이 챙길 수 있게 되었다. 예를 들어 오늘날 노래 한 곡을 녹음하는 데 필요한 비용은 30년 전과 대체로 같지만 성공적인 음악을 만들면 훨씬 더 광범위한 청중에 도달할 수 있다. 국제적인 기업들의 규모가 더 커지고 가장 높은 자리에 오른 경영자들이 예전보다 훨씬 더 큰 사업을 통제할 수 있게 되면서 그들의 급여도 올랐다.[6] 슈퍼스타 효과 때문에 재능—혹은 협상력이나 다른 특성—의 아주 작은 차이가 매우 큰 소득 격차로 이어질 수 있다. 이러한 글로벌 '슈퍼스타'들이 30년 전보다 반드시 더 생산적이거나 재능이 뛰어난 건 아니라는 점에 유의해야 한다. 그들은 단지 선배들보다 몇십 년 후에 태어났다는 점에서 운이 좋았는지도 모른다.

어떤 경우든 이 두 가지—교육과 슈퍼스타—이론은 상위 소득 집단의 성장 경로에서 국가 간 차이를 충분히 설명할 수 없다는 점 때문에 문제가 있다. 글로벌 기업의 최고경영자들이 받는 보상을 비교해보면 국가 간에—특히 미국과 유럽, 일본 사이에—중요한 차이가 눈에 띈다. 예를 들어 독일의 가장 큰 기업들은 모든 글로벌 시장에 참여하며 미국의 경쟁자들보다 생산성이 떨어지지 않지만, 최고경영자들의 보상은 평균적으로 미국의 절반에 그친다.[7] 제2부 제3장에서 논의한 것처럼 지난 40년 동안 유럽과 미국 두 지역은 비슷한 기술 변화와 신기술 침투를 경험했음에도 불구하고 유럽 내 노동소득 불평등의 증가는 미국에 비해 상대적으로 제한적이었다.

중하위 계층의 경우에는 개인들이 새로운 생산 방식에 적응하도록 돕는 교육과 훈련의 중요성을 간과할 수 없다. 불평등한 교육 기회는 최근 몇십 년 동안—특히 미국에서—하위 절반 계층의 소득 정체를 초래했을 것이다. 다음 장에서 그와 관련된 동태적 변화를 논의한다. 그러나 이는 소득 분포상 최상위 계층에서 증가하는 불평등과는 구분해 생각해야 한다. 정책과 제도적 환경의 변화는 세계적으로 상위 소득 집단의 성장 경로에서 나타나는 차이를 더 잘 설명한다. 특히 최근 연구는 조세의 누진성 변화가 지난 몇십 년 동안 상위 소득의 급격한 증가에 중요한 원인이 되었음을 보여준다.

최고한계세율은 상위 계층의 세전소득과 세후소득 불평등에 강력한 효과를 낸다

누진적인 세율은 소득 분포상 상위 계층에 가장 높은 한계세율(다시 말해

일정 수준 이상의 소득에 적용하는 세율)을 부과함으로써 세후소득 불평등 감소에 기여한다. 실제로 어떤 개인이 200만 달러를 벌고 100만 달러 초과 소득에 대한 최고한계세율이 50퍼센트라면, 이 개인은 두 번째 100만 달러에서 세금을 내고 50만 달러만 갖게 된다. 100만 달러 초과 소득에 대한 최고한계세율이 80퍼센트라면 이 소득자는 두 번째 100만 달러에서 20만 달러만을 가질 것이다. 이 세금 수입을 재원으로 삼아 평등한 성장을 촉진하기 위한 공공지출을 늘린다면 불평등은 더 완화될 수 있다.

최고한계세율을 높이면 세전소득 불평등도 줄일 수 있다는 점을 간과하는 이가 많다. 한계세율 효과는 두 가지 경로로 작동할 수 있다. 최고한계세율이 높으면 그만큼 상위 소득자들이 저축하고 부를 축적할 돈이 적어지며, 따라서 그 이듬해의 자본소득도 줄어들 가능성이 커진다는 것은 너무나 명백하다. 최고한계세율이 소득 불평등에 영향을 미치는 또 하나의 경로를 이해하려면 부유한 개인들의 협상 유인에 주목할 필요가 있다. 최고한계세율이 낮을 경우 상위 소득자들이—예를 들어 급여 패키지를 결정할 보상위원회에 자기가 원하는 사람들을 앉히려고 애를 쓰며—보상을 늘리기 위한 협상에 나설 유인이 커진다. 반대로 높은 최고한계세율은 그러한 협상 노력을 억제하는 경향이 있다.[8] 따라서 최고세율을 낮추면 세후소득 불평등뿐 아니라 세전소득 불평등도 증가할 수 있다.

하지만 높은 최고세율은 열심히 일하고 사업을 일으키려는 가장 뛰어난 인재들의 의욕을 떨어트릴 수도 있다. 최고세율이 높을수록 부유층의 경제활동은 줄어들고, 따라서 경제성장도 둔해진다. 이런 경우라면 최고세율을 높이는 것은 바람직한 정책이 아니다. 기본적으로 이처럼 서로 충돌하면서도 타당한 주장들을 냉정한 분석과 탄탄한 자료를 바탕으로 논의할 여지가 있어야 한다.

피케티와 사에즈, 스탄체바의 2014년 연구는 이처럼 상이한 효과들을 고려한 이론 모형과 실증 분석의 틀을 제공한다.[9] 이들은 선진국 최고경영자의 보상과 성과에 관한 데이터베이스를 분석해―특히 (업종과 기업 규모, 성과가 같은 경우) 미국 최고경영자들의 급여가 일본과 유럽 경영자들의 급여보다 더 큰 폭으로 오른 이유를 이해하는 데 있어―협상력의 변화가 중요하다고 결론지었다. 저자들은 이 이론 모형으로 계산할 때 최상위 계층을 제외한 모든 이의 복리를 증진시키면서 최고세율을 80퍼센트까지 올릴 수 있음을 보여주었다.

우리가 이용할 수 있는 데이터는 여전히 불완전하며, 확실히 이처럼 복잡한 문제에서 계량 분석 자료와 수학 공식이 공개적인 토의와 정치적 의사결정을 대체할 수 있다고 생각하지 않는다. 그렇더라도 최소한 최상위 계층에 대한 세율이 가파르게 올라가는 누진과세에 관해 이러한 토론을 재개하기에 충분한 증거가 있다고 생각한다.

또한 1940년대부터 1970년대에 이르는 시기에 미국과 영국에서 최고세율이 90퍼센트 이상으로 높아졌다는 사실을 기억할 필요가 있다. 그처럼 높은 세율이 성장을 해쳤던 것으로 보이지는 않는다. 사실 지난 50년 동안 모든 선진국은 조세 정책에서 매우 큰 차이를 보였음에도 불구하고 대체로 같은 속도로 성장했다.

도표 5.2.1은 1970년대 초부터 2010년대 초반까지 OECD 회원국의 최고한계세율 변화와 전체 세전소득 중 상위 1퍼센트의 몫에서 나타난 변화 사이의 관계를 보여준다. 이 둘의 상관관계는 특히 강하다. 평균적으로 최고한계세율이 2퍼센트포인트 낮아질 때 세전소득 중 상위 1퍼센트의 몫은 1퍼센트포인트 늘어난다. 최고세율을 큰 폭으로 인하한 적이 없는 독일과 스페인, 덴마크, 스위스 같은 나라에서는 상위 소득자들의 몫이 늘어나지 않았다. 반면 미국과 영국, 캐나다는 최고한계세율이 큰 폭으로 인하되었고 상위 1퍼센트의 몫은 크게 늘어났다. 이 그래프는 상위 계층의 세전소

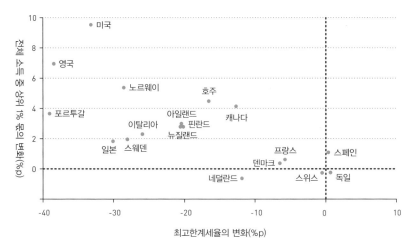

미국에서 소득세 최고한계세율은 1970년대 초부터 2010년대 초까지 33퍼센트포인트 낮아졌다. 같은 기간에 전체 소득 중 상위 1퍼센트의 몫은 9.5퍼센트포인트 증가했다.

출처: 피케티, 사에즈, 스탄체바(2014). 데이터 시리즈와 주석은 wir2018.wid.world를 보라.

득 증가세를 완화하는 데 최고세율이 핵심적인 역할을 한다는 점을 강하게 시사한다. 더욱이 최고세율을 올려도 성장에는 큰 영향이 없어서 열심히 일할 유인이 떨어지는 효과보다는 협상력의 변화가 더 중요하다는 점을 다시 한번 보여준다.

누진과세를 위한 기회의 창은 있나?

도표 5.2.2는 1900년 이후 미국과 영국, 독일, 프랑스, 일본의 소득세 최고한계세율 변화를 상세하게 보여준다. 20세기에 접어들 무렵 이 다섯 나라는 개인소득에 대한 세금을 아예 물리지 않거나 아주 미미한 소득세

만 물렸다. 그 뒤 부분적으로 제1차 세계대전에 필요한 전비를 조달하기 위해 소득세가 도입되었으며, 최고한계세율은 1950~1970년대에 매우 높은 수준으로 인상되었다(최고세율은 미국에서 94퍼센트, 영국에서 98퍼센트까지 높아졌다). 그 후 이 다섯 나라의 최고세율은 (1970년대 이후 평균 70퍼센트에서 2000년대 중반 평균 42퍼센트까지) 급격하게 인하되었다.

이러한 정책 변화는 어떻게 설명할 수 있을까? 1970년대까지 정책 결정자와 대중의 여론은 아마도—맞든 틀리든—소득 사다리 맨 위쪽에 있는 이들에 대한 보상이 늘어나는 것을 대부분 생산적인 일보다는 탐욕이나 사회적으로 쓸모없는 활동에 대한 보상이라고 여겼던 것 같다. 미국과 영국이 한계세율을 80퍼센트까지 높이 올릴 수 있었던 것도 그 때문이다. 그 후 레이건·대처 혁명은 적어도 당분간은 그처럼 높은 최고세율을 생각할 수도 없도록 만드는 데 성공했다. 그러나 1970년대 이후 수십 년 동안 소득 집중도가 높아지면서 성장이 그저 그런 수준에 그친 데다 금융부문의 과잉이 족발한 대침체까지 겪게 되면서 적어도 몇몇 나라에서는 레이건과 대처의 정책에 대한 재검토가 이뤄지고 있는 것으로 보인다.

최고한계세율은 지난 10년 동안 미국과 영국, 독일, 프랑스, 일본에서 높아졌다. 예를 들어 영국은 2010년에 소득세 최고세율을 40퍼센트에서 50퍼센트로 올렸는데, 이는 부분적으로 최고 소득자들의 지나친 급여 인상을 막기 위한 것이었다. 미국에서 월가 점령 운동을 비롯해 "우리가 99퍼센트다"라는 유명한 슬로건이 등장한 것은 상위 1퍼센트가 99퍼센트의 희생으로 지나치게 많은 몫을 가져간다는 견해를 반영한 것이었다. 최근의 세율 인상이 1970년대 이후에 이뤄진 급격한 세율 인하를 되돌려 균형을 회복하려는 새로운 조세 정책 기조의 시작을 알리는 것인지 여부는 여전히 의문이다. 영국에서는 2010년에 소득세 최고세율이 인상된 후

도표 5.2.2 선진국의 소득세 최고세율(1900~2017)

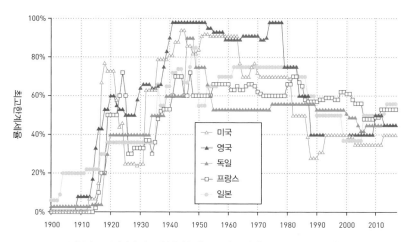

1963년부터 2017년까지 미국의 (가장 높은 소득에 물리는) 소득세 최고한계세율은 91퍼센트에서 40퍼센트로 낮아졌다.

출처: 피케티(2014)와 최신 자료. 데이터 시리즈와 주석은 wir2018.wid.world를 보라.

도표 5.2.3 선진국의 상속세 최고세율(1900~2017)

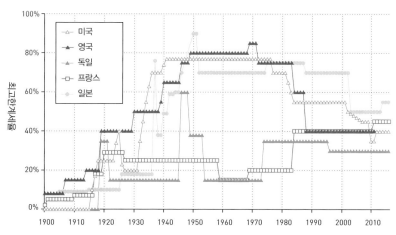

1980년부터 2017년까지 영국의 (가장 높은 상속자산에 물리는) 상속세 최고한계세율은 75퍼센트에서 40퍼센트로 낮아졌다.

출처: 피케티(2014)와 최신 자료. 데이터 시리즈와 주석은 wir2018.wid.world를 보라.

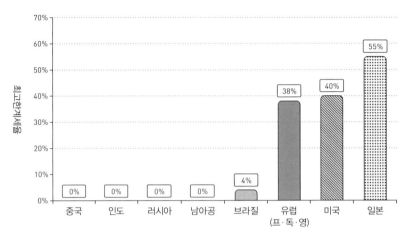

도표 5.2.4 신흥국과 선진국의 상속세 최고세율(2017)

2017년 일본의 (가장 높은 상속자산에 물리는) 상속세 최고한계세율은 55퍼센트였던 데 비해 브라질에서는 4퍼센트였다. 유럽은 프랑스와 독일, 영국이 대표한다.

출처: WID.월드(2017). 데이터 시리즈와 주석은 wir2018.wid.world를 보라.

2013년 45퍼센트로 다시 조금 인하되었다. 우리가 이 보고서를 쓰는 동안 미국의 새 공화당 행정부와 의회는 중대한 세제개편 계획을 준비하고 있다. 프랑스 정부도 최고 소득자와 자산 소유자들에 대한 세율을 내릴 계획이다.

도표 5.2.3에서 보듯이 상속세 최고세율은 최근 프랑스와 일본, 미국에서 인상되었다. 일본과 미국에서는 이번 세율 인상으로 1980년대부터 이어진 상속세 인하 흐름이 멈췄다. 프랑스와 독일에서는 역사적으로 상속세 최고세율이 미국과 영국, 일본보다 낮았다. 이 보고서 앞쪽에서 우리는 20세기의 두 차례 세계대전과 여러 경제적, 정치적 충격이 불평등에 미친 영향을 설명했다.[10] 그러한 충격은 조세 정책이 아닌 다른 경로를 통해 자산 집중도를 지속적으로 떨어트렸다. 소득세율과 마찬가지로 상속세

제5부 경제적 불평등과 싸우기

율의 이번 인상이 새로운 누진과세 시대의 시작을 의미하는 것인지 여부는 알 수 없다. 실제로 상속세 폐지 계획을 담은 미국 세제 개편 방안도 나왔다.

신흥국에서 가난한 이들은 높은 소비세를 물지만 상속자산은 면세받는다

지난 10년 동안 선진국에서는 조세의 누진도가 어느 정도 높아졌다. 하지만 주요 신흥국들은 극단적인 불평등이 나타나고 있음에도 불구하고 여전히 상속자산에 어떤 세금도 물리지 않고 있다는 점에 유의할 필요가 있다. 브라질은 상속자산에 특히 낮은 세율(전체 평균은 약 4퍼센트, 연방 최고 세율은 8퍼센트)로 과세한다. 인도와 중국, 러시아에는—선진국과 달리—상속세가 없다(**도표 5.2.4**를 보라). 인도에서는 1970년대와 1980년대 초에 85퍼센트의 상속세가 부과되었지만 1984년에는 다시 상속세율이 0퍼센트가 되었다. 인도의 과세 당국은—혹은 인도 사회 전체가—처음부터 매우 높은 상속세 최고세율을 부과할 준비가 돼 있지 않았다는 주장도 일리가 있다. 그러나 각국의 사례는 상당히 누진적인 소득세와 상속세 체계가 성공적인 개발 전략의 중요한 부분이 될 수 있음을 시사한다.

신흥국에서는 상속세가 존재하지 않아도 소비세율은 대단히 높을 수 있다는 점에 유의할 필요가 있다. 브라질에서 전기 소비에 대한 세율은 약 30퍼센트이며 가난한 사람들이 구매하는 다른 여러 기본적인 상품에도 높은 세율이 적용된다. 따라서 역진적인 조세체계 때문에 극단적인 소득 불평등과 자산 불평등이 유지되고 공고해진다. 더 긍정적으로 보자면 신흥국에서 상속세의 부재는 누진적인 조세 정책을 추진할 여지가 크다는 점을 시사한다. 브라질과 같은 나라에서는 제2부 제11장에서 본 것처럼 지난 몇십 년 동안 하위 계층의 소득 비중이 늘어났지만 이는 부분적으로 전체 소득에서 차지하는 몫이 줄어든 중산층의 희생에 따른 것이었다. 가장 부유한 계층이 복지국가의 재원 조달에 공평하게 기여하지 않을 때는 이런 일이 일어나기 마련이다. 실제로 브라질과 다른 신흥국에서 새로 도입한 누진적인 상속세를 통해 걷은 추가 세수는 교육이나 의료 프로그램의 재원으로 쓸 수 있고 중산층을 지원하는 데 활용할 수도 있다.

제3장 글로벌 환경에서의 조세 정책: 글로벌 금융등록의 필요성

▶ 조세체계는 불평등을 막는 핵심적인 수단이지만 이 체계는 탈세를 포함한 잠재적인 걸림돌에 부딪히기도 한다. 세계적으로 조세천국에 머무르는 자산은 1970년대 이후 크게 늘어나 현재 글로벌 국내총생산의 10퍼센트를 넘는다.

▶ 조세천국의 부상은 세계화된 지구촌에서 자산과 자본소득을 제대로 측정하고 과세하는 일을 어렵게 만든다. 금융의 불투명성을 줄이는 것은 자산과 그 분포에 대한 데이터를 개선하고, 더 좋은 정보를 바탕으로 재분배에 관해 공개적인 토론을 할 수 있게 도와주며, 탈세와 돈세탁, 그리고 테러 자금 지원에 맞서 싸우는 데도 긴요하다.

▶ 한 가지 핵심적인 문제는 금융자산의 소유권을 기록하는 것이다. 토지와 부동산 등기는 몇 세기 동안 존재해왔음에도 오늘날에는 점점 더 많은 자산이 금융증권의 형태를 취함에 따라 가계가 보유하는 자산의 많은 부분이 누락된다. 주식과 채권, 그 외 금융자산의 소유권을 기록하는 글로벌 금융등록제는 금융의 불투명성을 크게 감소시킬 것이다.

▶ 중앙증권예탁기관central security depository, CSD으로 불리는 잘 알려지지 않은 금융기관에서 이미 누가 금융자산을 소유하는지에 관한 정보를 모으고 있다. 이 데이터는 글로벌 금융등록기관을 창설하는 데 동원될 수 있다. 그러나 대부분의 OECD 국가에서 이런 예탁기관은 민간기관이며 자료 제공을 강제하는 규정이 없으면 당국에 정보를 넘겨주지 않을 것이다.

▶ 또 한 가지 어려운 점은 대부분의 예탁기관이 금융증권의 최종적인 소유자 이름을 직접 기록하지 않고 중개기관의 이름만 기록한다는 사실이다.

▶ 그러나 예탁기관들 스스로 최종 투자자의 신분을 확인할 기술적인 해법을 찾았다. 더욱이 노르웨이나 중국 같은 나라에는 더 투명한 금융등록 체계가 존재하며, 이는 개별 예탁기관과 글로벌 차원에서 기술적·경제적으로 최종 소유자에 관한 정보의 투명성을 확보할 수 있다는 점을 시사한다.

다국적 기업과 부유한 개인들은 세금을 회피하거나 포탈하려고 조세천국을 점점 더 많이 이용하고 있다. 미국의 다국적 기업들이 해외에서 얻은 이익 중 무려 63퍼센트가 몇 안 되는 역외 금융 중심지—버뮤다와 아일랜드, 네덜란드, 스위스, 싱가포르, 룩셈부르크—에 머무르고 있으며 그곳에서는 0~5퍼센트의 매우 낮은 세율을 적용받는다. 이는 1980년대 이후 10배 증가한 것이다.

부유한 개인들은 전 세계 국내총생산의 10퍼센트에 이르는 자산을 조세천국에 쌓아두고 있다. 애닛 알스타드세테르와 니엘스 요하네센, 게이브리얼 주크먼의 새로운 연구에 따르면 그리스와 아르헨티나 같은 나라에서는 이 숫자가 거의 40퍼센트까지 올라가며, 러시아에서는 50퍼센트를 넘는다.[11] 글로벌 차원에서 탈세는 해마다 각국 정부로부터 약 3500억 유로의 조세 수입을 앗아간다.[12]

탈세는 또한 누진적인 조세체계를 심각하게 잠식한다. 도표 5.3.1은 스칸디나비아 국가에서 자산 분위별로 납부해야 할 세금 중 탈루된 부분의 비중을 보여준다. 이 통계는 알스타드세테르와 요하네센, 주크먼이 2017년에 작성한 것으로, 이들은 최근 ('파나마 문건'과 HSBC 스위스법인에서 유출된 자료 같은) 대규모로 유출된 비공개 자료, 소득과 자산에 대한 무작위 조사와 행정 당국의 기록을 종합했다. 선진국 인구 대다수는—전체 소득 중 대부분을 과세 당국에 자동적으로 보고되는 임금과 연금에서 얻기 때문에—많은 세금을 탈루하지 않는다. 하지만 유출된 비공개 자료는 최상위 계층에 탈세가 만연해 있음을 보여준다. 스칸디나비아 국가의 자산 분포에서 상위 0.01퍼센트—순자산이 4500만 달러를 넘는 가구 집단—는 개인 세금 중 25~30퍼센트를 포탈하는데, 이는 평균적인 탈세 비율인 약 3퍼센트와는 아예 단위가 다른 것이다. 스칸디나비아 국가는 가장 높은 사회적 신뢰와 가장 낮은 부패, 그리고 법치에 대한 가장 굳건한 존

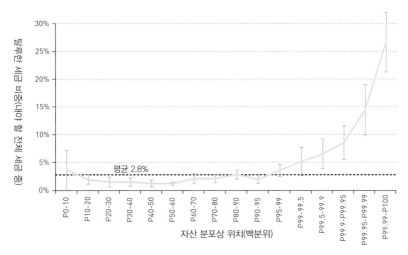

도표 5.3.1 스칸디나비아 국가의 탈세 비율(2006)

2006년에 스칸디나비아 국가에서 가장 부유한 0.01퍼센트 개인들은 그들이 내야 할 전체 세금의 27퍼센트를 탈루했다.

출처: 알스타드세테르, 요하네센, 주크먼(2017). 데이터 시리즈와 주석은 wir2018.wid.world를 보라.

중을 보이는 나라로 꼽히는 곳이니, 다른 나라에서는 부유층의 탈세가 그보다 더 심할 수 있다.

최근 역외 탈세를 막으려는 몇 가지 정책이 기획되었다. 2008년 이전까지 조세천국은 외국 과세 당국과 어떤 정보도 공유하기를 거부했다. 2010년 미국 의회는 해외금융계좌납세협력법Foreign Account Tax Compliance Act을 제정했는데, 이 법은 경제적 제재를 받지 않으려면 미국 납세자가 보유한 계좌에 관한 정보를 매년 자동적으로 미국 국세청IRS에 제공하도록 외국 은행들을 강제한다. OECD 국가는 전 세계에 걸쳐 대부분의 조세천국에서 비슷한 약속을 받아냈다. 제재 압박이 충분히 강력하다면 확실히 조세천국의 협력을 받아낼 수 있다.

그러나 지금은 정보 제공 약속을 지키도록 하는 데 중요한 걸림돌이 있다. 무엇보다 여러 조세천국과 역외 금융기관들이 아예 협력을 하지 않거나 제대로 협력하지 않아도 충분히 강력한 제재가 가해지지 않기 때문에 정확한 정보를 제공할 유인이 없다. 둘째, 역외자산 중에는 복잡하게 얽혀 있는 서류상 회사shell company와 신탁, 재단이 보유하는 부분이 많다. 이처럼 실제 소유주와 분리된 자산은 더욱 늘어나고 있다. 따라서 실제로는 서류상 회사를 통해 보유하는 자산에서 수익을 얻는 주인이 있는데도 역외 금융기관들은 유럽이나 미국, 또는 아시아 고객들과 전혀 거래가 없다는 거짓 주장을 하기 쉽다.

게이브리얼 주크먼이 최근 연구에서 주장했듯이 글로벌 금융등록제는 이러한 불투명성을 돌파하는 강력한 수단이 될 것이다.[13] 금융등록제는 역외 금융기관들이 어떤 정보를 제공하든 상관없이 납세자들이 자산과 자본소득을 적절히 신고하는지를 과세 당국과 규제 기관이 점검할 수 있도록 해준다. 이는 또한 정부가 갈수록 복잡해지는 해외 사업을 하는 기업들에 대해 전 세계적으로 세금 부담을 공평하게 배분하도록 함으로써 기업 과세의 구멍을 메울 수 있게 해준다. 글로벌 금융등록은 글로벌 자본세global wealth tax 확립을 위한 정보 기반도 제공할 수 있다. 그러나 금융등록제를 확립한다고 해서 자산 소유권 정보가 일반 대중에 공개되는 것은 아니다. 그런 정보는 현재 소득세 자료를 비공개로 유지하는 것처럼 계속 비공개로 남겨둘 수 있다.

글로벌 금융등록제 확립은 중앙증권예탁기관으로 알려진 (대부분 민간에 있는) 금융기관이 이미 모아둔 정보를 기반으로 할 수 있다. 예탁기관은 기업과 정부가 발행한 주식과 채권의 최종적인 등록기관이다. 예탁기관은 각각의 최종 투자자가 분리되어 있는 형태의 계정을 관리할 수 있는데, 이는 한 자산을 한 개인과 연결시키므로 가장 투명한 모델이다. 예탁기관은 또한 서로 다른 투자자들이 보유한 자산을 금융중개기관 명의의 계정에 합쳐놓은 통합계정을 관리할 수도 있는데, 이는 최종 투자자를 확인하기 어렵다는 점에서 덜 투명한 모델이다(상자 5.3.1을 보라).

예탁기관을 글로벌 금융등록 시스템 구축에 이용할 때 한 가지 핵심적인 문제는 대부분의 선진국에서 통합계정이 주를 이룬다는 점이다. (예컨대 미국의 중앙예탁결제기관Depository Trust Company, DTC과 유럽의 클리어스트림Clearstream은 통합계정 방식으로 운영된다.) 그러나 정보기술 덕분에 선진국의 대규모 예탁기관은 이미 최종적인 자산 보유자를 확인할 수 있는 기술적 해법을 갖고 있다. 더욱이 노르웨이를 비롯한 일부 선진국이나 중국과 남아공 같은 큰 신흥국가에서는 자산 소유자를 궁극적으로 확인할 수 있는 방식으로서 예탁기관을 운영한다. 요컨대 글로벌 금융등록기관을 만들 때 넘을 수 없는 기술적 문제에 부딪히는 일은 없을 것이다(상자 5.3.1을 보라).

상자 5.3.1

글로벌 금융등록제는 가능한가?

이 내용은 델핀 누게이레데가 2017년 4월 컬럼비아대 로스쿨 블루스카이 워크숍에서 발표한 워킹 페이퍼 「글로벌 금융등록제로 갈 것인가? 선진국 중앙증권예탁기관의 계정 분리와 증권 소유의 투명성 문제Towards a Global Financial Register? Account Segregation in Central Securities Depositories and the Challenge of Transparent Securities Ownership in Advanced Economies」에서 발췌한 것이다.

글로벌 금융등록제 구축의 기반이 될 중앙증권예탁기관
현대의 금융시스템에서 기업이 발행한 주식과 채권은 종이로 된 증권이 아닌 전자계정의 입력으로 표시된다. 소유관계의 연결고리는 더 이상 직접적으로 나타나지 않는다. 다시 말해 증권 발행 기업과 투자자는 바로 연결되지 않고 여러 중개기관이 개입하는데, 이들은 흔히 다른 나라에 있다. 이 연결고리의 맨 위에 발행 기업이 있고 그다음에 바로 중앙증권 예탁기관이 있다. 예탁기관의 역할은 금융증권의 소유권을 기록하고 때로 증권거래의 결제 업무를 처리하는 것이다. 예탁기관의 고객은 증권이 발행된 나라의 국내외 금융기관 및 그 외 예탁기관들이다. 예탁기관 참여자들에 이어 몇 단계에 걸쳐 다른 금융중개기관이 나오며 이 연결고리의 맨 끝에서는 흔히 은행이 마지막 중개기관으로서 투자자들과 관계를 맺고 있다.

이 과정에 너무나 많은 중개기관이 관여하기 때문에 금융증권의 발행 기업은 최종 투자자와 바로 연결되지 않는다. 증권을 발행한 공개 기업은 더 이상 누가 주주이고 누가 채권자인지를 알지 못한다. 예탁기관은 금융중개 고리의 일부로서 이 관계를 이어줄 수도 있고, 모호하게 할 수도 있다. 이 시스템은 특별히 익명성을 갖도록 설계된 건 아니지만 국가 간 증권거래 규제의 복잡성으로 인해 시간이 지나면서 이런 식으로 발전했다. 이는 또한 너무나 기술적인 문제여서 대중의 여론에 영향을 받지 않고 이처럼 불투명한 시스템으로 발전했다.

선진국의 예탁기관은 대부분 불투명한 계정을 관리한다

예탁기관의 세계에는 크게 두 가지 유형의 계정이 있다. '분리계정segregated account'은 개별적인 최종 투자자의 이름으로 개설된 별개의 계정에 증권을 보유할 수 있게 해준다. 그 반대의 모형은 '통합계정omnibus account'(혹은 미국의 '증권업자명의등록street name registration')인데, 이는 여러 투자자가 소유하는 증권들을 한데 합쳐서 보통 금융중개기관의 이름으로 하나의 계정을 만들기 때문에, 최종 투자자의 신원을 모호하게 한다.

글로벌 금융등록에서 핵심적인 문제 중 하나는 선진국에서 불투명한

계정(즉, '통합계정')이 주를 이룬다는 점이다. 예를 들어 미국의 중앙예탁결제기관은 통합계정을 이용한다. 중앙예탁결제기관의 장부에서는 미국 주식과 채권의 궁극적인 소유자가 아닌 증권중개회사와 다른 금융중개기관들만 확인한다. '통합계정'은 또한 유럽 국가의 중앙증권예탁기관 —특히 유로클리어Euroclear와 클리어스트림—에서 주를 이룬다. 따라서 기존의 선진국 중앙증권예탁기관을 기반으로 글로벌 금융등록기관을 구축하기는 어렵다.

그러나 투명성을 높이는 일은 가능하다

그러나 선진국 중앙증권예탁기관이 더 높은 투명성을 확보하는 일을 상상해볼 수는 있다. 현재의 시스템은 금융업계가 익히 알고 있는 몇 가지 리스크를 발생시킨다. 2014년 룩셈부르크의 클리어스트림뱅킹Clearstream Banking은 미국의 제재 대상인 이란중앙은행을 위해 한 통합계정으로 28억 달러에 이르는 미국 증권을 보유했다는 혐의와 관련해 미국 재무부와 협상 후 1억5200만 달러의 합의금을 내는 데 동의했다. 그 후 증권업계는 최종 투자자에 관한 더욱 투명한 정보를 제공하기 위한 몇 가지 시행 가능한 대안을 논의했다. 그중에는 궁극적인 수익자의 신원 정보가 금융거래의 연결고리 전체를 순환하도록 통합계정 사용을 중단하는 방안, (결제산업에서 하는 것과 같은) 정보를 보호하는 새로운 표준을 도입하는 방안, 그리고 사후적인 추적 조회를 하는 방안이 포함되었다. 또한 분산원장distributed ledger 기술(블록체인)과 같은 새로운 기술도 투명성 제고를 촉진할 수 있다.

오늘날 투명한 시장의 기반은 이미 존재한다. 노르웨이에서 중앙증권예탁기관은 국내 기업의 모든 개인 주주 명단을 갖고 공식적인 기업등록기관 역할을 하며 과세 당국에 직접 보고한다. 중국증권등기결산유한책임공사China Securities Depository Clearing Corporation Limited('차이나클리어Chinaclear')는 중국 국내 투자자가 보유한 중국 기업 발행 주식을 완전히 투명하게 기록하는 시스템을 운영한다. 2015년 말 이 공사는 프랑스와 독일, 영국의 중앙증권예탁기관과 비슷한 약 8조 달러의 증권을 보관하면서 최종 투자자 9900만 명의 증권계정을 관리한다. 선진국의 (미국 중앙예탁결제기관이나 유로클리어와 같은) 몇몇 대규모 중앙증권예탁기관에는 이미 분리계정 기능이 존재하며, 이는 더 확장될 수 있다. 많은 이가 예탁기관의 분리계정 기능은 소액 투자자들이 더 큰 목소리를 낼 수 있도록 함으로써 기업지배구조 개선에 도움이 될 것이라고 믿는다. 이 모든 것은 선진국의 대형 중앙증권예탁기관이 투자자에 관한 투명성 제고를 이행하는 데 있어 더 많은 일을 할 수 있음을 시사한다.

제4장 불평등에 대한 하위 계층에서의 해법: 교육과 괜찮은 일자리에 대한 더 평등한 기회의 필요성

▶ 더 평등한 교육 기회와 괜찮은 보수의 일자리는 하위 절반 인구의 소득 증가율 정체와 둔화에 맞서는 데 있어 핵심적인 요소다. 최근 연구는 공적인 담론에서 표현되는 평등한 교육 기회에 대한 믿음과 교육에 대한 불평등한 접근이 이뤄지는 현실 사이에 엄청난 괴리가 나타날 수 있음을 보여준다.

▶ 예를 들어 미국에서는 부모가 하위 10퍼센트 소득 계층에 속하는 어린이 100명 중 30명만이 대학에 간다. 부모가 상위 10퍼센트 소득자일 때 이 인원은 90명에 이른다.

▶ 긍정적인 면을 보여주는 연구 결과는 미국의 명문 대학들이 그들의 성과를 떨어트리지 않고도 가난한 배경의 학생들에게 문호를 확대할 수 있다는 것이다.

▶ 선진국이나 신흥국에서 더 평등한 교육 기회를 제공하기 위해서는—학자금 지원과 입학 허가 시스템을 바꾸는 것과 함께—투명하고 검증 가능한 목표를 설정할 필요가 있을 것이다.

최근 몇십 년 동안 불평등이 소득과 자산 분포의 상위 계층에서 증가했다는 사실은 이제 잘 알려져 있다. 그러나 이 보고서는 또한 분배 구조의 하위 90퍼센트, 특히 하위 50퍼센트의 성장 정체와 둔화를 조명한다. 제2부 제4장에서 보여주었듯이 미국의 상황은 유독 극단적이었다. 그보다는 덜하지만 빠르게 성장하는 신흥국뿐 아니라 유럽 국가에서도 하위 소득 집단은 소득 증가율 면에서 뒤처졌다. 누진적인 소득세와 자산세만으로는 이러한 동태적 변화에 대응하기에 불충분하다. 교육에 대한 더 평등한 접근과 괜찮은 보수의 일자리가 핵심이다. 여기서는 교육 불평등과 소득 불평등 사이의 상호작용에 관한 최근의 연구 결과를 살펴본다.

새로운 연구는 교육 불평등의 결정 요인들이 무엇인지, 그리고 그 요인들이 소득 불평등과 어떤 상호작용을 하는지를 더 잘 이해할 수 있게 해준다

소득과 임금 불평등 가운데 공정한 능력주의의 결과로 볼 수 있는 부분은 어디까지인가? 가족의 자원이 어떻게 자녀의 기회를 결정하는가? 이 문제를 분석하는 데 이용할 수 있는 공표된 데이터는 전 세계 대부분의 국가에서 여전히 드물다. 그러나 이 물음에 답하는 데 기여한 최근 연구가 있다. 특히 라지 체티와 너새니얼 헨드렌, 패트릭 클라인, 이매뉴얼 사에즈, 니컬러스 터너는 미국의 행정 데이터를 이용해 세대 간 이동성에 관한 놀라운 연구 결과를 제시할 수 있었다.[14]

세대 간 이동성은 쉽게 말해 자녀의 경제적 성과와 그 부모의 경제적 형편 간의 연관성을 말한다. 추정 결과는 미국의 세대 간 이동성이 다른 나라에 비해 낮은 수준임을 보여준다. 미국에서는 가장 가난한 20퍼센트 가구에서 태어난 어린이 중 어른이 돼서 소득 상위 20퍼센트에 진입하는

제5부 경제적 불평등과 싸우기

이가 100명 중 8명도 안 된다. 그에 비해 덴마크에서는 12명, 캐나다에서는 13명 이상이 소득 상위 20퍼센트에 진입한다. 미국의 교육 불평등을 극명하게 보여주는 또 한 가지는 소득 집단별 대학 진학 비율이다. 소득 하위 10퍼센트 계층의 자녀 100명 중 대학에 들어가는 인원은 단 30명이다. 부모가 상위 10퍼센트에 속할 때 이 인원은 90명에 이른다.

도표 5.4.1에 제시된 이 조사 결과는 평등한 기회와 능력주의를 이야기하는 공식적인 담론과 교육에 대한 접근이 불평등한 현실 사이에 때로 엄청난 괴리가 있음을 보여준다. 이는 또한 교육에 대한 평등한 접근을 위해서는—학자금 지원, 입학 허가 시스템의 개편과 더불어—투명하고 검증 가능한 목표를 설정할 필요가 있음을 시사한다.

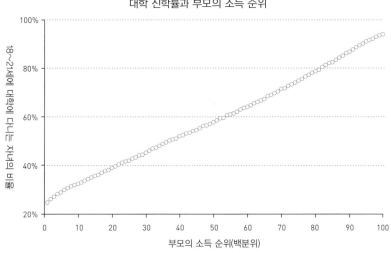

도표 5.4.1 미국에서 1980~1982년에 태어난 이들의
대학 진학률과 부모의 소득 순위

부모가 소득 하위 10퍼센트에 속하는 가구의 18~21세 자녀 중 30퍼센트가 대학에 다닌다. 부모가 소득 상위 10퍼센트에 드는 가구에서는 18~21세 자녀 중 거의 90퍼센트가 대학에 다닌다.
출처: 체티, 헨드렌, 클라인, 사에즈(2014). 데이터 시리즈와 주석은 wir2018.wid.world를 보라.

미국에서는 높은 수준의 지역 간 불평등이 교육 불평등과 상호작용을 한
다. 가장 높은 이동성을 보이는 지역에서는 소득 하위 20퍼센트 가구에
서 태어난 아이가 어른이 되었을 때 상위 20퍼센트 계층에 들어갈 확률
이 10~20퍼센트에 이른다(다시 말해 캐나다나 덴마크처럼 이동성이 높은
나라들과 같은 수준이다). 이동성이 높은 지역의 예로는 샌프란시스코베
이와 유타주 솔트레이크시티를 들 수 있다. 세대 간 이동성이 낮은 지역에
서는 소득 하위 20퍼센트 가구에서 태어난 아이가 어른이 되어 상위 20퍼
센트 계층에 진입할 확률이 4~5퍼센트에 그친다. 우리가 데이터를 갖고
있는 선진국 가운데 그처럼 낮은 세대 간 이동성을 보이는 나라는 한 곳
도 없다. 미국의 (애틀랜타 같은) 남부 도시나 (인디애나폴리스, 신시내티
같은) 쇠퇴한 공업지대rust belt는 전형적으로 이처럼 낮은 이동성을 보인다.

　이동성 면에서 이러한 지역적인 차이를 가장 잘 설명하는 요인은 무엇
일까? 자세히 뜯어보면 인종 간 분리가 중요한 역할을 하는 것으로 나타
난다. 일반적으로 아프리카계 미국인이 많은 지역에서는 세대 간 이동성이
더 낮다. 그러나 아프리카계 미국인 인구가 많은 지역에서는 흑인과 백인
모두 소득 상위 계층으로 이동하는 비율이 낮은데, 이는 인종 이외에 역
사와 제도 같은 사회적·환경적 요인도 작용한다는 점을 알려준다. 지리적
인 분리와 사회적인 분리는 또한 상향 이동성에 부정적인 영향을 미친다.
특히 통근 시간이 길수록 사회적 사다리를 올라갈 기회는 감소하며, 가장
가난한 개인들이 공간적으로 분리되는 것은 이동성에 대단히 부정적인 영
향을 미친다. 이는 저소득 가구의 고립과 통근의 어려움이 사회적 이동성
을 떨어뜨리는 요인이라는 것을 시사한다.

　지역 간 소득 불평등과 학교의 질적 수준, 사회적 자본social capital, 가

족 형태 역시 중요한 요소다. 하위 99퍼센트 개인들 간의 심한 소득 불평등은 사회적 이동성을 떨어트린다.[15] 한편 중산층이 두터울수록 상향 이동성은 높아진다.[16] 공립학교의 학생 1인당 지출이 많을수록, 그리고 학급 규모가 작을수록 사회적 이동성은 크게 상승한다. 사회적 자본(예를 들어 공동체 조직에 대한 높은 참여)도 사회적 이동을 촉진한다.[17] 마지막으로, 가족 형태도 핵심적인 결정 요인이다. 편부모 가정에 사는 아이들의 비율, 이혼한 부모의 비율, 혹은 결혼하지 않은 성인의 비율이 높은 지역에서는 상향 이동성이 매우 낮다.

주목할 만한 점은 이러한 요인들을 종합해보면 사회적 이동성의 패턴을 매우 효과적으로 설명할 수 있다는 것이다. 다섯 가지 요인—통근 시간, 하위 99퍼센트 개인 간의 소득 불평등, 고등학교 중퇴자 비율, 사회적 자본, 편부모 가정 어린이 비율—을 합치면 미국 전 지역에 걸친 상향 이동성의 불평등에서 76퍼센트를 설명할 수 있다. 미국에서 지역에 따라 사회적 이동성에 엄청난 격차가 있고 그 격차를 통근 지역 내 일련의 사회적 요인들로 매우 잘 설명할 수 있다는 사실은 세대 간 이동성이 대체로 지역적인 문제임을 보여준다.

미국에서 질 좋은 고등교육을 받을 기회는 특히 불평등하다

앞서 살펴본 학교의 질적 수준과 사회적 상향 이동성 간의 연관성은 교육 정책과 학교 조직, 그리고 교육 기회에 관한 규칙들이 자녀 세대의 상향 이동성을 높이는 데 핵심적인 역할을 할 수 있음을 시사한다. 최근 라지 체티와 존 프리드먼, 이매뉴얼 사에즈, 니컬러스 터너, 대니 야간은 1999년부터 2013년까지 15년 동안 미국 대학에서 나타난 사회적 이동성의 특징을 보여주었다.[18] 이들은 고등교육 기회의 불평등이 어느 정도인지를 보여주었을 뿐만 아니라 그 개선의 여지가 얼마나 큰지도 알려주었다. 모든 대학이 사회적 이동성 면에서 상위 10퍼센트 대학만큼 효율적인 기관이 될 수 있다면, 미국의 이동성은 완벽한 수준에 이르러 아이들의 경제적 성과는 부모의 성과와 무관해질 것이다.

특정 대학 차원에서 세대 간 이동성은 두 가지 요소를 합친 개념으로 정의할 수 있을 것이다. 접근율access rate과 성공률success rate이 그것이다. 접근율은 대학의 문호가 저소득 계층의 학생에게 얼마나 열려 있는지를 가늠하는 지표로, 전체 학생 중 가장 가난한 20퍼센트 가구 출신 학생의 비율로 측정할 수 있다. 성공률은 가난한 집안의 학생이 일생 동안 더 높은 소득 계층에 이르도록 대학이 얼마나 잘 도와줄 수 있는지를 가늠하는 지표다. 이는 예를 들어 소득 하위 20퍼센트 가구 출신의 학생 가운데 훗날 상위 20퍼센트에 들어간 이들의 비율로 측정할 수 있다. 이 둘을 합친 이동률mobility rate은 특정 대학의 전체 학생 중 가장 가난한 20퍼센트 계층 출신으로서 훗날 소득 상위 20퍼센트 집단에 들어간 이들의 비율로 정의할 수 있다. 이론적으로 완벽한 이동성을 가진 사회의 이동률은 4퍼센트일 것이다.[19] 현재 미국 대학 전체의 이동률이 1.7퍼센트에 불과하다는 사실은 저소득층 자녀들에게 공평한 교육 기회를 제공하기 위한 제도 개선의 여지가 크다는 것을 보여준다.

그럼에도 불구하고 같은 대학에 다니는 학생들의 가구소득 격차는 그들의 미래 소득 수준에 대한 예측력이 약하다는 점에 유의해야 한다. 우리는 국가 전체적으로 볼 때 부모의 소득이 자녀의 미래 소득에 대한 강력한 결정 요인이라는 것을 알고 있다. 그러나 특정 대학 하나만 놓고 보면 부모의 소득과 학생의 미래 소득 사이의 상관관계는 5분의 1로 줄어든다. 미국 전체로 보면 장래 소득 분포에서 상위 20퍼센트 소득 집단의 자녀들은 하위

20퍼센트 집단의 자녀들보다 30분위 더 높은 위치를 차지한다. 그러나 특정 명문대에 다니는 학생들 사이에서는 그 차이가 평균 7분위 정도로 줄어든다.

미국에서 사회적 이동성에 대한 기여도는 대학별로 큰 차이를 보인다

미국에서 명문대에 들어갈 수 있는 기회는 여전히 매우 불평등하다. 1980~1982년에 태어나 하버드대학에 다니는 학생 중 약 3퍼센트가 가장 가난한 20퍼센트 가정 출신이고, 70퍼센트는 상위 10퍼센트 가정 출신이다. 아이비급 대학(미국에서 가장 까다롭게 학생을 선발하는 대학) 학생 중에는 일반적으로 소득 하위 절반 가정 출신(13.5퍼센트)보다 가장 부유한 1퍼센트 가정 출신(14.5퍼센트)이 더 많다.

이러한 숫자는 공립대학과 극명한 대조를 이룬다. 예를 들어 로스앤젤레스의 글렌데일커뮤니티칼리지 학생 중 32퍼센트가 하위 20퍼센트 가정 출신이고 14퍼센트만이 상위 20퍼센트 가정에서 왔다. 흥미로운 것은 접근율이 높은 대학이 성공률도 높으며(학생을 매우 까다롭게 선별하는 대학과 비슷한 성과를 낸다), 따라서 이동률도 높다는 점이다. 많은 저소득층 학생이 소득 상위 계층에 이르도록 도와주는 대학들은 보통 저소득층 학생을 많이 받아들이는 공립대학들이다.

그러한 교육기관들이 있다는 사실은 명문 대학들이 성과를 떨어트리지 않고도 가난한 집안의 학생들에 대해 문호를 넓힐 수 있음을 시사한다는 점에서 특히 의미가 있다.

사회적 이동성은 대학별로 차이가 있지만 전반적으로 진전이 거의 없었다

지난 10년 동안 미국 대학의 접근율과 성공률은 어떻게 달라졌을까? 우리의 데이터는 2000년부터 2011년까지 그 변화를 추적할 수 있게 해준다. 이 기간에 저소득층 대학생 비율은 10.6퍼센트에서 12.8퍼센트로 증가했으며, 이들은 주로 영리를 목적으로 하는 교육기관과 2년제 대학에서 크게 늘었다. 가장 선별적인 대학 중에서는 아이비급 대학 대부분이 불리한 배경의 학생을 더 많이 받아들이기 위해 등록금 감면을 비롯한 여러 정책을 시행했지만 접근율은 0.65퍼센트포인트 증가하는 데 그쳤다. 이러한 정책들이 비효율적이었다는 뜻은 아니다. 미국에서 불평등이 심화되는 상황을 고려할 때 그러한 정책들마저 없었더라면 이동성은 더 악화되었을 수 있다. 객관적으로 확인할 수 있는 것은 이러한 요인들의 증감 효과를 종합적으로 고려할 때 명문 대학에 대한 접근성이 대체로 나아지지 않았다는 사실이다.

이와 같은 이동률의 차이는 가난한 학생들이 성과가 높은 학교에 갈 수 있도록 접근성을 개선하면 상향 이동성에 대한 교육의 기여도를 크게 높일 수 있음을 보여준다. 특정 대학 내에서 저소득 가정 출신의 학생들이 다른 동료들과 비슷한 성공률을 보인다는 점을 고려할 때, 그들에게 좋은 대학에 들어갈 수 있도록 문을 열어주는 것이 인재를 잘못 배치하는 것이라고는 볼 수 없다. 지금까지 대학에 대한 접근성을 확대하려는 노력은 주로 명문대에 초점을 맞추었다. 입학 허가 기준을 바꾸는 일은 접근성을 높이는 데 있어 중요한 진전이 될 것이다. 이동률이 높은 대학에 대한 접근성을 높이고 자금 지원을 늘리는 일도 긴요하다. 이런 대학은 매우 좋은 성과를 내고, 많은 저소득층 학생을 받아들이며, 명문대에 비해 상대적으로 낮은 비용으로 운영된다.

최근 몇십 년 동안 유럽 국가의 소득 불평등과 자산 불평등 증가는 미국보다 덜 심했다(제2~4부를 보라). 그러나 이것이 유럽에서 교육 불평등이 별로 중요하지 않다는 뜻은 분명 아니다. 특히 프랑스는 2015년 국제학업성취도평가PISA에서 분명히 드러났듯이 OECD 국가 중 교육 불평등이 가장 심한 나라 가운데 하나다. PISA의 조사는 교육 불평등 면에서 프랑스의 전반적인 성과에 관한 정보를 제공하지만, 저소득층 집안과 고소득층 집안 학생의 성과에서 나타난 큰 격차를 설명하는 지역적 특성에 관해서는 여전히 알려진 것이 별로 없다. 개브리엘 팩과 쥘리앵 그레네, 아스마 벤헨다의 연구는 이와 관련해 중요한 기여를 했다. 파리 지역 중학교와 고등학교에 관한 새로운 데이터를 바탕으로 한 이 연구는 특히 극단적인 교육 불평등의 사례를 보여준다. 이 연구는 또한 공공 정책이 이런 문제들을 어떻게 다룰 수 있는지를 보여준다는 점에서도 고무적이다.[20]

이들의 연구가 보여주듯이 2015년 파리 지역 115개 공립중학교와 60개 사립중학교에서 8만5000명이 넘는 학생을 받아들였는데, 그중 사회적·직업적으로 상위 집단에 속하는 집안 출신이 다수(49퍼센트)였고 불리한 배경을 가진 학생은 소수(16퍼센트)였다. 전반적으로 이 지역 중학교들은 극단적인 계층 분리 양상을 보이는데, 학교에 따라 사회적·직업적으로 하위 집단에 속하는 가정에서 온 학생의 비중이 0.3퍼센트에서 63퍼센트까지 매우 넓은 범위에 걸쳐 있다. 사립학교는 부유한 집안 학생들을 집중적으로 받아들임으로써 사회적 분리에 핵심적인 역할을 한다. 대부분의 파리 지역의 사립학교에서 저소득 집단 출신 학생의 비율은 10퍼센트에도 못 미치며, 사회적 다양성이 가장 높은 학교에서조차 그 비율은 25퍼센트에 그친다. 그러므로 사립학교는 불리한 배경의 학생들을 밀어내는 데 성공하며, 프랑스 교육 시스템의 양극화를 직접적으로 부추긴 것으로 보인다.

사회적 분리는 공간적 분리와 밀접한 관련이 있다

이러한 양극화는 지역적 분리로 인해 더 심해진다. 파리에는 소득 계층별로 뚜렷이 구분되는 지역들이 있다. 연간 중위소득이 3만 유로에 못 미치는 북부와 동북부, 동부, 남부, 그리고 중위소득이 통상 4만 유로를 넘는 중심부와 서부로 나뉘어 있는 것이다. 파리에서 중학교 입학은 도시 내 거주지의 위치에 따라 결정된다. 프랑스 시스템은 '학교 지도carte scolaire'에 따라 제한된 지역에 학생들을 배정하는데, 이는 특정 주소에 사는 학생은 원칙적으로 단 하나의 공립중학교에 입학할 수 있다는 것을 의미한다. 그러므로 가난한 집안 학생과 부유한 집안 학생의 학교 배정은 역시나 그 부모들의 소득 분포를 꼭 닮았다. 파리에서 비교적 서민적인 지역에 위치한 일부 중학교는 저소득 가정에서 온 학생 비율이 50퍼센트를 넘지만, 부유층이 사는 지역에서는 대부분의 학교에서 그 비율이 10퍼센트를 밑돈다.

그러나 공간적인 분리는 이처럼 넓게 구분된 지역에 그치지 않고 파리의 각 구(아롱디스망arrondissement) 내의 매우 좁은 지역에서도 볼 수 있다. 예를 들어 18구에서 서로 몇백 미터밖에 떨어져 있지 않은 고등학교들을 보면 가난한 배경의 학생 비중이 학교에 따라 9퍼센트부터 58퍼센트까지 다양하다. 이러한 사회적 분리는 또한 사립학교에 의해 심해지는데, 부유한 가정에는 공립중학교를 피할 대안이 있기 때문이다.

교육 측면에서 사회적 분리의 실태가 어떻게 달라졌는지를 추적하는 것은 프랑스에서 저소득 집단 학생과 고소득 집단 학생 간에 그토록 극심한 격차가 나타나는 이유를 이해하는 데 있어 기본이다. 그리고 이와 관련한 기존 정책을 평가하는 일은 지극히 중요하다. 중학교의 경우 2002년 이후 (각기 다른 행정 단위에 속하는 이웃 도시인) 베르사유나 크레테유보다 파리에서 계층 간 분리가 훨씬 더 심했으며, 이 세 도시의 분리 수준은 비교적 변함없이 유지되고 있다.

그러나 고등학교 계층 분리의 변화에서 발견한 새로운 증거는 아주 다른 그림을 보여준다. 2007~2008년에 파리는 새로운 고등학교 학생 배정 시스템을 시행했다. 지리적인 근접성이 결정적인 기준으로 남아 있는 이웃 베르사유나 크레테유와 달리 파리는 사회적인 통합을 촉진하기 위해 예전보다 더 넓은 지역에 걸쳐 학생들의 성적을 바탕으로 학교를 배정하기로 결정했다. 불리한 배경의 가정에서 온 학생들은 보너스 포인트를 얻어 고등학교 선택에 있어 더 많은 유연성을 갖게 됐다.

파리 공립고등학교의 사회적 분리는 2002년부터 2012년까지 3분의 1이 감소했으며(도표 5.4.2를 보라), 따라서 2010년 이후 파리의 분리도는 베르사유나 크레테유보다 더 낮은 수준에 이르렀다. 학생들의 성적을 바탕으로 고등학교를 배정하는 새로운 시스템에 대한 분석은 그것이 사회적 분리도를 낮추는 데 중요한 역할을 했음을 보여준다. 2005년부터 2012년까지 사회적 기준에 따른 지원을 받아 파리에서 상위 25퍼센트에 드는 고등학교에서 공부하는 학생 비중은 12퍼센트에서 21퍼센트로 거의 2배가 되었다. 그러나 이런 배정 절차를 시행하지 않은 파리의 중학교와 이웃 도시 고등학교에서는 그 비중이 그대로 유지되었다.

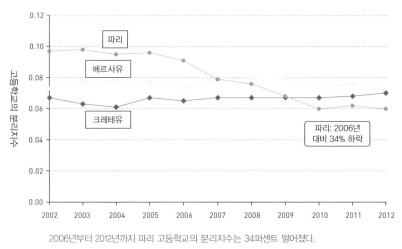

도표 5.4.2 프랑스의 학교 배정 정책이 사회적 분리에 미치는 영향(2002~2012)

2006년부터 2012년까지 파리 고등학교의 분리지수는 34퍼센트 떨어졌다.

출처: 팩, 그레네, 벤헨다(2014). 데이터 시리즈와 주석은 wir2018.wid.world를 보라.

    이러한 변화는 사회적 분리를 완화하는 것이 가능함을 보여준다. 그러므로 새로운 학교 배정 시스템을 평가하고 설계하는 것은 모든 학생에게 사회경제적 배경과 상관없이 평등한 기회를 주는 데 결정적으로 중요하다. 이에 대해 시민은 믿을 만한 정보를 바탕으로 투명하고 민주적인 토론에 참여할 수 있다. 실제로 이는 선진국에만 국한되는 문제가 아니다. 인도와 같은 신흥국들 역시 광범위한 교육 불평등에 직면해 있다. 일부 국가는 오래전부터 쿼터를 바탕으로 한 다양한 할당제reservation system를 확립했다. 이러한 제도들은 복잡하며, 완벽함과는 거리가 멀다. 하지만 그 장점과 한계에 대한 연구는 다른 나라들이 진전을 이루는 데 도움이 될 수 있다(**상자 5.4.1**을 보라).

    실제로 할당제만으로 교육에의 평등한 접근을 보장할 수는 없다. 공립학교와 대학이 훌륭한 교원들을 고용할 자원을 충분히 갖지 못하면 가장 평등한 배정 시스템이라도 수준 높은 교육을 대중화하는 데 별다른 효과를 내지 못할 것이다. 오늘날에는 선진국이든 신흥국이든 다 같이 평등한 교육을 위해 대규모 공공투자를 해야 한다. 더욱이 하위 계층의 불평등에 대응하는 데 있어서는 교육 정책만으로는 불충분하며 공정한 임금을 지지하는 정책 역시 반드시 필요하다(**상자 5.4.2**를 보라).

인도의 대입 할당 정책

인도는 극단적인 사회적 불평등에 대응하기 위해 가장 낮은 카스트 출신 학생들에게 (공공부문 고용뿐만 아니라) 대학 입학에서도 특별 혜택을 주는 방대한 시스템을 개발했다. (이 카스트는 극심한 차별을 받던 옛 불가촉천민으로, 전체 인구의 거의 30퍼센트를 이루는 '지정 카스트/지정 부족Scheduled Castes/Scheduled Tribes, SC/ST'을 말한다.) 전국적으로 시행되는 이러한 프로그램은 1950년대에 시작되었다. 그러나 사회적·문화적 분리에 바탕을 둔 할당 정책을 시행하려면 복잡한 측정의 문제와 정치적 저항에 부딪힌다. 이 시스템의 정당한 수혜자를 확인할 올바른 방법은 무엇인가? 인구와 문화, 경제적 변화를 고려하는 동태적인 할당 시스템은 어떻게 설계할 수 있는가?

인도의 이른바 '할당 정책reservation policy'은 계급 구조상 가장 불리한 집단과 가장 높은 집단 사이에 낀 중간 카스트 출신 학생들 사이에서 점점 더 많은 불만을 불러일으켰다. ('기타후진계층Other Backward Classes, OBC'으로 불리는 이 집단은 전체 인구의 약 40퍼센트에 이른다.) 1980년대 이후 인도의 몇몇 주는 기회 균형 선발 정책의 대상을 (당초 시스템에서 배제되었던 무슬림을 포함해) 이들 새 집단으로까지 확대했다. 하지만 카스트 사이의 오래된 경계에는 구멍이 많고 그 경계가 소득 및 자산 계

층 구분과 늘 일치하는 것은 아니어서, 이러한 할당 방식을 둘러싼 갈등
은 더 심해지기만 했다. 실제로 카스트와 계층 구분은 전혀 일치하지 않
았다. 결국 연방정부는 2011년에 (1931년 이후 처음 실시되는) 카스트에
대한 사회경제 조사를 실시함으로써 이처럼 복잡한 관계를 확실하게 정
리하고자 했다. 하지만 이 조사의 결과는 신뢰할 수 없다는 비판을 받았
고, 중앙정부도 일련의 측정 오류가 있었다는 점에 동의했다.

이 사례는 인구와 경제, 문화의 변화를 추적하기 위한 탄탄하고 합리
적인 데이터 생산 체제의 중요성을 일깨워준다. 인도가 할당 정책에 관해
제기되는 비판을 피해가려면 여러 학교와 고등교육기관의 입학 허가제
전반에 걸쳐 이러한 기회 균형 선발 정책을 부모의 소득이나 주거지와
같은 보편적인 사회적 기준을 바탕으로 한 규칙들로 점차 바꿔가는 것이
하나의 대안이 될 수 있다.

더 크게 보면 인도와 같은 나라는 한마디로 과거의 사회와 지난날의 차
별에서 유래한 신분상의 불평등이 특히 극심하고 언제라도 폭력 사태를
부를 위험이 있는 상황에서 법치국가가 이용할 수 있는 수단을 통해 실질
적인 평등을 추구하려 애쓰고 있다고 볼 수 있다. 한편 앞서 살펴본 것처
럼 선진국들이라고 해서 흔히 생각하듯 이런 문제에서 벗어나 있는 것은
아니다. 실제로 부자 나라와 가난한 나라는 다 같이 세계에서 가장 오래
된 국가 차원의 저소득층 보호 프로그램affirmative action program 중 하나인
인도의 할당제를 보고 그 시행착오로부터 많은 것을 배울 수 있다.

최저임금, 공정임금, 그리고 기업지배구조

사회적 이동성과 기회의 평등을 촉진하는 교육 정책은 확실히 소득 불평

등을 줄이고 보수가 좋은 일자리에 대한 접근성을 확대하는 데 필수다. 그러나 모두가 괜찮은 소득을 올릴 수 있도록 하기에 이런 정책의 효과 는 제한적이다. 노동자들의 임금을 늘리는 데 유용한 정책 수단에는 최 저임금과 더 민주적인 기업지배구조를 위한 정책도 포함된다.

이와 관련해, 여러 나라에서 그동안 임금 불평등과 고용 불안이 커졌으 며 이 요인들은 여전히 결정적으로 중요하다는 점에 주목할 필요가 있다. 국제노동기구ILO에 따르면 전체 소득 중 노동소득의 비중은 지난 5년 동 안 장기적인 감소세가 지속되었으며, 노동자의 80퍼센트가 여전히 그들이 일하는 회사의 평균 임금보다 더 낮은 급여를 받고 있다. 노동자의 숙련 과 관련된 특성으로 이런 사실을 설명하려는 시도는 완전히 실패했다. 어 떤 나라의 평균 소득 증가율이 높든 낮든 간에 그 소득에서 개인이 차지 하는 몫이 계속 줄어들기만 한다면, 교육 면에서 기회의 평등을 추구하 는 정책만으로는 그들의 요구를 충족시킬 수 없을 것이다.

최저임금과 노동시장 규제는 소득 불평등에 대응하는 데 있어 결정적 으로 중요할 수 있다. 도표 5.4.3은 규제 정책이 소득 격차와 얼마나 밀접 하게 관련되어 있는지를 보여준다. 프랑스에서는 1970년대 초부터 실질 최저임금이 꾸준히 증가했지만, 미국에서는 실제로 오늘날보다 1980년에 실질 최저임금이 더 높았다. 제2부 제4장과 제5장에서 보았듯이 이러한 패턴은 두 나라 소득 불평등의 동태적 변화과정상 특히 하위 계층에서 나타나는 격차를 반영한다. 오늘날 프랑스에서 최저임금 노동자는 시간 당 10유로 가까이를 버는데, 이는 미국 노동자들에 비해 거의 50퍼센트 많은 수준이다. 국가 전체적으로는 미국의 성인 1인당 평균 소득이 프랑 스보다 50퍼센트 많은데도 그렇다. 그러므로 최저임금은 임금 격차를 줄 이는 데 도움을 주며, 특히 선진국에서나 개발도상국에서나 저임금 노동 자들 중 여성이 훨씬 더 많다는 점을 고려할 때 남녀 간 소득 격차를 줄 이는 데도 최저임금이 유용하다.

임금 불평등을 줄이고 일자리의 전반적인 질을 높이려면 확실히 이해

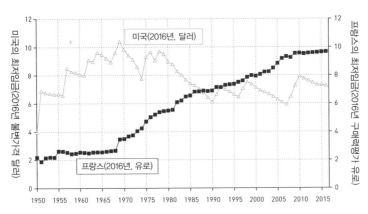

도표 5.4.3 프랑스와 미국의 최저임금(1950~2016)

2000년부터 2016년까지 프랑스에서 시간당 최저임금은 7.9유로에서 9.7유로로 인상된 데 비해 미국에서는 7.13달러에서 7.25달러로 인상됐다. 소득 추정치는 프랑스의 경우 구매력평가 유로로, 미국의 경우 달러로 계산했다. 구매력평가 기준으로 1유로는 1.3달러, 4.4엔이다. 구매력평가는 각 국 간 생활물가 차이를 고려한다. 금액은 인플레이션을 뺀 것이다.

출처: 피케티(2014)와 최신 자료. 데이터 시리즈와 주석은 wir2018.wid.world를 보라.

관계사들의 권력관계를 결정하고 조직하는 방식에서 심층적인 변화를 추구할 필요가 있다. 일부 노르딕 국가와 독일어권 국가에서는 '공동 결정 codetermination'을 장려함으로써 이미 그런 방향으로의 변화를 이뤄가고 있다. 예를 들어 독일의 주요 기업 집행이사회에서는 종업원 대표가 절반의 의석을 갖는데, 이는 회사가 전략적 선택을 하거나 경영자 또는 노동자의 급여를 결정할 때 노동자의 이해를 더 잘 고려하도록 보장한다. 이러한 사례는 교육 정책이 대단히 중요하지만, 그것만으로는 일부 국가에서 나타나는 극단적인 불평등에 대응하기에 불충분하다는 점을 시사한다.

제5장 과거의 경험에서 얻는 교훈: 정부는 미래에 투자해야 한다

▶ 국가 전체 자산 중 공공부문 자산 비중은 이 보고서에서 분석한 대부분의 나라에서 줄었다. 여러 선진국에서 그 비중은 이제 (프랑스와 독일, 일본에서처럼) 0에 가깝거나 (미국과 영국에서처럼) 심지어 마이너스다.

▶ 현재 정부가 교육과 보건, 그리고 환경보호 관련 투자에 필요한 자원을 보유하지 않은 상황에서 이토록 적은 공공자산으로는 기존의 불평등과 미래의 불평등에 대응하기가 대단히 어렵다.

▶ 공공자산을 매각하거나 긴축 기간을 연장하더라도, 혹은 둘을 동시에 추진하더라도 그것만으로는 공공부채를 가까스로 상환할 수 있을 뿐이다. 공공부채를 다 갚지 못할 수도 있다. 더욱이 이런 정책으로 인해 정부는 시민에게 기회의 평등을 제고할 수단이 없어질 것이다.

▶ 역사적으로 보면 대규모 공공부채 감축을 이루는 데는 세 갈래의 다른 길이—그리고 보통 그 셋을 조합하는 길이—있었다. 민간자본에 대한 누진과세와 부채 경감, 인플레이션이 그것이다. 인플레이션 발생과 정도를 통제하는 데 잠재적인 어려움이 있음을 고려하면 앞의 두 정책을 조합하는 방안이 더 적절해 보인다.

▶ 그러나 공공부채를 줄이기란 결코 쉽지 않다. 역사적으로 몇 가지 대안이 실제로 채택되었지만, 각국에 대해 가장 좋은 대안을 찾아내는 것은 어려운 일이다. 이는 공개적으로 진지하게 토론해야 할 문제이며, 탄탄한 경제적, 사회적, 역사적 데이터와 분석에 바탕을 둔 토론이 이뤄져야 한다.

전체 자산 중 공공자산의 비중은 이 보고서에서 분석한 모든 나라에서 감소했다(제3부를 보라). 러시아와 중국에서 공공자산 비중이 감소한 것은 두 나라가 공산주의 체제에서 벗어난 데 따른 필연적인 결과다. 그러나 두 나라 모두 선진국에 비해 상대적으로 높은 수준의 공공자본을 유지할 수 있었다. 현재 선진국의 상황은 역사적인 관점에서 보면 매우 이례적인 현상이다.

전후 경제 호황기에 유럽 국가의 공공자산은 상당한 수준이었다(전후 국유화의 결과로 매우 큰 규모의 공공부문을 유지한 덕분에 공공자산 총액은 국민소득의 약 100~130퍼센트에 달했다). 공공자산 총액은 (일반적으로 국민소득의 30퍼센트 미만인) 공공부채를 크게 웃돌았다. 전체적으로—부채를 뺀—공공자본은 대체로 플러스였으며, 국민소득의 70~100퍼센트 범위 안에 있었다. 그 결과 1950년부터 1980년까지 공공순자산은 전체 국민자산에서 큰 비중을 차지해 보통 약 15~25퍼센트에 이르거나 그 이상이었다.

지난 30년 동안 대부분의 경제 선진국에서 공공부채는 국민소득의 100퍼센트에 육박했고, 그 결과 공공순자본은 거의 0이 되었다. 이탈리아의 경우 2008년 글로벌 금융위기 직전에 이미 마이너스였다. 제4부에서 제시한 것처럼 이용할 수 있는 최신 데이터는 미국과 일본, 영국에서 공공순자본이 마이너스가 되었음을 보여준다. 프랑스와 독일에서는 공공순자본이 소폭의 플러스에 그친다.

이런 상황은 선진국이 가난해졌다는 것을 의미하지는 않는다. 가난해진 것은 그들의 정부다. 제4부에서 논의한 것처럼—부채를 뺀—민간자산은 1970년대 이후 극적으로 증가했다. 당시 민간자산은 국민소득의 300퍼센트였다. 오늘날 민간자산은 대부분의 선진국에서 국민소득의 600퍼센트 혹은 그 이상에 이른다. 이처럼 민간자산이 크게 늘어난 데는 여러 원인이 있다. 부동산 가격 상승(이는 거대 메트로폴리탄 지역의 집적효과에 따른 것이다), 인구 증가율 하락과 노령화(이는 현재 소득에 비해 과거에 축적한 저축이 자동적으로 늘어나도록 하고 자산 가격을 부풀리는 데 기여한다), 공공자산의 민영화와 공공부채(이는 민간 소유자들이 은행을 통해 이런저런 형태로 보유한다) 증가가 그것이다. 대규모 금융자산(세계 경제 규모에 비해 구조적으로 더 빠르게 증가한다)의 수익률이 매우 높고 전 세계적으로 민간자산(부동산과 지식재산을 모두 포함한다) 소유자에게 매우 유리한 법률 체계가 발전한 것도 민간자산 증가에 기여했다.

중국과 러시아 같은 옛 공산주의 국가가 체제 전환을 한 이후 민간자본과 공공자본의 균형에 큰 변화가 나타났음에도 불구하고 상대적으로 높은 수준의 공공자산을 유지하는 데 성공했다는 사실을 보면 흥미롭다. 중국에서는 공공자산이 국민소득의 200퍼센트를 웃돌고 러시아에서는 100퍼센트에 가깝다. 러시아에서는 지난 20년 동안 이 비율이 가파르게 떨어졌지만 중국에서는 대체로 일정하게 유지되었다. 두 나라 모두 이 비율이 아직 선진국들보다 훨씬 더 높다. 두 나라 정부는 적극적인 행동에 나서고 경제를 통제할 수 있는 중요한 수단을 유지하고 있는 것이다.

대규모 공공자산은 산업 정책이나 교육 정책, 또는 지역개발 정책을 수행하는 국가의 역량에 (때로는 효율적으로, 때로는 비효율적으로) 중대한 영향을 미친다. 반면 마이너스 공공자산 또한 재정에 엄청난 영향을 미칠 수 있다. 공공순자산이 큰 폭의 플러스인 정부는 잠재적으로 상당한 자본소득을 얻을 수 있고, 세금 부과로 얻은 수입보다 더 많은 공공지출 재원을 마련할 수 있지만, 공공순자산이 마이너스인 정부는 일반적으로 공공지출과 복지이전 자금을 대기 전에 많은 이자를 물어야 한다. 이런 상황은 특히 소득과 자산 불평등 수준이 높을 때 문제가 된다.

그렇다면 부채를 많이 지고 있는 정부의 다른 대안은 무엇일까? 모든 공공자산(모든 공공 건물과 학교, 대학, 병원, 경찰서, 그리고 기반시설)을 파는 것이 하나의 대안이 될 수 있다. 미국과 일본, 영국에서는―이탈리아에서는 더 그럴 텐데―공공자산을 다 팔아도 공공부채를 전부 갚기에는 충분하지 않을 것이다. 프랑스와 독일에서는 공공자산을 팔아서 가까스로 공공부채를 상환할 수 있을 것이다. 더욱이 이 모든 경우에 공공자산을 다 팔면 국가는 교육과 의료시스템에 대한 모든 (혹은 거의 모든) 통제 수단을 잃게 된다. 달리 말하면 사회적 국가는 거의 사라지고 기회의 평등을 보장할 수단을 갖지 못한 정부만 남게 된다.

또 다른 대안은 정부지출을 크게 줄임으로써 더 오랜 기간 긴축을 시행하는 것이다. 이는 정부가 빚을 갚기 위해 재분배 프로그램을 대폭 줄이면서 사실상 불평등을 더욱 증가시키는 것이다. 정의와 효율 면에서 긴축과 민영화는 매우 나쁜 조치임이 분명하다.

다행히 다른 대안들도 있다. 역사적으로 보면 보통 공공부채를 더욱 빠르게 줄이는 세 갈래의 다른 길―그리고 일반적으로 그 셋의 조합―이 있었다. 민간자본에 대한 누진과세와 부채 경감, 인플레이션이 그것이다.

첫째, 민간자본에 대한 특별한 세금으로 부채를 줄이는 데 쓸 상당한 재정수입을 얻을 수 있다. 예를 들어 선진국에서 (국민소득의 약 600퍼센트에 이르는) 민간자본에 15퍼센트의 정률세flat tax를 물리면 거의 한 해 국민소득과 맞먹는 (정확히는 국민소득의 90퍼센트에 이르는) 세수를 얻을 수 있고, 이에 따라 즉시 기존의 공공부채를 거의 다 상환할 수 있을 것이다.

이 해법은 두 가지 결정적인 차이를 빼고는 공공부채 상환을 거절repudiation하는 것과 같다. 첫째, 최종적으로 채무 상환 거절이 (부분적이라 하더라도) 발생할지를 예측하기란 언제나 어렵다. 채권 보유자들은―은행을 비롯한 투자자들이 보유한 정부 발행 채권의 가치가 10~20퍼센트 혹은 그 이상 줄어든다는 의미의—이른바 '헤어컷haircut'을 받아들일 수밖에 없다. 문제는 누가 최종적으로 손실을 안을지를 예측하기가 매우 어렵고, 대규모 헤어컷은 투자자들 사이에 패닉과 파산의 물결을—그리고 어떤 정부도 경험하고 싶어하지 않는 금융 붕괴를—불러올 수 있다는 점이다. 둘째, 민간자본에 대한 특별한 세금은 부채 상환 거절과 달리—명시적인 누진세율 구조를 활용함으로써—개인의 자산 규모에 맞게 조정할 수 있다. 자산이 소수 집단에 심하게 편중되어 있다는 점을 고려할 때 이는 매우 바람직하다. 예를 들어 자산 분포에서 상위 1퍼센트는 일반적으로 전체 자산의 약 30퍼센트를 소유한다(다시 말해 자산 총액이 국민소득의 600퍼센트라면 그들의 몫은 국민소득의 180퍼센트에 해당된다). 민간자본에 대한 15퍼센트의 정률세를 활용하는 대신 자산 분포상 하위 99퍼센트의 세금을 면제하고 상위 1퍼센트에 평균 50퍼센트의 실효세율을 적용함으로써 같은 세수를 얻을 수도 있다. 아니면 절충적인 방식을 이용할 수도 있다. 예컨대 유럽에서 자본에 대해 100만 유로까지는 세금을 물리지 않고 100만 유로부터 500만 유로까지는 10퍼센트, 500만 유로 이상에 대해서는 25퍼센트를 물리는 누진과세로 국민소득의 20퍼센트에 해당되는 세수를 얻을 수 있으며, 이는 공공부채의 점진적인 감축을 향한 중요한 단계가 될 것이다.

흥미롭게도 1945년 프랑스는 상당한 규모의 공공부채를 줄이기 위해 자본에 대한 특별한 세금을 도입했다. 이 세금은 0퍼센트에서 25퍼센트에 이르는 누진세율을 적용했다. 가장 중요한 것은 민간자산에 대한 특별 누진세가 제2차 세계대전 후 독일에서 시행되었으며, 독일의 민간자산 보유자들은 1950년대부터 1980년대까지 점진적으로 그 세금을 납부했다는 사실이다.

당시 민간자산에 대한 특별 누진세는—대규모 공공부채를 더욱 빨리 줄이기 위해 쓸 수 있는 확실한 부차적 방식인—다양한 형태의 단계적 부채 상환 거절, 부채 탕감과 더불어 활용되었다. 특히 독일은 1953년 런던 회의에서 대외채무를 거의 완전히 탕감받았다. 당시 독일의 부채는 1945년부터 1953년까지 재건 기간에 쌓인 것이었다. 국제 채권자—대부분 각국 정부—들은 1953년 독일이 통일할 때까지 부채 상환을 (물가지수에 연동하는 방식indexation mechanism을 적용하지 않고) 유예해주기로 결정했고, 나중에는 결국 그 부채를 완전히 탕감해주었다.[21]

유럽에서는 지금 상황에 맞는 새로운 부채 경감 방식이 발전할 수 있으며 (너무 느리고 여러 차례 머뭇거리며 후퇴하기도 했지만) 이미 어느 정도는 그 방식이 발전하기 시작했다. 구체적으로 유럽중앙은행ECB과 유럽안정화기구ESM 같은 공공기관들이 그들의 대차대조표에 개별 국가의 공공 부채를 점점 더 많이 받아들이고 어떤 사회, 경제, 환경적인 목표에 이를 때까지 부채 상환을 미뤄줄 수 있다. 이러한 방식은 투자자의 패닉과 파산에서 오는 금융 불안을 피하면서 부채 상환 거절의 이점을 누릴 수 있도록 해줄 것이다.

마지막으로, 역사상 대규모 공공부채 감축을 촉진하는 데 활용된 세번째 해법은 인플레이션이다. 이 방식은 역사적으로 대부분의 공공부채 감축과정에서 결정적인 역할을 했다. 높은 인플레이션은 프랑스와 독일이 제1차 세계대전 후 자국의 공공부채를 매우 낮은 수준으로 줄이기 위해 활용한 주요 수단이었고, 제2차 세계대전 후에도 누진적인 자산세와 부채 탕감 같은 더 복잡한 방식과 더불어 중심적인 역할을 했다. 정책 수단으로서 인플레이션이 안고 있는 한 가지 중대한 문제는 통제하기 어렵다는 점이다. 일단 인플레이션이 시작되면 정책 결정자들은 그것을 멈추는데 어려움을 겪을 것이다. 더욱이 인플레이션은 그 범위 면에서 조세 정책보다 정교함이 훨씬 떨어지는 수단이다. 이론적으로 인플레이션은 유휴자

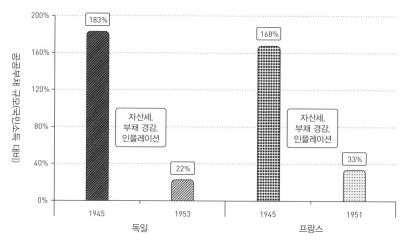

도표 5.5.1 프랑스와 독일의 공공부채(1945~1953)

1945년 독일의 공공부채는 국민소득의 183퍼센트였다가 1953년에 22퍼센트로 줄었다.

출처: 피케티, 주크먼(2014). 데이터 시리즈와 주석은 wir2018.wid.world를 보라.

본idle capital을 가진 이들에게 물리는 세금처럼 작동할 수 있고 빚을 지고 있는 이들에게는 채무의 실질적인 무게를 줄여줄 수 있다. 그러나 실제로 인플레이션은 공정성이라는 관점에서 볼 때 그다지 바람직하지 않은 효과를 낼 가능성이 있다. 높은 인플레이션이 나타나는 시기에는 주식시장에 투자된 대규모의 잘 분산된 포트폴리오가 높은 수익을 얻을 수 있는 반면, 중산층과 가난한 이들이 저축계좌에 보유한 소액 자산은 사실상 사라져버릴 수 있다. 특별 자산세와 부채 경감을 조합하는 방식이 더 나은 대안으로 보인다.

국제 비교와 집단 학습을 위한 표준적인 불평등 지표가 필요하다

이 보고서의 가장 중요한 주장은 시민사회와 연구자, 기업, 그리고 정책 결정자들이 경제적 불평등 심화에 대해 정보를 바탕으로 균형 잡힌 토론을 하고 정책 대응 방안을 개발할 수 있도록 충분한 경제적 데이터를 제공해야 한다는 것이었다.

이와 관련해 2015년에 UN이 선진국과 개도국 사회를 변화시키기 위한 글로벌 의제로서 17가지 '지속가능한 개발 목표Sustainable Development Goals, SDGs'에 합의한 것은 흥미롭다. 그중 제10조는 각국이 소득과 자산 불평등 증가를 보편적인 문제로 인식하고 "국가 내 불평등과 국가 간 불평등을 줄인다"는 목표를 제시한다. SDG 체제는 이 목표를 이루기 위해 스스로 구체적인 이행 전략을 세우고 감시와 평가 절차를 도입하기를 각국에 요청한다.

국제기구는 최근까지 국가 내 불평등 문제에 대해서는 그다지 깊은 관심을 보이지 않았기 때문에 이런 변화는 특히 놀랍다. 그들은 불평등을 줄이는 것을 각국의 주권적인 문제로 보거나 불평등을 전 세계적으로 복리를 증진시키는 필요악으로 여겼다. UN의 지속가능한 개발 목표가 그전의 '새천년 개발 목표Millenium Development Goals'를 대체할 때까지 국내 소득 불평등에 대한 관심은 정치적으로 절대빈곤을 고려하는 데 국한되었다. 더욱이 글로벌 개발 목표는 그때까지 빈곤국과 신흥국에만 초점을 맞추고 선진국은 제쳐두었다. 그러나 우리는 선진국과 빈곤국 모두 불평등 심화에 직면했음을 보았다.

이런 맥락에서 지속가능한 개발 목표 제10조 제1항을 UN 회원국들이 만장일치로 승인한 것은 중요한 변화를 의미한다. 이 항목은 "2030년까지 점진적으로 전체 인구 중 소득 하위 40퍼센트가 전체 평균보다 더 높은 소득 증가율을 달성하고 유지하도록 한다"는 포부를 밝혔다. 이 목표는 각국 대표 사이에서 격렬한 논란거리가 되었다. 중국은 국가 내 불평등을 줄이는 것은 각국의 고유한 권리와 관련된 문제라고 주장했으며, 미국은 불평등에 대한 별도의 목표는 경제성장을 통해 더 잘 이룰 수 있다고 주장했다. 어느 시기에는 지속가능한 개발 목표 조항에서 불평등이 빠지기도 했다. 덴마크와 노르웨이, 브라질이 주도하는 일단의 국가들은 그 목표를 다시 포함시키는 방안을 지지하면서 성장이 불평등을 확실히 줄이도록 하려면 구체적인 지표를 활용해야 한다고 주장했다.• 이런 토론은 각국이 어느 정도 이 새로운 지표를 진지하게 받아들이고 있음을 시사한다.

그렇다면 각국은 지속가능한 개발 목표 제10조 제1항을 어떻게 진척시키고 있을까? WID.월드 데이터는 특히 이 문제를 다루는 데 적합하다.

표 5.5.1 신흥국과 선진국의 실질소득 증가율(1980~2016)

		브라질	중국	프랑스	인도	러시아	미국
2015~2016년	하위 40% 계층	−7.1%	6.4%	1.7%	4.4%	−1.4%	0.6%
	전체 인구	−5%	6.6%	1.4%	4.5%	−2.7%	2.2%
2000~2016년	하위 40% 계층	12%	200%	10%	50%	119%	−7%
	전체 인구	1%	281%	4.7%	108%	69%	12%
1980~2016년	하위 40% 계층	−	359%	31%	107%	−21%	−3.9%
	전체 인구		833%	40%	223%	52%	66%

1980년부터 2016년까지 중국 하위 40퍼센트 계층의 평균 세전소득은 359퍼센트 증가했다. 그에 비해 성인 인구 전체의 평균 세전소득은 833퍼센트 늘어났다.

출처: WID.월드(2017). 데이터 시리즈와 주석은 wir2018.wid.world를 보라.

• Chancel, L, Hough, A., Voituriez, T. (2017) "Reducing Inequalities within Countries: Assessing the Potential of the Sustainable Development Goals," 12511, Global Policy.

표 5.5.1은 2015~2016년과 2000~2016년, 그리고 1980~2016년 기간에 6개국이 달성한 목표를 비교한다. 여기서는 세전소득에 주목한다.

2015~2016년에는 단 한 나라, 프랑스만이 목표를 달성할 수 있었다. 다른 다섯 나라에서는 하위 40퍼센트의 소득 증가율이 전체 평균을 밑돌았다. 이러한 결과는 이 목표의 잠재력을 돋보이게 해준다. 이 목표는 자동적으로 충족시킬 수 없다는 점에서 변화를 촉진하는 것이다. 각국이 자신의 약속을 지키려면 행동을 해야 할 것이다. 2000~2016년은 또 다른 핵심적인 통찰을 준다. 이 기간에 브라질과 프랑스, 러시아는—매우 다른 성장 경로를 거쳤지만—목표를 달성할 수 있었다. 이는 몇몇 나라에서는 상대적으로 더 오랜 기간에 걸쳐 목표 달성에 이를 수 있었다는 것을 의미하며, 앞으로 목표를 충족시키는 것은 바람직할 뿐만 아니라—비록 1980~2016년 기간의 성과가 그리 고무적이지 않더라도—가능한 일임을 시사한다.

두 가지 사실에 유의해야 한다

첫째, 이 보고서 앞부분에서 설명한 것처럼 불평등은 상위 계층에서 증가했다. 하위 40퍼센트 계층에만 초점을 맞추면—하위 40퍼센트와 상위 1퍼센트의 몫이 함께 증가하는 사이에서 중산층이 압박을 받는 것과 같은—중요한 동태적 변화를 놓칠 수 있다. 특히 상위 1퍼센트는 분석 대상 기간에 대부분의 나라에서 그랬던 것처럼 훨씬 더 빠르게 성장할 수 있다. 브라질에서는 2000년부터 2016년까지 하위 40퍼센트 계층의 소득 증가율(12퍼센트)이 전체 평균(1퍼센트)보다 훨씬 더 높았고 같은 기간 상위 1퍼센트의 소득은 24퍼센트나 늘었다. 그보다는 덜하지만 프랑스에서도 2015~2016년 사이 그런 일이 일어나 하위 40퍼센트와 상위 1퍼센트가 전체 평균보다 더 빠르게 성장했다. 이는 하위 40퍼센트보다는 부유하고 상위 1퍼센트보다는 가난한 개인들이 전체 소득에서 차지하는 몫이 줄어들었다는 뜻이다. 이 '중산층 압축' 현상은 확실히 앞으로 풀어야 할 가장 중요한 정책 과제를 던져주며 대단히 신중하게 검토해야 할 문제다.

둘째, 이 추정치는 세전소득에 초점을 맞춘다. 선진국에서는 세전소득 불평등을 추정할 때 대부분의 현금 재분배를 고려하지만(**상자 2.4.1**을 보라), 개인소득과 자산에 대한 세금은 계산에 넣지 않는다. 따라서 국제적으로 세후소득 불평등을 비교하려면 조세 정책의 영향을 완전하게 평가할 필요가 있다. 이 보고서 앞쪽에서 논의했듯이 앞으로 그런 정보를 모으고 조화시키며 분석하는 데 더 많은 노력을 기울여야 한다. UN을 비롯한 국제기구는 그에 대한 책임이 있다. WID.월드는 계속해서 그런 정보를 얻기 위해 노력할 것이며, 통계 작성에 기여하는 모든 이가 그 일에 필요한 자원을 기꺼이 제공하면서 공개적이고 민주적인 토론에 불을 밝히려 한다.

이런 생각을 갖고 보면 지속가능한 개발 목표 중 제10조 제1항은 경제적 불평등에 맞서는 데 전념하는 관계자들에게 대단히 유용한 수단으로 보인다. 탄탄한 데이터를 바탕으로 한 불평등 지표는 그 자체만으로는 정책을 바꿀 수 없지만, 분명 그렇게 하는 데 필요한 토대가 될 수는 있다. 지속가능한 개발 목표라는 틀은 또한 불평등을 줄이는 정책에 관한 집단적인 학습 체제를 확립하는 데 도움이 될 수 있다.• 이 보고서에서 강조하는 것처럼 더 공정한 발전을 촉진하기 위해 채택한 재정과 교육, 임금, 그리고 공공투자 정책에 관해 부자 나라와 가난한 나라가 배워야 할 것이 많다.

• Chancel et al., "Reducing Inequalities within Countries."

그러므로 공공부채를 줄이는 것은 결코 쉬운 일이 아니다. 역사적으로 부채 감축에 활용된 몇 가지 대안이 존재한다. 그러나 우리는 결코 각국에 가장 잘 맞는 대안을 찾아냈다고 생각하지 않는다. 최적의 부채 감축 방식을 찾는 것은 진지하게 공개적인 토론을 해야 할 문제이며, 토론은 탄탄한 경제, 사회, 역사적인 분석, 그리고 시기와 국가별 비교 연구에 바탕을 두어야 한다(상자 5.5.1을 보라). 이런 논의에서 한 가지 결정적인 요소가 있다. 오늘날에는 교육에 대한 더 평등한 접근을 촉진하고 환경을 보호하며 기후변화의 영향에 대응하기 위해 많은 투자를 필요로 한다.[22] 이러한 문제를 해결하지 않고 넘어가면 내일의 경제적 불평등은 더 확대될 가능성이 크다. 최근의 역사는 각 사회가 정부를 통해 미래에 재투자하기 위해 특별한 상황에서 특별한 조치를 취했음을 보여주었다.

맺음말

『세계불평등보고서 2018』은 세계자산·소득데이터베이스(WID.월드)에서 이용할 수 있는 자료에 바탕을 둔 것으로, 불평등에 관한 민주적인 토론에서 나타나는 정보의 간극을 메우기 위해 역사적인 통계 자료를 일관성 있고 완전히 투명한 방식으로 종합한 것이다. 이 보고서에서 우리의 목표는 국내총생산이나 국민소득 같은 거시경제 통계와 대중이 쉽게 이해하고 활용할 수 있는 불평등 관련 데이터를 일관성 있게 제시해 사실을 바탕으로 한 숙고와 결정이 이뤄지도록 돕는 것이다. 우리의 데이터 시리즈는 완전히 투명하며 재생산이 가능하다. 관심 있는 이라면 누구든 쉽게 접근하고 활용할 수 있도록 컴퓨터 코드와 가정, 그리고 상세한 연구논문을 온라인으로 찾아볼 수 있게 해두었다.

이 보고서 제2부에서는 WID.월드에 공개된 새로운 불평등 데이터를 바탕으로 1980년 이후 소득 불평등이 북미와 아시아에서는 빠르게 증가했고 유럽에서는 완만하게 증가했으며 중동과 사하라 이남 아프리카, 브라질에서는 극히 높은 수준을 유지했음을 보여주었다. 글로벌 인구 중 가난한 절반의 소득은 아시아(특히 중국과 인도)의 고성장 덕분에 크게 늘어났다. 그러나 이 보고서의 가장 놀라운 발견은 아마도 글로벌 소득 상위

0.1퍼센트 집단이 1980년 이후 세계 소득 증가액 중에서 하위 절반 인구와 같은 몫을 차지했다는 점일 것이다. 반면 글로벌 하위 50퍼센트와 상위 1퍼센트 사이에 속한 인구 집단의 소득은 느리게 증가하거나 심지어 전혀 증가하지 않았다. 이 집단에는 북미와 유럽의 중하위 소득 계층이 포함된다. 이 보고서에서 보여준 다양한 추세는 글로벌 불평등의 동태적 변화가 각국의 다양한 제도적·정치적 맥락에 따라 형성된다는 점을 시사한다. 불평등 심화에 필연성은 없다.

제3부에서 우리는 공공자본과 민간자본 소유 구조의 최근 변화를 보여주었다. 민간과 공공자본 소유 구조의 동태적 변화를 이해하는 것은 글로벌 불평등, 특히 자산 불평등의 동학을 이해하는 데 필수적이다. 우리는 최근 몇십 년 동안 거의 모든 나라에서 국민소득 대비 민간순자산의 비율이 전반적으로 상승하는 현상을 설명했다. 이러한 장기 추세가 2008년 금융위기나 일본과 스페인을 비롯한 여러 나라에서 경험한 자산 가격 거품에 영향을 받지 않았다는 점은 놀랍다. 공산주의에서 자본주의 체제로 전환한 후 중국과 러시아에서도 이 비율은 대단히 큰 폭으로 증가했다. 이러한 변화는 공공자산의 동태적 변화에 반영돼 1980년 이후 대부분의 국가에서 공공자산이 감소했다. 공공순자산(공공자산에서 공공부채를 뺀 값)은 최근 미국과 일본, 영국에서 심지어 마이너스가 되었으며, 독일과 프랑스에서는 미미한 플러스에 그친다. 이는 확실히 경제를 규제하고 소득을 재분배하며 불평등 증가를 완화하는 정부의 역량을 제한한다.

제4부에서 우리는 지난 40년 동안 소득 불평등이 증가하고 공공자산이 민간부문으로 대거 이전되면서 개인 간 자산 불평등 증가로 이어진 사실을 논의했다. 중국과 유럽, 미국이 대표하는 전 세계 자산 중 상위 1퍼센트의 몫은 1980년 28퍼센트에서 오늘날 33퍼센트로 증가했지만 하위 75퍼센트의 몫은 10퍼센트 근처에서 오르내렸다. 공산주의에서 자본주의 경제체

제로 전환한 후 중국과 러시아에서도 전체 자산 중 상위 집단의 몫이 크게 늘어나는 현상이 나타났다. 두 나라가 경험한 불평등의 동태적 변화는 서로 다른 경제적·정치적 이행 전략을 반영하는 것이지만 자산 상위 집단의 몫은 중국과 러시아에서 다 같이 크게 늘었다.

미국에서 자산 불평등은 지난 30년 동안 극적으로 증가했는데, 이는 대부분 상위 0.1퍼센트 자산 보유자의 부상에 따른 것이다. 미국에서는 소득과 저축률의 불평등이 커지면서 자산 집중도가 갈수록 높아지는 '눈덩이 효과'가 나타났다. 프랑스와 영국에서는 전체 자산 중 상위 집단의 몫이 지난 40년간 완만하게 늘어났는데, 이는 부분적으로 중산층의 주택자산이 늘어나면서 자산 집중도 증가를 상쇄하는 효과가 나타났고, 소득 불평등 또한 미국에 비해 심하지 않았기 때문이다.

제5부에서는 미래의 글로벌 소득 불평등에 대한 전망을 제시했다. 소득수렴 요인(신흥국의 고성장)과 격차 확대 요인(국가 내 불평등 증가)이 어우러져 미래의 소득 불평등 수준을 결정할 것이다. 우리의 표준적인 전망은 1980년 이후와 같은 추세로 불평등이 계속 증가하면 신흥국의 경제성장을 상당히 낙관적으로 가정하더라도 글로벌 소득 불평등은 급격히 증가하리라는 것을 보여주었다. 글로벌 소득 상위 1퍼센트의 몫은 오늘날 20퍼센트 수준에서 2050년 24퍼센트 이상으로 늘어날 수 있으며, 이 경우 글로벌 하위 50퍼센트의 몫은 10퍼센트에서 9퍼센트 미만으로 줄어들 수 있다. 모든 나라가 1980년 이후 미국이 그랬던 것처럼 불평등이 심한 성장 경로를 따른다면 글로벌 소득 중 상위 1퍼센트의 몫은 그보다 훨씬 더 늘어날 것이다. 반대로 모든 국가가 1980년 이후 유럽이 걸어온 것처럼 상대적으로 불평등 수준이 낮은 성장 경로를 따른다면 글로벌 상위 1퍼센트 소득자들의 몫은 2050년까지 실제로 줄어들 것이다. 이러한 결과는 우리의 중요한 메시지 하나를 뒷받침해준다. 그것은 바로 미래의 소득 불평등 심화

가 필연적이지 않다는 것이다. 우리는 또한 특정 국가가 불평등 수준이 높은 성장 경로를 따르는 경우와 낮은 성장 경로를 따르는 경우 둘 사이에는 큰 차이가 발생하며 이는 글로벌 인구 중 하위 절반의 소득에 엄청난 영향을 미친다는 점을 강조했다.

제5부의 나머지 부분은 불평등에 대응하기 위해 다시 정치적 의제의 중심에 놓아야 할 핵심적인 정책 현안들을 집중적으로 논의했다. 우리는 분명 불평등 증가에 대응할 수 있는 이미 준비된 해법이 모든 나라에 있다고 주장하지 않는다. 그러나 우리가 강조하는 네 가지 핵심적인 정책 분야에서 훨씬 더 많은 일을 할 수 있다고 믿는다.

우리는 먼저 누진적인 소득세가 상위 계층의 소득과 자산 불평등에 맞서는 검증된 수단임을 강조했다. 누진세는 세후소득 불평등을 줄일 뿐만 아니라, 최고 소득자들이 더 많은 급여를 받기 위한 공격적인 협상을 통해 성장의 열매를 더 많이 차지하려 하는 유인을 억제함으로써 세전소득 불평등도 감소시킨다. 선진국에서 1970년대부터 2000년대 중반까지 조세의 누진성이 급속히 떨어졌다는 사실에 유의해야 한다. 그러나 2008년 글로벌 금융위기 이후 누진도의 하향 추세는 멈췄고 일부 국가에서는 반전이 이루어졌다. 각국이 미래에도 누진과세를 활용할지 여부는 불확실하며 그 결정은 국내에서의 숙의에 달려 있다.

둘째, 우리는 조세체계가 불평등에 대응하는 결정적인 수단이기는 하지만 그 역시 탈세와 같은 걸림돌에 부딪힌다고 주장했다. 현재 글로벌 국내총생산의 10퍼센트를 넘는 자산이 조세천국에 가 있으며 이는 1970년대 이후 크게 늘어났다. 조세천국의 부상은 전 지구적으로 통합된 세계에서 자산과 자본소득을 적절히 측정하고 과세하기 어렵게 만든다. 금융의 불투명성을 줄이는 일은 자산과 그 분포에 관한 데이터를 개선하고, 재분배 문제에 관해 더 많은 정보를 바탕으로 공개적인 토론을 하도록 장려하며,

탈세와 자금세탁, 그리고 테러 지원에 맞서 싸우는 데 결정적으로 중요하다. 그래서 한 가지 핵심적인 문제는 금융자산의 소유권을 기록하는 것이다. 토지와 부동산 등기소는 몇 세기 전부터 있어왔지만 자산이 갈수록 금융증권의 형태를 취함에 따라 오늘날 등록기관은 가계가 보유하는 자산의 많은 부분을 놓치고 있다. 주식과 채권, 그 외 금융자산의 소유권을 기록하는 글로벌 금융등록제도는 금융의 불투명성을 크게 줄여줄 것이다.

셋째, 우리는 소득성장이 정체되거나 둔화된 하위 절반 인구가 그러한 함정에서 벗어나도록 하려면 교육에 대한 더 평등한 접근과 괜찮은 보수의 일자리가 중요하다는 점을 논의했다. 최근 연구는 평등한 기회를 논하는 공개적인 담론과 교육에 대한 접근이 불평등하게 이뤄지는 현실 사이에 엄청난 괴리가 있음을 보여준다. 예를 들어 미국에서는 부모가 하위 10퍼센트 소득자에 속하는 집의 자녀 100명 가운데 20~30명만이 대학에 간다. 반면 부모가 상위 10퍼센트 소득자에 포함되는 집의 자녀들은 90명이 대학에 진학한다. 긍정적인 연구 결과는 미국의 명문 대학들이 성과를 떨어뜨리지 않고도 가난한 환경에서 자란 학생들에게 문호를 넓힐 수 있음을 보여준다는 것이다. 선진국과 신흥국 모두─학자금 지원이나 입학 허가 시스템 개편과 더불어─교육에 대한 평등한 접근이 이뤄지게 하는 투명하고 검증 가능한 목표를 세워야 할 것이다. 교육에 대한 민주적인 접근을 통해 많은 것을 이룰 수 있지만 분배 구조의 아래쪽에 있는 이들에게 괜찮은 보수의 일자리 기회를 제공하는 체제가 작동하지 않는 한 교육에 대한 투자는 불평등에 대응하는 데 충분하다고 할 수 없다. 기업지배 구조에서 노동자들의 대표성을 증진하고 최저임금을 올리는 것도 이 목표를 이루는 중요한 수단이다.

마지막으로, 우리는 정부가 현재 수준의 소득과 자산 불평등에 대응하고 불평등이 더 심화되지 않도록 막기 위해 미래에 더 많이 투자할 필요가 있다는 점을 강조했다. 이는 지난 몇십 년 동안 선진국 정부들이 더 가난해지고 무거운 빚을 졌다는 점에서 특히 어려운 일이다. 공공부채를 줄이는 일은 결코 쉽지 않지만 그 목표를 이룰 수 있는 (조세와 부채 경감, 인플레이션을 포함한) 몇 가지 대안이 있고, 모두 역사적으로 활용된 적이 있다. 이러한 해법들의 적절한 조합을 찾아내려면 진지한 공개적 토론이 이뤄져야 하며, 토론은 탄탄한 경제적·사회적·역사적 분석에 바탕을 두어야 한다.

결론적으로 우리는 글로벌 소득과 자산 불평등에 관한 현재의 지식이 여전히 제한적이고 불만족스러운 상태라는 점을 다시 한번 강조하고자 한다. 우리는 세전소득과 세후소득 불평등, 그리고 자산 불평등을 더 체계적으로 보여줄 뿐만 아니라 불평등 데이터의 지리적 범위를 확대하기 위해 앞으로 더욱 열심히 데이터를 모아야 한다. WID.월드, 세계불평등연구소, 그 외 여러 협력 기관이 앞으로 그 일에 온 힘을 쏟을 것이다.

WID.월드는 현재 아시아(특히 말레이시아와 인도네시아)와 아프리카(이를테면 남아공), 남미 신흥국들(그중에서도 칠레와 멕시코)로 분석 범위를 넓히기 위해 데이터베이스를 확장하고 있다.

우리는 또한 불평등의 또 다른 측면인 환경 훼손의 심각성이 높아짐에 따라 현재 국민자산 추정에 자연자본 통계를 더 적절히 통합하는 방안을 연구하고 있다.

더 많은 젠더 불평등 관련 데이터도 WID.월드에 통합되고 있으며, 우리는 불평등에 대한 개인들의 인식과 경제 통계치 사이의 괴리를 줄이기 위해 국가 내 지역 차원의 불평등 추정치를 개발 중이다. 실제로 WID.월드는 장기적이고 누적적인 연구과정에서 이제 첫걸음을 떼었을 뿐이다.

우리는 이 집단적인 시도에 동참하고자 노력하는 다른 기관과 연구자들을 환영한다. 또한 관심 있는 모든 행동가, 시민과 더불어 앞으로 계속해서 금융 투명성과 경제민주주의를 향한 진전을 이루기를 간절히 바란다.

▶ 세계불평등보고서를 더 쉽게 읽을 수 있도록 하고자 기술적인 세부 사항을 본문에 다 넣지는 않았다.

▶ 세부적인 방법론과 추정 방식에 관심 있는 독자들은 이 보고서의 전용 웹사이트(wir2018.wid.world)를 방문하기 바란다. 우리는 가능한 한 투명하게 이 연구를 진행하기 위해 방법론을 설명하는 모든 자료와 국가별로 기술적인 문제를 다룬 자료, 세계불평등보고서에 제시된 데이터 시리즈의 생산에 사용된 원데이터 출처와 컴퓨터 코드를 웹사이트에 올려놓았다.

▶ 특히 이 보고서에 나온 각 도표의 기술적인 문제에 관한 상세한 설명을 원하는 독자들은 「세계불평등보고서 2018의 기술적 문제에 관한 주석World Inequality Report 2018 Technical Notes」(WID.월드 기술적 문제에 관한 주석 2017/7호)을 참조하기 바란다. 이 자료는 때로 독자들이 정보를 더 철저하게 확인할 수 있도록 다른 워킹 페이퍼나 학술 논문을 통해 다시 안내한다.

▶ 이 자료들을 온라인으로 공개하는 것은 글로벌 불평등 데이터의 투명성과 재생산의 수준을 끌어올리려는 우리의 목적을 이루는 데 필수적이다. 가능한 한 많은 사람이 이 사이트를 보고 독자적인 추정을 하며 어떻게 하면 우리의 데이터를 개선할 수 있는지, 그러자면 다른 어떤 가정을 해야 하는지를 알아내기 바란다.

▶ 다음은 우리가 이 세계불평등보고서 앞쪽에서 논의한 그래프들의 몇 가지 변형이다. 도표 A1부터 A3까지는 글로벌 소득 불평등의 동태적 변화에 관한 우리의 주요 연구 결과를 다른 방식으로 보여준나. 도표 A4는 인도와 중국의 소득 불평등에 초점을 맞추며, wir2018.wid.world 사이트에서 볼 수 있는 다른 유형의 그래프를 예시한다.

이 그래프는 제2부 제1장에서 논의한 글로벌 소득 불평등의 동태적 변화를 다른 방식으로 나타낸 것이다. 가로축 눈금은 인구 규모에 따라 표시한 것이며, 따라서 x축 위의 두 지점 간 거리는 해당 소득 집단의 인구 규모에 비례한다(상자 2.1.1을 보라).

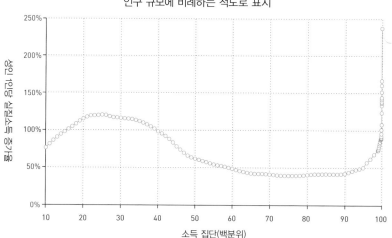

도표 A1 세계 모든 지역의 분위별 소득 증가율(1980~2016):
인구 규모에 비례하는 척도로 표시

이 그래프는 인구 규모에 따라 눈금을 표시한 것으로, x축 위의 지점 간 거리는 해당 소득 집단의 인구 규모에 비례한다. 예를 들어 0~1분위 소득 집단(가장 낮은 백분위)은 x축 길이의 1퍼센트를 차지한다. 가로축은 세계 인구를 인구수가 같은 100개의 집단으로 나눠서 표시하며 각 집단의 소득 수준에 따라 왼쪽에서 오른쪽으로 오름차순으로 배열한다. 상위 1퍼센트 집단은 10개의 집단으로 나뉘며, 그중 가장 부유한 집단 역시 10개의 집단으로 나누고, 그중 최상위 집단은 다시 인구 규모가 같은 10개 집단으로 나뉜다. 세로축은 1980년부터 2016년까지 각 집단의 평균적인 개인이 얻은 총 소득 증가율을 보여준다. 99~99.1분위 집단(글로벌 소득 집단에서 가장 부유한 1퍼센트 중 하위 10퍼센트)의 경우 1980년부터 2016년까지 소득 증가율이 74퍼센트였다. 상위 1퍼센트 소득자들은 이 기간 중 전체 소득 증가분의 27퍼센트를 차지했다. 소득 추정치는 각국 간 생활물가 차이를 고려한다. 금액은 인플레이션을 뺀 것이다.

출처: WID.월드(2017). 데이터 시리즈와 주석은 wir2018.wid.world를 보라.

이 그래프는 제2부 제1장에서 논의한 글로벌 소득 불평등의 동태적 변화를 다른 방식으로 나타낸 것이다. 가로축 눈금은 전체 소득 증가액 중 각 집단이 차지하는 몫에 따라 표시한 것이며, 따라서 x축 위의 두 지점 간 거리는 해당 소득 집단이 전체 소득 증가분에서 차지하는 비중에 비례한다(상자 2.1.1을 보라).

도표 A2 세계 모든 지역의 분위별 소득 증가율(1980~2016): 전체 소득 증가분에서 차지하는 몫에 비례하는 척도로 표시

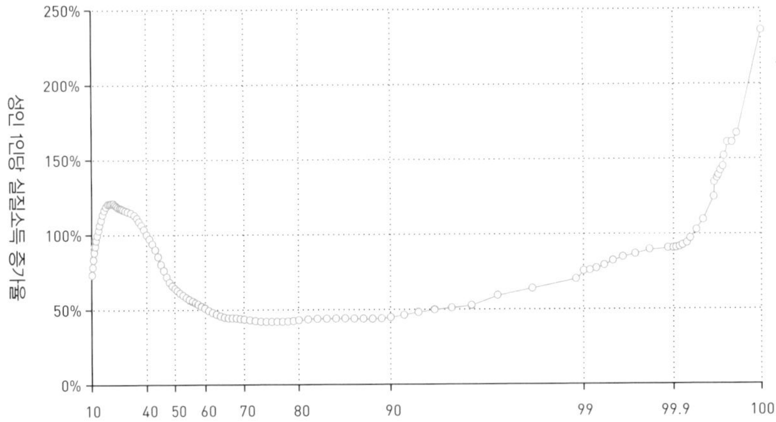

이 그래프는 각 소득 집단이 전체 소득 증가분에서 차지하는 몫에 따라 눈금을 표시한 것으로, x축 위의 지점 간 거리는 해당 소득 집단이 전체 소득 증가분에서 차지하는 비중에 비례한다. 예를 들어 상위 0.001퍼센트(99.999~100분위) 소득 집단은 전체 소득 증가분의 3.6퍼센트를 차지한다. 그러므로 99.999분위와 100분위(이 그래프의 마지막 두 지점) 사이의 거리는 x축 전체 크기의 3.6퍼센트에 해당된다. 가로축은 세계 인구를 인구수가 같은 100개의 집단으로 나눠서 표시하며 각 집단의 소득 수준에 따라 왼쪽에서 오른쪽으로 오름차순으로 배열한다. 상위 1퍼센트 집단은 10개의 집단으로 나뉘며, 그중 가장 부유한 집단 역시 10개의 집단으로 나뉘고, 그중 최상위 집단은 다시 인구 규모가 같은 10개의 집단으로 나뉜다. 세로축은 1980년부터 2016년까지 각 집단의 평균적인 개인이 얻은 총 소득 증가율을 보여준다. 99~99.1분위 집단(글로벌 소득 집단에서 가장 부유한 1퍼센트 중 하위 10퍼센트)의 경우 1980년부터 2016년까지 소득 증가율이 74퍼센트였다. 상위 1퍼센트 소득자들은 이 기간 중 전체 소득 증가분의 27퍼센트를 차지했다. 소득 추정치는 각국 간 생활물가 차이를 고려한다. 금액은 인플레이션을 뺀 것이다.

출처: WID.월드(2017). 데이터 시리즈와 주석은 wir2018.wid.world를 보라.

이 그래프는 제2부 제1장에서 논의한 글로벌 소득 불평등의 동태적 변화를 다른 방식으로 나타낸 것이다. 여기서 우리는 소득 분포 전반에 걸쳐 글로벌 불평등을 더 잘 보여주기 위해 **도표 A1**과 **도표 A2**에서 사용한 눈금 표시 방식을 결합한 방식을 채택한다(**상자 2.1.1**을 보라).

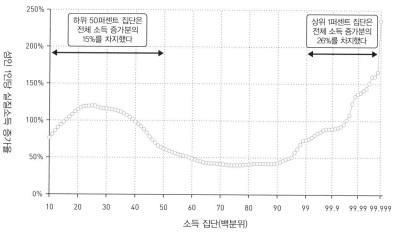

도표 A3 분위별 소득 증가율(1980~2016):
브라질, 중국, 인도, 유럽, 중동, 러시아, 미국·캐나다

하위 50퍼센트 집단은 전체 소득 증가분의 15%를 차지했다

상위 1퍼센트 집단은 전체 소득 증가분의 26%를 차지했다

가로축은 세계 인구를 인구수가 같은 100개의 집단으로 나눠서 표시하며 각 집단의 소득 수준에 따라 왼쪽에서 오른쪽으로 오름차순으로 배열한다. 상위 1퍼센트 집단은 10개의 집단으로 나뉘며, 그중 가장 부유한 집단 역시 10개의 집단으로 나뉘고, 그중 최상위 집단은 다시 인구 규모가 같은 10개 집단으로 나뉜다. 세로축은 1980년부터 2016년까지 각 집단의 평균적인 개인이 얻은 총 소득 증가율을 보여준다. 99~99.1분위 집단(글로벌 소득 집단에서 가장 부유한 1퍼센트 중 하위 10퍼센트)의 경우 1980년부터 2016년까지 소득 증가율이 83퍼센트였다. 소득 추정치는 각국 간 생활물가 차이를 고려한다. 금액은 인플레이션을 뺀 것이다.

출처: WID.월드(2017). 데이터 시리즈와 주석은 wir2018.wid.world를 보라.

이 그래프는 인도와 중국에서 소득 상위 1퍼센트와 하위 50퍼센트 집단이 전체 소득에서 차지하는 몫의 변화를 보여준다. 이는 WID.월드 사이트에서 온라인으로 볼 수 있는 추가적인 그래프의 한 예이며, 이런 그래프들은 이 보고서에서 이야기한 다양한 방법론에 관한 자료에서 논의된다.

도표 A4 중국과 인도의 상위 1퍼센트와
하위 50퍼센트가 전체 소득에서 차지하는 몫(1980~2015)

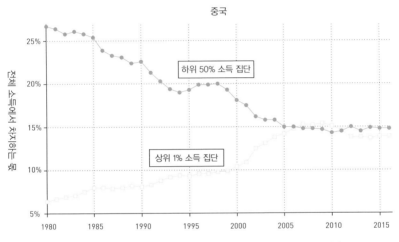

2015년 중국에서 국민소득 중 상위 1퍼센트 집단이 차지하는 몫은 13.9퍼센트였다.

출처: WID.월드(2017). 데이터 시리즈와 주석은 wir2018.wid.world를 보라.

인도

하위 50% 소득 집단

상위 1% 소득 집단

전체 소득에서 차지하는 몫

출처: WID.월드(2017). 데이터 시리즈와 주석은 wir2018.wid.world를 보라.

제1부

1 T. Piketty, L. Yang, and G. Zucman, "Capital Accumulation, Private Property and Rising Inequality in China, 1978–2015," NBER Working Paper no. 2338, National Bureau of Economic Research, June 2017, http://www.nber.org/papers/w23368. pdf.

2 L. Chancel and T. Piketty, "Indian Income Inequality, 1922–2014: From British Raj to Billionaire Raj?" WID.world Working Paper no. 2017/11, July 2017. http://wid. world/document/chancelpiketty2017widworld/.

3 특히 다음 문헌들을 보라. T. Piketty, *Les hauts revenus en France au XXème siècle* (Paris: Bernard Grasset, 2001); T. Piketty and E. Saez, "Income Inequality in the United States, 1913–1998," *Quarterly Journal of Economics* 118, no. 1 (2003): 1–39; A. B. Atkinson and T. Piketty, *Top Incomes over the 20th Century: A Contrast between Continental European and English-Speaking Countries* (Oxford: Oxford University Press, 2007); A. B. Atkinson and T. Piketty, eds., *Top Incomes: A Global Perspective* (Oxford: Oxford University Press, 2010); A. B. Atkinson, T. Piketty, and E. Saez, "Top Incomes in the Long Run of History," *Journal of Economic Literature* 49, no. 1 (2011): 3–71.

4 S. Kuznets, *Shares of Upper Income Groups in Income and Savings* (New York:

National Bureau of Economic Research, 1953).

5 F. Alvaredo, A. B. Atkinson, L. Chancel, T. Piketty, E. Saez, and G. Zucman, "Distributional National Accounts (DINA) Guidelines: Concepts and Methods Used in the World Wealth and Income Database," WID.world Working Paper no. 2016/2, December 2016, http://wid.world/document/dinaguidelines−v1/.

6 J. E. Stiglitz, A. Sen, and J. P. Fitoussi, "Report by the Commission on the Measurement of Economic Performance and Social Progress," Paris, http://ec.europa.eu/eurostat/documents/118025/118123/Fitoussi+Commission+report.

7 T. Blanchet and L. Chancel, "National Accounts Series Methodology," WID.world Working Paper no. 2016/1, September 2016, http://wid.world/document/1676/; and G. Zucman, "The Missing Wealth of Nations: Are Europe and the U.S. Net Debtors or Net Creditors?" *Quarterly Journal of Economics* 128, no. 3 (2013): 1321–1364.

8 우리는 각 소득 집단의 평균 과세소득을 '국민소득/총과세소득'으로 곱했다.

9 A. B. Atkinson and A. J. Harrison, Distribution of Personal Wealth in Britain (Cambridge: Cambridge University Press, 1978).

10 Zucman, "The Missing Wealth of Nations"; G. Zucman, "Taxing across Borders: Tracking Personal Wealth and Corporate Profits," *Journal of Economic Perspectives* 28, no. 4 (2014): 121–148; and A. Alstadsæter, N. Johannesen, and G. Zucman, "Who Owns the Wealth in Tax Havens? Macro Evidence and Implications for Global Inequality," NBER Working Paper no. 23805, National Bureau of Economic Research, September 2017, http://www.nber.org/papers/w23805.pdf 참조.

11 S. Anand, and P. Segal, "The Global Distribution of Income," Handbook of Income Distribution 2, part A (2015): 937–979.

12 L. Chancel and T. Piketty, "Carbon and inequality: from Kyoto to Paris," CEPR Policy Portal Vox, December 1, 2015, http://voxeu.org/article/carbon−and−inequality−kyoto−paris; L. Chancel and T. Piketty, "Trends in the Global Inequality of Carbon Emissions (1998–2013) and Prospects for an Equitable Adaptation Fund," Paris School of Economics, November 3, 2015, http://piketty.pse.ens.fr/files/ChancelPiketty2015.pdf.

제2부

1 예컨대 다음 논문들을 보라. C. Lakner and B. Milanovic, "Global Income Distribution: From the Fall of the Berlin Wall to the Great Recession," *World Bank Economic Review* 30, no. 2 (2016): 203–232; P. Liberati, "The World Distribution of Income and Its Inequality, 1970–2009," *Review of Income and Wealth* 61, no.

2 (2015): 248-273; I. Ortiz and M. Cummins, "Global Inequality: Beyond the Bottom Billion: A Rapid Review of Income Distribution in 141 Countries," UNICEF Social and Economic Policy Working Paper, UNICEF, April 2011, https://www.unicef.org/socialpolicy/files/Global_Inequality.pdf. 글로벌 부에 관한 기존 보고서는 다음을 보라. "Global Wealth Report 2016," Credit Suisse Research Institute, Credit Suisse AG, Zurich, November 2016, http://publications.credit-suisse.com/tasks/render/file/index.cfm?fileid=AD783798-ED 07-E8C2-4405996B5B02A32E.

2 Lakner and Milanovic, "Global Income Distribution: From the Fall of the Berlin Wall to the Great Recession."

3 J. E. Stiglitz, A. Sen, and J. P. Fitoussi, "Report by the Commission on the Measurement of Economic Performance and Social Progress," Paris, http://ec.europa.eu/eurostat/documents/118025/118123/Fitoussi+Commission+report.

4 시장환율로 측정한 것이다. 구매력평가로는 790달러에 해당된다.

5 G. Zucman, "The Missing Wealth of Nations: Are Europe and the U.S. Net Debtors or Net Creditors?" *Quarterly Journal of Economics* 128, no. 3 (2013): 1321-1364.

6 유럽연합에 대한 우리의 통계는 러시아와 우크라이나를 제외한 유럽 대륙의 모든 나라를 포함한다.

7 T. Piketty, *Capital in the Twenty-First Century* (Cambridge MA: Belknap Press of Harvard University Press, 2014).

8 그래프를 간결하게 그리기 위해 뉴질랜드는 표시하지 않았다. 독자들은 WID.world/world에서 모든 그래프를 볼 수 있다.

9 L. Czajka, "Income Inequality in Côte d'Ivoire: 1985-2014," WID.world Working Paper no. 2017/8, July 2017, http://wid.world/document/income-inequality-cote-divoire-1985-2014-wid-worldworking-paper-201708/.

10 그러나 최상위 소득은 1946년부터 1980년까지 세후소득이 세전소득보다 더 빠르게 증가(194퍼센트)했는데, 이는 최상위 계층에 대한 세율체계가 1946년에 더 누진적이었기 때문이다.

11 메디케어와 메디케이드 형태의 이전소득이 늘어난 것은 급여를 더 후하게 지급한 사실뿐만 아니라 메디케어와 메디케이드로 제공한 의료 서비스의 가격이 올랐다는 점도 반영한다. 예컨대 다음을 보라. A. Finkelstein, N. Hendren, and E. F. P. Luttmer, " The Value of Medicaid: Interpreting Results from the Oregon Health Care Experiment," NBER Working Paper no. 21308, National Bureau of Economic Research, June 2015, http://www.nber.org/papers/w21308.pdf. 그리고 메디케어와 메디케이드 형태의 이전소득이 증가한 것은 아마도 의료와 제약 부문 서비스 제공자들의 경제적 잉여가 증가한 것을 반영한다.

12 결국 미국에서 소득 하위 50퍼센트 계층에 속하는 노인들의 세후소득이 늘어난 것은 대부분 의료 혜택이 증가한 데 따른 것이다. 메디케어와 (가난한 고령자들의 요양원 비용을 지원하는) 메디케이드가 없었다면 하위 50퍼센트 계층 노인들의 평균 세후소득은 1980년대 초 약 1만5500달러에서 그저 완만하게 증가해 2000년대 이후에는 2만1000달러에서

정체되었을 것이다.

13 Piketty, *Capital in the Twenty-First Century*.

14 E. Saez, "Taxing the Rich More: Preliminary Evidence from the 2013 Tax Increase," *Tax Policy and the Economy* 31, no. 1 (2017): 71–120 참조.

15 미국 의회예산국도 2011년부터 2013년까지 상위 1퍼센트 계층에 대한 연방 세율이 약 4~5퍼센트 포인트 올랐음을 확인한다. US Congressional Budget Office, "The Distribution of Household Income and Federal Taxes, 2013," US CBO Report, June 2016, Congress of the United States, Washington DC, https://www.cbo.gov/sites/default/files/114th-congress-2015-2016/reports/51361-householdincomefedtaxes.pdf.

16 국민계정의 규약에 따라 세액공제와 소득공제 중 환급되지 않는 부분은 부의 세금negative tax으로 다루지만 환급받을 수 있는 세액공제는 이전소득으로 본다. 따라서 누구도 부의 소득세를 현금으로 받지는 않는다.

17 이 일반적인 시대 구분은 비교적 잘 알려져 있으며, 다른 연구에도 적용되었다. 특히 다음 논문을 보라. T. Piketty, "Income Inequality in France, 1901–1998," *Journal of Political Economy* 111, no. 5 (2003): 1004–1042; Piketty, *Capital in the Twenty-First Century*.

18 Piketty, "Income Inequality in France, 1901–1998," 그리고 Piketty, *Capital in the Twenty-First Century* 참조.

19 특히 Piketty, *Capital in the Twenty-First Century* 제9장을 보라.

20 T. Piketty, E. Saez, and S. Stantcheva, "Optimal Taxation of Top Labor Incomes: A Tale of Three Elasticities," *American Economic Journal: Economic Policy* 6, no. 1 (2014): 230–271.

21 A. Bozio, R. Dauvergne, B. Fabre, J. Goupille, and O. Meslin, "Fiscalitéet redistribution en France, 1997–2012", Rapport IPP, 2012. 본원소득primary income(연금과 실업보험 급여를 고려하기 전 소득)에 대해서는 특히 28쪽을, 2차소득secondary income(연금과 실업보험 급여를 포함한 소득)에 대해서는 30쪽을 보라. 전자의 경우 상위 계층의 세율은 다른 어떤 소득 집단보다도 더 낮다. 후자의 경우 하위 50퍼센트 계층의 세율은 가장 부유한 계층보다 더 낮지만 중산층의 세율은 상위 0.1퍼센트 집단보다 더 높다.

22 T. Ferguson and H.-J. Voth, "Betting on Hitler: The Value of Political Connections in Nazi Germany," *Quarterly Journal of Economics* 123, no. 1 (2008): 101–137.

23 T. Piketty, L. Yang, and G. Zucman, "Capital Accumulation, Private Property and Rising Inequality in China, 1978–2015," NBER Working Paper no. 23368, National Bureau of Economic Research, June 2017, http://www.nber.org/papers/w23368.pdf.

24 이 논문의 불평등 시리즈를 공식적인 서베이를 바탕으로 한 추정치들과 비교해보면 두 가지 계산방식에서 나타나는 추세는 비슷하지만, 피케티와 양, 그리고 주크먼의 「자본 축적

Capital Accumulation」에서 사용된 데이터는 이 기간에 불평등 수준과 상승 폭 둘 다 훨씬 더 크게 나타난다는 점을 잘 보여준다. 이 두 추정치 간의 차이는 대부분 고소득 계층의 과세 자료에서 나온 것이다.

25 특히 2011년 이후 고소득 납세자들에 대한 전체적인 자료가 없기 때문에 저자들은 2006~2010년의 평균적인 수정승수들을 2011~2015년에 적용할 수밖에(사실상 2011년 이후 불평등의 증가를 탐지할 수 없게 할 수밖에) 없었다.

26 R. Kanbur, Y. Wang, and X. Zhang, "The Great Chinese Inequality Turnaround," ECINEQ WP 2017-433, Society for the Study of Economic Inequality (ECINEQ), April 2017, http://www.ecineq.org/milano/WP/ECINEQ2017-433.pdf; R. Garnaut, L. Song, C. Fang, and L. Johnston, "Domestic Transformation in the Global Context," in *China's Domestic Transformation in a Global Context*, ed. L. Song, R. Garnaut, C. Fang, and L. Johnston, 1-16 (Acton, Australia: Australian National University Press, 2015) 참조.

27 그 결과 중간 40퍼센트 계층의 몫을 보면 이제 중국 전역과 도시 지역이 비슷해졌다. 상위 10퍼센트 계층의 몫은 중국 전역이 도시 지역보다 더 많지만 하위 50퍼센트 계층의 몫은 더 적다. 따라서 중간 40퍼센트 계층의 몫은 중국 전역과 도시 지역 모두 최근 약 43~44퍼센트를 기록했다.

28 여기서 말하는 서유럽 평균은 독일과 프랑스, 그리고 영국 성인 평균 소득의 단순 산술평균이다. 서유럽 평균 소득을 기준점으로 사용하는 것은 명백히 지나친 단순화이며 국가별로 특수한 경로가 나타나는 복잡한 상황을 적절히 다루지 못한다는 점에 유의하라. 예를 들어 독일과 프랑스, 그리고 영국은 2016년에 거의 같은 평균 소득을 나타냈지만 영국은 1980년에 독일과 프랑스에 뒤졌고 (러시아의 소득 수준을 약간 웃돌았을 뿐이고) 1870~1914년에는 그 나라들을 크게 앞섰다.

29 전후 몇십 년 동안 소련의 그저 그런 경제적·사회적 성과를 보여주는 가장 좋은 지표는 기대수명의 정체일 것이다. 예컨대 E. Todd, *The Final Fall: An Essay on the Decomposition of the Soviet Sphere*, trans. J. Waggoner (New York: Karz, 1979) 참조.

30 예컨대 B. Milanovic, *Income, Inequality, and Poverty during the Transition from Planned to Market Economy* (Washington, DC: World Bank, 1998) 참조.

31 J. Nellis, "Time to Rethink Privatization in Transition Economies?" *Finance and Development* 36, no. 2 (1999): 16-19 참조.

32 1995년 보리스 옐친 정부는 '주식대출교환loans-for-shares' 계획을 채택해 대형 국유기업자산 일부를 상업은행들이 정부에 자금을 빌려주는 형식의 경매를 통해 임대했다. 많은 사람이 이 경매가 조작되었고 경쟁이 이뤄지지 않았다고 생각했다. 경매가 대체로 정치적 연줄이 있어서 특혜를 받는 내부자들이 통제하거나 상업은행들 자신의 이익을 위해 이용되었던 것이다. 대출도 임대한 기업도 제때 돌려주지 않았으므로 이는 사실상 국유자산을 매우 낮은 가격에 매각하거나 민영화한 꼴이 되고 말았다. I. W. Lieberman and D. J. Kopf, eds., *Privatization in Transition Economies: The Ongoing Story* (Amsterdam: Elsevier JAI, 2008) 참조.

33 J. Flemming and J. Micklewright, "Income Distribution, Economic Systems and

Transition," in *Handbook of Income Distribution*, ed. A. B. Atkinson and F. Bourguignon, 843-918 (Amsterdam: Elsevier, 2000) 참조.

34 이와 함께 B. Milanovic and L. Ersado, "Reform and Inequality during the Transition: An Analysis using Panel Household Survey Data, 1990-2005," UNU-WIDER Working Paper no. 2010/62, United Nations University World Institute for Development Economics Research, Helsinki, May 2010, https://www.wider.unu.edu/sites/default/files/wp2010-62.pdf 참조.

35 모든 수치는 2016년 구매력평가 유로로 환산해 나타낸 것이다. 2016년 1유로는 시장환율로는 74.5루블이었고, 구매력평가로 환산할 때는 28.3루블이었다.

36 European Bank for Reconstruction and Development(EBRD), *Transition for All: Equal Opportunities in an Unequal World*, Transition Report 2016-2017, October 2016. http://www.ebrd.com/transition-report에서 내려받을 수 있다.

37 수정된 불평등 시리즈는 서베이 자료와 소득세 자료, 그리고 자산에 관한 자료를 종합한 것이지만 EBRD의 성장분포곡선은 오로지 응답자 스스로 밝힌 서베이 자료에만 의존한다. 더 상세한 논의는 F. Novokmet, T. Piketty, and G. Zucman, "From Soviets to Oligarchs: Inequality and Property in Russia 1905-2016," WID.world Working Paper no. 2017/09, July 2017, http://wid.world/wp-content/uploads/2017/08/NPZ 2017WID world.pdf 참조.

38 제1부를 보라.

39 S. L. Richman, "War Communism to NEP: The Road to Serfdom," Journal of Libertarian Studies 5, no. 1 (1981): 89-97.

40 차르 시대 러시아에서는 소득세 제도가 시행된 적이 없으므로 1905년 수치는 실제 소득세 자료에서 얻은 것이 아니라 당시 그 세제의 실행을 고려하고 있던 제정 러시아 과세 당국이 한 소득세 추정치에 의존한다. 같은 시기에 프랑스에서도 비슷한 추정이 이뤄졌지만 제도 시행 결과는 과세 당국이 상위 계층 소득 수준을 상당히 과소평가했음을 보여준다. T. Piketty, *Les hauts revenus en France au XXème siècle* (Paris: Bernard Grasset, 2001) 참조.

41 A. Banerjee and T. Piketty, "Top Indian Incomes, 1922-2000," *World Bank Economic Review* 19, no. 1 (2005): 1-20 참조.

42 경제 정책들은 또한 공공부문 합리화를 추구하므로 이제 각 부문은 수익성과 효율성 목표를 추구해야 한다. 무역개방 조치와 변동환율체제가 시행되었고, 자본시장뿐만 아니라 은행부문도 자유화되었다.

43 I. Anand and A. Thampi, "Recent Trends in Wealth Inequality in India," *Economic and Political Weekly* 51, no. 50 (December 2016).

44 United Nations Development Programme (UNDP), "Towards the Developmental State in the Arab Region," Arab Development Challenges Report 2011, UNDP Regional Centre for Arab States, Cairo, 2011. http://www.undp.org/content/undp/en/home/librarypage/hdr/arab-developmentchallenges-report-2011.html에서 내려받을 수 있다.

45 E. Ianchovina, L. Mottaghi, and S. Devarajan, "Inequality, Uprisings, and Conflict in the Arab World," World Bank Middle East and North Africa (MENA) Region Economic Monitor, World Bank, Washington, DC, October 2015, http://documents.worldbank.org/curated/en/303441467992017147/pdf/99989-REVISEDBox393220B-OUO-9-MEM-Fall-2015-FINAL-Oct-13-2015.pdf.

46 J. Kinninmont, "Future Trends in the Gulf," Chatham House Report, The Royal Institute for International Affairs, London, February 2015, https://www.chathamhouse.org/sites/files/chathamhouse/field/field_document/20150218Future TrendsGCCKinninmont.pdf.

47 Human Rights Watch, "South Asia: Protect Migrant Workers to Gulf Countries," Human Rights Watch news, December 18, 2013.

48 앞의 글; 그리고 A. Kapiszewski, "Arab versus Asian Migrant Workers in the GCC Countries," United Nations Expert Group Meeting on International Migration and Development in the Arab Region, United Nations Secretariat, Beirut, May 15-17, 2006, http://citeseerx.ist.psu.edu/viewdoc/download?doi=10.1.1.403.7975&rep=rep 1&type=pdf.

49 Kinninmont, "Future Trends in the Gulf."

50 R. Barros, R., M. De Carvalho, S. Franco, and R. Mendonça, "Markets, the State and the Dynamics of Inequality in Brazil," in *Declining Inequality in Latin America: A Decade of Progress?* ed. L. F. Lóez-Calva and N . Lustig (New York: UNDP, and Washington, DC: Brookings Institution Press, 2010).

51 B. Keeley, *Income Inequality: The Gap between Rich and Poor,* OECD Insights (Paris: OECD Publishing, 2015) 참조.

52 M. Medeiros, P. H. G. F. Souza, and F. A. de Castro, "The Stability of Income Inequality in Brazil, 2006-2012: An Estimate Using Income Tax Data and Household Surveys," *Ciência y Saúde Coletiva* 20, no. 4 (2015): 971-986.

53 J. Lewis, *Industrialisation and Trade Union Organization in South Africa, 1924-1955: The Rise and Fall of the South African Trades and Labour Council* (Cambridge: Cambridge University Press, 1984).

54 C. H. Feinstein, *An Economic History of South Africa: Conquest, Discrimination, and Development* (Cambridge: Cambridge University Press, 2005).

55 M. Leibbrandt, I. Woolard, A. Finn, and J. Argen, "Trends in South African Income Distribution and Poverty since the Fall of Apartheid," OECD Social, Employment and Migration Working Papers, no. 101, OECD Publishing, Paris, May 28, 2010.

56 World Bank, Southern Africa Department, "South African Agriculture: Structure, Performance and Options for the Future," Informal Discussion Papers on Aspects of the Economy of South Africa, no. 6, World Bank, Washington, DC, February 1994, http://documents.worldbank.org/curated/en/309521468777031091/pdf/

multi-page.pdf.

57 M. Aliber and R. Mokoena, "The Land Question in Contemporary South Africa," in *State of the Nation: South Africa 2003–2004*, ed. J. Daniel, R. Southall, and A. Habib, 330-346 (Cape Town, HSRC Press, 2003).

제3부

1 T. Piketty and G. Zucman, "Capital Is Back: Wealth-Income Ratios in Rich Countries 1700-2010," *Quarterly Journal of Economics* 129, no. 3 (2014): 1255-1310.

2 T. Piketty, *Capital in the Twenty-First Century* (Cambridge, MA: Belknap Press of Harvard University Press, 2014).

3 A. Atkinson, *Inequality: What Can Be Done?* (Cambridge, MA: Harvard University Press, 2015).

4 T. van den Bremer, F. van der Ploeg, and S. Wills, "The Elephant in the Ground: Managing Oil and Sovereign Wealth," *European Economic Review* 82 (2016): 113-131.

5 완전한 분석과 물량효과, 가격효과의 분해에 관해서는 Piketty and Zucman, "Capital Is Back" 참조. 또한 Piketty, *Capital in the Twenty-First Century*, part 2 참조. 여기서 우리는 주요 결론만 요약하고 최근 변화를 강조한다.

6 Piketty and Zucman, "Capital Is Back" 참조.

7 Piketty and Zucman, "Capital Is Back" 특히 도표 7과 도표 8 참조.

8 Piketty and Zucman, "Capital Is Back" 참조.

9 J. Tobin and W. C. Brainard, "Asset Markets and the Cost of Capital," in *Economic Progress, Private Values and Public Policy*, ed. B. Balassa and R. Nelson, 235-262 (Amsterdam: Elsevier North Holland, 1977).

10 독일에서 1970년부터 2010년까지 장부 가치로 측정한 국민자산은 시장 가치로 측정한 국민자산을 훨씬 웃돌았다(국민소득의 4년 치가 아닌 약 5년 치였다). 이 기간에 영국에서는 그 반대 현상이 나타났다.

11 애닛 알스타드세테르, 니엘스 요하네센, 그리고 게이브리얼 주크먼은 전 세계적으로 조세천국이 세계 국내총생산의 10퍼센트에 상당하는 자산을 보유하고 있다는 것을 밝혔지만 이러한 평균치는 각국 간의 커다란 이질성을 감추고 있다. 스칸디나비아 국가에서는 역외자산이 국내총생산의 몇 퍼센트에 그치지만 유럽 대륙에서는 약 15퍼센트, 그리고 걸프 국가와 일부 남미 경제에서는 약 60퍼센트에 이른다. A. Alstadsæter, N. Johannesen, and G. Zucman, "Who Owns the Wealth in Tax Havens? Macro Evidence and Implications for Global Inequality," NBER Working Paper no. 23805, National Bureau of Economic Research, September 2017, http://www.nber.org/papers/

w23805.pdf 참조.

12 Piketty and Zucman, "Capital Is Back" 표 7 참조.

13 Piketty and Zucman, "Capital Is Back" 표 8 참조.

14 T. Piketty, "On the Long−Run Evolution of Inheritance: France 1820−2050," *Quarterly Journal of Economics* 126, no. 3 (2011): 1071−1131; 그리고 T. Piketty and E. Saez, "A Theory of Optimal Inheritance Taxation," *Econometrica* 81, no. 5 (2013):1851−1886.

15 G. Zucman, "Taxing across Borders: Tracking Personal Wealth and Corporate Profits," *Journal of Economic Perspectives* 28, no. 4 (2014): 121−148; 그리고 Alstadsæter, Johannesen, and Zucman, "Who Owns the Wealth in Tax Havens?" 참조.

16 중국 자산 축적을 물량효과와 가격효과로 분해하는 문제를 더 상세히 알아보려면 T. Piketty, L. Yang, and G. Zucman, "Capital Accumulation, Private Property and Rising Inequality in China, 1978−2015," NBER Working Paper no. 23368, National Bureau of Economic Research, June 2017, http://www.nber.org/papers/w23368. pdf 참조.

17 피케티와 양, 그리고 주크먼은 「자본 축적」에서 주식시장에 상장되지 않은 이들 중국 기업의 토빈의 Q가 1이라고 추정했다. 이들 비상장 기업이 전체 중국 기업의 약 80퍼센트를 차지한다는 점을 고려할 때 이는 토빈의 Q 평균이 1에 가까워지게 하는 경향이 있음을 알 수 있다.

18 D. Nougayrède, "Outsourcing Law in Post−Soviet Russia," *Journal of Eurasian Law* 6, no. 3 (2013): 383−448; D. Nougayrède, "Yukos, Investment Round− Tripping and the Evolving Public/Private Paradigms," *American Review of International Arbitration* 26, no. 3 (2015): 337−364; 그리고 D. Nougayrède, "The Use of Offshore Companies in Emerging Market Economies: A Case Study," *Columbia Journal of European Law* 23, no. 2 (2017): 401−440 참조.

19 충격 요법 정책의 배경에 있는 한 가지 핵심적인 논리는 급속한 민영화가 재산의 공공 소유와 공산주의로 되돌아갈 어떤 가능성도 막으리라는 것이었다. 예컨대 M. Bojko, A. Shleifer, and R. W. Vishny, *Privatizing Russia* (Cambridge, MA: MIT Press, 1995) 참조.

20 그러나 공산주의 붕괴 직후의 전체적인 국민자산 감소는 1990년부터 2015년까지 벌어진 일을 해석하는 일을 단순화하기 위해 여기서는 설명하지 않았다는 점에 유의하라.

21 예를 들어 다음과 같은 법률 전문가의 연구를 보라. Nougayrède, "Outsourcing Law in Post−Soviet Russia"; Nougayrède, "Yukos, Investment Round−Tripping"; 그리고 Nougayrède, "The Use of Offshore Companies."

22 G. Zucman, "The Missing Wealth of Nations: Are Europe and the US Net Debtors or Net Creditors?" *Quarterly Journal of Economics* 128, no. 3 (2013): 1321−1364; G. Zucman, "Taxing across Borders: Tracking Personal Wealth and Corporate Profits," *Journal of Economic Perspectives* 28, no. 4 (2014): 121−148; 그리고 G. Zucman, *The Hidden Wealth of Nations: The Scourge of Tax Havens*, trans. T. L.

Fagan (Chicago: University of Chicago Press, 2015) 참조.

제4부

1 비교해보자면 글로벌 소득 분포에서 상위 10퍼센트는 일반적으로 (구매력평가를 이용하느냐 시장환율을 이용하느냐에 따라) 전체 소득의 50퍼센트 내지 60퍼센트를 받아간다. 제2부를 보라.

2 T. Piketty, *Capital in the Twenty-First Century* (Cambridge, MA: Belknap Press of Harvard University Press, 2014), 제12장, 표 12.2 참조.

3 Piketty, *Capital in the Twenty-First Century*.

4 Y. Guo, J. Gan, and C. Xu, "A Nationwide Survey of Privatized Firms in China," *Seoul Journal of Economics* 21, no. 2 (2008): 311–331.

5 T. Piketty, "On the Long-Run Evolution of Inheritance: France 1820–2050," *Quarterly Journal of Economics* 126, no. 3 (2011): 1071–1131.

6 더 자세한 내용은 B. Garbinti, J. Goupille-Lebret, and T. Piketty, "Accounting for Wealth Inequality Dynamics: Methods, Estimates, and Simulations for France (1800–2014)," WID.world Working Paper no. 2016/5, December 2016, http://wid.world/document/b-garbinti-j-goupille-and-t-piketty-wealth-concentrationin-france-1800-2014-methods-estimates-and-simulations-2016/ 참조.

7 Piketty, *Capital in the Twenty-First Century* 그리고 T. Piketty and E. Saez, "Inequality in the Long Run," *Science* 344, no. 6186 (2014): 838–843 참조.

8 Piketty, *Capital in the Twenty-First Century*.

9 A. Mian and A. Sufi, *House of Debt: How They (and You) Caused the Great Recession and How We Can Prevent It from Happening Again* (Chicago: University of Chicago Press, 2014) 참조.

10 M. Bertrand and A. Morse, "Trickle-Down Consumption," NBER Working Paper no. 18883, National Bureau of Economic Research, March 2013, http://www.nber.org/papers/w18883.pdf.

11 Piketty, *Capital in the Twenty-First Century*.

12 더 자세한 내용은 Garbinti, Goupille-Lebret, and Piketty, "Accounting for Wealth Inequality Dynamics" 참조.

13 Garbinti, Goupille-Lebret, and Piketty, "Accounting for Wealth Inequality Dynamics", 표 2.

14 Piketty, "On the Long-Run Evolution of Inheritance."

15 T. Piketty, *Les hauts revenus en France au XXème siècle* (Paris: Bernard Grasset, 2001); 그리고 Piketty, *Capital in the Twenty-First Century*.

16 C. D. Carrol J. Overland, and D. N. Weil, "Saving and Growth with Habit

Formation," *American Economic Review* 90, no. 3 (2000): 341-355.

17 O. Rullan and A. A. Artigues, "Estrategias para Combatir el Encarecimiento de la Vivienda en España. ¿Construir Más o Intervenir en el Parque Existente? " *Revista Electrónica de Geografía y Ciencias Sociales* 11, no. 245 (28), Universidad de Barcelona, August 1, 2007, http://www.ub.edu/geocrit/sn/sn-24528.htm.

18 C. Martínez-Toledano, "Housing Bubbles, Offshore Assets and Wealth Inequality in Spain (1984-2013)," WID.world Working Paper no. 2017/19.

19 자본화 방식capitalization method은 자산 분포를 작성하기 위해 자본소득 분포에 자본화계수를 적용하는 것이다.

20 E. Saez and G. Zucman, "Wealth Inequality in the United States since 1913: Evidence from Capitalized Income Tax Data," *Quarterly Journal of Economics* 131, no. 2 (2016): 519-578.

21 Garbinti, Goupille-Lebret, and Piketty, "Accounting for Wealth Inequality Dynamics."

22 S. Scarpetta, A. Sonnet, and T. Manfredi, "Rising Youth Unemployment during the Crisis: How to Prevent Negative Long-Term Consequences on a Generation?" OECD Social, Employment and Migration Working Papers, no. 106, OECD Publishing, Paris, April 14, 2010, http://www.oecd-ilibrary.org/docserver/download/5kmh79zb2mmv-en.pdf?expires=1510199048&id=id&accname=guest&checksum=729E512C84DEDEA22B73D109937D5AD0.

23 C. Martínez-Toledano, "Housing Bubbles, Offshore Assets and Wealth Inequality in Spain (1984-2013)," WID.world Working Paper no. 2017/19, 도표 A21.

24 G. Zucman, "The Missing Wealth of Nations: Are Europe and the U.S. Net Debtors or Net Creditors?" *Quarterly Journal of Economics* 128, no. 3 (2013): 1321-1364; 그리고 G. Zucman, *The Hidden Wealth of Nations: The Scourge of Tax Havens*, trans. T. L. Fagan (Chicago: University of Chicago Press, 2015) 참조.

25 Martínez-Toledano, "Housing Bubbles, Offshore Assets and Wealth Inequality in Spain (1984-2013)," 도표 A26.

26 이 연구는 개인의 총자산total personal wealth, 즉 개인이 소유한 자산에서 부채를 뺀 값 중 각 집단의 몫에 초점을 맞춘다. 자산에는 현금이나 은행 예금, 또는 채권이나 주식과 같은 금융자산, 주택과 농장 같은 부동산, 내구소비재, 그리고 가계의 사업자산이 포함된다. 이 논문에서 고려하는 총자산은 국민계정 대차대조표에서 측정하는 국민총자산과 중요한 차이를 보인다. 개인자산과 달리 국민총자산total national wealth은 가계에 봉사하는 비영리기관의 자산을 포함한다. 이 두 개념은 추정 방법도 서로 다르다.

27 A. B. Atkinson, J. P. F. Gordon, and A. Harrison, "Trends in the Shares of Top Wealth-Holders in Britain, 1923-1981," *Oxford Bulletin of Economics and Statistics* 51, no. 3 (1989): 315-332.

28 Office for National Statistics, "A Century of Home Ownership and Renting in England and Wales," Release, 2011 Census Analysis, ONS, London, April 19, 2013,

주

http://webarchive.nationalarchives.gov.uk/20160107120359/http://www.ons.gov.
uk/ons/rel/census/2011-census-analysis/a-centuryof-home-ownership-and-
renting-in-england-and-wales/short-story-on-housing.html 참조.

제5부

1 OECD (2017), 국내총생산 장기전망. 디지털문서식별자: 10.1787/d927bc18-en. 아프리
카와 남미, 그리고 아시아의 성장률과 관련해 OECD가 2050년 글로벌 전체 소득을 계산
하기 위해 가정한 것보다 일부러 더 낙관적인 수치를 사용했다는 점에 유의하라. 높은 성
장률을 가정하면 글로벌 불평등은 줄어드는 경향이 있다. 그러므로 우리의 접근법은 앞
으로 몇십 년 동안 글로벌 불평등 증가에 대한 더 보수적인 전망으로 보아야 한다.

2 UNDESA (2017) UN 인구전망. https://esa.un.org/unpd/wpp/. 우리는 UN 전망에서
중간 시나리오를 이용했다는 점에 유의하라.

3 이 전망은 1980~2016년 기간에 충분히 상세한 데이터가 없을 때는 국가가 아닌 지역 차
원에서 할 수도 있다.

4 Goldin, C. D., and Katz, L. F. (2009). *The Race between Education and Technology*.
Harvard University Press.

5 "The Economics of Superstars," *American Economic Review*, 71 (5): 845-858,
1981.

6 Gabaix, X., and Landier, A. (2008). "Why Has CEO Pay Increased So Much?" *Quarterly
Journal of Economics*, 123(1), 49-100. https://doi.org/10.1162/qjec.2008.123.1.49.

7 Bloomberg (2017). Global CEO Pay Index. 블룸버그 데이터베이스.

8 Piketty, T., Saez, E., and Stantcheva, S. (2014). Optimal Taxation of Top Labor
Incomes: A Tale of Three Elasticities. *American Economic Journal: Economic
Policy*.

9 Piketty, T., Saez, E., and Stantcheva, S. (2014). 앞의 논문.

10 또한 Piketty, T. (2014). *Capital in the Twenty-First Century*. Harvard University
Press 참조.

11 A. Alstadsæter N. Johannesen, and G. Zucman (2017). "Who Owns the Wealth
in Tax Havens? Macro Evidence and Implications for Global Inequality," NBER
Working Paper No. 23805.

12 Zucman, G. (2015). *The Hidden Wealth of Nations: The Scourge of Tax Havens*.
University of Chicago Press와 최신 자료.

13 Zucman, Gabriel (2014). Taxing across Borders: Tracking Personal Wealth and
Corporate Profits. *The Journal of Economic Perspectives*, 28(4), 121-148.

14 Chetty, R., Hendren, N., Kline, P., Saez, E., and Turner, N. (2014). "Is the United
States Still a Land of Opportunity? Recent Trends in Intergenerational Mobility."

The American Economic Review, 104(5), 141-147. 그리고 Chetty, R., Hendren, N., Kline, P., and Saez, E. (2014). "Where is the Land of Opportunity? The Geography of Intergenerational Mobility in the United States." *The Quarterly Journal of Economics*, 129(4), 1553-1623.

15 통근 지역의 지니계수와 상향 이동성 간 상관관계는 -0.58이다. 그러나 전체 소득 중 상위 1퍼센트의 몫은 이동성과 약한 상관관계(-0.19)만을 보이며, 그래서 상향 이동성은 소득 분포의 하위 99퍼센트의 지니계수로 측정한 불평등 수준과 더 밀접한 상관관계를 갖는다.

16 중산층 규모는 해당 지역에서 가구소득이 전국 소득 분포상 25~75분위 수준인 부모의 비중으로 측정한다.

17 저자들은 2008년 루파싱하와 괴츠가 개발한 사회적자본지수social capital index를 이용했는데, 이는 투표율, 센서스 설문 응답자 비율, 그리고 각종 공동체 조직에 대한 참여도를 반영한 것이다.

18 Chetty, R., Friedman, J. N., Saez, E., Turner, N., and Yagan, D. (2017). *Mobility Report Cards: The Role of Colleges in Intergenerational Mobility* (No. w23618). National Bureau of Economic Research.

19 실제로 완벽한 이동성은 가족의 소득 집단과 자녀의 소득 집단 간 연관성이 전혀 없다는 것을 의미한다. 따라서 가장 가난한 20퍼센트 가정에서 온 자녀는 5개 분위에 걸쳐 골고루 분포될 것이고, 그러므로 그들 중 (20퍼센트를 5로 나눈) 4퍼센트가 상위 20퍼센트에 들어갈 것이다.

20 Fack, G., Grenet, J., and Benhenda, A. (2014). L'impact des procéures de sectorisation et d'affectation sur la mixité sociale et scolaire dans les lycées d'Île-de-France. *Rapport de l'Institut des Politiques Publiques*, (3).

21 예를 들어 A. Ritschl, "Does Germany Owe Greece a Debt? The European Debt Crisis in Historical Perspective", LSE, 2012 참조.

22 Chancel, L. and Piketty, T. (2015). Carbon and Inequality: From Kyoto to Paris. Trends in the Global Inequality of Carbon emissions (1998-2013) and Prospects for an Equitable Adaptation Fund. Paris School of Economics 참조.

이대로 둘 수 없는 불평등, 우리는 무엇을 할 것인가?

누구나 알고 있듯이, 오늘날 지구촌은 평평하지 않다. 이대로 두면 지구촌은 갈수록 더 심하게 기울어진 운동장이 되리라는 걸 모르는 이가 없다. 그렇다면 지금 우리가 살고 있는 세계는 과연 얼마나 불평등하며, 미래 세계는 얼마나 더 불평등해질 것인가? 그리고 우리는 그에 대해 무엇을 할 수 있는가?

아무도 피할 수 없는 이 물음에 맞닥뜨렸을 때 사람들은 저마다 다른 이야기를 한다. 사실을 바탕으로 하지 않은 말, 다른 이들에게 귀 기울이지 않고 쏟아낸 말들이 한곳으로 모아질 리는 없다. 불평등의 실상과 해법에 관한 공론은 겉돌고 있다. 그러는 사이 이념과 계층, 세대를 갈라놓는 골은 자꾸만 깊어져간다. 이대로 가면 결국 현재의 불평등이 미래를 집어삼키게 될 것이다. 이런 냉철한 문제의식이 이 보고서를 낳았다.

『세계불평등보고서 2018』은 이 시대의 가장 중요한 화두에 관해 건강한 공론을 활성화하고자 한다. 국가 내 불평등과 국가 간 불평등의 실상을 가장 투명하고 체계적인 데이터로 보여줌으로써 정확한 사실을 바탕으로 한 숙고와 결정이 이뤄지도록 도우려는 것이다. 보고서는 『21세기 자본』을 쓴 토마 피케티를 비롯해 전 세계 100여 명의 연구자가 참여하는 거대한 협력 프로젝트의 산물이다. 이들은 소득과 부의 불평등을 측정하는 가장 앞선 방법론을 바탕으로 지금까지 어떤 정부도 내놓지 않았고, 어떤 국제기구도 만들어내지 않았던 정보를 집대성했다.

우리의 세계는 얼마나 불평등한가?

보고서는 우리가 짐작만 할 수 있었던 불평등의 실체를 또렷이 드러낸다. 글로벌 소득 상위 0.1퍼센트 집단은 1980년 이후 전 세계 소득 증가액 중 13퍼센트를 차지했다. 인구가 그들의 500배인 글로벌 소득 하위 50퍼센트 집단이 가져간 몫은 12퍼센트였다. 소득 상위 1퍼센트의 몫은 27퍼센트로 하위 50퍼센트의 두 배를 넘는다. 다시 말해 지난 한 세대에 걸쳐 성장의 과실을 나누는 데 있어 상위 1퍼센트와 0.1퍼센트 고소득자들은 평균적으로 가난한 절반의 인구보다 100배 이상, 500배 이상 많은 몫을 차지한 것이다.

제2차 세계대전 후의 평등주의 체제가 막을 내린 1980년대부터 거의 모든 나라에서 소득 불평등이 증가했으나, 그 양상은 제각각이었다. 2016년 각국의 국민소득 중 상위 10퍼센트 계층이 차지하는 몫을 보면 미국·캐나다는 47퍼센트인 데 비해 유럽은 37퍼센트, 브라질과 인도는 55퍼센트로 큰 차이를 보였다.

부의 불평등은 훨씬 더 심하다. 글로벌 소득 상위 1퍼센트 집단이 지구촌 전체 소득에서 차지하는 몫은 1980년 약 16퍼센트에서 오늘날 20퍼센트 남짓한 수준으로 늘어났다. 같은 기간 미국과 유럽, 중국이 대표하는 세계의 자산 상위 1퍼센트 부자가 전체 자산에서 차지하는 몫은 28퍼센트에서 33퍼센트로 늘어났다. 그에 비해 소득 하위 절반 계층의 몫은 9퍼센트 안팎으로 큰 변동이 없었고, 자산 하위 절반 인구의 부는 늘 2퍼센트 미만이었다.

미래는 어떨까? 보고서는 각국이 어떤 길을 택하느냐에 따라 불평등의 미래가 크게 달라질 수 있음을 보여준다. 앞으로 모든 나라가 1980년 이후 미국이 걸어온 것과 같은 급격한 불평등 증가 경로를 따른다면, 2050년 글로벌 소득 상위 1퍼센트 집단의 몫은 약 28퍼센트로 늘어나지만 하위 50퍼센트 집단의 몫은 6퍼센트로 줄어들 것이다. 반면 모든 나라가 유럽연합이 경험한 것과 같은 완만한 불평등 증가 추세를 따른다면, 글로벌 소득 상위 1퍼센트의 몫은 19퍼센트로 지금보다 줄어들고 하위 50퍼센트의 몫은 13퍼센트로 지금보다 늘어날 것이다.

부의 분배에서도 지금과 같은 추세가 이어진다면 글로벌 자산 상위 1퍼센트 부자의 몫은 오늘날 33퍼센트에서 2050년 39퍼센트로 증가할 것이다. 상위 0.1퍼센트 부자들은 인구가 400배인 글로벌 중산층과 거의 같은 자산(26퍼센트)을 갖게 된다. 피케티가 『21세기 자본』에서 밝혔듯이 자본의 수익률이 경제성장률보다 높을수록(r>g) 부유층에 자본이 집중되면서 부의 불평등은 더 심화된다. 예컨대 프랑스에서 지금과 같은 추세가 이어진다면 자산 상위 10퍼센트 계층이 차지하는 몫은 머지않아 19세기나 20세기 초와 같은 수준인 85퍼센트에 이를 것이다.

보고서는 미국, 프랑스, 독일, 중국, 러시아, 인도, 중동, 브라질, 남아프리카공화국의 소득 불평등과 미국, 프랑스, 스페인, 영국의 자산 불평등을 자세히 분석한다. 하지만 한국의 사례는 따로 소개되지 않았다. 글로벌 불평등 자료가 집대성되어 있는 WID.월드 데이터베이스에 한국은행의 통계와 동국대학교 경제학과 김낙년 교수의 워킹 페이퍼가 실려 있기는 하나, 최신 자료는 아니다.

그러나 김 교수의 다른 논문들을 통해 한국의 소득과 부의 불평등을 다른 나라의 불평등과 비교해볼 수 있다. 그의 추정에 따르면 한국의 성인 인구 중 소득 상위 1퍼센트가 전체 소득에서 차지하는 몫은 1980년 7.4퍼센트에서 2016년 12.1퍼센트로 늘었다. 같은 기간 소득 상위 10퍼센트 집단의 몫은 29.1퍼센트에서 43.1퍼센트로 증가했다. 상위 계층의 소득 집중도로 가늠한 한국의 소득 불평등은 미국보다는 덜하고 서유럽보다는 더 심하다고 할 수 있다.•

부의 불평등 역시 미국보다는 낮은 수준이지만 프랑스와 스페인을 비롯한 유럽 국가보다는 높은 수준이다. 상속세 자료를 이용해 추정한 결과 한국의 자산 상위 1퍼센트 집단이 전체 자산에서 차지하는 몫은 2010~2013년 평균 25.9퍼센트에 이르는 것으로 나타났다. 1퍼센트 부자들은 성인 전체 평균의 26배 가까운 자산을 보유한다는 뜻이다. 자산 상위 10퍼센트 집단의 몫은 66.0퍼센트였다.••

현재 한국의 민간자산은 국민소득의 7배를 넘는 수준이다. 한국은 짧은 경제발전 역사에도 불구하고 이미 민간자산이 국민소득의 5~7배 수준인 주요 선진국들만큼 많은 부를 축적한 것이다. 따라서 앞으로 소득과 부의 분배에서 당대의 노력보다는 선대가 쌓은 상속자산이 더욱 중요해질 것이다.

• 김낙년(2018), 「한국의 소득집중도: update, 1933~2016」, 『한국경제포럼』 제11권 제1호, 1~32쪽.
•• 김낙년(2016), 「한국의 부의 불평등, 2000~2013: 상속세 자료에 의한 접근」, 『경제사학』 제40권 제3호, 393~429쪽.

보고서는 21세기의 지구촌이 19세기 말과 20세기 초의 도금시대와 세습 자본주의 사회로 돌아갈 수 있음을 엄중히 경고하면서도 그것이 필연은 아님을 강조한다. 시나리오 분석 결과 모든 나라가 1980년 이후 미국과 같은 불평등 증가 추세를 따르느냐 유럽과 같은 추세를 따르느냐에 따라 2050년 글로벌 소득 하위 50퍼센트의 평균 소득은 4500유로와 9100유로로 두 배 이상 차이가 난다. 각국의 정책과 제도, 성장 경로에 따라 불평등 구조는 얼마든지 달라질 수 있다. 한마디로 미래는 우리 손에 달려 있다는 말이다. 이 보고서의 가장 중요한 메시지는 바로 이것이다.

보고서는 불평등과 맞서 싸우기 위한 네 가지 해법을 제시한다.

첫째, 최상위 계층에서 심해지는 소득과 부의 불평등을 완화하기 위해 누진 과세의 역할을 다시 강화해야 한다. 최고세율을 올려도 성장에는 큰 영향이 없으며, 실제로 지난 50년 동안 선진국들은 조세 정책에서 매우 큰 차이를 보였음에도 불구하고 대체로 같은 속도로 성장했다.

둘째, 자산에 대한 과세를 강화하고 역외 탈세를 막기 위해 글로벌 금융등록제를 도입해야 한다. 부유한 개인들은 전 세계 국내총생산의 10퍼센트에 이르는 자산을 조세천국에 쌓아두고 있으며, 사회적 신뢰가 가장 높은 스칸디나비아 국가에서조차 자산 상위 0.01퍼센트 집단은 개인 세금 중 25~30퍼센트를 포탈한다.

셋째, 소득성장이 정체되거나 둔화된 하위 계층을 위해 질 좋은 교육과 괜찮은 일자리에 대한 더 평등한 기회를 제공해야 한다. 명문 대학들은 성과를 떨어트리지 않고도 가난한 학생들에게 문호를 넓혀 사회적 이동성을 높일 수 있다.

넷째, 불평등이 갈수록 더 심화되지 않도록 정부는 적극적으로 미래에 투자해야 한다. 정부가 교육과 보건, 환경보호 관련 투자에 필요한 공공 자산을 보유하지 못하면 미래의 불평등에 대응하기는 어렵다.

연구자들은 논란이 많은 문제에 단 하나의 정답을 제시하지는 않는다. 보고서의 목적은 불평등 문제에 관해 모든 이의 완전한 동의를 이끌어내는 것이 아님을 분명히 한다. 가장 이상적인 불평등 수준에 대한 하나의 과학적 진실이란 존재하지 않으며, 그러한 수준에 이르기 위한 특정한 정책과 제도에 대해 모두의 동의를 얻는 것도 불가능하다는 것을 전제한다. 분명한 것은 그 어려운 결정을 내리려면 대중의 숙고와 민주적 토론을 거쳐야 하며 이를 위해서는 소득과 부의 불평등에 관한 더 엄밀하고 투명한 정보가 필요하다는 점이다. 여전히 완전하지는 않지만 이를 위해 수많은 연구자가 오랫동안 어렵게 발굴해낸 정보가 여기에 있다.

『세계불평등보고서 2018』은 그들이 흘린 땀방울의 결정체다. 불평등의 실체를 탐구하는 이들의 성실하고 겸허한 자세는 이 지난한 작업이 앞으로 훨씬 더 많은 열매를 맺을 것이라는 기대를 품게 한다. 보고서는 격정적인 웅변으로 독자를 사로잡으려 하지 않는다. 탄탄한 사실을 바탕으로 냉철하게 사유할 것을 주문한다. 독자들은 보고서를 덮는 순간 스스로 묻게 된다. 소득과 부의 불평등 문제를 더 깊이 고민하고 더 힘든 결단을 해야 할 우리 앞에는 여러 갈래의 길이 있다. 우리는 과연 어느 길을 택할 것인가?

세계불평등보고서 2018

1판 1쇄	2018년 9월 5일
1판 2쇄	2018년 10월 15일

엮은이	파쿤도 알바레도, 뤼카 샹셀, 토마 피케티, 이매뉴얼 사에즈, 게이브리얼 주크먼
옮긴이	장경덕
펴낸이	강성민
편집장	이은혜
책임편집	박은아
마케팅	정민호 이숙재 정현민 김도윤 안남영
홍보	김희숙 김상만 이천희
독자모니터링	황치영

펴낸곳	(주)글항아리	출판등록 2009년 1월 19일 제406-2009-000002호
주소	10881 경기도 파주시 회동길 210
전자우편	bookpot@hanmail.net
전화번호	031-955-8891(마케팅) 031-955-1936(편집부)
팩스	031-955-2557

ISBN	978-89-6735-544-9 03300

이 도서의 국립중앙도서관 출판시도서목록(CIP)은 e-CIP홈페이지(http://www.nl.go.kr/ecip)와
국가자료공동목록시스템(http://www.nl.go.kr/kolisnet)에서 이용하실 수 있습니다.(CIP제어번호: CIP2018025084)